Kurshefte Geschichte

Die Weimarer Republik zwischen Krise und Modernisierung

Erarbeitet von

Dr. Wolfgang Jäger

ONLINE-Angebot Die Webcodes zum Lehrwerk geben Sie auf **www.cornelsen.de/webcodes** ein.

Kurshefte Geschichte
Die Weimarer Republik zwischen Krise und Modernisierung

Das Lehrwerk wurde erarbeitet von Dr. Wolfgang Jäger (Berlin)

mit Beiträgen von
Johannes Gießler (Kressbronn a. B.), Robin Gliffe (Berlin), Cornelius Lehmann (Baienfurt),
Janika Michael (Barsinghausen), Robert Quast (Bissendorf), Robert Rauh (Berlin) und
Dr. Beate Sommersberg (Oldenburg)

Die Probeklausur und deren Lösungshinweise wurden konzipiert von Joachim Biermann
(Bersenbrück), Daniela Brüsse-Haustein (Haren)

Redaktion: Dr. Silke Möller, Erlangen
Karten: Carlos Borrell Eiköter, Berlin
Bildassistenz: Anne Dombrowsky
Umschlaggestaltung: Ungermeyer, grafische Angelegenheiten, Berlin
Umschlagbild: akg-images/Hans Baluschek, Großstadtlichter, 1931
Layout: tiff.any GmbH, Berlin/Uwe Rogal
Technische Umsetzung: SPi Global

www.cornelsen.de

Die Webseiten Dritter, deren Internetadressen in diesem Lehrwerk angegeben sind, wurden
vor Drucklegung sorgfältig geprüft. Der Verlag übernimmt keine Gewähr für die Aktualität
und den Inhalt dieser Seiten oder solcher, die mit ihnen verlinkt sind.

1. Auflage, 1. Druck 2021

Alle Drucke dieser Auflage sind inhaltlich unverändert
und können im Unterricht nebeneinander verwendet werden.

© 2021 Cornelsen Verlag GmbH, Berlin

Druck: Mohn Media Mohndruck, Gütersloh

ISBN: 978-3-06-065612-7 (Schülerbuch)
ISBN: 978-3-06-065613-4 (E-Book)

PEFC zertifiziert
Dieses Produkt stammt aus nachhaltig
bewirtschafteten Wäldern und kontrollierten
Quellen.

PEFC
PEFC/04-31-1033   www.pefc.de

Inhaltsverzeichnis

Zur Arbeit mit diesem Kursheft

Vorwissen aus SEK I oder Alltagswissen aktivieren

Die **Schauplatz**-Seiten aktivieren Ihr Vorwissen mithilfe spielerischer, quizähnlicher Aufgaben.

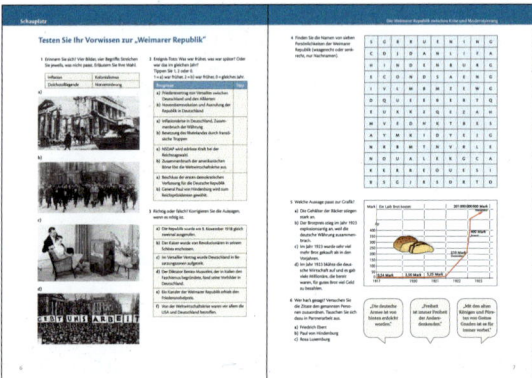

Sich orientieren und eigene Fragen und Hypothesen formulieren

Jedes Kapitel beginnt mit der **Auftaktseite**. Interessante Bilder bieten erste Gesprächsanlässe. Ein kurzer Text führt in das Kapitelthema ein. Arbeitsaufträge regen Sie zur Formulierung von Fragen und Hypothesen an. Ein Zeitstrahl ermöglicht die zeitliche Orientierung.

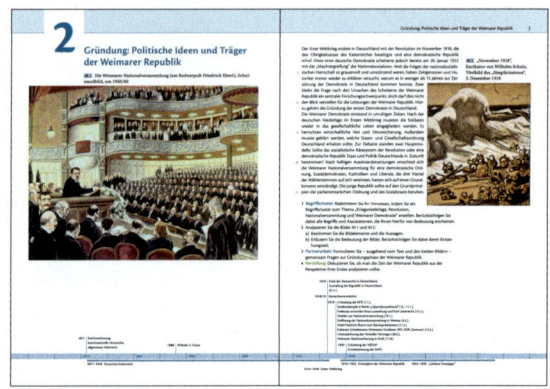

Ein Thema untersuchen

Am Anfang der **Themeneinheit** orientiert Sie ein Hinweiskasten über die zentralen Inhalte des Kapitels. Der **Darstellungstext** erläutert das Thema. In der Randspalte finden Sie Porträtbilder mit biografischen Informationen, Begriffserläuterungen, Verweise auf die Materialien sowie Webcodes.

Der anschließende **Materialteil** bietet Quellen, Darstellungen, Abbildungen, Karten und statistische Materialien zur eigenständigen Bearbeitung. Ein einführender Kasten gibt Ihnen „Hinweise zur Arbeit mit den Materialien". Die Arbeitsaufträge regen immer wieder zu Partner- oder Gruppenarbeit, Präsentationen und kreativen Lernarrangements an. Tipps geben Ihnen Hilfestellung. Bei Wahlaufgaben können Sie unter verschiedenen Zugängen und/oder Materialien zum Thema auswählen. Vertiefungsangebote ermöglichen Ihnen eine weitergehende Beschäftigung mit dem Thema.

Methodisch arbeiten

Die **Methodenseiten** sind exemplarisch ins Kapitel integriert und trainieren Ihre Kompetenzen im Umgang mit Quellen, Darstellungen und anderen Materialien. Arbeitsschritte bieten Ihnen eine Anleitung für die Bearbeitung eines Übungsbeispiels. Mithilfe der Lösungshilfen im Anhang können Sie sich selbst überprüfen.

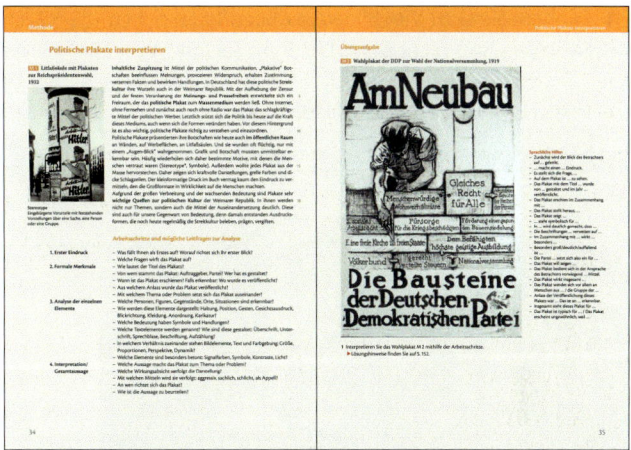

Mehr Sicherheit

Jedes Kapitel schließt mit der **„Anwenden und wiederholen"**-Seite. Ein **Anwendungsbeispiel** trainiert Ihre Kompetenz in der schriftlichen Klausur bzw. Abiturprüfung. Arbeitsaufträge mit Wahl- und Vertiefungsmöglichkeiten, Formulierungshilfen sowie zentrale Begriffe ermöglichen Ihnen das **Wiederholen** zentraler Kapitelinhalte.

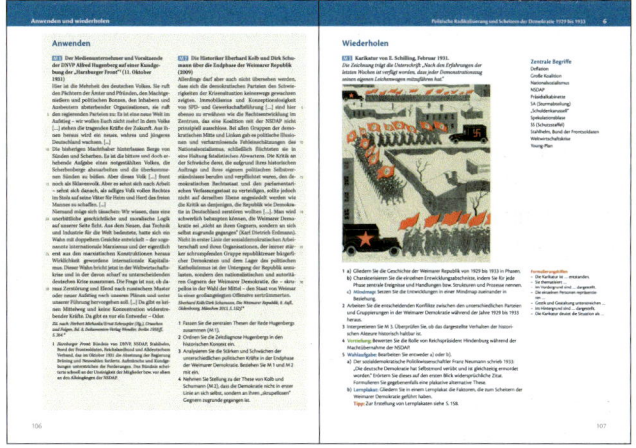

Kernmodul und Wahlmodule

Ein eigenes Kapitel zum **Kernmodul** bietet theoretische Texte und verknüpft sie durch Arbeitsaufträge und Verweise mit den anderen Kapiteln.
Zwei **Vertiefungskapitel** bereiten weitere Wahlmodulthemen als Themeneinheit auf. Die Arbeitsaufträge fordern immer wieder zum Vergleich mit den anderen Wahlmodulthemen auf.

Hilfen im Anhang

Der Anhang unterstützt Sie bei der Arbeit mit dem Buch. Hier finden Sie:
- Hinweise zu den Operatoren,
- Formulierungshilfen für die Arbeit mit Quellen und Darstellungen,
- Zusatzaufgaben und inhaltliche Tipps,
- eine Probeklausur mit Lösungshinweisen,
- Lösungshilfen zu den Methodenseiten,
- eine Übersicht der eingeführten Unterrichts- und Fachmethoden,
- Lexika und Register.

Testen Sie Ihr Vorwissen zur „Weimarer Republik"

1 Erinnern Sie sich? Vier Bilder, vier Begriffe: Streichen Sie jeweils, was nicht passt. Erläutern Sie Ihre Wahl.

Inflation	Kolonialismus
Dolchstoßlegende	Notverordnung

a)

b)

c)

d)

2 Ereignis-Toto: Was war früher, was war später? Oder war das im gleichen Jahr?
Tippen Sie 1, 2 oder 0.
1 = a) war früher, 2 = b) war früher, 0 = gleiches Jahr.

Ereignisse	Tipp
a) Friedensvertrag von Versailles zwischen Deutschland und den Alliierten **b)** Novemberrevolution und Ausrufung der Republik in Deutschland	
a) Inflationskrise in Deutschland, Zusammenbruch der Währung **b)** Besetzung des Rheinlandes durch französische Truppen	
a) NSDAP wird stärkste Kraft bei der Reichstagswahl. **b)** Zusammenbruch der amerikanischen Börse löst die Weltwirtschaftskrise aus.	
a) Beschluss der ersten demokratischen Verfassung für die Deutsche Republik **b)** General Paul von Hindenburg wird zum Reichspräsidenten gewählt.	

3 Richtig oder falsch? Korrigieren Sie die Aussagen, wenn es nötig ist.

a) Die Republik wurde am 9. November 1918 gleich zweimal ausgerufen.
b) Der Kaiser wurde von Revolutionären in seinem Schloss erschossen.
c) Im Versailler Vertrag wurde Deutschland in Besatzungszonen aufgeteilt.
d) Der Diktator Benito Mussolini, der in Italien den Faschismus begründete, fand seine Vorbilder in Deutschland.
e) Ein Kanzler der Weimarer Republik erhielt den Friedensnobelpreis.
f) Von der Weltwirtschaftskrise waren vor allem die USA und Deutschland betroffen.

4 Finden Sie die Namen von sieben Persönlichkeiten der Weimarer Republik (waagerecht oder senkrecht, nur Nachnamen).

S	G	B	R	U	E	N	I	N	G
C	D	J	D	A	N	L	I	F	A
H	I	N	D	E	N	B	U	R	G
E	C	O	N	D	S	A	E	N	G
I	V	L	M	B	M	Z	E	W	G
D	Q	U	E	E	B	E	R	T	Q
E	U	X	K	Z	Q	E	Z	A	H
M	V	E	D	H	K	T	B	E	S
A	Y	M	K	I	D	Y	E	J	G
N	R	B	M	T	N	V	R	L	E
N	O	U	A	L	E	K	G	C	A
K	E	R	R	E	O	U	E	S	I
B	S	G	J	R	S	D	R	T	O

5 Welche Aussage passt zur Grafik?

a) Die Gehälter der Bäcker stiegen stark an.

b) Der Brotpreis stieg im Jahr 1923 explosionsartig an, weil die deutsche Währung zusammenbrach.

c) Im Jahr 1923 wurde sehr viel mehr Brot gekauft als in den Vorjahren.

d) Im Jahr 1923 blühte die deutsche Wirtschaft auf und es gab viele Millionäre, die bereit waren, für gutes Brot viel Geld zu bezahlen.

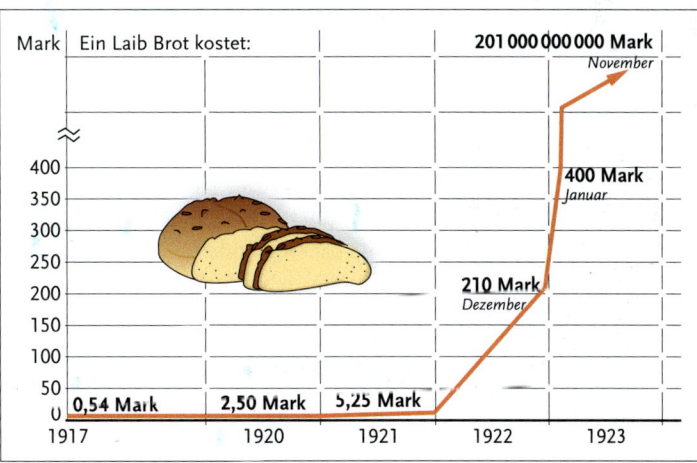

Mark | Ein Laib Brot kostet:

201 000 000 000 Mark — November

400 Mark — Januar

210 Mark — Dezember

400, 350, 300, 250, 200, 150, 100, 50, 0

0,54 Mark | 2,50 Mark | 5,25 Mark

1917 | 1920 | 1921 | 1922 | 1923

6 Wer hat's gesagt? Versuchen Sie die Zitate den genannten Personen zuzuordnen. Tauschen Sie sich dazu in Partnerarbeit aus.

a) Friedrich Ebert

b) Paul von Hindenburg

c) Rosa Luxemburg

„Die deutsche Armee ist von hinten erdolcht worden."   *b*

„Freiheit ist immer Freiheit der Andersdenkenden."   *c*

„Mit den alten Königen und Fürsten von Gottes Gnaden ist es für immer vorbei."   *a*

1

Einführung: Identität und deutsches Selbstverständnis

> **In diesem Kapitel geht es um**
> – Begriff und Wurzeln unserer Identität,
> – Deutungen des deutschen Selbstverständnisses im 19. und 20. Jahrhundert,
> – den Deutschen Sonderweg und transnationale Geschichtsschreibung.

Identität
Die Summe der Eigentümlichkeiten in der Persönlichkeit eines Menschen, die ihn kennzeichnen und von anderen unterscheidet. Sie kann vielfältig sein und sich verändern. Eine Person kann sich als Angehöriger einer Nation fühlen und/oder einer Religionsgemeinschaft und/oder eines Geschlechts und/oder einer Region, eines Dorfes, eines Vereins usw. Auch ist zwischen objektiv erkennbaren Merkmalen und subjektivem Empfinden dieser Merkmale zu unterscheiden.

M1 Punker in der Berliner Innenstadt, Fotografie, 2010

M2 Zuschauer bei der Fußball-Weltmeisterschaft in Deutschland, Fotografie, 2006

Wurzeln unserer Identität

Jeder Mensch besitzt eine Vielzahl von Eigenschaften und Eigentümlichkeiten, die seine Persönlichkeit prägen und seine Identität* ausmachen. Diese Identität, die **personalen und persönlich-individuellen Vorstellungen von der Besonderheit oder Einmaligkeit eines Menschen,** bestimmt das eigene Erleben und die Selbstwahrnehmung mit und unterscheidet Menschen voneinander. Die individuellen Werte, Umgangs- und Lebens- 5 formen lassen sich jedoch nicht allein aus dem **eigenen Selbstverständnis** erklären, sondern werden auch durch die **Gesamtgesellschaft** – Politik, Wirtschaft, Gesellschaft, Kultur – mitgestaltet. Der Mensch wird außerdem durch die unterschiedlichsten Gruppen mitgeformt, denen er angehört oder sich zugehörig fühlt: Familie, Berufs- und Freundesgruppen. 10

Die Identität muss auch nicht ein Leben lang die gleiche bleiben, sondern kann sich stark wandeln. Die Veränderbarkeit zeigt sich in der Regel deutlich beim Übergang vom Jugend- zum Erwachsenenalter. Auch der Eintritt ins Berufsleben oder der Wechsel des Berufes führen oft zu Veränderungen. Das gilt ebenso für biografische Einschnitte, die durch Arbeitslosigkeit, Wohnortwechsel oder Verluste von nahestehenden Menschen 15 ausgelöst werden. Alle diese Umbrüche verändern das Selbstverständnis und damit die Identität des Einzelnen.

Der vielfältige und rasche Wandel des gesamtgesellschaftlichen Lebens, die Entstehung größerer Handlungsspielräume für den Einzelnen und die Zunahme von Mobilität und Individualität haben in der Gegenwart die menschlichen Bindungen gelockert und zu 20 einer hohen Bewertung von Freiheit und Menschenwürde geführt. Viele Menschen streben immer intensiver nach der Entfaltung ihrer eigenen, als einmalig und unverwechselbar empfundenen Persönlichkeit. Die Frage nach der eigenen Identität hat dadurch einen hohen Stellenwert erhalten.

Trotz aller Individualität prägen aber auch heute noch **kollektive Identitäten** die ein- 25 zelnen Menschen. Sie identifizieren sich mit größeren Einheiten wie Religionsgemeinschaften, Ethnien oder einer Nation. Wie stark die Identifikation mit der Nation das Denken und Fühlen der Menschen beeinflusst, zeigt sich u. a. bei Sportveranstaltungen. Wenn Olympiasieger geehrt werden, erklingt die Nationalhymne des Erstplatzierten, und auch vor jedem Fußballländerspiel werden die Nationalhymnen der beiden Mann- 30 schaften gespielt. Sportlerinnen und Sportler kämpfen bei internationalen Wettbewerben also nicht nur für sich selbst oder ihre Mannschaften, sie vertreten ebenfalls ihre Nationen. Auch in der Politik spielt die Identifikation mit Staat, Nation und Nationalstaat eine große Rolle, unabhängig davon, ob diese durch Sprache, Kultur oder rechtliche Bindungen definiert werden. 35

Das nationale Zugehörigkeitsgefühl als zentraler Aspekt der kollektiven Identität hat sich im Laufe der Geschichte erst entwickelt und immer wieder verändert. Insbesondere seit dem 19. Jahrhundert sind die nationalen und nationalstaatlichen Bindungen der Menschen in Europa gewachsen. Jeder Europäer und jede Europäerin ist bis heute Mitglied eines Nationalstaats, der ihnen Rechte verleiht und Pflichten auferlegt. Diesem 40

Staat fühlen sie sich auf verschiedene Weise verbunden. Sie sind heute auch Bürger der Europäischen Union (EU) und wählen das Europäische Parlament. Dabei ist ihnen bewusst, dass Europa durch eine Vielfalt an ethnischen, sprachlichen und regionalen Einheiten geprägt wird, die das politisch-gesellschaftliche Denken und Handeln sowie das
45 Alltagsleben vieler bestimmen. Deswegen müssen die Bürger der europäischen Nationalstaaten wie auch ihre Regierungen **zugleich national und europäisch** denken.

Die Deutschen haben sich über weite Strecken ihrer neueren Geschichte schwergetan, ihre nationale Identität einheitlich zu bestimmen. Die Definition von Nation und die Formen des Nationalismus unterschieden sich vom obrigkeitsstaatlichen Kaiserreich
50 über die Weimarer Republik bis hin zur nationalsozialistischen Diktatur stark. Im Selbstverständnis der Bundesrepublik spielen besonders die Brüche des 20. Jahrhunderts eine wichtige Rolle. Das prägt bis heute die kollektive Identität und Selbstwahrnehmung der Deutschen.

▶ M 12: Hartmut Kaelble über das europäische Selbstverständnis

▶ M 6: Germania von 1914

▶ M 5: Spiegeltitelblatt von 2009

Deutungen des deutschen Selbstverständnisses im 19. und 20. Jahrhundert

Bereits im frühen 19. Jahrhundert begannen zahlreiche Denker und Publizisten, das deutsche Selbstverständnis in Abgrenzung zu westeuropäischen Staaten wie Frankreich oder England und Nordamerika zu bestimmen. Es gab zwar auch liberale Historiker, die die neuzeitliche deutsche Geschichte als Prozess zur Freiheit deuteten, wobei sie unter
5 Freiheit geistige, politische und bürgerliche Freiheit verstanden. Mit dem Scheitern der Revolution von 1848/49 und der Reichsgründung 1870/71 erhielt das bürgerliche Geschichtsbewusstsein jedoch eine antirevolutionäre Stoßrichtung und grenzte sich von den liberalen und demokratischen Ideen der Amerikanischen und Französischen Revolution ab.

10 Hinzu kam die Entstehung des **modernen Nationalismus,** der sich während des 19. Jahrhunderts zu einer mächtigen und einflussreichen Ideologie in Europa entwickelte. Die Nation oder der Nationalstaat galten dem Nationalismus als oberste Werte, als allgemein verbindliche Sinn- und Rechtfertigungsinstanzen politischen Handelns. Der Einzelne verstand sich seitdem zuallererst als Mitglied einer nationalen Lebensgemein-
15 schaft. Allerdings konnte die eigene Nationalität durchaus unterschiedlich bestimmt werden, sei es durch die Gleichheit der Sprache oder Kultur, sei es durch Abstammung oder die Zugehörigkeit zu einem Volk. Nationale Gefühle konnten und können die Integration und Solidarität in einer Gesellschaft dadurch stärken, dass sie einer Gemeinschaft ihre Zusammengehörigkeit bewusst machen und diesem Gefühl einen besonde-
20 ren Stellenwert zuschreiben. Nationalismus beinhaltet aber auch meistens die Abgrenzung zu anderen Nationen, indem man die eigene Besonderheit, oft auch im Sinne von Überlegenheit, hervorhob.

In Deutschland trug der Nationalismus seit Ende des 19. Jahrhunderts dazu bei, das Deutsche Reich auf einem **positiven Sonderweg*** in die Moderne zu sehen. Die deut-
25 sche Entwicklung wurde nun von vielen konservativen und national denkenden Historikern als vorteilhafte Abweichung von der Geschichte des westlichen Europas interpretiert. Das von 1871 bis 1945 bestehende Deutsche Reich wurde im Vergleich zu den „westlichen Demokratien" als weit überlegen dargestellt. Dabei verwies man u. a. auf die wirtschaftliche Leistungsfähigkeit, die Effizienz der Bürokratie und eine besondere
30 deutsche Kultur. Während des Ersten Weltkrieges spitzten Wissenschaftler, Schriftsteller und Intellektuelle dies zu einer umfassenden Ideologie zu und popularisierten diese Sicht auf die Vergangenheit. Es wurde beispielsweise argumentiert, in Deutschland stünde nicht die Gesellschaft, sondern der Staat, nicht das Individuum, sondern das Volk im Mittelpunkt. So könnten alle Kräfte im Krieg gebündelt und auf ein gemeinsa-
35 mes Ziel ausgerichtet werden. Bis in die Weimarer Zeit fand diese positive Version von einem deutschen Sonderweg zahlreiche Anhänger in der Geschichtswissenschaft wie in

▶ M 7: Thomas Nipperdey über deutschen Nationalismus im 19. Jh.

▶ M 8: Peter Brandt über deutsches Selbstverständnis im 20./21. Jh.

Sonderweg
Die These vom deutschen Sonderweg besagt, dass Deutschland einen eigenständigen Weg in die Moderne beschritten habe, der sich grundlegend von dem der westeuropäischen Staaten unterschied.

nationalismus vs. patriotismus

der deutschen Öffentlichkeit. Die Nationalsozialisten knüpften an dieses Sonderbewusstsein an und radikalisierten diese Vorstellung zu einem übersteigerten Nationalismus, Militarismus und Imperialismus. Der Radikal-Nationalismus der Nationalsozialisten beruhte auf einer sozialdarwinistischen Interpretation der Geschichte, die als 40 ständiger Kampf der Individuen und Völker, der Staaten und „Rassen" galt, wobei sich stets die Stärkeren gegenüber den Schwächeren durchsetzen. Grundlage des Radikal-Nationalismus waren außerdem Antisemitismus und Rassenlehre, die zu einer umfassenden „Weltanschauung" ausgebildet wurden und eine in der Geschichte beispiellose Gewalt- und Vernichtungspolitik rechtfertigen sollten. 45

Deutscher Sonderweg und transnationale Geschichtsschreibung

Nach 1949 begannen Historiker, Sozialwissenschaftler und Publizisten sich mit der Frage auseinanderzusetzen, warum das Deutsche Reich im Unterschied zu vergleichbaren Staaten des Westens wie Frankreich oder Großbritannien in der tiefgreifenden Krise der Zwischenkriegszeit – an erster Stelle ist hier die Weltwirtschaftskrise seit 1929 zu nennen – nicht demokratisch blieb, sondern sich in eine auf Eroberung und Unterwerfung 5 anderer Völker ausgerichtete faschistische Diktatur verwandelte. Außerdem wurde die Frage nach den Ursachen der NS-Verbrechen gestellt: Wie konnte ein zivilisiertes, an rechtsstaatliches Denken gewöhntes Volk den welthistorisch einmaligen Völkermord an den Juden vollziehen oder zumindest stillschweigend dulden? Warum hat Deutschland nach der Katastrophe des Ersten Weltkrieges den Zweiten Weltkrieg vom Zaun 10 gebrochen? Dies führte insbesondere in den 1960er-Jahren zur Formulierung **negativer „Sonderwegsthesen"**, die im Vergleich zum erfolgreichen westlichen Modernisierungsweg vor allem Defizite und die Rückständigkeit Deutschlands betonten. In den Blick geriet u. a. die im Vergleich zu anderen europäischen Staaten späte Nationalstaatsgründung Deutschlands. Auch die blockierte Parlamentarisierung des kaiserlichen Deutsch- 15 lands galt als eine wesentliche Ursache für das spätere Scheitern der ersten deutschen Demokratie, der Weimarer Republik. Kritisch beurteilten die Historiker außerdem die antiliberalen, antipluralistischen bzw. obrigkeits- und machtstaatlichen Orientierungen der deutschen politischen Kultur, die zur Schwächung der liberal-demokratischen Kräfte in Deutschland geführt und dadurch den Aufstieg der Nationalsozialisten begünstigt 20 hätten.

Zu den wichtigsten Vertretern der negativen Sonderwegsthese gehören der Philosoph **Helmuth Plessner** und der Politikwissenschaftler und Zeithistoriker **Karl Dietrich Bracher**. Plessner prägte den Begriff von Deutschland als einer „verspäteten Nation", während sich Bracher intensiv mit dem deutschen Staatsdenken auseinandersetzte und 25 aufzeigte, wie sich Nationalismus, Autoritarismus und Militarismus gegenüber liberalen Traditionen durchsetzten. Gleichzeitig ist die Diskussion über den „deutschen Sonderweg" nach 1949 in die Auseinandersetzung um die ideellen Grundlagen der Bundesrepublik Deutschland eingebettet, die sich vom antiwestlichen „Sonderweg" entschieden abgewandt und eine Politik der „Westbindung" verfolgt hat. Die Beschäftigung mit dem 30 „deutschen Sonderweg" war und ist daher nicht nur eine wissenschaftliche Debatte über das historische Selbstverständnis Deutschlands und der Deutschen, sondern auch eine durch und durch politische Diskussion. Das verleiht ihr eine besondere Spannung. Seit den 1980er-Jahren haben deutsche und ausländische Historiker Kritik an der Sonderwegsthese geübt. Sie argumentierten, dass die deutsche Geschichte farbiger und 35 vielfältiger gewesen sei als von den Anhängern der Sonderwegsinterpretation behauptet. Außerdem dürfe die deutsche Vergangenheit seit der Reichsgründung 1870/71 nicht als bloße Vorgeschichte des Nationalsozialismus aufgefasst werden. Die These von einem „Sonderweg" unterstelle überdies die Vorstellung von einem „Normalweg". Aber wer bestimmt dann die „Norm"? Diese Kritik führte zur Differenzierung der nega- 40 tiven Sonderwegsthese, nicht aber zu ihrer völligen Ablehnung.

M3 **Hitlerjugend beim Reichsparteitag, Fotografie, 1938**

▶ M 9: Heinrich August Winkler über den „deutschen Sonderweg"

umstritten

▶ M 10: Karikatur zur deutschen Wiedervereinigung

▶ Kap. 7: Kernmodul, M 6: Karl Dietrich Bracher (S. 112 f.)

M 4 Karikatur von Gerhard Mester, 1999

In der Geschichtswissenschaft besteht ein breiter Konsens, dass die Sonderwegsthese durch Vergleiche zwischen den europäischen Staaten präzisiert werden könne. Allein auf diesem Weg sei die Frage nach Gemeinsamkeiten, Ähnlichkeiten oder Unterschie-
45 den zu klären. Diese Forderungen überschneiden sich mit denen der **transnationalen Geschichtsschreibung*,** der es um eine **Erweiterung der historischen Perspektiven** geht: Die Geschichtswissenschaft hat sich lange Zeit vornehmlich um lokale, regionale Geschichte und die Nationalgeschichte von Ländern, Staaten oder bestimmten Bevölkerungsgruppen (z. B. nationalen Minderheiten) gekümmert. Der Blick soll nun durch
50 eine **zusätzliche Ebene** erweitert werden, die sich **zwischen lokale, regionale und nationale Geschichte einerseits und die Globalgeschichte andererseits** schieben lasse. Eine derartige transnationale Geschichtsbetrachtung ermöglicht präzise vergleichende Analysen unterschiedlicher politischer, gesellschaftlicher und kultureller Verhältnisse. Auch grenzüberschreitende Austauschprozesse, die Bildung internationaler Netzwerke
55 oder die Entstehung von Diasporagebieten können genauer beschrieben und erklärt werden.

Transnationale Geschichtsschreibung
Der Begriff bezeichnet im weitesten Sinne die Betrachtung von Geschichte über die Grenzen einzelner Nationen/Staaten hinaus. Häufig bezieht sich der Begriff auch auf eine Geschichtsschreibung, die nicht nur auf ein Land oder auf einen Kontinent, z. B. Europa, blickt, sondern die Welt global betrachtet. Entstanden ist die transnationale Geschichtsschreibung an der Wende vom 20. zum 21. Jh. (nach dem Ende des Kalten Krieges), und zwar in Reaktion auf die veränderten Wahrnehmungen im Zeitalter der Globalisierung.

▶ M 11: Sebastian Conrad über Globalgeschichte und transnationale Geschichte

1 **Partnerarbeit/Mindmap:** Erstellen Sie in Partnerarbeit eine Mindmap zur Frage, warum sich die Deutschen in der neueren Geschichte schwer damit getan haben, ihre kollektive Identität zu bestimmen.
2 Erläutern Sie den Begriff „Sonderweg" und skizzieren Sie in einem knappen Überblick die Geschichte des „deutschen Sonderwegs".
3 **Pro-und-Kontra-Diskussion:** Sammeln Sie Pro- und Kontra-Argumente für die Verwendung der These vom „deutschen Sonderweg" bei der Analyse deutscher Geschichte.
4 Jeder Bürger der Bundesrepublik besitzt außer der deutschen auch die europäische Staatsangehörigkeit. Diskutieren Sie, was das für Sie im Alltagsleben und für Ihr politisches Handeln bedeutet.

Hinweise zur Arbeit mit den Materialien

Zum Einstieg können mithilfe der Bilder M5 und M6 Rückschlüsse auf das deutsche Selbstverständnis zweier Epochen gezogen werden. Zwei Historikertexte (M7 und M8) bieten anschließend einen differenzierten Überblick über die Entwicklungen des Selbstverständnisses im 19. und 20. Jahrhundert, wobei M8 auch als Diskussionsgrundlage für aktuelle Probleme dienen kann. In einem zweiten Block (M9 und M10) wird die Debatte um den deutschen „Sonderweg" in den Blick genommen. Abschließend führt ein Historikertext (M11) in das Feld der transnationalen Geschichtsschreibung ein und ein weiterer Sekundärtext (M12) zeigt die Anwendung in Bezug auf das europäische Selbstverständnis.

Zur Vernetzung mit dem Kernmodul

In Kapitel 7 „Kernmodul" werden folgende Themen anhand weiterer Materialien vertieft:

– *Deutungen des deutschen Selbstverständnisses: siehe M1 bis M3 im Kernmodul,*
– *deutsche Sonderwegsdebatte: siehe M4 bis M8 im Kernmodul*
– *transnationale Geschichtsschreibung: siehe M9 und M10 im Kernmodul*

Deutungen des deutschen Selbstverständnisses

M5 Titelblatt des Magazins „Der Spiegel" zum 60. Jahrestag der Gründung der Bundesrepublik, 2009

1 Arbeiten Sie die einzelnen Bildelemente heraus und charakterisieren Sie das (west-)deutsche Selbstverständnis um 2009.

M6 „Deutschland – August 1914", Gemälde von Friedrich August von Kaulbach, 1914

1 Analysieren Sie das Gemälde im Hinblick auf die Eigenschaften, die der deutschen Nation in dieser Personifikation der Germania zugeschrieben werden.
Tipp: siehe S. 148.
2 Erörtern Sie auf Basis des Bildes das deutsche Selbstverständnis um 1914.
3 **Zusatzaufgabe:** siehe S. 148.

M 7 Der Historiker Thomas Nipperdey über den deutschen Nationalismus im 19. Jahrhundert (1992)

Der Nationalismus war in Europa seit 1789 und auch im von der Romantik geprägten Deutschland eine linke und progressive Bewegung gewesen, oppositionell, ja revolutionär, auf die Veränderung des Beste-
5 henden aus, auf den Sturz der Legitimitäten und Autoritäten der Tradition. Er hatte sich gegen das fürstlich-etatistische Establishment, gegen die Konservativen, gegen die Reaktion gerichtet, er hatte die modernen Kräfte, die bürgerliche Gesellschaft, die
10 öffentliche Meinung, ja auch das „Volk" für sich mobilisiert [...]. Vor 1871 herrschten die Nicht-Nationalen, die Nationalen waren Opposition. Seit 1871 herrschten die Nationalen. Damit wurde der Nationalismus eine Macht des Bestehenden, er war nicht mehr
15 Macht der Veränderung. Der Nationalismus wurde – schon durch die schlichte Lageveränderung – eine „rechte" Sache, war nicht mehr eine „linke". [...] Kurz, die bisherigen Gegner, die Rechte, übernahmen die nationalen Ideen und Ziele und suchten sich als die
20 Spitzen und Garanten des neuen Nationalismus zu profilieren. [...]
Zur Koordinatenveränderung und zur Aufnahme des Nationalismus kamen Veränderungen in der Substanz. 1871 ist der deutsche Nationalismus national-
25 monarchisch und nationaldemokratisch zugleich, das ist der erste Kompromiss der Reichsgründung. Dann verschieben sich langsam die Gewichte. Die Nationalisierung der Regierungen und des Konservativismus machte umgekehrt den Nationalismus und
30 seine bisherigen Träger auch gouvernementaler und konservativer; teils trat die „Freiheit" hinter der „Einheit" zurück, teils wurde sie vertagt, teils drängten Sozialistenfurcht und Massenmobilisierung durch das allgemeine Wahlrecht und die Interessenverbän-
35 de die Liberal-Nationalen nach rechts. Ideologisch wurden die nicht-liberalen Züge des deutschen Nationalismus betont, die Überordnung der nationalen Gemeinschaft über das Individuum, die Betonung von Ordnung, Macht und Autorität, die Wendung ge-
40 gen das Naturrecht, den Westen, den Internationalismus. Sodann: Nationale Politik der national gewordenen Regierung und der konservativer werdenden Nationalen war die Militärpolitik. Die Unterstützung der militärischen Rüstung wurde in einem spezifi-
45 schen Sinn zu einer „nationalen Frage". Zurückhaltung gegenüber Militärforderungen und der entsprechenden Steuerlast wurde „un-national". [...]
Ebenso wichtig wie die Tendenz des siegreichen Nationalismus von 1871 gegen innere Gegner, alte und
50 vor allem neue Feinde, ist die Wendung nach außen;

der Akzent verschiebt sich von der inneren Einigung Deutschlands zur Machtstellung Deutschlands in Europa und der Welt. [...] Zwar stand die Außenpolitik noch keineswegs wie in der Ära der wilhelmini-
55 schen Weltpolitik im Vordergrund des öffentlichen, des nationalen täglichen Interesses, und real ging es nicht nur dem Friedenspolitiker Bismarck, sondern auch der großen Mehrheit der öffentlichen Meinung um Erhaltung und Sicherung der deutschen Macht-
60 position, nicht um Expansion. Aber ideenpolitisch wurde die Macht jetzt stärker akzentuiert, stärker jedenfalls als Recht, Freiheit oder Wohlfahrt. Die Wendung zur Realpolitik führte in der populären Rhetorik dazu, dass man nicht primär die deutsche
65 Innerlichkeit und Kultur, die Dichter und Denker feierte, sondern die reale Macht. Der gewonnene Krieg gegen einen äußeren neidischen Feind machte diese Wendung fast zwingend, das deutsche Schwert wurde in der Öffentlichkeit – anders als in der Diploma-
70 tie – mehr und mehr ein wesentliches Symbol der Deutschen. Darin mündeten rhetorische Überkompensationen vermeintlich früherer idealistischer Schwächen; darum war dieses Machtgetön etwas schärfer und unangenehmer als in anderen Nationen
75 wie England und Frankreich, denen Groß- und Weltmachtstellung selbstverständlich waren. [...] Freilich, die Außenpolitik Bismarcks und das Außenpolitikmonopol der Regierung zügelten noch solche Tendenzen des deutschen Nationalismus. Aber etwa in
80 der aufflammenden Kolonialbewegung Anfang der 1880er-Jahre, in den Konkurrenzgefühlen gegenüber England kam doch auch das dynamische Potenzial des neuen Macht-Nationalismus zum Vorschein. Deutschlands Stellung in der Welt fing an, zum nati-
85 onalen Thema zu werden, und verdrängte die ältere Konzentration auf das Selbstbestimmungsrecht der Nation.

Thomas Nipperdey, Deutsche Geschichte 1866–1918, Bd. 2: Machtstaat vor der Demokratie, C. H. Beck, München 1992, S. 255 ff.*

1 Beschreiben Sie mithilfe von M 7 die Entwicklung des Nationalismus in Deutschland.
2 Erläutern Sie, was Nipperdey mit „das dynamische Potenzial des neuen Macht-Nationalismus" (Z. 82 f.) meint.
3 Setzen Sie sich mit dem Begriff „Patriotismus" auseinander und grenzen Sie ihn von dem Begriff „Nationalismus" ab.
Tipp: siehe S. 148.

Nationalstaat Deutschland 19. Jh.
 cornelsen.de/Webcodes
Code: toyibe

M8 Der Historiker Peter Brandt über die Entwicklung des deutschen Selbstverständnisses während des 20./21. Jahrhunderts (2010)

Die besondere Schwierigkeit, heute in Deutschland über das Nationale nicht allein negativ zu sprechen, besteht natürlich in der Last der NS-Vergangenheit mit ihren völkermordenden Ereignissen, ein Erbe,
5 das nicht abzuschütteln ist. Für die große Mehrheit der Deutschen, zumindest der politisch bewussten, hat der derzeitige Bundespräsident [Horst Köhler] im israelischen Parlament festgestellt, dass die Auseinandersetzung mit der nationalsozialistischen Ver-
10 gangenheit, mit dem Judenmord als destruktivem Höhepunkt, heute einen wesentlichen Bestandteil des deutschen nationalen Selbstverständnisses darstellt. Es geht um die Verantwortung, die die Bundesrepublik damit übernimmt, es geht nicht um eine
15 kollektive Schuld der damaligen oder gar der heutigen Deutschen. [...]

Ferner: Von weit links bis ziemlich weit rechts wird die repräsentative Demokratie heute als Staatsform akzeptiert, und das hängt einerseits sicher mit dem
20 Ende der SED-Diktatur im Osten zusammen, andererseits und vor allem aber mit einem bleibenden Ergebnis der jüngeren Geschichte: der totalen Kriegsniederlage von 1945 [...].

Als das – in den [19]50er-Jahren noch deutlich er-
25 kennbare – tradierte gesamtdeutsche Nationalbewusstsein der älteren Generation seit Mitte der [19]60er-Jahre in sich zusammenfiel, auch in seinen dezidiert demokratischen Varianten, verursacht hauptsächlich durch die schlichte Hoffnungslosig-
30 keit des internationalen Status quo und damit der deutschen Teilung, die mit dem Bau der Berliner Mauer im August 1961 buchstäblich zementiert worden war, war damit auch die klassische nationalstaatliche Orientierung der Bundesrepublik de facto
35 am Ende. Stattdessen entwickelte sich mit dem Orientierungswandel der späten [19]60er-Jahre in Teilen der jüngeren Intelligenz Westdeutschlands ein quasi „negativer Nationalismus". Dieser war und ist getragen von der Überzeugung, die Deutschen hätten
40 während des 19. und 20. Jahrhunderts eine nationalistische Sonderentwicklung durchlaufen, die im „Dritten Reich" ihren Höhepunkt gefunden habe; von daher sei das Nationale, und speziell das Projekt eines Nationalstaats, in Deutschland für immer unheil-
45 bar belastet. [...]

Mein dritter Punkt ist die unbestreitbare Relativierung des Nationalstaats durch die Prozesse der Europäisierung und Globalisierung, die in erster Linie, aber nicht allein wirtschaftlich bestimmt sind. Was
50 die Globalisierung betrifft, so gehen [...] die meisten politikwissenschaftlichen Analytiker davon aus, dass die Rolle der Staaten auch künftig keine unbedeutende sein wird [...]. [...]

Den vierten Punkt habe ich soeben schon beiläufig erwähnt. Was bedeutet die Massenzuwanderung der 55 letzten Jahrzehnte, insbesondere aus anderen Kulturkreisen, für die Zukunft der tradierten europäischen Nationen, namentlich der deutschen? Grundsätzlich lässt sich zunächst unterstreichen, dass das deutsche Volk, wie mehr oder weniger alle Völker 60 Europas und die meisten Völker der Welt, in ethnischer Hinsicht ein Mischvolk ist. [...]

Um meinerseits Klartext zu reden: Die Existenz und ständige Erneuerung von nicht-deutschen, gettoisierten Parallelgesellschaften, in denen soziale Aus- 65 grenzungs- und ethnisch-kulturelle Absonderungstendenzen sich gegenseitig verstärken, scheint mir mit dem Gedeihen eines demokratischen und sozialstaatlichen Gemeinwesens, das auf Inklusion angelegt ist, nicht vereinbar. Demokratie braucht nicht 70 nur die Akzeptanz gewisser Grundregeln und gemeinsamer politisch-weltanschaulicher Werte (wie der Menschenrechte), sondern auch ein Mindestmaß an kultureller und sozialer Homogenität, damit das Volk im politischen Sinn des Wortes, der Demos, er- 75 kennbar und handlungsfähig bleibt.

*Peter Brandt, Deutsche Identität zu Beginn des 21. Jahrhunderts, 2010, zit. nach: http://www.globkult.de/ gesellschaft/ identitaeten/442-deutsche-identitaet-zu-beginn-des-21-jahrhunderts (Download vom 9. August 2020).**

1 Untersuchen Sie mithilfe des Textes von Brandt, welche Wirkungen die NS-Vergangenheit auf das Selbstverständnis der Deutschen hat.

2 Erläutern Sie die These Brandts, der Nationalstaat sei in der jüngeren Geschichte relativiert worden durch Prozesse der Europäisierung und Globalisierung sowie durch die Massenzuwanderung aus fremden Kulturen.

3 Nehmen Sie Stellung zu der These Brandts, demokratische Staatswesen wie die Bundesrepublik benötigten auch ein Mindestmaß an kultureller und sozialer Homogenität.

Die deutsche Sonderwegsdebatte

M9 Der Historiker Heinrich August Winkler über den „deutschen Sonderweg" (2000)

Hitler ist nicht durch einen Wahlsieg an die Macht gekommen. Seine Wahlerfolge in den Jahren 1930 bis 1932 bildeten aber eine Vorbedingung der Machtübertragung vom 30. Januar 1933, eines Gemeinschaftswerks von „nationalen" Massen und Machteli- 5

preußischer Adel

ten. Das Machtzentrum um Hindenburg hätte, den entsprechenden Willen vorausgesetzt, die Auslieferung des Staates an Hitler verhindern können. Die Machtübertragung war also kein notwendiges Ergebnis der vorangegangenen Entwicklung. Sie war aber auch kein bloßer „Betriebsunfall". Die ostelbischen Rittergutsbesitzer, die in der späten Weimarer Republik wie keine andere gesellschaftliche Gruppe über das Privileg des Zugangs zum Machthaber, dem Reichspräsidenten von Hindenburg, verfügten und geschlossener als jede andere Elite auf eine Kanzlerschaft Hitlers drängten, waren nicht zufällig so mächtig, sondern als Ergebnis ihrer Machtbehauptung unter und durch Bismarck. [...] Der 30. Januar 1933 hat eine lange Vorgeschichte.

Deutschland war nicht das einzige Land, das nach 1929 schwer unter der Weltwirtschaftskrise litt. Eine Krise des parlamentarischen Systems erlebten in der Zwischenkriegszeit auch alte Demokratien wie Frankreich und, in geringerem Maß, England. Frankreich und England waren aber Siegermächte, was einer Mobilisierung nationalistischer Ressentiments wie im besiegten Deutschland entgegenstand. [...] Die Angst vor dem Bürgerkrieg ging nach der Oktoberrevolution der Bolschewiki von 1917 in ganz Europa um. Aber in alten Demokratien war die Bereitschaft, der Gefahr von links mit diktatorischen Mitteln entgegenzutreten, schwächer als in jungen. Was die westliche Demokratie am meisten festigte, war ihre Tradition, ihre Verwurzelung bei Massen und Eliten, oder, anders gewendet, der demokratische Grundkonsens – und der war in Deutschland hingegen so gut wie gar nicht vorhanden.

Fast alle neuen, erst nach 1918 entstandenen Demokratien Europas gingen in der Zwischenkriegszeit zu rechtsautoritären Regimen über. Als erster Staat errichtete Italien [...] eine Diktatur neuen Typs, die faschistische. Wäre das Regime Hitlers lediglich eine faschistische Diktatur nach der Art von Mussolinis Italien gewesen, gäbe es vermutlich keine Diskussion über einen „deutschen Sonderweg". Aber das „Dritte Reich" war eben nicht nur [...] der „deutsche Faschismus". Er war das Regime, das den Zweiten Weltkrieg entfesselte und für ein Jahrhundertverbrechen steht: die Ermordung der europäischen Juden. [...]

Was den Nationalsozialismus von anderen „rechten" Bewegungen abhob, war die Verbindung von radikalem Antisemitismus und Nationalismus mit einer populistischen und populären Variante von Demokratiefeindschaft. [...]

Die „Gebildeten" unter den Anhängern Hitlers faszinierte vor und nach 1933 besonders sein Traum von einem großen Deutschland – dem Großdeutschen Reich. „Großdeutsch" waren nach 1918 alle politischen Kräfte in Deutschland, von der äußersten Linken bis zur äußersten Rechten. [...]

Die historisch und theologisch gebildeten Deutschen erinnerten sich und andere gern an den alten Mythos, wonach der Antichrist nicht zur Herrschaft gelangen würde, solange das Römische Reich bestand, das im Jahr 800 mit der Kaiserkrönung Karls des Großen auf die Franken und damit auf die Deutschen übertragen worden war. Vor allem aber: Es gab nach deutschem Verständnis nur ein Reich, das deutsche. [...]

Wenn es eine tragfähige Brücke zwischen Hitler und dem gebildeten Deutschland gab, war es der Reichsmythos. In seinem Zeichen rechtfertigten deutsche Gelehrte den Anschluss Österreichs, die Errichtung des Reichsprotektorats Böhmen und Mähren, die Niederwerfung Polens, die Vorherrschaft über Nord-, West- und Südosteuropa und schließlich den Krieg gegen das bolschewistische Russland, die vermeintliche moderne Erscheinungsform des Antichrist. [...]

Es gab einen „deutschen Sonderweg". Es war der lange Weg eines tief vom Mittelalter geprägten Landes in die Moderne. [...] Der stärkste Einwand gegen die These vom „deutschen Sonderweg" lautet noch immer, dass es einen oder gar den westlichen „Normalweg" nicht gibt: Der englische war es so wenig wie der französische oder der amerikanische. Aber der Begriff „westliche Demokratien" verweist doch auf ein gemeinsames Merkmal der Staaten, von deren politischer Entwicklung sich die deutsche bis 1945 scharf abhob. Die Menschen- und Bürgerrechte in der Tradition der englischen Habeas-Corpus-Akte von 1679, der amerikanischen Unabhängigkeitserklärung von 1776 und der Erklärung der Menschen- und Bürgerrechte durch die französische Nationalversammlung am 26. August 1789 waren tief genug in der politischen Kultur der westlichen Demokratien verankert, um Verstöße gegen dieselben zum öffentlichen Skandal zu machen und den Kampf um ihre weitere Verwirklichung voranzutreiben. Diese Tradition fehlte in Deutschland nicht, aber sie war schwächer als die des langlebigen Obrigkeitsstaates.

Heinrich August Winkler, Der lange Weg nach Westen, Zweiter Band: Deutsche Geschichte vom „Dritten Reich" bis zur Wiedervereinigung, C. H. Beck, München 2000, S. 643 ff.*

1 Fassen Sie die zentralen Argumente zusammen für die These, dass es einen „deutschen Sonderweg" gegeben habe.

2 Nennen Sie die entscheidenden Gründe dafür, dass die westlichen Demokratien den deutschen Weg in die Diktatur nicht beschritten.

M 10 **Karikatur zur deutschen Wiedervereinigung von Nicholas Garland (Großbritannien), 1994**

1 Interpretieren Sie die Karikatur.

   Tipp: siehe S. 480.

Transnationale Geschichtsschreibung

M 11 **Der Historiker Sebastian Conrad über transnationale Geschichte (2013)**

Während der Begriff der Weltgeschichte meist eine Makroperspektive impliziert, zielt transnationale Geschichte auf Phänomene, die räumlich deutlich beschränkter sind – und für die der Begriff der Globalgeschichte auch anmaßend wirken könnte. Ganz

5 allgemein formuliert geht es bei transnationaler Geschichte darum, Gesellschaften in ihren grenzüberschreitenden Verflechtungsbeziehungen zu untersuchen. Inwiefern war gesellschaftliche Dynamik

10 geprägt durch Prozesse, welche die Grenzen der jeweiligen Gesellschaften transzendierten? Auch hier handelt es sich in erster Linie um einen heuristischen Zugriff, nicht um eine Methode. Er bringt es mit sich, dass der Rolle von Mobilität, von Zirkulation und

15 Transfers besonderes Augenmerk geschenkt wird. Von der Geschichte internationaler Beziehungen unterscheidet sich der Ansatz dadurch, dass nicht nur die Außenbeziehungen von Ländern thematisiert werden, etwa die Diplomatie oder der Außenhandel,

20 sondern dass danach gefragt wird, inwiefern externe Kräfte in die Gesellschaft hineinreichten und sie prägten. Darüber hinaus geraten transnationale Organisationen und Akteure – NGOs, Unternehmen, transnationale Öffentlichkeiten – in den Blick.

25 In der Praxis sind die Beziehungen zwischen transnationalen und globalen Perspektiven sehr eng. Wer gleichwohl an einer Feindifferenzierung interessiert ist, würde darauf verweisen, dass sich viele Untersuchungen zur transnationalen Geschichte auf Aus-

30 tauschprozesse zwischen zwei Gesellschaften kon-

zentrieren. Diese bilaterale Struktur führt bisweilen dazu, dass darüber hinausreichende (globale) Zusammenhänge nicht in den Blick kommen; [...] Eine andere Kritik richtet sich auf die konzeptionelle Rückbindung an die Nation. Ohne analytische Sensi- 35 bilität für die große Prägekraft des Nationalstaats in vielen Bereichen historischer Wirklichkeit, so das Argument, erscheint auch eine transnationale Perspektive wenig sinnvoll. Doch wird, so lautet die Gegenposition, dadurch nicht an genau jener Einheit 40 festgehalten, die eigentlich überwunden werden soll? Darüber hinaus würde ein solcher Zugriff transnationale Perspektiven auf die Frühe Neuzeit, vor der Gründung von Nationalstaaten schon terminologisch unmöglich machen. Und schließlich: Auch in 45 der modernen Welt waren Nationalstaaten lange Zeit eine Ausnahmeerscheinung – selbst Frankreich, für viele geradezu Inkarnation eines modernen Nationalstaats, war bis 1962 ein Imperium. Eine zu enge Auslegung des Begriffs „transnational" würde ihn 50 also fast unbrauchbar machen – und ihm, angesichts der späten Nationalstaatsbildung in vielen Teilen der Welt, zugleich eine eurozentrische Schieflage geben. [...] Es ist daher sinnvoll, mit transnational nicht nur auf einen Gegenstandsbereich oder spezifischen his- 55 torischen Kontext (das Vorhandensein moderner Nationalstaaten) zu verweisen, sondern auch eine methodische Aussage zu machen: Es geht dann darum, den herkömmlichen nationalstaatlich (oder eben imperial) formatierten Untersuchungsrahmen zu 60 überschreiten, und das heißt methodisch: über im Kern internalistische Analysen hinauszugehen.

Sebastian Conrad, Globalgeschichte. Eine Einführung, C. H. Beck, München 2013, S. 16 f.*

1 Arbeiten Sie auf der Basis von M 11 Unterschiede und Gemeinsamkeiten von „transnationaler Geschichte" und „Globalgeschichte" heraus.

2 Wahlaufgabe: Bearbeiten Sie entweder a) oder b).

   a) Lexikonartikel: Verfassen Sie einen Lexikonartikel zu dem Begriff „transnationale Geschichte".

   b) Essay: Analysieren Sie in einem Essay die Vorteile transnationaler Geschichtsschreibung.

3 Zusatzaufgabe: siehe S. 148.

M 12 **Der Historiker Hartmut Kaelble über das europäische Selbstverständnis im 19. und 20. Jahrhundert (2002)**

Transnationale Identitäten wie das europäische Selbstverständnis sind nicht einfach nationale Identitäten mit weiterer geographischer Reichweite. […] Sowohl nationale als auch europäische Identitäten

5 sind in gleicher Weise Identifizierungen mit kollektiven Gemeinschaften, deren Angehörige sich nur zu einem winzigen Bruchteil kennen und die deshalb über Symbole, Mythen, Riten, Debatten erfahren werden. […]

10 Das moderne europäische Selbstverständnis entstand nicht im militärischen Konflikt gegen eine hegemoniale Vormacht, als militärischer Widerstand und in einem militärischen Befreiungskampf wie die italienische Identität im Kampf gegen die Habsbur-

15 ger Monarchie, die deutsche Identität in den Kriegen gegen die Napoleonische Vorherrschaft oder die Identität der USA in der amerikanischen Revolution gegen das britische Empire. Ganz im Gegenteil entstand das moderne europäische Selbstverständnis

20 gegen die Weltkriege und zu Vermeidung weiterer Kriege unter Europäern. Daher hat das europäische Selbstverständnis keinen militärischen Gründungsmythos wie viele heutige oder frühere Identitäten in und außerhalb Europas. Das moderne europäische

25 Selbstverständnis identifizierte sich seit seiner Entstehung in der Zwischenkriegszeit meist, wenn auch nicht immer, stärker als nationale Identitäten mit politischen Zielen wie Demokratie, Friedenssicherung, wirtschaftlichen Wohlstand, innere Sicherheit, aber

30 auch mit hoher Kultur, mit europäischer Dichtung, Malerei, Musik, Architektur, Stadtkultur. […]
Das europäische Selbstverständnis unterschied sich nicht nur von nationalen Identitäten. Es gab auch zu keiner Epoche des 19. oder 20. Jahrhunderts ein einzi-

35 ges einheitliches europäisches Selbstverständnis. […] Eine erste Art des Selbstverständnisses bestand aus dem Gefühl der dauerhaften, kaum veränderbaren und umfassenden, europäischen Überlegenheit über alle anderen Zivilisationen und Gesellschaften der

40 Welt. Diese Überlegenheit wurde als umfassende, wirtschaftliche wie militärische, politische wie kulturelle und wissenschaftliche Überlegenheit Europas über die ganze Welt angesehen. […]
Eine zweite Art des europäischen Selbstverständnis-

45 ses drehte sich um die Bedrohtheit Europas. Sie beruhte nicht auf einem Gefühl der Überlegenheit, sondern Unterlegenheit, auf der Angst vor einer kulturellen oder wirtschaftlichen oder politischen Suprematie anderer Zivilisationen über Europa, vor

50 allem vor der Suprematie der USA, manchmal auch

der UdSSR. Dieses Selbstverständnis war meist eine antagonistische[1] Identität, ging davon aus, dass sich Zivilisationen und Nationen von Natur aus in einem erbarmungslosen Kampf aller gegen alle befanden.
55 Ein wichtiges Kennzeichen dieses Selbstverständnisses war daher einerseits die starke Solidarität mit anderen Europäern, andererseits die massiven gewollten, seltsamerweise oft als edel und zivilisiert eingeschätzten Hassgefühle auf die angeblich bedrohenden Zivilisationen. […]
60 Insgesamt wäre es illusionär, diese verschiedenen Arten des europäischen Selbstverständnisses durchweg als bessere Alternativen zu den nationalen Identitäten in Europa anzusehen. Das europäische Selbstverständnis wurde zwar im 19. und 20. Jahrhundert sel-
65 ten zur ideologischen Grundlage für Krieg oder Völkermord in Europa ausgenutzt und missbraucht, aber das Überlegenheitsgefühl hatte in den europäischen Kolonialreichen seine Folgen.

Hartmut Kaelble, Das europäische Selbstverständnis und die europäische Öffentlichkeit im 19. und 20. Jahrhundert, in: Hartmut Kaelble/Martin Kirsch/Alexander Schmidt-Gernig (Hg.), Transnationale Öffentlichkeiten und Identitäten im 20. Jahrhundert, Campus Verlag, Frankfurt/Main 2002, S. 88–92, 94.*

1 *antagonistisch:* gegensätzlich, widerstreitend

1 Arbeiten Sie die Differenzierung Kaelbles zwischen dem europäischen Selbstverständnis des 19. und 20. Jahrhunderts und den nationalen Identitäten in Europa heraus.

2 Erläutern Sie auf Grundlage von M 12 das moderne europäische Selbstverständnis.
Tipp: Beachten Sie hierzu auch die Wertvorstellungen der EU. (https://europa.eu/european-union/about-eu/eu-in-brief_de)

3 Beurteilen Sie auf Grundlage Ihrer Recherche und M 12, inwiefern es ein einheitliches europäisches Selbstverständnis geben kann.

4 **Vertiefung:** Der Nationalismus lebt in vielen Ländern seit den 2010er-Jahren wieder auf. Vergleichen Sie den Nationalismus um 1900 mit den nationalistischen Entwicklungen der Gegenwart.

2

Gründung: Politische Ideen und Träger der Weimarer Republik

M1 Die Weimarer Nationalversammlung (am Rednerpult Friedrich Ebert), Schulwandbild, um 1950/60

1871	Reichsverfassung: konstitutionelle Monarchie, allgemeines Wahlrecht		1888	Wilhelm II. Kaiser	
	1870	1880		1890	1900

1871–1918 Deutsches Kaiserreich

Der Erste Weltkrieg endete in Deutschland mit der Revolution im November 1918, die den Obrigkeitsstaat des Kaiserreiches beseitigte und eine demokratische Republik schuf. Diese erste deutsche Demokratie scheiterte jedoch bereits am 30. Januar 1933 mit der „Machtergreifung" der Nationalsozialisten. Weil die Folgen der nationalsozialis-
5 tischen Herrschaft so grauenvoll und umstürzend waren, haben Zeitgenossen und Historiker immer wieder zu erklären versucht, warum es in weniger als 15 Jahren zur Zerstörung der Demokratie in Deutschland kommen konnte. Zwar bleibt die Frage nach den Ursachen des Scheiterns der Weimarer Republik ein zentraler Forschungsschwerpunkt, doch darf dies nicht
10 den Blick verstellen für die Leistungen der Weimarer Republik. Hierzu gehört die Gründung der ersten Demokratie in Deutschland. Die Weimarer Demokratie entstand in unruhigen Zeiten. Nach der deutschen Niederlage im Ersten Weltkrieg mussten die Soldaten wieder in das gesellschaftliche Leben eingegliedert werden. Es
15 herrschten wirtschaftliche Not und Verunsicherung. Außerdem musste geklärt werden, welche Staats- und Gesellschaftsordnung Deutschland erhalten sollte. Zur Debatte standen zwei Hauptmodelle: Sollte das sozialistische Rätesystem der Revolution oder eine demokratische Republik Staat und Politik Deutschlands in Zukunft
20 bestimmen? Nach heftigen Auseinandersetzungen entschied sich die Weimarer Nationalversammlung für eine demokratische Ordnung. Sozialdemokraten, Katholiken und Liberale, die drei Viertel der Wählerstimmen auf sich vereinten, hatten sich auf einen Grundkonsens verständigt: Die junge Republik sollte auf den Grundprinzi-
25 pien der parlamentarischen Ordnung und des Sozialstaats beruhen.

M2 „November 1918",
Karikatur von Wilhelm Schulz,
Titelbild des „Simplicissimus",
3. Dezember 1918

1 **Begriffscluster:** Reaktivieren Sie Ihr Vorwissen, indem Sie ein Begriffscluster zum Thema „Kriegsniederlage, Revolution, Nationalversammlung und Weimarer Demokratie" erstellen. Berücksichtigen Sie dabei alle Begriffe und Assoziationen, die Ihnen hierfür von Bedeutung erscheinen.
2 Analysieren Sie die Bilder M 1 und M 2:
  a) Bestimmen Sie die Bildelemente und die Aussagen.
  b) Erläutern Sie die Bedeutung der Bilder. Berücksichtigen Sie dabei deren Entstehungszeit.
3 **Partnerarbeit:** Formulieren Sie – ausgehend vom Text und den beiden Bildern – gemeinsam Fragen zur Gründungsphase der Weimarer Republik.
4 **Vertiefung:** Diskutieren Sie, ob man die Zeit der Weimarer Republik aus der Perspektive ihres Endes analysieren sollte.

1918	Ende der Monarchie in Deutschland, Ausrufung der Republik in Deutschland (9.11.)
1918/19	Novemberrevolution
1919	Gründung der KPD (1.1.), Straßenkämpfe in Berlin („Spartakusaufstand") (5.–11.1.), Freikorps ermorden Rosa Luxemburg und Karl Liebknecht (15.1.), Wahlen zur Nationalversammlung (19.1.), Eröffnung der Nationalversammlung in Weimar (6.2.), Wahl Friedrich Eberts zum Reichspräsidenten (11.2.), Kabinett Scheidemann (Weimarer Koalition: SPD, DDP, Zentrum) (13.2.), Unterzeichnung des Versailler Vertrages (28.6.), Weimarer Reichsverfassung in Kraft (11.8.)
1920	Gründung der NSDAP (Umbenennung der DAP)

1910   1920

1919–1923 Krisenjahre der Weimarer Republik   1924–1929 „Goldene Zwanziger"

1914–1918 Erster Weltkrieg

2   Gründung: Politische Ideen und Träger der Weimarer Republik

> In diesem Kapitel geht es um
> – die Novemberrevolution von 1918/19,
> – Kontroversen und Kompromisse der Weimarer Reichsverfassung,
> – die Träger und Gegner der Weimarer Republik.

Kriegsniederlage und demokratische Reformen

Die erste deutsche Demokratie entstand in einer schwierigen Situation, in der sich Kriegsende und Revolution überlagerten. Der Erste Weltkrieg endete für das Deutsche Reich mit einer Niederlage, die mit der Unterzeichnung des **Waffenstillstandes** am 11. November 1918 besiegelt wurde. Alle Hoffnungen der Deutschen richteten sich damals auf den amerikanischen Präsidenten Woodrow Wilson, der mit den von ihm verkündeten **„14 Punkten"*** ein liberales Friedensprogramm und damit einen milden Frieden versprach. Eine Voraussetzung dafür war die Demokratisierung des Wilhelminischen Reiches. Diese Forderung erfüllte Wilhelm II., indem er den liberalen Prinzen Max von Baden zum Reichskanzler ernannte. Dieser bildete die erste parlamentarische Regierung des Kaiserreiches, der Abgeordnete der Mehrheitssozialdemokratie (MSPD), des Zentrums und der Fortschrittspartei angehörten. Die **„Oktoberreformen"** vom 28. Oktober sicherten den **Übergang von der konstitutionellen zur parlamentarischen Monarchie** verfassungsrechtlich ab. Reichskanzler und Reichsregierung bedurften nunmehr des Vertrauens des Reichstages und nicht mehr des Kaisers, der auch die Kommandogewalt über das Militär verlor. Sie lag nun in den Händen eines Ministers, Reichstag und Bundesrat mussten seitdem Kriegserklärungen und Friedensschlüssen zustimmen.   5   10   15

Novemberrevolution: Räterepublik oder parlamentarische Demokratie?

Die parlamentarische Monarchie endete mit dem Ausbruch der Revolution. An ihrem Beginn standen Befehlsverweigerungen der Matrosen einiger Geschwader der Hochseeflotte, die sich gegen den Befehl der Admiralität vom 29. Oktober 1918 auflehnten, mit der Flotte auszulaufen und in einem letzten Gefecht ruhmreich und ehrenvoll unterzugehen. Mit ihnen soldarisierten sich Arbeiter und Soldaten aus Kiel am 3. November. Von Kiel ausgehend erfassten die Aufstände binnen weniger Tage das gesamte Reichsgebiet. Die mit der Bekämpfung der Aufstände beauftragten Militär- und Polizeieinheiten kapitulierten weitgehend widerstandslos oder liefen zu den Aufständischen über, **Arbeiter- und Soldatenräte*** übernahmen in den meisten Städten die Macht. Die kriegsmüde Bevölkerung verlangte auf Massendemonstrationen den sofortigen Frieden und die Abdankung des Kaisers. Am 9. November verkündete Reichskanzler Max von Baden eigenmächtig die Abdankung des Kaisers und übergab das Amt des Reichskanzlers an den Vorsitzenden der MSPD Friedrich Ebert, der mit der Führungsspitze seiner Partei die Regierungsgeschäfte übernahm. Die Sozialdemokraten hofften, kraft ihrer Regierungsämter die Revolution besser zähmen zu können. Als der Sozialdemokrat Philipp Scheidemann am frühen Nachmittag des 9. November von einem Balkon des Reichstages die Gründung der „Deutschen Republik" bekannt gab, kritisierte Ebert diesen Schritt. Doch die Dramatik der Ereignisse ließ keine langwierigen innerparteilichen Abstimmungen zu. Kurz nach Scheidemann verkündete der Spartakistenführer Karl Liebknecht vor dem Berliner Schloss die „Freie Sozialistische Republik Deutschland".   5   10   15   20

14-Punkte-Programm
Das Programm enthielt konkrete Vorschläge zu Grenzen, Autonomie von Nationalstaaten, Schifffahrt, Freihandel und Rüstung. Das Selbstbestimmungsrecht der Völker sollte Grundlage der Friedensordnung sein.

M 1   Revolutionäre Matrosen und Soldaten in Berlin, 1918

Rätesystem
Form der direkten Demokratie, bei der alle Menschen in den jeweiligen Basiseinheiten Räte als ihre Vertreter wählen, die ihnen direkt verantwortlich und jederzeit abwählbar sind. Im Gegensatz zum repräsentativen System, der parlamentarischen Demokratie, gibt es keine Gewaltenteilung, sodass die Räte gesetzgeberische, ausführende und Recht sprechende Kompetenzen besitzen.

▶ M 7–M 9: Novemberrevolution

Während die MSPD unter Führung von Ebert alle Energie darauf konzentrierte, eine parlamentarische Demokratie durchzusetzen, kämpfte der linke Flügel der Unabhängigen Sozialdemokraten (USPD) für eine Fortsetzung der Revolution. Der bis zum 18. Dezember 1918 mit der USPD organisatorisch verbundene Spartakusbund und die so-
25 genannten Revolutionären Obleute setzten sich außerdem für eine sozialistische Räterepublik nach sowjetischem Vorbild ein. Um diese Pläne abzuwehren, legte Ebert das Reichskanzleramt nieder und bildete mit dem gemäßigten Flügel der USPD am 10. November eine neue Regierung. Dieser sogenannte Rat der Volksbeauftragten wurde am gleichen Tag von 3000 Delegierten der Berliner Arbeiter und Soldaten anerkannt. Die
30 entscheidenden Weichen für die politische Zukunft Deutschlands stellte der 1. Rätekongress, der vom 16. bis 20. Dezember in Berlin tagte. Alle deutschen Arbeiter- und Soldatenräte hatten Vertreter geschickt. Mit überwältigender Mehrheit lehnte der Kongress den Antrag ab, das Rätesystem zur „Grundlage der Verfassung der sozialistischen Republik" zu erklären. Über die Neuordnung sollte eine aus allgemeinen Wahlen her-
35 vorgegangene Nationalversammlung entscheiden.

Politische Herausforderungen für den „Rat der Volksbeauftragten"
– Rückführung der Armee
– Vorbereitung der Friedensverhandlungen
– Lebensmittelversorgung
– Kriegsopferversorgung
– Anpassung der Wirtschaft (Frieden)
– Erhalt der inneren Ordnung
– Erhalt der Reichseinheit

Die Gründung der deutschen Republik.

M2 „Rat der Volksbeauftragten"/Gründung der Republik, Postkarte, 1919.

Die Porträts der Mitglieder im „Rat der Volksbeauftragen" umrahmen die Ausrufung der Republik durch Scheidemann. Die Szene wurde für dieses Bild wohl nachgestellt, da es keine Fotografien vom Ereignis gibt. Die Spaltung der provisorischen Regierung ist sichtbar, indem links die Vertreter der USPD und rechts die der MSPD gezeigt werden (oben rechts: Friedrich Ebert, Mitte rechts: Philipp Scheidemann).

Am 28. Dezember traten die Vertreter der USPD aus dem Rat der Volksbeauftragten aus. Damit protestierten sie gegen den Militäreinsatz, den Ebert bei Auseinandersetzungen mit Arbeitern im Dezember 1918 angeordnet hatte. Außerdem wollte der linke Flügel der USPD die revolutionäre Umgestaltung von Staat und Gesellschaft vorantrei-
40 ben. Die Zusammenarbeit der MSPD mit den traditionellen Eliten in Armee, Bürokratie und Wirtschaft lehnte die USPD-Linke ab. Im Januar 1919 schloss sich der radikal-sozialistische Spartakusbund mit den „Bremer Linksradikalen" zur Kommunistischen Partei Deutschlands (KPD) zusammen. Gemeinsam mit den Revolutionären Obleuten entfachte die KPD in Berlin zwischen dem 5. und 12. Januar den sogenannten Januar- oder
45 Spartakusaufstand, der ebenso wie die Streiks und Aufstände im Frühjahr 1919 in verschiedenen Teilen Deutschlands durch Regierungstruppen niedergeschlagen wurde. Zu diesen Einheiten der Reichswehr zählten auch Freikorps*, die ehemalige Offiziere aus eigener Initiative gegründet hatten. Es waren auch Freikorpssoldaten, die am 15. Januar 1919 die Spartakusführer Karl Liebknecht und Rosa Luxemburg ermordeten. Die Morde
50 vertieften die Spaltung der sozialistischen Arbeiterbewegung in eine staatsbejahend-parlamentarische (MSPD) und eine radikale gewaltbereite Richtung (USPD).

Freikorps
In diesen bewaffneten Gruppen kamen überwiegend Anhänger nationalistischer, völkischer und antisemitischer Überzeugungen zusammen. Viele waren ehemalige Frontsoldaten. Die Regierung setzte sie zur Bekämpfung der Aufstände ein.

M 3 Reichspräsident Friedrich
Ebert (1871–1925), Fotografie,
1919

▶M 16: Auszug aus der Weimarer
Reichsverfassung

▶M 12–M 14: Reichstagsdebatte über
die Rolle des Reichspräsidenten

▶M 15: Karikatur

Nationalversammlung und Übergangsregierung

Mit der Wahl zur **Nationalversammlung** am 19. Januar 1919 war die Revolution beendet. Nicht im politisch unruhigen Berlin, sondern in Weimar wurde die Nationalversammlung am 6. Februar eröffnet. Sie wählte am 11. Februar Friedrich Ebert zum Reichspräsidenten, der noch am gleichen Tag den SPD-Abgeordneten Philipp Scheidemann zum Ministerpräsidenten einer Übergangsregierung ernannte und mit der Bildung eines Kabinetts beauftragte. Die am 13. Februar ernannte Reichsregierung war eine Koalitionsregierung aus Mehrheitssozialdemokraten (MSPD), der liberalen Deutschen Demokratischen Partei (DDP) und der katholischen Zentrumspartei. Diese Parteien bildeten die sogenannte **Weimarer Koalition.** 5

Die zentrale Aufgabe der Nationalversammlung bestand darin, eine dauerhafte politische Ordnung zu etablieren und den inneren Frieden wiederherzustellen. Doch die Abgeordneten besaßen keine verbindliche Staatsidee. Konflikte prägten die leidenschaftlichen Debatten der Verfassungsberatungen. Das Meinungsspektrum reichte von der Rückkehr zur Monarchie bis zur Absicherung der Räteherrschaft. Auch die gesellschaftspolitischen Vorstellungen lagen weit auseinander. Daher entstand **keine in sich** 15 **geschlossene, widerspruchsfreie Verfassung**, sondern es mussten **Kompromisse** gefunden werden. Hinzu kam, dass die einzelnen Verfassungsbestimmungen nicht vor Veränderungen geschützt werden konnten. Mit den erforderlichen Mehrheiten konnte die Republik wieder in eine Monarchie verwandelt, der Parlamentarismus beseitigt und überdies jedes Grundrecht aufgehoben werden. 20

Weimarer Verfassung: Kontroversen und Kompromisse

Die Weimarer Reichsverfassung wurde am 31. Juli 1919 verabschiedet und am 11. August von Reichspräsident Friedrich Ebert unterzeichnet. Mit den **Verfassungsprinzipien** Volkssouveränität, Grundrechte und Gewaltenteilung war in der Weimarer Reichsverfassung ein Höchstmaß an demokratischen Rechten verankert. Deutschland war nunmehr eine **Republik** (Art. 1) und bestätigte damit die Ergebnisse der Novemberrevolution von 1918, die die jahrhundertelange monarchische Tradition in der deutschen 5 Geschichte beendet hatte. Die Verfassung verknüpfte allerdings unterschiedliche demokratische Vorstellungen miteinander. Sie vereinigte Elemente der **präsidialen, repräsentativen** und **plebiszitären Demokratie.** Die Debatten um die genaue Ausgestaltung der Verfassung waren kontrovers. 10

Kontroverse 1: Der Reichspräsident
Der **Reichspräsident,** der in der Weimarer Republik über eine herausgehobene Stellung verfügte, wurde nicht von einem parlamentarischen Gremium berufen, sondern direkt vom Volk gewählt. Diese demokratische Legitimation durch Volkswahl sicherte ihm eine vom Parlament unabhängige Position. Die Amtszeit betrug sieben Jahre, der Präsi- 15 dent konnte unbegrenzt wiedergewählt werden und besaß weitreichende Befugnisse: Er konnte das Parlament jederzeit auflösen, ohne Rücksprache mit dem Parlament den Reichskanzler ernennen und dem Volk Gesetze des Reichstages zur Abstimmung vorlegen. Außerdem standen dem Präsidenten die Ausnahmebefugnisse des **Artikels 48** der Weimarer Reichsverfassung zu. Bei einer erheblichen Störung oder Gefährdung der öf- 20 fentlichen Sicherheit und Ordnung durfte er bestimmte **Grundrechte** außer Kraft setzen, **Notverordnungen** mit Gesetzeskraft erlassen und mit militärischer Gewalt einschreiten (sogenannte Diktaturgewalt).
Obwohl die Nationalversammlung eine übermäßige Machtkonzentration bei einem Staatsorgan verhindern wollte, verschaffte die Weimarer Reichsverfassung dem Reichs- 25 präsidenten eine überlegene Stellung. Bereits die Zeitgenossen bezeichneten ihn je nach politischer Einstellung zustimmend oder polemisch als „Ersatzkaiser". Dennoch

waren bei der Ausgestaltung des Reichspräsidentenamts weniger rückwärtsgewandte Sehnsüchte als vielmehr die Grundsätze der Gewaltenteilung und Machtbalance aus-
30 schlaggebend. Die mächtige Position des Reichspräsidenten erklärt sich auch aus dem Misstrauen, das die Mehrheit der Abgeordneten in der Nationalversammlung gegen- über Demokratie, Parteien und Parlament hegte (**Antiparlamentarismus**). Dem Parla- ment dürfe nicht die gesamte Macht anvertraut werden, wolle man eine Entmündi- gung des Volkes bzw. einen „Parlamentsabsolutismus" verhindern, argumentierten viele
35 Mitglieder dieses Gremiums und auch namhafte Staatsrechtler.

Kontroverse 2: Der Reichstag

Ein Teil der Weimarer Nationalversammlung wollte Parlamentsallmacht und Parteien- herrschaft verhindern. Im Vergleich zum Deutschen Kaiserreich stärkte die Verfassung dennoch die Stellung des Parlamentes, das für vier Jahre nach dem Verhältniswahlrecht
40 gewählt werden sollte. Der Reichstag war nun die zentrale Institution bei der Gesetzge- bung – bei ihm lag das Recht zur Gesetzesinitiative –, er entschied über Krieg und Frie- den. Zwar sah die Verfassung keine parlamentarische Regierungsbildung vor, denn Reichskanzler und Reichsregierung wurden vom Reichspräsidenten ernannt und kon- trolliert. Wohl aber konnte der Reichstag den Reichskanzler und die Reichsminister
45 durch ein Misstrauensvotum zum Rücktritt zwingen bzw. stürzen. Der Verfassungshis- toriker Hans Boldt hat die Stellung des Reichstages einmal so beschrieben: „Die Reichs- verfassung sah […] zwar keine parlamentarische Regierungsbildung, wohl aber den parlamentarischen Regierungssturz vor." Die Macht des Reichstages war zusätzlich durch die Aufnahme **plebiszitärer Elemente** in die Verfassung eingeschränkt. Durch
50 Volksentscheide und Volksbegehren konnte die Bevölkerung direkt in den Gesetzge- bungsprozess eingreifen. Dabei waren jedoch hohe Hürden zu überwinden. So musste mindestens ein Zehntel der Stimmberechtigten ein Volksbegehren unterstützen.

Kontroverse 3: Föderalismus versus Zentralismus

Das Verhältnis von Reich und Ländern wurde nach heftigen Kontroversen in der Natio-
55 nalversammlung zugunsten der Zentralmacht geregelt. Die Befürworter des Einheits- staates, besonders Abgeordnete der SPD und der DDP, setzten sich bei der Kompetenz- verteilung weitgehend durch. Deutschland blieb ein Bundesstaat, in dem die Länder durch den **Reichsrat** (den Bundesrat der Kaiserzeit) an der Gesetzgebung mitwirkten. Im Vergleich zur Kaiserzeit verlor die Länderkammer jedoch an Bedeutung: Der Reichs-
60 rat wirkte nur beratend an Gesetzen mit und hatte lediglich ein aufschiebendes Veto- recht. Das wurde betont durch den Grundsatz „Reichsrecht bricht Länderrecht". Bei einem Konflikt zwischen Reich und Ländern hatte die Reichsregierung das Recht, mit Gewalt in den Ländern einzugreifen (Reichsexekution). Allerdings konnten sich die Län- der gegen eine geforderte Neugliederung des Reiches, z. B. eine Auflösung Preußens,
65 erfolgreich wehren.

Kontroverse 4: Grundrechte

In Anlehnung an die Paulskirchenverfassung von 1849 erhielt die Weimarer Verfassung einen umfangreichen **Grundrechtekatalog.** Dieser umfasste nicht nur die traditionel- len Menschen- und Bürgerrechte (z. B. Freiheit der Person, Rechtsgleichheit, Recht auf
70 freie Meinungsäußerung, Glaubens- und Gewissensfreiheit), sondern auch soziale Grundrechte und Grundpflichten (z. B. Schutz des Staates für Familie, Ehe und Mutter- schaft, Schutz der Jugend vor Ausbeutung und Verwahrlosung, Recht auf Arbeit), in denen der Einfluss der Arbeiter- und Rätebewegung deutlich wird. Die Freiheitsgaran- tien wurden unter sozialen Vorbehalt gestellt, neben die Leitidee des freiheitlichen
75 Rechtsstaats trat das Ideal des Sozialstaats. Anders als heute in der Bundesrepublik Deutschland konnten die Grundrechte in der Weimarer Republik nicht als unmittelbar geltendes Recht eingeklagt werden.

M4 **Karikatur „Das preußische Abgeordnetenhaus" aus dem Simplicissimus 9. Jg., 1904.**

Unter der Karikatur steht: „Jeder Kretin darf heute in den Reichstag wählen."

M 5 Schaubild der Weimarer Reichsverfassung von 1919

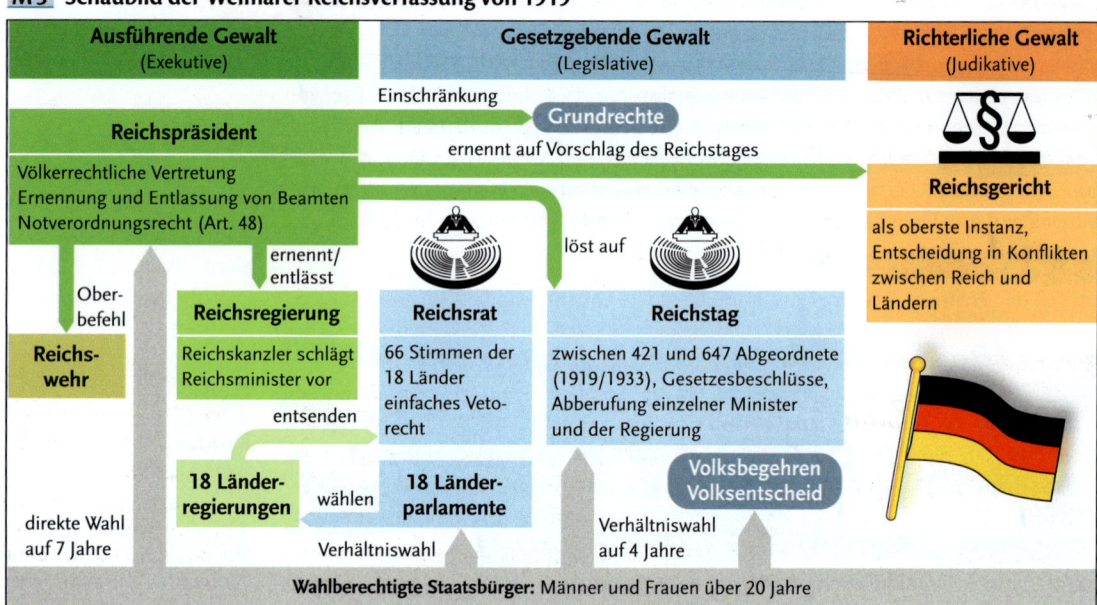

Geschichtswissenschaftler betonen häufig den Kompromisscharakter der Weimarer Verfassung: Sie sei eine „Verfassung ohne Entscheidung" (Otto Kirchheimer), ein „System politischer und sozialer Kompromisse, welche die gemäßigte Arbeiterbewegung und die demokratischen Teile des Bürgertums eingegangen waren. Sie sei daher in vielen Punkten unentschieden, damit aber auch offen für eine zukünftige Weiterentwicklung" (Eberhard Kolb). Bei den Diskussionen, welchen Anteil die Verfassung am Scheitern der Weimarer Republik besitzt, stehen zwei als „Konstruktionsfehler" beurteilte Aspekte im Mittelpunkt: der Gegensatz von Parlamentsdemokratie und Präsidentenmacht sowie der Artikel 48. Kritiker der These von der „Fehlkonstruktion" verweisen dagegen auf den bewussten **Missbrauch der Verfassung** durch Politiker und Parteien in der Endphase der Weimarer Republik.

Parteien: Träger und Gegner der Republik

▶ M 17: Andreas Wirsching über den Weimarer Parteienstaat

Die Weimarer Republik war ein Parteienstaat, obwohl die Verfassung die Aufgaben der Parteien nicht festlegte – im Gegensatz zum Grundgesetz der Bundesrepublik Deutschland, das ihnen die Mitwirkung an der politischen Willensbildung zuweist. Die Parteien mobilisierten die Wähler, vermittelten zwischen den Bürgern und politischen Institutionen und wirkten über ihre Abgeordneten im Reichstag am politischen Entscheidungsprozess mit. Welche gesellschaftlichen Interessen und politischen Ziele vertraten die Parteien in der Weimarer Republik?

MSPD und **USPD** blieben die klassischen Arbeiterparteien, die ihre Mitglieder und Wähler vorwiegend aus den städtischen Industriegebieten rekrutierten. Während die Mehrheitssozialdemokraten für eine parlamentarische Republik und soziale Demokratie eintraten, verfolgten die Unabhängigen Sozialdemokraten eine marxistisch-revolutionäre Politik mit dem Ziel einer radikalen sozialistischen Umgestaltung von Staat und Gesellschaft. Auch die am 1. Januar 1919 gegründete Kommunistische Partei (**KPD**) verstand sich als Arbeiterpartei, geriet aber immer stärker in Abhängigkeit von der Sowjetunion, deren kommunistisch-diktatorische Herrschaftsordnung und deren planwirtschaftliches Wirtschaftssystem sie in Deutschland durchsetzen wollte.

Das protestantische Besitz- und Bildungsbürgertum vertraten die beiden liberalen Parteien. Die linksliberale Deutsche Demokratische Partei (DDP) bekannte sich zur Weimarer Demokratie. Sie empfahl sich als Partner der SPD, gleichzeitig wollte sie aber liberales Korrektiv zur SPD sein und eine sozialistische Mehrheit verhindern. Der von Gustav Stresemann gegründeten Konkurrenzpartei, der rechtsliberalen Deutschen Volkspartei (DVP), gehörten überwiegend Anhänger der alten Nationalliberalen Partei an. Trotz Vorbehalten gegenüber der Republik akzeptierten sie den neuen demokratischen Staat und betrieben eine betont nationale Politik. Das Zentrum und seine bayerische Abspaltung, die Bayerische Volkspartei (BVP), repräsentierten die katholische Bevölkerung und setzten sich besonders für den Schutz der Kirche, ihrer Rechte und ihrer Schulaufsicht ein.

M6 **Bretterzaun mit SPD-Wahlplakaten zur Wahl der Nationalversammlung, Fotografie, Januar 1919.**

Die Parteien warben 1919 mithilfe von Plakaten intensiv um Wählerstimmen. Auf dem Foto betrachten Passanten Plakate der SPD und Kinder beobachten die Plakatierer, die gerade ein Wahlplakat der DVP überkleben.

Auf der politischen Rechten entstand die Deutschnationale Volkspartei (DNVP). Dieser Partei des protestantischen und agrarischen Konservativismus schlossen sich auch Mitglieder antisemitischer und völkischer Vereinigungen sowie rechtsstehende Kreise aus dem Bürgertum an. Aber auch Teile der kirchentreuen evangelischen Arbeiterschaft unterstützten diese republikfeindliche Kraft, die betont nationalistisch und militaristisch gesinnt war und die Interessen der Großagrarier und der Schwerindustrie vertrat. Zur extremen politischen Rechten gehörte die 1919 gegründete Deutsche Arbeiterpartei (DAP), die 1920 in Nationalsozialistische Deutsche Arbeiterpartei (NSDAP) umbenannt wurde und die Weimarer Republik bekämpfte. Die Nationalsozialisten forderten die Aufhebung des Versailler Vertrages und den Zusammenschluss aller Deutschen in einem „Groß-Deutschland", die Staatsbürgerschaft nur für Menschen „deutschen Blutes" („Volksgenossen") ohne Rücksichtnahme auf Konfession, eine starke Zentralgewalt sowie die Abschaffung der „korrumpierenden Parlamentswirtschaft".

Arbeiter schlossen Gewerkschaften

Parteiprogramme im Wortlaut
cornelsen.de/Webcodes
Code: fopima

1 Stellen Sie den Weg Deutschlands vom Kaiserreich zur Republik in den Jahren 1918/19 in einer (bebilderten digitalen) Chronik dar.
2 Beschreiben Sie zentrale Merkmale des politischen Systems der Weimarer Republik anhand des Darstellungstextes und des Verfassungsschaubildes M5.
3 **Vertiefung:** Diskutieren Sie die These, die Weimarer Reichsverfassung sei „eine Verfassung ohne Entscheidung" gewesen.
4 **Tabelle:** Stellen Sie anhand der Darstellung und des Webcodes die Parteien der Weimarer Republik und ihre Programme in einer Tabelle gegenüber.
   Tipp: siehe S. 148.
5 Erörtern Sie die Möglichkeiten der Parteien zur Bildung einer Regierungskoalition.

Novemberrevolution

M 7 **Der Journalist Theodor Wolff über die revolutionären Ereignisse (10. November 1918)**
Die größte aller Revolutionen hat wie ein plötzlich losbrechender Sturmwind das kaiserliche Regime mit allem, was oben und unten dazugehörte, gestürzt. Man kann sie die größte aller Revolutionen
5 nennen, weil niemals eine so fest gebaute, mit so festen Mauern umgebene Bastille so in einem Anlauf genommen worden ist. Es gab noch vor einer Woche einen militärischen und zivilen Verwaltungsapparat, der so verzweigt, so ineinander verfädelt, so tief ein-
10 gewurzelt war, dass er über den Wechsel der Zeiten

hinaus seine Herrschaft gesichert zu haben schien. Durch die Straßen von Berlin jagten die grauen Autos der Offiziere, auf den Plätzen standen wie Säulen der Macht die Schutzleute, eine riesige Militärorganisati-
15 on schien alles zu umfassen, in den Ämtern und Ministerien thronte eine scheinbar unbesiegbare Buerokratie. Gestern früh war, in Berlin wenigstens, das alles noch da. Gestern Nachmittag existierte nichts mehr davon.

Berliner Tageblatt (Morgenausgabe), 10. November 1918.

M 8 **Regierungstreuer Soldat bei Straßenkämpfen in Berlin, Fotografie, Ende 1918/Anfang 1919**

M 9 **Große Massenkundgebung in Berlin, Fotografie, 1918.**
Auf dem Plakat steht „Für Frieden, Freiheit und Brot".

1 Beschreiben Sie mithilfe von M 7 bis M 9 die Ereignisse der Novemberrevolution.
2 Erörtern Sie die Folgen der Revolution für die politische Neugestaltung.

M 10 Der Historiker Wolfram Pyta zieht eine Bilanz der Novemberrevolution 1918/19 (2004)

Eine abgewogene Bilanz der revolutionären Umbruchperiode vom November 1918 bis zum Januar 1919 muss sowohl Grenzen wie auch Handlungsspielräume der unverhofft in das politische Zentrum
5 gerückten Sozialdemokratie ausleuchten und vermessen. Die Grenzen setzten objektive Sachzwänge, ein geschlagenes Land vor einer Hungerkatastrophe zu bewahren und die Eingliederung der Millionen heimkehrender Soldaten in das Erwerbsleben zu
10 vollziehen. In einer solchen Situation die Grundlagen des Wirtschaftens anzutasten, wäre einem politischen Abenteuer gleichgekommen. Auch war eine partielle Kooperation mit den Militärs unabdingbar, um die bedrohte Republik gegen Umsturzversuche
15 von links zu schützen. [...] Ein Rückgriff auf den militärischen Sachverstand von Freiwilligenverbänden musste nicht die Tolerierung von Gewaltexzessen der Freikorps nach sich ziehen. Der Verzicht auf eine grundlegende Umwälzung der Eigentumsverhältnis-
20 se schloss nicht aus, in einigen ausgewählten Fällen wie etwa im Bergbau Eingriffe in die Besitzstruktur vorzunehmen, ohne die wirtschaftliche Effizienz zu gefährden. So gelangt die Revolutionsforschung von heute zu dem Fazit: „Die Sozialdemokraten hätten
25 bei stärkerem politischen Gestaltungswillen mehr verändern können und weniger bewahren müssen." [...] Zögerlichkeit und Unsicherheit der regierenden Sozialdemokraten erklären sich wohl daraus, dass sie Revolutionäre wider Willen waren, die unversehens
30 von einer revolutionären Welle an die Spitze des Staatswesens gespült worden waren.

Wolfram Pyta, Die Weimarer Republik, Leske + Budrich, Opladen 2004, S. 30.*

M 11 Der Journalist Bernd Braun über die Novemberrevolution (2018)

Keine Regierung in der deutschen Geschichte war bis heute mit derartigen Problemen konfrontiert wie die sechs Volksbeauftragten. Es ging um nicht weniger als die Bewältigung des verlorenen Weltkrieges und
5 die politische Neuordnung Deutschlands, noch dazu unter ungeheurem Zeitdruck. Beide Aufgaben haben die Siegermächte nach dem Zweiten Weltkrieg den politischen Akteuren in Deutschland weitgehend abgenommen und ihnen eine mehrjährige Zwangspau-
10 se auferlegt. Sosehr die SPD die Überwindung des

herrschenden politischen und ökonomischen Systems auch propagiert hatte: Als der Kollaps des Kaiserreiches im Herbst 1918 eintrat, hatte die Partei kein genuin sozialdemokratisches Konzept für die Zukunft. Ihre beiden Kernziele, die Etablierung einer
15 Regentschaft[1] [...] (die mit dem 9. November obsolet[2] geworden war) und die Wahl einer verfassunggebenden Nationalversammlung als Ausgangspunkt für parlamentarische Demokratie, knüpften an die bürgerliche Revolution von 1848/49 an. Diese Kernpunk-
20 te waren nicht originell, aber sie waren die einzigen, die mehrheitsfähig waren, und sie blieben ohne echte Alternative. Es gab früher zahlreiche und es gibt auch heute noch einige Kritiker der Novemberrevolution, die in einem in Deutschland installierten Rätesystem
25 ein mögliches basisdemokratisches Bollwerk gegen den Nationalsozialismus sehen wollen. Diese Kritiker vermögen aber nicht zu erklären, wie sich die Räte als progressives Gremium bei den bevorstehenden Mehrheiten, die sich bereits bei den Wahlen 1919 und
30 vor allem 1920 abzeichneten, hätte behaupten wollen [...]. Machten Ebert und die SPD also während der Revolution keine Fehler? [...] Doch. Wer keine exekutive Erfahrung mitbringt, wie die SPD als Systemopposition des Kaiserreiches, und wer unter extre-
35 mem Zeitdruck handelt, trifft unweigerlich auch Fehlentscheidungen. Der viel gescholtene Ebert-Groener-Pakt [...] gehört nicht zu diesen Fehlentscheidungen. Jede Regierung muss sich auf Ordnungskräfte stützen. [...] Fatal war jedoch, dass die
40 Regierung und vor allem Reichswehrminister Gustav Noske eine Demokratisierung der Streitkräfte auch nicht ansatzweise in Angriff nahmen. [...] Die Niederschlagung des „Spartakusaufstandes" oder die Auflösung der zweiten Münchener Räterepublik waren
45 grundsätzlich legitim, aber die äußerst brutale Art und Weise beschädigte [...] das Ansehen der jungen Republik nachhaltig [...].

Bernd Braun, Der Präsident, in: ZEIT Geschichte, Nr. 6/2018, S. 47f.*

1 *Regentschaft:* Übernahme der Regierung eines Staates
2 *obsolet:* überflüssig

1 Beschreiben Sie mithilfe von M 10 und M 11 die Herausforderungen für die provisorische Regierung.
2 Beurteilen Sie die Handlungsspielräume der MSPD und Eberts in der Revolution 1918/19.
3 **Zusatzaufgabe:** siehe S. 148.

3 **Zusatzaufgabe:** siehe S. 148.

Novemberrevolution

cornelsen.de/Webcodes
Code: bemezi

Verfassungskontroversen und Kompromisse

M 12   Albrecht Philipp (DNVP), Rede vor der Nationalversammlung (4. Juli 1919)

Ich will den Standpunkt der Deutschnationalen Volkspartei zu Art. 41 [...] klarstellen. [...] Eine persönliche Spitze ist überall notwendig [...]. Aber wenn das Deutsche Reich wieder in die Reihe der Groß-
5 mächte treten will [...], dann ist es notwendig, dass eine Person vorhanden ist, die das Reich nach innen und außen repräsentiert; und meine politischen Freunde vertreten die Auffassung, dass die Stellung des Reichspräsidenten nicht mächtig genug sein
10 kann. [...] Das deutsche Volk will regiert werden, und gerade die Ereignisse der letzten Monate haben das Autoritätsgefühl im deutschen Volke – in vielen Teilen wenigstens – gestärkt. [...] Wir möchten davor warnen, dass dieser Präsident [...] ein ausgesproche-
15 ner Parteimann sein soll. Der Reichspräsident ist vom gesamten deutschen Volke zu wählen. [...] Wir brauchen Personen, die wenigstens über zwei oder drei Parteien stehen, wenn man für sie im deutschen Volke eine Mehrheit schaffen will.

Verhandlungen des Reichstages, Bd. 327. 1919/20, 4. Juli 1919, Berlin 1920, S. 1304 ff.*

M 13   Hugo Haase (USPD), Gegenrede vor der Nationalversammlung (4. Juli 1919)

Dass der Staat eine Spitze haben muss – wie [Albrecht Philipp] ausführte –, bestreitet ihm kein Mensch. Es kommt nur darauf an, ob eine Einzelpersönlichkeit oder ob – wie wir es beantragen – das Ge-
5 samtministerium unter Kontrolle der Volksvertretung diese Spitze bildet. Nun hat der Herr Abgeordnete Philipp für seine Auffassung mehrere Gründe angegeben. [...] Darin ist die Auffassung enthalten, dass das Volk eine Herde bildet und weiter als
10 Herde behandelt werden muss. Genau in demselben Sinne und aus demselben Geiste heraus hat er gefordert, dass die Persönlichkeit, die an die Spitze trete, dazu berufen sein solle, den Autoritätsglauben im Volke zu stützen. [...] Was Sie wollen, [...] das deutet
15 darauf hin, dass Sie den Präsidenten nur aus dem alten Adel, vielleicht aus dem urältesten Adel holen wollen, und dass Sie deswegen diesen Weg einschlagen, um von neuem die Monarchie in Deutschland einzuschmuggeln. [...] Wir haben [...] allerdings die
20 Sorge, dass sich ein Präsident zum persönlichen Regiment ausbilden könnte. [...] Wir wollen eine demokratische Leitung.

Verhandlungen des Reichstages, Bd. 327. 1919/20, 4. Juli 1919, Berlin 1920, S. 1304 ff.*

M 14   Bruno Ablaß (DDP), Gegenrede vor der Nationalversammlung (4. Juli 1919)

Das Volk allein ist souverän. [Und] dasjenige Organ, das [...] berufen ist, die Volkssouveränität in sich am stärksten zu verkörpern, das ist der Reichstag. [...] In dieser Hinsicht haben wir uns gesagt, dass es unumgänglich notwendig ist, neben dem Reichstag ein 5 Kontrollorgan zu schaffen, und als solches deuten wir uns den Reichspräsidenten. [...] Das ist es, was wir wünschen und wollen; nicht dass die Masse der Führer ist, sondern dass der Abgeordnete, der Erwählte, derjenige Führer ist, der nicht sklavisch das- 10 jenige ausführt, was ihm als Befehl der Masse vorgetragen wird, sondern der ein Leiter, ein Lenker der Masse ist, ein Erzieher des Volkes. So denken wir uns die Stellung eines Abgeordneten, eines Führers und auch eines Präsidenten. [...] Die Zeiten der Monar- 15 chie sind endgültig vorüber, und auf dem Wege, den wir jetzt beschritten haben, durch die Schaffung eines starken demokratischen Präsidenten, besteht die Gefahr sicherlich nicht, dass wir etwa der Monarchie den Boden zur Rückkehr bereiten würden. 20

Verhandlungen des Reichstages, Bd. 327. 1919/20, 4. Juli 1919, Berlin 1920, S. 1304 ff.*

M 15   „Frédéric le Gros", Karikatur aus der deutschen Satirezeitschrift „Kladderadatsch", 1919.
Der französische Titel bedeutet „Friedrich der Dicke".

1 Fassen Sie mithilfe von M 12 bis M 14 die unterschiedlichen Positionen und Argumente in der Debatte um die Stellung des Reichspräsidenten zusammen.

2 Interpretieren Sie die Karikatur (M 15).

3 **Podiumsdiskussion:** Führen Sie in Ihrem Kurs eine Podiumsdiskussion durch mit dem Thema: Ein starker Präsident – Träger der Demokratie oder Ersatzkaiser?

M 16 Auszug aus der Weimarer Reichsverfassung (WRV) von 1919

Art. 1. Das Deutsche Reich ist eine Republik. Die Staatsgewalt geht vom Volke aus. [...]

Art. 20. Der Reichstag besteht aus den Abgeordneten des deutschen Volkes.

5 Art. 21. Die Abgeordneten sind Vertreter des ganzen Volkes. Sie sind nur ihrem Gewissen unterworfen und an Aufträge nicht gebunden.

Art. 22. Die Abgeordneten werden in allgemeiner, gleicher, unmittelbarer und geheimer Wahl von den
10 über zwanzig Jahre alten Männern und Frauen nach den Grundsätzen der Verhältniswahl gewählt. [...]

Art. 25. Der Reichspräsident kann den Reichstag auflösen [...]. Die Neuwahl findet spätestens am sechzigsten Tag nach der Auflösung statt. [...]

15 Art. 41. Der Reichspräsident wird vom ganzen deutschen Volke gewählt. [...]

Art. 48. Wenn ein Land die ihm nach der Reichsverfassung oder den Reichsgesetzen obliegenden Pflichten nicht erfüllt, kann der Reichspräsident es dazu
20 mithilfe der bewaffneten Macht anhalten. Der Reichspräsident kann, wenn im Deutschen Reiche die öffentliche Sicherheit und Ordnung erheblich gestört oder gefährdet wird, die zur Wiederherstellung der öffentlichen Sicherheit und Ordnung nötigen
25 Maßnahmen treffen, erforderlichenfalls mithilfe der bewaffneten Macht einschreiten. Zu diesem Zwecke darf er vorübergehend die [...] festgesetzten Grundrechte ganz oder zum Teil außer Kraft setzen. Von allen gemäß Abs. 1 oder Abs. 2 dieses Artikels getroffenen
30 fenen Maßnahmen hat der Reichspräsident unverzüglich dem Reichstag Kenntnis zu geben. Die Maßnahmen sind auf Verlangen des Reichstags außer Kraft zu setzen. [...] Das Nähere bestimmt ein Reichsgesetz[1]. [...]

35 Art. 50. Alle Anordnungen und Verfügungen des Reichspräsidenten, auch solche auf dem Gebiet der Wehrmacht, bedürfen zu ihrer Gültigkeit der Gegenzeichnung durch den Reichskanzler oder den zuständigen Reichsminister. [...]

40 Art. 53. Der Reichskanzler und auf seinen Vorschlag die Reichsminister werden vom Reichspräsidenten ernannt und entlassen.

Art. 54. Der Reichskanzler und die Reichsminister bedürfen zu ihrer Amtsführung des Vertrauens des
45 Reichstags. Jeder von ihnen muss zurücktreten, wenn ihm der Reichstag [...] sein Vertrauen entzieht. [...]

Art. 73. Ein vom Reichstag beschlossenes Gesetz ist vor seiner Verkündung zum Volksentscheid zu bringen, wenn der Reichspräsident binnen eines Monats es bestimmt. Ein Gesetz, dessen Verkündung auf An-
50 trag von mindestens einem Drittel des Reichstags ausgesetzt ist, ist dem Volksentscheid zu unterbreiten, wenn ein Zwanzigstel der Stimmberechtigten es beantragt. Ein Volksentscheid ist ferner herbeizuführen, wenn ein Zehntel der Stimmberechtigten das
55 Begehren nach Vorlegung eines Gesetzentwurfs stellt. [...]

Art. 109. Alle Deutschen sind vor dem Gesetze gleich. Männer und Frauen haben grundsätzlich dieselben staatsbürgerlichen Rechte und Pflichten. Öffentlich-
60 rechtliche Vorrechte oder Nachteile der Geburt oder des Standes sind aufzuheben. [...]

Art. 114. Die Freiheit der Person ist unverletzlich. Eine Beeinträchtigung oder Entziehung der persönlichen Freiheit durch die öffentliche Gewalt ist nur
65 aufgrund von Gesetzen zulässig. [...]

Art. 165. Die Arbeiter und Angestellten sind dazu berufen, gleichberechtigt in Gemeinschaft mit den Unternehmern an der Regelung der Lohn- und Arbeitsbedingungen sowie an der gesamten wirtschaftlichen
70 Entwicklung der produktiven Kräfte mitzuwirken. Die beiderseitigen Organisationen und ihre Vereinbarungen werden anerkannt. Die Arbeiter und Angestellten erhalten zur Wahrnehmung ihrer [...] Interessen gesetzliche Vertretungen in Betriebsarbeiterräten
75 sowie in nach Wirtschaftsgebieten gegliederten Bezirksarbeiterräten und in einem Reichsarbeiterrat[2].

Zit. nach: Ernst Rudolf Huber (Hg.), Dokumente der Novemberrevolution und der Weimarer Republik 1918–1932, 2. Aufl., Kohlhammer, Stuttgart 1966, S. 129 ff.*

1 Das hier vorgesehene Reichsgesetz ist nie ergangen.
2 Die hier vorgesehenen Bezirksarbeiterräte und der Reichsarbeiterrat wurden nicht gebildet. Es entstanden lediglich die Betriebsarbeiterräte nach Maßgabe des Betriebsratsgesetzes vom 4.2.1920 (RGBl. S. 147).

1 Charakterisieren Sie das Verhältnis von Reichstag, Reichsregierung und Reichspräsidenten.

2 Beschreiben Sie die Funktion des Reichspräsidenten.

3 **Vertiefung:** Vergleichen Sie die Stellung der Frauen in der Weimarer Reichsverfassung mit derjenigen im Grundgesetz.
Tipp: Text des Grundgesetzes unter: https://www.bundestag.de/gg

4 Beurteilen Sie Art. 48 im Hinblick auf die Kontrollrechte des Reichstags.

Träger der Republik: Die Parteien

M 17 Der Historiker Andreas Wirsching über Strukturprobleme des Weimarer Parteienstaates (2000)

Die Gründungsgeschichte des Kaiserreiches hatte das deutsche Parteiensystem langfristig geprägt. Infolge des preußisch-protestantisch dominierten, kleindeutschen Gründungskonsenses von 1870/71
5 wurde der traditionelle Dualismus zwischen Liberalismus und Konservativismus durch einen neuen Gegensatz überlagert, nämlich zwischen Anhängern jenes Gründungskonsenses und denjenigen, die sich im neuen Deutschen Reich nicht zu Hause fühlten:
10 Linksliberale, Zentrumspartei und Sozialdemokratie, die als „Weimarer Koalition" zur Ausgestaltung der neuen Republik berufen waren, blickten daher auf eine Vergangenheit als quasi strukturelle Oppositionsparteien zurück. Darüber hinaus hatte die spe-
15 zifisch deutsche Tradition des Konstitutionalismus die Parteien im Allgemeinen geprägt. Die Vorstellung, der Staat, verkörpert im monarchischen Oberhaupt und in der „unpolitischen" Beamtenschaft, stehe über den Parteien und repräsentiere ihnen
20 gegenüber allein das Allgemeininteresse, zog sich noch wie ein roter Faden durch die Verfassungsberatungen der Nationalversammlung und wirkte in der Weimarer Republik fort. Dies hatte zwei Konsequenzen: Zum einen waren die Parteien nicht an die Re-
25 gierungsaufgabe gewöhnt, einen parlamentarisch fundierten interessenpolitischen Ausgleich zu schaffen und politisch zu gestalten; zum anderen blieb ein nicht unerheblicher Teil der Weimarer Politiker auf den Dualismus zwischen Regierung (Exekutive) und
30 Parlament (Legislative) fixiert und begriff beide eben nicht im parlamentarischen Sinne als Gegenspieler. Die hieraus resultierende Distanz zu praktisch-politischer Verantwortung verband sich mit der Tendenz zur weltanschaulichen oder sozial gebundenen Prin-
35 zipientreue. [...] Die Tatsache, dass die vier Hauptströmungen der deutschen Parteiengeschichte in der Weimarer Republik alle gespalten blieben, bewirkte eine zusätzliche, dem System schädliche Konkurrenz: Während die eine Richtung einer politischen
40 Strömung bereit war, pragmatische Politik zu betreiben und Kompromisse einzugehen, suchte die andere, sich häufig durch Prinzipientreue in den Augen der Wähler zu profilieren. Die Scheu, politische Verantwortung zu übernehmen, und die koalitionspoli-
45 tische Unbeweglichkeit der Weimarer Parteien hingen freilich auch mit ihrer engen sozialen und geografischen Gebundenheit zusammen. Keiner der Parteien gelang es, ihre historisch determinierten

Grenzen, seien sie weltanschaulicher, konfessioneller, sozialer oder interessenpolitischer Art, zu trans- 50
zendieren. [...]
Allerdings konnte der Aufstieg des Nationalsozialismus nur in Verbindung mit der Krise des Parteiensystems und dem Niedergang der liberalen und konservativen Parteien erfolgen. Dass die Weimarer 55
Republik einer geschlossenen Partei des liberalen und demokratischen Bürgertums, deren politisches Gewicht mit demjenigen der SPD oder dem Zentrum vergleichbar gewesen wäre, entbehrte, gehört zu ihren schwersten Belastungen und bildete das größte 60
Hindernis für eine Konsolidierung des deutschen Parteiensystems.

Andreas Wirsching, Die Weimarer Republik. Politik und Gesellschaft, Oldenbourg, München 2000, S.15–19.*

M 18 Karikatur „Wer will regieren?" aus dem Simplicissimus vom 1. Juli 1920.
Der Untertitel der Karikatur lautet: „Ich würde Ihnen gern helfen, aber ich kann doch meinen Standpunkt nicht verlassen."

1 Fassen Sie mithilfe von M 17 die zentralen Strukturprobleme des Weimarer Parteienstaats zusammen.
2 Analysieren Sie die Karikatur M 18.
3 **Partnerarbeit/Schreibgespräch:** Sammeln Sie gemeinsam mit einem Partner Thesen zur Bedeutung von Kompromissen in der Politik.
Tipp: zu der Vorgehensweise bei einem Schreibgespräch siehe S. 148 f.
4 **Vertiefung:** Nehmen Sie Stellung zu der Frage, inwieweit die Rolle der Parteien in der Weimarer Republik das Argument eines deutschen Sonderwegs stützt.
▶ **Kernmodul:** M 4 bis M 8.

Wahlen zur Nationalversammlung

M 19 Wahlplakat der DNVP, 1919.

Auf dem Wagen links steht: „Staatswagen". In der roten Lache rechts unten: „Revolutionssumpf".

M 20 Wahlplakat der SPD, 1919.

In den Sonnenstrahlen steht: „Die neue Zeit".

1 Charakterisieren Sie auf der Basis der Wahlplakate M 19 und M 20 die Einstellung der DNVP und der SPD zur Republik.
2 Erläutern Sie, warum die DNVP und die SPD in der Weimarer Republik nie eine Koalition eingegangen sind.

M 21 Ergebnisse der Reichstagswahlen 1919–1933 (in Prozent der abgegebenen gültigen Stimmen)

	Jan. 1919	Juni 1920	Mai 1924	Dez. 1924	Mai 1928	Sept. 1930	Juli 1932	Nov. 1932	März 1933
KPD	–	2,1	12,6	9,0	10,6	13,1	14,3	16,9	12,3
USPD	7,6	17,9	0,8	0,3	–	–	–	–	–
SPD	37,9	21,7	20,5	26,0	29,8	24,5	21,6	20,4	18,3
Zentrum/BVP	19,7	18,2	16,6	17,3	15,2	14,8	15,7	15,0	13,9
DDP	18,5	8,3	5,7	6,3	4,9	3,8	1,0	1,0	0,9
DVP	4,4	13,9	9,2	10,1	8,7	4,5	1,2	1,9	1,1
DNVP	10,3	15,1	19,5	20,5	14,2	7,0	5,9	8,3	8,0
NSDAP	–	–	6,5[1]	3,0[1]	2,6	18,3	37,3	33,1	43,9
Sonstige	1,6	2,8	8,6	6,5	14,0	14,0	3,0	3,4	1,6

Statistisches Jahrbuch für das Deutsche Reich, Jg. 1933, S. 599.

1 Beschreiben Sie mithilfe von M 21 das Wahlverhalten der deutschen Bevölkerung in der Weimarer Republik. Nutzen Sie dafür auch den Darstellungstext.
2 Überprüfen Sie mithilfe von M 21 die These, dass die republikfreundlichen Parteien schwächer und die republikfeindlichen Parteien stärker geworden sind.

Träger der Republik: Das Militär?

M 22 Der frühere General Wilhelm Groener in seinen Erinnerungen über die Zusammenarbeit mit Friedrich Ebert (1957)

Im sogenannten Ebert-Groener-Pakt vereinbarten Reichskanzler Ebert und General Groener am 11. November 1918 die Zusammenarbeit zwischen provisorischer Regierung und Reichswehr.

Der Sturz des Kaisertums entzog den Offizieren den Boden ihres Daseins, ihren Sammel- und Ausrichtepunkt. Es musste ihm ein Ziel gewiesen werden, das des Einsatzes wert war und ihm die innere Sicherheit
5 wiedergab. Es musste das Gefühl wachgerufen werden der Verpflichtung nicht nur gegenüber einer bestimmten Staatsform, sondern für Deutschland schlechthin. Dass Hindenburg auf seinem Posten blieb und den Oberbefehl über das gesamte Heer
10 übernahm, ja dass dieser ihm vom Kaiser übertragen worden war, machte den Übergang möglich und erleichterte ihn.
Das Offizierskorps konnte aber nur mit einer Regierung zusammengehen, die den Kampf gegen den Ra-
15 dikalismus und Bolschewismus aufnahm. Dazu war Ebert bereit, aber er hielt sich nur mühsam am Steuer und war nahe daran, von den Unabhängigen [USPD] und der Liebknechtgruppe über den Haufen gerannt zu werden. Was war demnach näherliegend, als
20 Ebert, den ich als anständigen, zuverlässigen Charakter und unter der Schar seiner Parteigenossen als den staatspolitisch weitsichtigsten Kopf kennengelernt hatte, die Unterstützung des Heeres anzubieten? [...] [A]m Abend rief ich in der Reichskanzlei an und
25 teilte Ebert mit, dass das Heer sich seiner Regierung zur Verfügung stelle, dass dafür der Feldmarschall und das Offizierskorps von der Regierung Unterstützung erwarteten bei der Aufrechterhaltung der Ordnung und Disziplin im Heer. [...] Ebert ging auf mei-
30 nen Bündnisvorschlag ein. Von da an besprachen wir uns täglich abends auf einer geheimen Leitung zwischen der Reichskanzlei und der Heeresleitung über die notwendigen Maßnahmen. Das Bündnis hat sich bewährt.

Zit. nach: Wolfgang Michalka/Gottfried Niedhart (Hg.), Deutsche Geschichte 1918–1933. Dokumente zur Innen- und Außenpolitik, S. Fischer Verlag, Frankfurt/Main 2002, S. 26 f.*

1 Geben Sie die Argumentation von General Groener wieder.
2 Arbeiten Sie die von Groener skizzierte Stellung der Reichswehr in der neuen Republik heraus.
3 Nehmen Sie Stellung zu Groeners Demokratieverständnis.

M 23 Der Historiker Eberhard Kolb über den Kapp-Lüttwitz-Putsch (1993)

Am 13.3. 1920 [...] versuchten militante Rechtskreise, im Kapp-Lüttwitz-Putsch die Regierung an sich zu reißen. Den gewaltsamen Sturz der Regierung hatte sich seit Anfang Juli 1919 eine Gruppe Rechtsextremisten um General Ludendorff und Wolfgang Kapp, 5 den ostpreußischen Generallandschaftsdirektor und 1917 Mitbegründer der annexionistischen Vaterlandspartei, zum Ziel gesetzt. [...] Der Verschwörerkreis bemühte sich eifrig, für das geplante Unternehmen aktionsbereite Offiziere und Politiker zu 10 gewinnen; intensive Kontakte bestanden zu General von Lüttwitz, dem „Vater der Freikorps" [...]. Da seit Herbst 1919 mit der durch den Friedensvertrag vorgeschriebenen Verminderung des Heeres begonnen wurde, sahen sich viele Freikorpssoldaten in ihrer 15 Existenz bedroht [...]. Als die Regierung Anfang März die Auflösung u. a. der Marinebrigade Ehrhardt verfügte, die in der Nähe von Berlin lag, forderte Lüttwitz am 10. März von Reichspräsident Ebert ultimativ den Verzicht auf weiteren Truppenabbau, den 20 Rücktritt des Reichspräsidenten und der Reichsregierung sowie die sofortige Ausschreibung von Neuwahlen. Von der Regierung daraufhin entlassen, begab sich Lüttwitz unverzüglich zur Marinebrigade Ehrhardt, die unter seiner Führung am frühen Morgen 25 des 13. März das Berliner Regierungsviertel besetzte. [...] Da innerhalb der Reichswehrführung nur der Chef der Heeresleitung, General Reinhardt, für einen bewaffneten Widerstand gegen die Putschaktion eintrat, General von Seeckt, der Chef des Truppenamtes, 30 hingegen einen Truppeneinsatz für unmöglich erklärte, standen Reichswehrminister Noske für eine militärische Auseinandersetzung in Berlin keine Kräfte zur Verfügung. Von der bewaffneten Macht im Stich gelassen, flohen Reichspräsident und Reichsre- 35 gierung zunächst nach Dresden, dann nach Stuttgart.
Trotz der kampflosen Besetzung von Berlin und der Bereitschaft zahlreicher Reichswehrkommandeure in verschiedenen Teilen des Reiches, sich der Put- 40 schistenregierung anzuschließen, brach der Kapp-Lüttwitz-Putsch jedoch rasch zusammen. Er scheiterte am Generalstreik, den die Gewerkschaften ausgerufen hatten und dem sich die Arbeiterschaft im ganzen Reich spontan anschloss, sowie an der ab- 45 wartenden Haltung der Ministerialbürokratie, die sich im Reich und in Preußen vorläufig weigerte, den

Anordnungen Kapps Folge zu leisten. Am 17. März flüchteten Kapp und Lüttwitz [...] ins Ausland.

*Eberhard Kolb, Die Weimarer Republik, Oldenbourg, 3. Aufl., München 1993, S. 38 f.**

1 Arbeiten Sie die unterschiedlichen Gruppierungen und Interessen im Heer heraus.
2 Beurteilen Sie, wer sich im Kapp-Lüttwitz-Putsch als Träger der Weimarer Republik erweist.

Träger der Republik: Die Frauen?

M 24 Marie Juchacz (SPD) hält als erste Frau in Deutschland eine Parlamentsrede (19. Februar 1919)

Ich möchte hier feststellen und glaube damit im Einverständnis vieler zu sprechen, dass wir deutschen Frauen dieser Regierung nicht etwa in dem althergebrachten Sinne Dank schuldig sind. Was diese Regie-
5 rung getan hat, das war eine Selbstverständlichkeit: Sie hat den Frauen gegeben, was ihnen bis dahin zu Unrecht vorenthalten worden ist.
Wollte die Regierung eine demokratische Verfassung vorbereiten, dann gehörte zu dieser Vorbereitung das
10 Volk, das ganze Volk in seiner Vertretung. [...] Durch die politische Gleichstellung ist nun meinem Geschlecht die Möglichkeit gegeben zur vollen Entfaltung seiner Kräfte. Mit Recht wird man erst jetzt von einem neuen Deutschland sprechen können und von
15 der Souveränität des ganzen Volkes. Durch diese volle Demokratie ist aber auch zum Ausdruck gebracht worden, dass die Politik in Zukunft kein Handwerk sein soll. Scharfes, kluges Denken, ruhiges Abwägen und warmes menschliches Fühlen gehören zusam-
20 men in einer vom ganzen Volke gewählten Körperschaft, in der über das zukünftige Wohl und Wehe des ganzen Volkes entschieden werden soll. [...]
Ich möchte hier sagen, dass die Frauenfrage, so wie es jetzt ist in Deutschland, in ihrem alten Sinne nicht
25 mehr besteht, dass sie gelöst ist. [...]

*Die Gleichheit. Zeitschrift für Arbeiterfrauen und Arbeiterinnen, Nr. 12, 14.3.1919, S. 1.**

M 25 Die Historikerin Ursula Büttner über die Frauenbewegung in der Weimarer Zeit (2008)

Obwohl Frauen von gesellschaftlicher Gleichstellung nach wie vor weit entfernt waren, verlor die Frauenbewegung in der Weimarer Republik an Bedeutung. Nachdem sie ihr wichtigstes Ziel, das gleiche Wahl-
5 recht für Frauen als Symbol für ihre politische Gleichberechtigung, erreicht hatte, fielen die gegensätzlichen Interessen und weltanschaulichen Unterschiede

zwischen den Einzelorganisationen stärker ins Gewicht und hemmten gemeinsames Auftreten. Die Spannungen wurden für den Dachverband, den Bund 10 Deutscher Frauenvereine (BDF), zu einer Dauerbelastung. Hausfrauenverbände [...] polemisierten in ihrem Kampf um die Aufwertung der Familienarbeit gegen die „Karrierefrauen", für die sich die Frauen-Berufsverbände einsetzten. Konfessionelle Frauen- 15 verbände wie der Katholische Frauenbund mit rund 250 000 Mitgliedern und der Deutsch-Evangelische Frauenbund mit rund 200 000 Mitgliedern (1926) waren allenfalls zu geringen Modifikationen des Familien- und Sexualrechts bereit, deren Reform sozialisti- 20 sche und, zum Teil, liberale Verbände verlangten. Hinzu kamen parteipolitische Gegensätze; denn die stärksten Mitgliedsverbände kooperierten mit der DNVP oder dem Zentrum, während der BDF am engsten mit der DDP verbunden war. Differenzen 25 über aktuelle politische Entscheidungen führten immer wieder zu Austritten von Verbänden aus dem BDF. [...] Die Repräsentantinnen der Frauenbewegung setzten nach der Errichtung der parlamentarischen Demokratie nicht mehr allein auf ihre spezielle 30 Organisation, sondern integrierten sich in die Parteien und Institutionen der Republik.

*Ursula Büttner, Weimar. Die überforderte Republik 1918–1933. Leistung und Versagen in Staat, Gesellschaft, Wirtschaft und Kultur, Klett-Cotta, Stuttgart 2008, S. 257.**

M 26 Abgeordnete der Nationalversammlung, Fotografie, 1919

1 Fassen Sie mithilfe von M 24 bis M 26 die wichtigsten politischen Veränderungen für Frauen in der Weimarer Zeit zusammen.
2 **Vertiefung:** Recherchieren Sie Hintergrundinformationen zu den weiblichen Abgeordneten der Nationalversammlung.
3 Setzen Sie sich mit der Frage auseinander, ob die Frauen zu Trägern der Weimarer Republik wurden.

Politische Plakate interpretieren

M1 Litfaßsäule mit Plakaten zur Reichspräsidentenwahl, 1932

Stereotype
Eingebürgerte Vorurteile mit feststehenden Vorstellungen über eine Sache, eine Person oder eine Gruppe.

Inhaltliche Zuspitzung ist Mittel der politischen Kommunikation. „Plakative" Botschaften beeinflussen Meinungen, provozieren Widerspruch, erhalten Zustimmung, verzerren Fakten und bewirken Handlungen. In Deutschland hat diese politische **Streitkultur** ihre Wurzeln auch in der Weimarer Republik. Mit der Aufhebung der Zensur und der festen Verankerung der **Meinungs- und Pressefreiheit** entwickelte sich ein Freiraum, der das **politische Plakat** zum **Massenmedium** werden ließ. Ohne Internet, ohne Fernsehen und zunächst auch noch ohne Radio war das Plakat das schlagkräftigste Mittel der politischen Werber. Letztlich stützt sich die Politik bis heute auf die Kraft dieses Mediums, auch wenn sich die Formen verändert haben. Vor diesem Hintergrund ist es also wichtig, politische Plakate richtig zu verstehen und einzuordnen. 10

Politische Plakate präsentierten ihre Botschaften wie heute auch **im öffentlichen Raum** an Wänden, auf Werbeflächen, an Litfaßsäulen. Und sie wurden oft flüchtig, nur mit einem „Augen-Blick" wahrgenommen. Grafik und Botschaft mussten unmittelbar erkennbar sein. Häufig wiederholen sich daher bestimmte Motive, mit denen die Menschen vertraut waren (Stereotype*, Symbole). Außerdem wollte jedes Plakat aus der 15 Masse hervorstechen. Daher zeigen sich kraftvolle Darstellungen, grelle Farben und dicke Schlagzeilen. Der kleinformatige Druck im Buch vermag kaum den Eindruck zu vermitteln, den die Großformate in Wirklichkeit auf die Menschen machten.

Aufgrund der großen Verbreitung und der wachsenden Bedeutung sind Plakate sehr **wichtige Quellen zur politischen Kultur** der Weimarer Republik. In ihnen werden 20 nicht nur Themen, sondern auch die Mittel der Auseinandersetzung deutlich. Diese sind auch für unsere Gegenwart von Bedeutung, denn damals entstanden Ausdrucksformen, die noch heute regelmäßig die Streitkultur beleben, prägen, vergiften.

Arbeitsschritte und mögliche Leitfragen zur Analyse

1. Erster Eindruck	– Was fällt Ihnen als Erstes auf? Worauf richtet sich Ihr erster Blick?
	– Welche Fragen wirft das Plakat auf?
2. Formale Merkmale	– Wie lautet der Titel des Plakats?
	– Von wem stammt das Plakat: Auftraggeber, Partei? Wer hat es gestaltet?
	– Wann ist das Plakat erschienen? Falls erkennbar: Wo wurde es veröffentlicht?
	– Aus welchem Anlass wurde das Plakat veröffentlicht?
	– Mit welchem Thema oder Problem setzt sich das Plakat auseinander?
3. Analyse der einzelnen Elemente	– Welche Personen, Figuren, Gegenstände, Orte, Situationen sind erkennbar?
	– Wie werden diese Elemente dargestellt: Haltung, Position, Gesten, Gesichtsausdruck, Blickrichtung, Kleidung, Anordnung, Karikatur?
	– Welche Bedeutung haben Symbole und Handlungen?
	– Welche Textelemente werden genannt? Wie sind diese gestaltet: Überschrift, Unterschrift, Sprechblase, Beschriftung, Aufzählung?
	– In welchem Verhältnis zueinander stehen Bildelemente, Text und Farbgebung: Größe, Proportionen, Perspektive, Dynamik?
	– Welche Elemente sind besonders betont: Signalfarben, Symbole, Kontraste, Licht?
4. Interpretation/ Gesamtaussage	– Welche Aussage macht das Plakat zum Thema oder Problem?
	– Welche Wirkungsabsicht verfolgt die Darstellung?
	– Mit welchen Mitteln wird sie verfolgt: aggressiv, sachlich, schlicht, als Appell?
	– An wen richtet sich das Plakat?
	– Wie ist die Aussage zu beurteilen?

Übungsaufgabe

M2 Wahlplakat der DDP zur Wahl der Nationalversammlung, 1919

Sprachliche Hilfen

- Zunächst wird der Blick des Betrachters auf ... gelenkt.
- ... macht einen ... Eindruck.
- Es stellt sich die Frage, ...
- Auf dem Plakat ist ... zu sehen.
- Das Plakat mit dem Titel ... wurde von ... gestaltet und im Jahr ... veröffentlicht.
- Das Plakat erschien im Zusammenhang mit ...
- Das Plakat stellt heraus, ...
- Das Plakat zeigt ...
- ... steht symbolisch für ...
- In ... wird deutlich gemacht, dass ...
- Die Beschriftungen ... verweisen auf ...
- Im Zusammenhang mit ... wirkt ... besonders ...
- Besonders groß/deutlich/auffallend ist ...
- Die Partei ... setzt sich also ein für ...
- Das Plakat will zeigen ...
- Das Plakat bedient sich in der Ansprache des Betrachters vorwiegend ... Mittel.
- Das Plakat wirkt insgesamt ...
- Das Plakat wendet sich vor allem an Menschen aus ... / die Gruppe der ...
- Anlass der Veröffentlichung dieses Plakats war ... Das ist an ... erkennbar.
- Insgesamt steht dieses Plakat für ...
- Das Plakat ist typisch für ... / Das Plakat erscheint ungewöhnlich, weil ...

1 Interpretieren Sie das Wahlplakat M 2 mithilfe der Arbeitsschritte.
▶ Lösungshinweise finden Sie auf S. 152.

Anwenden

M1 **Der Historiker Heinrich August Winkler über die Revolution von 1918/19 (2001)**

Die Revolution von 1918/19, mit der die Republik ins Leben trat, gehört nicht zu den großen Revolutionen der Weltgeschichte. Dass sie keine klassische [...] Revolution war, lag, so paradox das klingen mag, an
5 dem bereits erreichten Grad an Demokratie. Nach dem Zusammenbruch des Kaiserreichs konnte es nur um mehr Demokratie gehen, also um das Frauenwahlrecht, die Demokratisierung des Wahlrechts in den Einzelstaaten und Gemeinden, die konse-
10 quente Parlamentarisierung in Reich und Ländern. Eine Verfassunggebende Nationalversammlung musste nach dem Sturz der Monarchie zum frühestmöglichen Zeitpunkt gewählt werden: Darin war sich die große Mehrheit der Deutschen einig. Parolen wie
15 „Alle Macht den Räten" oder „Diktatur des Proletariats" fanden nur bei einer kleinen Minderheit Anklang. Wer solche Parolen ausgab, propagierte damit, ob er es wollte oder nicht, den Bürgerkrieg. [...] Ein deutscher Bürgerkrieg hätte sofort die Alliierten auf den
20 Plan gerufen [...]. Das konnten die gemäßigten Kräfte in Arbeiterschaft und Bürgertum nicht wollen, und weil sie es nicht wollten, mussten sie miteinander zusammenarbeiten. [...]
Ende 1918 aber war die Sozialdemokratie längst ge-
25 spalten in die Mehrheitssozialdemokraten, die dem Reich bis zuletzt Kriegskredite bewilligten, und die Unabhängigen Sozialdemokraten, die die Kriegskredite ablehnten. Hätte sich die Partei nicht wegen der Kriegskredite gespalten, dann wegen eines Eintritts
30 von Sozialdemokraten in ein Koalitionskabinett. Eine Koalition zwischen den Mehrheitssozialdemokraten und den Parteien der liberalen und katholischen Mitte setzte, marxistisch gesprochen, die wechselseitige Bereitschaft zum Klassenkompromiss
35 voraus. Ohne diese Bereitschaft konnte es keine parlamentarische Demokratie geben, sondern nur den Bürgerkrieg. Daraus lässt sich ein weiteres Paradoxon ableiten: Die Spaltung der marxistischen Arbeiterbewegung war nicht nur eine schwere Vorbelas-
40 tung der ersten deutschen Demokratie, sondern zugleich eine Vorbedingung derselben.
Die Zusammenarbeit zwischen den gemäßigten Kräften im Bürgertum und Arbeiterschaft ist einer der Gründe, warum es beim Übergang von der Mon-
45 archie zur Republik so viel gesellschaftliche Kontinuität gab. Keine der kaiserlichen Machteliten wurde 1918/19 entmachtet: nicht der Großgrundbesitz, nicht die Schwerindustrie, nicht das Militär, nicht

das hohe Beamtentum, nicht die Justiz. Die Republik musste folglich mit Machteliten leben, die ihr reser-
50 viert bis feindlich gegenüberstanden.

Heinrich August Winkler, Weimar – Bonn – Berlin, in: Peter März (Hg.), Die zweite gesamtdeutsche Demokratie, Bayerische Landeszentrale für politische Bildungsarbeit, München 2001, S. 12 f.*

M2 **Plakat der „Antibolschewistischen Liga",**
Dezember 1918.

Hinter der „Antibolschewistischen Liga" standen rechtsradikale Aktivisten, die gegen die Revolution und vor allem den Spartakus-Bund kämpften. Sie schreckten auch vor militanten Maßnahmen nicht zurück, die die Finanzierung von Freikorps und Auftragsmorde einschlossen.

1 Arbeiten Sie aus M 1 heraus, wodurch die politischen Handlungsspielräume 1918/19 eingeschränkt wurden und welche Belastungen sich daraus für die Republik ergaben.

2 Erläutern Sie die Aussage: „Die Republik musste [...] mit Machteliten leben, die ihr reserviert bis feindlich gegenüberstanden" (Z. 49 ff.).

3 Bestimmen Sie die Bildelemente und die Aussage des Plakats M 2.

4 Beurteilen Sie unter Berücksichtigung von M 1 und M 2, inwieweit die Weichenstellungen der Jahre 1918/19 für das Ende der Weimarer Republik verantwortlich gemacht werden können.

Wiederholen

M3 Wahlplakat des Zentrums, 1919

DER EINZIGE DAMM

Nächsten- liebe · Pflicht · Religion · Sittlichkeit · Bürgerliche Freiheit · Arbeit · Soziales Recht · Christliche Schule · Gewissens- freiheit

Henns Herkendell Düsseldorf

GEGEN DIE ROTE FLUT ist die Christliche Volkspartei ‹ Zentrum ›

Zentrale Begriffe
Demokratie
Frauenwahlrecht
Grundrechte
Nationalversammlung
Novemberrevolution
Oktoberreformen
Parteien
Rat der Volksbeauftragten
Rätesystem
Reichspräsident
Reichstag
Republik
Waffenstillstand
Weimarer Koalition
Weimarer Reichsverfassung

1 **Wahlaufgabe:** Bearbeiten Sie entweder a) oder b).
   a) Erstellen Sie eine Grafik, die Verbindungen und Strukturen zwischen den zentralen Begriffen zur Entstehung und Gründung der Weimarer Republik veranschaulicht (z. B. Wortnetz oder Wortwolke).
   b) Analysieren Sie das Wahlplakate M 3. Erläutern Sie, wie die politische Lage in Deutschland auf diesem Plakat dargestellt wird. Vergleichen Sie mit M 2.
   Tipp: siehe die Arbeitsschritte S. 34.
2 **Vertiefung:** Recherchieren Sie Informationen zum Lebenslauf und den Einstellungen des Politikers Friedrich Ebert. Charakterisieren Sie seine Rolle in den Anfangsjahren der Weimarer Republik.
3 „Die Weimarer Verfassung wirkte nicht integrierend. […] Doch sind trotz der dargestellten Schwächen die zukunftsweisenden Ansätze in den Weimarer Kompromissen nicht zu übersehen: Dazu gehören insbesondere der Aufbau des ‚unitarischen' Bundesstaats und die Konzeption des Sozialstaats." Überprüfen Sie diese These der Historikerin Ursula Büttner und formulieren Sie ggf. eine andere These.
4 **Mindmap:** Ordnen Sie soziale Gruppen und Parteien als Träger bzw. Feinde der Republik ein und veranschaulichen Sie Ihre Ergebnisse in Form einer Mindmap.
5 Beantworten Sie Ihre zu Beginn des Kapitels formulierten Fragen (siehe S. 19).
6 **Präsentation:** Wahlkampf in der Anfangsphase der Weimarer Republik: ein Spiegel der damaligen politischen Kultur? Recherchieren Sie Materialien (z. B. Wahlplakate, Berichte) und präsentieren Sie Ihre Ergebnisse.
   Tipp: Weitere Wahlplakate finden Sie unter dem Webcode von S. 50.

Worthilfen für ein Wortnetz
anwenden
auslösen
belasten
fordern
herausfordern
instrumentalisieren
stärken
stützen

3 Krise und Stabilisierung – die Weimarer Republik 1919 bis 1929

M1 Demonstration gegen den Versailler Vertrag, Fotografie, 1919

1918/19	Novemberrevolution
1919	Unterzeichnung des Versailler Vertrages (28.6.), Weimarer Reichsverfassung tritt in Kraft (11.8.)
1920	„Kapp-Putsch"
1923	Ruhrkampf zwischen Deutschland und Frankreich, Hyperinflation, „Hitler-Putsch"
1925	Hindenburg wird Reichspräsident

1920

1925

1919–1923 Krisenjahre der Weimarer Republik

1924–1929 Stabilisierung der Weimarer Republik

Die Weimarer Republik musste sich in ihren Anfangsjahren mit zahlreichen Krisen und Belastungen auseinandersetzen. Dass sie dennoch von 1924 bis 1929 eine Phase der „prekären Stabilisierung" (Heinrich August Winkler) erreichte, gilt als eine ihrer größten Leistungen.

5 Ein wichtiger Faktor für die Krisen der ersten Jahre war der Versailler Vertrag. Er wurde von der Mehrheit in Deutschland nicht als Friedensvertrag empfunden, sondern als „Diktatfrieden" abgelehnt. Neben den wirtschaftlichen Belastungen durch hohe Reparationszahlungen entzündete sich der Wi-
10 derstand vor allem an dem „Kriegsschuldparagrafen", der die Deutschen und ihre Verbündeten für den Ausbruch des Ersten Weltkrieges verantwortlich machte. Obwohl auch führende Weimarer Politiker wie Friedrich Ebert und Walther Rathenau den Vertrag rückgängig machen wollten, akzeptier-
15 ten sie ihn als alternativlos und als Basis der Weimarer Politik. Das brachte ihnen und anderen Politikern das Etikett „Erfüllungspolitiker" ein. Zu den weiteren Belastungen der jungen demokratischen Ordnung gehörte die Kontinuität der alten Eliten in Staat, Justiz und Militär. Sie lehnten die Weimarer
20 Demokratie überwiegend ab oder standen ihr zumindest skeptisch gegenüber. Politische Morde, u. a. 1921 an Finanzminister Erzberger und 1922 an Außenminister Rathenau, bewegten in den Jahren bis 1923 die Öffentlichkeit. Dann folgte das Krisenjahr 1923: Französische und belgische Trup-
25 pen besetzten wegen eines deutschen Rückstandes bei der Zahlung von Reparationen das Ruhrgebiet, das mit passivem Widerstand und Generalstreik reagierte. Im gleichen Jahr verlor besonders der Mittelstand durch eine schnelle und hohe Geldentwertung, die sogenannte Hyperinflation, sein Sparver-
30 mögen. Hinzu kamen Umsturzversuche, so auch durch den ehemaligen Kriegsfreiwilligen und NSDAP-Politiker Adolf Hitler und den früheren Weltkriegsgeneral Erich Ludendorff. Danach gelang es den Reichsregierungen, die Lage zu stabilisieren. Die Wirtschaft erholte sich, das politische Leben und der Alltag der Menschen beruhigten sich. Die Aufbru-
35 chstimmung wurde aber immer auch von tiefgreifenden Unsicherheiten begleitet. Und nach wie vor wurde teilweise heftig über die Gestaltung von Staat und Gesellschaft gestritten.

M 2 „Frankreich im Rheinland", Karikatur von Karl Arnold aus dem „Simplicissimus", 1923

1 Beschreiben Sie die Bilder M 1 und M 2: Achten Sie insbesondere auf die abgebildeten Personen und Gegenstände. Bestimmen Sie jeweils die Rolle der deutschen Bevölkerung.
2 Stellen Sie – ausgehend von Text und Bildern – Hypothesen zu den Belastungen der Weimarer Republik in ihren Anfangsjahren auf und ordnen Sie diese einer historisch-politischen Kategorie zu: Politik/Staat/Herrschaft – Gesellschaft – Wirtschaft – Kultur – internationale/globale Vernetzung.
3 Diskutieren Sie erste Thesen, ob innenpolitische oder internationale, wirtschaftliche, gesellschaftliche und kulturelle Krisen eine Demokratie gefährden bzw. umstürzen können.

1929 | Beginn der Weltwirtschaftskrise

1930   1935

1930–1933 Präsidialkabinette

3   Krise und Stabilisierung – die Weimarer Republik 1919 bis 1929

> *In diesem Kapitel geht es um*
> *– die Belastungen durch den Versailler Vertrag,*
> *– die Kontinuität alter Eliten,*
> *– die politische Gewalt,*
> *– das Krisenjahr 1923,*
> *– die Maßnahmen, durch die sich die Weimarer Republik stabilisieren konnte,*
> *– den Verfassungs- und Nationalfeiertag des 11. August.*

M1 „Die großen Drei", Fotografie, 1919.
V.l.n.r.: David Lloyd George, Georges Clemenceau, Woodrow Wilson

Frankreich
Großbritannien
– USA

Belastungen durch den Versailler Vertrag

Nach dem Ende des Ersten Weltkrieges traten 1918/19 in Paris die Siegermächte zu **Friedensverhandlungen** zusammen. Die besiegten Staaten, also auch Deutschland, schlossen sie von den Beratungen aus. Die wichtigsten Entscheidungen trafen die „großen Drei", die USA, Großbritannien und Frankreich. Da es in der Vergangenheit kaum einen Krieg gegeben hatte, der nach Dauer und Brutalität mit dem Ersten Weltkrieg vergleichbar war, besaßen die „Friedensmacher" in Paris nur wenige Erfahrungen, wie nach diesem Weltkrieg eine dauerhafte internationale Ordnung geschaffen werden konnte. Die während des Krieges in allen kriegführenden Nationen entstandenen Feindbilder und die hohen Opferzahlen auf allen Seiten schränkten ebenfalls die Bereitschaft zu Zugeständnissen deutlich ein. Überdies gab es Konflikte zwischen den Siegermächten, die auf widersprüchlichen Erwartungen beruhten. Während Frankreich eine nachhaltige Schwächung Deutschlands anstrebte und so eine hegemoniale Stellung erreichen wollte, zielten die britische und die amerikanische Delegation darauf ab, das Gleichgewicht der europäischen Großmächte auf dem Kontinent zu bewahren – aus Furcht vor einer Ausbreitung der Russischen Revolution. 5 10 15

M2 Die Bestimmungen des Versailler Vertrages für Deutschland

Die **territorialen Bestimmungen** des **Versailler Vertrages** sorgten dafür, dass Deutschland ungefähr 13 Prozent seines Staatsgebietes und rund 6,6 Millionen Menschen durch Abtretung von Grenzgebieten verlor. Neben Elsass-Lothringen, das an Frankreich zurückgegeben werden musste, machten die Gebietsabtretungen an Polen den Hauptteil

20 aus. Diese Abtretungen gingen einher mit einer erheblichen **Schwächung der deutschen Wirtschaftskraft,** insbesondere in der Montan- und Eisenindustrie sowie der Landwirtschaft. Des Weiteren musste Deutschland auf alle Kolonien in Übersee verzichten. Außerdem verordneten die Siegermächte Deutschland eine **militärische Abrüstung**: Die Armee wurde auf ein Freiwilligenheer von 100 000 Mann reduziert,

25 schwere Waffen waren abzugeben und die modernen Waffengattungen wie Panzer, U-Boote sowie die Luftwaffe wurden verboten. In Artikel 231*, dem sogenannten **Kriegsschuldartikel,** wurde Deutschland als Urheber für alle Kriegsverluste und -schäden der Alliierten verantwortlich gemacht. Artikel 231 bildete somit die Grundlage für die wirtschaftlichen Entschädigungen, die **Reparationen,** deren endgültigen Umfang –

30 neben sofort zu entrichtenden Entschädigungsleistungen – eine Reparationskommission noch festlegen sollte.
Die Umstände der Vertragsverhandlungen, bei denen Deutschland ausgeschlossen blieb, und die Unterzeichnung unter dem Druck der Drohung einer Kriegsfortsetzung führten zu nahezu einhelliger Ablehnung des Vertrages als **„Diktatfrieden"** oder – in

35 der Sprache der Rechten – als **„Schanddiktat"** von Versailles. Außerdem erschien der Friedensvertrag als **„Schmachfrieden",** weil Deutschland und seinen Verbündeten die alleinige Kriegsschuld zugewiesen wurde. Zusammen mit dem **Trauma des verlorenen Krieges** wirkten insbesondere diese Bestimmungen des Versailler Vertrages auch psychologisch in der deutschen Bevölkerung lange nach.

40 Bei der Unterzeichnung des Waffenstillstands wie auch des Versailler Vertrages übernahmen Politiker der Weimarer Republik die Verantwortung für die Aktionen der politischen und militärischen Führung des Ersten Weltkrieges. Diese wurden deshalb von Nationalisten als **„Erfüllungspolitiker"** beschimpft, die sich kampflos den Siegermächten gebeugt hätten. Im Zusammenspiel mit der **„Dolchstoßlegende"*** wurde das Anse-

45 hen der Regierungsmitglieder langfristig geschädigt. Dies bildete neben den ökonomischen Belastungen des Vertrages einen wesentlichen Faktor für die innenpolitische Destabilisierung der Weimarer Republik. Geschickt haben die Republikgegner, an erster Stelle die Nationalsozialisten, diese tiefsitzenden Enttäuschungen aufgegriffen und für ihre Zwecke genutzt. Sie versprachen ihren Landsleuten einen glanzvollen nationalen

50 Wiederaufstieg.

Kontinuität der alten Eliten

Die demokratische Ordnung der Weimarer Republik wurde zusätzlich belastet durch die Kontinuität der alten Eliten im neuen **Staat,** die zum Teil nach wie vor ihre obrigkeitsstaatlichen und demokratiefeindlichen Vorstellungen propagierten und durchzusetzen versuchten. Hierzu gehörten vor allem die verfassungsmäßig abgesicherten

5 **Beamten.** Besonders die höheren Beamten blieben in ihren Ämtern. Sie fühlten sich als „Staatsdiener" und waren mehr den überzeitlichen Werten des Staates als den Geboten einer demokratischen Verfassung verpflichtet. Außerdem entzog sich der **Militärapparat in der** Weimarer Republik der demokratischen Kontrolle. Er entwickelte sich zu einem „Staat im Staate". Seinem Selbstverständnis nach stand er außerhalb der Verfas-

10 sung und sah sich in der Verantwortung für die „Nation". Das Militär konnte so Züge des aggressiven Reichsnationalismus weitertragen.
In vielen führenden Schichten der **Gesellschaft** überwog die Distanz zur neuen politischen Ordnung. Die Rechte des **Adels,** dessen Familien je nach Region zwischen 0,3 und 1 Prozent der Bevölkerung ausmachten, waren seit langer Zeit eingeschränkt. Seine Vor-

15 rangstellung wurde aber erst durch das Ende der Monarchie und den Zerfall der

M3 **Versailler Vertrag, „Artikel 231"**
„Die alliierten und assoziierten Regierungen erklären, und Deutschland erkennt an, dass Deutschland und seine Verbündeten als Urheber für alle Verluste und Schäden verantwortlich sind, die die alliierten und assoziierten Regierungen und ihre Staatsangehörigen infolge des ihnen durch den Angriff Deutschlands und seiner Verbündeten aufgezwungenen Krieges erlitten haben."

▶ M 8: Interview mit der britischen Historikerin Margaret MacMillan

▶ M 10: Jörg Leonhard über die Moralisierung der Politik

„Dolchstoßlegende"
Die „Dolchstoßlegende" ist eine große Propagandalüge und wirkmächtiger Mythos der Weimarer Republik. Nationalisten behaupteten, der Erste Weltkrieg sei nicht militärisch verloren gegangen, das deutsche Heer sei im Felde unbesiegt geblieben und „von hinten erdolcht" worden. Friedensinitiativen, Streiks und politische Unruhen in der Heimat hätten die deutsche Armee zur Kapitulation gezwungen.

▶ M 11: Adolf Hitler in einem Brief an Reichskanzler Brüning 1932

▶ M 13: Reichstagsabgeordneter Stücklen (SPD) über das Militär

M4 „Familienbildnis" (Rechts-anwalt Dr. Fritz Glaser) von Otto Dix, Gemälde, 1925

▶ M 15: Gemälde „Stützen der Gesellschaft" von George Grosz

Stadt-Land-Verteilung
Im Jahr 1910 lebte noch mehr als die Hälfte der Bevölkerung in Deutschland auf dem Land, 1925 waren es 46,4 %. Eine wachsende Zahl lebte in der Stadt, 1925 wohnten 26,8 % in Städten über 100 000 Einwohner.

Fürstenherrschaft in allen deutschen Ländern seit der Republikgründung in Frage ge-stellt. Da der Adel die Abschaffung oder Begrenzung seiner Privilegien als unrechtmäßig und ungerecht empfand, stemmte er sich gegen die demokratischen Veränderungen. Einige adlige Gutsbesitzer versuchten sich als agrarkapitalistische Unternehmer zu be-haupten. Insbesondere in Verwaltung, Diplomatie und Militärführung blieben Adelige 20 auch in der Weimarer Republik stark vertreten.

Ein großer Teil des **Bildungsbürgertums** hatte durch Kriegsanleihen und durch Inflati-on nicht nur einen Teil des Vermögens verloren, sondern wurde auch durch den Zu-sammenbruch der Monarchie in seinem politischen Selbstverständnis getroffen. Hinzu kam, dass Kräfte der weithin verachteten politischen Linken in der Weimarer Republik 25 an Macht gewannen. Viele Bildungsbürger zogen sich auf ihre unsichere Staatsloyalität zurück oder opponierten gegen die politischen Machtverschiebungen. Obwohl das überwiegend kulturpessimistisch eingestellte Bildungsbürgertum mit 0,8 Prozent An-teil an der Bevölkerung eine Minderheit darstellte, blieb es doch eine respektierte, Norm setzende Elite. Es besaß in der Bürokratie des Staates, der Länder und Gemeinden 30 eine beherrschende Stellung und verfügte als „Meinungsmacher" über erheblichen po-litischen Einfluss.

Die großen und mittleren Unternehmer des **Wirtschaftsbürgertums** – diese schmale Schicht machte höchstens 5 Prozent der Bevölkerung aus – konnten ihre wirtschaftli-che Stellung in der Regel halten und wurden während der Weimarer Republik kontinu- 35 ierlich aufgewertet. Ihre führenden Repräsentanten blieben überwiegend den Normen und Werten des autoritären Systems des Kaiserreiches verpflichtet und reagierten in der Weimarer Zeit ablehnend auf den Aufstieg der Gewerkschaften und der Sozialde-mokratie. Sehnsüchtig pflegte diese Elite des Wirtschaftsbürgertums seine Rückwärts-orientierung auf die in den vergangenen Jahrzehnten eingespielten Mechanismen auto- 40 ritärer Kontrolle und Steuerung.

Das **Kleinbürgertum,** etwa 15 Prozent der Bevölkerung, ging schwer angeschlagen in die republikanischen Jahre. Der „alte" Mittelstand, vor allem altes Handwerk und Klein-handel, bot ein Bild wirtschaftlicher Zerrüttung, während neue Handwerkszweige die Hyperinflation ziemlich unversehrt überstanden. Noch tiefer eingefressen als zuvor hat- 45 te sich beim „alten" Handwerk die Opposition gegen „die Linke". Dagegen zeigte sich der „neue" Mittelstand – Angestellte, Techniker, Lehrer, Ingenieure, Betriebswirte und andere aufstrebende Dienstleistungsberufe – offener für die politische Neuaus-richtungen. Doch hielt diese Verlagerung der politischen Orientierungen nicht immer lange an. 50

Die **Groß- und Mittelbauern** besaßen gut ein Fünftel (22,6 Prozent) aller landwirt-schaftlichen Betriebe und stellten mit 1,156 Millionen Menschen rund zwei Prozent der Bevölkerung. Neben dem **Großgrundbesitz** beanspruchten sie einen hohen gesell-schaftlichen Rang und verstanden sich als Rückgrat des ländlichen „Nährstandes". Mit ihren Agrarverbänden teilten sie die Überzeugung, dass in der Weimarer Republik das 55 Industrieproletariat und die städtische Konsumentenmasse die Macht übernommen hätten. Krisenhafte Entwicklungen im Agrarsektor führten im Verlauf der 1920er-Jahre zur weiteren Radikalisierung: Die norddeutsche „Landvolk"-Bewegung protestierte mit Gewalt gegen die demokratische Ordnung, immer mehr bäuerliche Wähler machten ihr Kreuz bei den Parteien der extremen oder radikalen Rechten. 60

Belastungen durch politische Gewalt

Die **freiheitliche Verfassung** der Weimarer Republik garantierte noch keine breite Zustimmung zur Demokratie in Deutschland – viele Menschen aus verschiedenen ge-sellschaftlichen Schichten standen der jungen Republik abweisend bis feindlich gegen-über. Die republikfeindliche Haltung vieler Deutscher spiegelt sich in einem geradezu furchteinflößenden Ausmaß der Gewalt im Inneren wider. In Freikorps sammelten sich 5

Tausende ehemaliger Frontsoldaten mit größtenteils antidemokratischen Ansichten. Durch Kriegserfahrungen und Gewalt im Weltkrieg geprägt, bekämpften radikale Gegner der politischen Linken und Rechten die demokratische Ordnung. Politische Morde und Attentate waren an der Tagesordnung und verunsicherten die Gesellschaft nach-
10 haltig. In Justiz und Bürokratie blieben die ehemaligen Amtsträger des Kaiserreiches häufig erhalten und waren sprichwörtlich „auf dem rechten Auge blind". Das Gleiche galt für die Reichswehr: Sie beantwortete Putschversuche der radikalen Linken konsequent. Bei Angriffen von rechts hielt sie sich jedoch weitgehend zurück. Der Machterhalt der alten Eliten aus dem Kaiserreich stellte von 1918 bis 1933 ein Dauerproblem der
15 Weimarer Republik dar.

▶ M 18, M 19: Der Umgang der Justiz mit politischen Straftaten

▶ M 14: Heinrich August Winkler zum Urteil im Hitlerprozess

Das Krisenjahr 1923

Die Krisen der Anfangszeit gipfelten im Krisenjahr 1923. Innerhalb weniger Monate trafen mindestens drei gefährliche Entwicklungen zusammen, die jede für sich das Potenzial hatten, den jungen Staat in seiner Existenz zu bedrohen. Daher gilt 1923 als das Jahr der Bewährung für die Weimarer Republik.

▶ M 20 bis M 22: Krisenherde im Spiegel von Wahlplakaten 1923/24

Krisenherd 1: Ruhrbesetzung und Ruhrkampf
In der Weimarer Republik gab es seit ihrer Ausrufung große wirtschaftliche Probleme und soziale Nöte. Die Reparationszahlungen infolge des Ersten Weltkrieges verschärften diese Entwicklung zusätzlich. Als Deutschland 1923 mit Zahlungen an die Alliierten in Rückstand geriet, besetzten französische und belgische Truppen das Ruhrgebiet als
10 „produktives Pfand". Die Reichsregierung und die Gewerkschaften riefen daraufhin die Bevölkerung zum passiven Widerstand und zum Generalstreik („Ruhrkampf") auf. Durch massenhafte Arbeitsverweigerung wurden Industrie, Verwaltung und Verkehr teilweise lahmgelegt. Die Millionenbevölkerung des Ruhrgebiets musste jedoch vom deutschen Staat weiterhin durch Fortzahlung der Löhne versorgt werden – eine enor-
15 me Belastung für den Staatshaushalt! Gleichzeitig fielen dem Staat alle Einnahmen aus seinem wirtschaftlich bedeutsamsten Zentrum weg. Im Verlauf des Jahres war absehbar, dass dieser finanzielle Kraftakt nicht lange zu stemmen war.

M 5 Adolf Hitler und Erich Ludendorff, Fotografie, 1923

Krisenherd 2: Hyperinflation
Bereits nach dem Ende des Ersten Weltkrieges gab es in Deutschland aufgrund von
20 Kriegskrediten und -anleihen eine zunächst langsame und dann immer raschere Geldentwertung. Die staatliche Finanzierung des passiven Widerstandes im Ruhrgebiet verschärfte diese Entwicklung drastisch. Die zusätzlichen Ausgaben finanzierte die Regierung nämlich durch den Druck von immer mehr Geldscheinen: Kostete ein Laib Roggenbrot im Dezember 1919 noch 0,80 Mark, steigerte sich der Preis im April 1923
25 auf 474,00 Mark und im Dezember 1923 auf 399 000 000 000 Mark (s. S. 7). Bei solch einer rapiden und unkontrollierbaren Geldentwertung spricht man von einer Hyperinflation. Große Teile der Bevölkerung und vor allem der Mittelstand verloren durch die Hyperinflation ihr gesamtes Sparvermögen. Im Gegensatz dazu schrumpften Schulden auf kleine Beträge zusammen. Das Währungsversagen brachte Wirtschaft, Staat und
30 Gesellschaft an den Rand des Zusammenbruchs.

Krisenherd 3: Putschversuche
Bereits 1920 versuchten rechtsgesinnte Freikorpseinheiten im sogenannten Kapp-Lüttwitz-Putsch die ungeliebte Republik zu beseitigen. Die Verschwörer scheiterten letztlich am Widerstand der Ministerialbürokratie sowie der Arbeiterschaft, die im ganzen Reich
35 in einen Generalstreik trat. In Bayern hatte sich infolge des Putsches jedoch eine rechtsgerichtete Landesregierung gebildet, die kaum gegen republikfeindliche Bestrebungen vorging. In diesem Umfeld riefen der Kriegsfreiwillige Adolf Hitler und der Weltkriegs-

general Erich Ludendorff am 8. November 1923 im Bürgerbräukeller in München die „nationale Revolution" aus. Sie erklärten die bayerische und die Reichsregierung für abgesetzt und riefen eine Gegenregierung mit Adolf Hitler als neuem Reichskanzler aus. 40
Am nächsten Tag wurden Ludendorff und Hitler mit ihren Anhängern in München durch eine Einheit der Landespolizei aufgehalten. Der Putsch brach daraufhin zusammen und Adolf Hitler wurde zu fünf Jahren Festungshaft verurteilt.

Neben diesen beiden Putschversuchen von rechts gab es auch von links Versuche, in Deutschland einen revolutionären Umsturz nach russischem Vorbild einzuleiten. In 45
Sachsen und Thüringen war die KPD Regierungsbündnisse mit der MSPD eingegangen. Formal zur Abwehr rechter Putschversuche wurden bewaffnete Einheiten, sogenannte „Proletarische Hundertschaften", aufgestellt. Der eigentliche Zweck war die Vorbereitung einer proletarischen Revolution nach sowjetischem Vorbild.

M6 Angehörige der SA treffen zur Verstärkung des Hitler-Putsches in München ein, Fotografie, 1923

Die relative Stabilisierung in der Politik

▶ M 23, M 24: Relative Stabilisierung der Weimarer Republik

Viele Historiker bezeichnen die Zeit von 1924 bis 1929 als Phase der relativen Stabilisierung. Dennoch gab es auch während dieser Jahre kleinere oder größere Krisen. Aber verglichen mit den vorangegangenen und nachfolgenden Krisenzeiten waren die 1920er-Jahre tatsächlich „Weimars beste Jahre" (Wolfram Pyta).

Mit dem Einmarsch der Reichswehr und der Niederschlagung des Aufstandes in Sach- 5
sen im Oktober 1923 beendete die Reichswehr die Aufstandspläne von rechts und von links. Die radikalen Parteien auf der politischen Rechten und Linken verloren an Gewicht und gerieten zeitweilig in die Isolation. Zwar wechselten die Regierungen häufig,

▶ S. 96, Regierungen der Weimarer Republik 1924 bis 1929

aber die parlamentarisch-parteienstaatliche Demokratie funktionierte leidlich. Um das Zentrum, das allen Koalitionsregierungen angehörte, gruppierten sich die beiden libera- 10
len Parteien. Dieser Bürgerblock wurde unterstützt bzw. erweitert entweder durch die nationalkonservative DNVP auf der Rechten oder die SPD auf der Linken. Die Gemeinsamkeiten dieser Koalitionen blieben allerdings begrenzt. Häufig konnten die weltanschaulichen und politisch-sozialen Unterschiede nur schwer oder gar nicht überbrückt werden. Die Parteien versagten gelegentlich ihren Ministern die Unterstützung, um sich 15
gegenüber den Wählern stärker zu profilieren. Doch im größten Land des Reiches, in Preußen, konnte sich die Weimarer Koalition aus Sozialdemokraten, Liberalen und Zentrum bis 1932 behaupten. Mit dem Tod von **Reichspräsident Friedrich Ebert** 1925

verlor die Weimarer Demokratie eine gewichtige Identifikationsfigur. Für die demokra-
20 tische Legitimation der Republik bedeutete die Wahl des 78-jährigen ehemaligen Chefs
der Obersten Heeresleitung, Paul von **Hindenburg,** zu seinem Nachfolger einen Rück-
schlag. Der Monarchist Hindenburg repräsentierte und stärkte die nationalen und konservativen Kräfte in Deutschland, die sich zurück in die „gute alte Zeit" des wilhelminischen Reiches sehnten.

Bewältigung wirtschaftlicher Probleme

Die Regierung stabilisierte auch im Bereich der Wirtschaft die Situation. Der Ruhrkampf
wurde abgebrochen und eine Währungsreform durchgeführt. Am 16. November 1923
führte sie die neue Währung, die **Rentenmark,** ein und setzte das Verhältnis von Rentenmark zu Papiermark auf 1 : 1 Billion fest. Damit war ein wichtiger Schritt zur Beendi-
5 gung der Inflation getan. Es setzte bald eine Phase der wirtschaftlichen Erholung ein.
Obwohl die Investitionen niedrig, die Arbeitslosenzahlen hoch blieben und der wirtschaftliche Aufschwung schwächer war als in anderen Staaten, beschleunigte sich in
den 1920er-Jahren das wirtschaftliche Wachstum in Deutschland. Seit 1924 stieg die
deutsche Industrieproduktion allmählich an und erreichte in den Jahren 1927 bis 1929
10 wieder das Vorkriegsniveau.
Deutschland wandelte sich weiter vom Agrar- zum **Industriestaat.** Anders als in der
Zeit vor 1914 verschoben sich jetzt allerdings die Gewichte zwischen den einzelnen
Wirtschaftssektoren langsamer zugunsten des industriellen Bereichs und des Dienst-
leistungssektors. 1933 arbeiteten 28,8 Prozent der Beschäftigten in der Landwirtschaft,
15 40,6 Prozent in der Industrie und 30,6 Prozent im Dienstleistungsbereich. Die modernen Industrien der „zweiten" Industriellen Revolution, Chemie, Elektrotechnik und Teile
des Maschinenbaus, standen trotz kriegsbedingter Verzerrungen nach wie vor an der
Spitze der industriellen Produktion, während die Wachstumsraten der Industriezweige
der „ersten" Industriellen Revolution, der Montan- und Schwerindustrie, hinter denen
20 der neuen dynamischen Industrien zurückblieben. Die Konsumgüterindustrie entwickelte sich uneinheitlich, ihr Wachstum verlief jedoch langsamer als das der Produk-
tions- und Investitionsgüterindustrie. Obwohl Industriezweige wie Chemie, Elektrotechnik, Maschinenbau oder auch Optik erneut eine führende Stellung auf dem
Weltmarkt erreichten, verlor Deutschland insgesamt im internationalen Wettbewerb
25 an Bedeutung. Zwar bestimmten marktwirtschaftliche Regeln die deutsche Volkswirtschaft in der Weimarer Zeit, aber der Staat griff stärker in den Wirtschaftsprozess ein als
im Kaiserreich. Ein Schwerpunkt staatlicher Intervention lag auf dem Feld der **Sozialpolitik.** Die wichtigsten sozialpolitischen Neuerungen der Weimarer Zeit waren die Umwandlung der Armenpflege in eine moderne Sozialfürsorge, auf die es einen Rechtsan-
30 spruch gab, der Ausbau der Unfallversicherung, die Schaffung einer einheitlichen
Rentenversicherung, Leistungsverbesserungen bei der Krankenversicherung und die
Einführung der gesetzlichen Arbeitslosenversicherung 1927.

M7 Kinder spielen mit wertlos gewordenem Papiergeld, Fotografie, 1923

1 **Mindmap/Fließschema:** Arbeiten Sie in strukturierter Form (z. B. Mindmap oder
Fließschema) die Belastungen für Deutschland durch den Versailler Vertrag heraus.
2 Erläutern Sie, warum die Kontinuität der alten Eliten ein Dauerproblem für die
Weimarer Demokratie darstellte.
3 Diskutieren Sie die folgende Feststellung: „Verschärft wurde die innenpolitische
Polarisierung von Anfang an durch die außenpolitischen Belastungen" (Hans-Ulrich
Thamer). Erklären Sie, davon ausgehend, die Wechselwirkungen zwischen innenpolitischen und außenpolitischen Belastungen im Krisenjahr 1923.
4 Überprüfen Sie, ob die Krisenherde des Jahres 1923 dauerhaft beseitigt werden
konnten.
5 **Zusatzaufgabe:** siehe S. 149.

Hinweise zur Arbeit mit den Materialien
Anhand von M 2 im Darstellungsteil können die
wichtigsten Bestimmungen des Versailler Vertrages
und seine Auswirkungen auf Deutschland erarbeitet
werden. Das Interview mit einer britischen Historikerin
(M 8), die Karikatur (M 9) und der Historikertext
(M 10) bieten Erklärungsversuche für die unterschiedli-
chen Wahrnehmungen des Friedensvertrages. Danach
kann vertiefend der Versailler Vertrag als Faktor für
den Aufstieg Hitlers betrachtet werden (M 11 und
M 12). Die Materialien M 13 bis M 15 setzen sich mit
der Kontinuität der alten Eliten auseinander. Es folgt
ein Materialblock (M 16 bis M 19) zu innenpolitischen
Belastungsfaktoren der Republik. Dabei stehen die
Auswirkungen der Inflation und der Umgang mit
politischen Straftaten vor Gericht im Zentrum. Mithilfe
der Plakate M 20 bis M 22 der Jahre 1923/24 können
verschiedene Krisenherde des Jahres 1923 thematisiert
und ihre Instrumentalisierung analysiert werden.
Abschließend können die Jahre 1924 bis 1929 auf der
Basis von zwei Sekundärtexten (M 23, M 24) unter
dem Begriff der „prekären Stabilisierung" diskutiert
und beurteilt werden.

Zur Vernetzung mit dem Kernmodul
- *M 13 (Reichswehr als „Staat im Staate") kann mit*
  M 1 Jürgen Kocka, S. 109, Kernmodul verbunden
  werden (Militär, „Sonderbewusstsein").
- *M 13 und M 15 bieten einen Bezug zu Wehlers*
  Beitrag zur Sonderwegsdebatte (M 4).
- *M 6 des Kernmoduls (Bracher) kann insgesamt*
  herangezogen werden, da hier Belastungen und
  Krisen der Weimarer Republik beleuchtet werden.

Belastungen durch den Versailler Vertrag

M 8 **Interview** mit der britischen Historikerin
Margaret MacMillan (2015)
ZEIT: „Die Friedensmacher" heißt Ihre große Darstellung der Pariser Verhandlungen [...]. Wurde denn
wirklich Frieden gemacht oder nur neuem Unfrieden
der Boden bereitet?
5 *MacMillan:* [...] Dass sich die Deutschen so sehr über
den Vertrag empörten, lag vor allem daran, dass sie
sich ihre Niederlage im Ersten Weltkrieg nicht einge-
stehen wollten. Stattdessen setzte sich der Glaube
durch, man sei „im Felde unbesiegt" geblieben und
10 habe nur aufgrund des Verrats durch „innere Feinde"
den Krieg verloren. Ich bin überzeugt: Die Deutschen
hätten 1919 jeden Vertrag ungerecht gefunden, der
sie zur Rechenschaft gezogen hätte. [...]

ZEIT: Als die Deutschen nach Versailles kamen und
den Friedensvertrag lasen, waren sie entsetzt. Hatten 15
sie sich Illusionen hingegeben, oder wurden sie durch
den Vertrag übermäßig gestraft?
MacMillan: Die Deutschen lebten seit dem Kriegsende
in einer Traumwelt. Sie hatten einen Waffenstillstand
unterzeichnet, der einer Kapitulation gleichkam, 20
aber sie hofften, es möge doch alles anders kommen.
Woodrow Wilson hatte ihnen dazu Anlass gegeben,
als er ihnen, ohne Absprache mit den europäischen
Siegermächten, einen Frieden ohne schwere Sanktio-
nen in Aussicht stellte – auf der Grundlage seines be- 25
rühmten 14-Punkte-Programms. Die Deutschen
rechneten daher mit einem milden Angebot und
glaubten, dass Wilsons „Selbstbestimmungsrecht der
Völker" auch zu ihren Gunsten ausgelegt würde. [...]
Die Deutschen fühlten sich geknechtet [...]. Tatsäch- 30
lich aber wurden viele Bestimmungen gar nicht
durchgesetzt, nach und nach abgemildert oder um-
gangen – insbesondere die militärischen. Es gab die
Tendenz, den Vertrag für alles verantwortlich zu machen, was schieflief, insbesondere die Rechten ins- 35
trumentalisierten ihn. Anders agierte der Kanzler
und spätere Außenminister Gustav Stresemann. Er
sagte: Wir erfüllen die Bedingungen und versuchen
dann, sie zu lindern – womit er recht erfolgreich war.
Christian Staas im Interview mit Margaret MacMillan: „Den Ver-
sailler Vertrag trifft keine Schuld", DIE ZEIT 46/2015 (Auszug).*

M 9 „Der Friedenskuss", Karikatur von Thomas
Theodor Heine aus der Zeitschrift „Simplicissimus", 8. Juli 1919

Farben des Kaiserreich

M 10 Der Historiker Jörn Leonhard über die Moralisierung der Politik (2014)

Im Vergleich zu den deutschen Bedingungen im Frieden von Brest-Litowsk[1] mit Russland relativiert sich die Vorstellung von der Singularität des Versailler „Diktatfriedens", als den ihn der weit überwiegende
5 Teil der Deutschen wahrnahm. Aber der Friedensvertrag markierte den Bruch mit den Traditionen der neuzeitlichen Friedensverträge von 1648 und 1815: Die Vorstellung des entkriminalisierten *iustus hostis*[2] wurde zugunsten einer Moralisierung der Politik und
10 der Zuweisung einer Alleinschuld am Kriegsausbruch aufgegeben. Doch bedeutete der Friedensvertrag im Gegensatz zum Mai 1945 eben keine bedingungslose Kapitulation Deutschlands. Aus dieser Perspektive fielen die Bedingungen je nachdem zu
15 harsch oder zu milde aus. Deutschland sah sich moralisch als stigmatisiert an und büßte doch zugleich weder politisch noch wirtschaftlich seinen europäischen Großmachtanspruch komplett ein. Anders als im Mai 1945 verfügte das Land nach dem Ersten
20 Weltkrieg weiterhin über die Ressourcen für eine revisionistische Außenpolitik. Darin spiegelte sich der keinesfalls widerspruchsfreie Kompromiss zwischen den Siegermächten wider. Der Vertrag reflektierte das anglo-amerikanische Drängen auf eine erneuerte
25 kontinentaleuropäische Gleichgewichtskonstellation und bremste insofern die [...] französischen Pläne einer langfristigen Zerschlagung der deutschen Großmachtposition aus.

Jörg Leonhard, Büchse der Pandora. Geschichte des Ersten Weltkriegs, C. H. Beck, München 2014, S. 955 f.*

1 *Friedensvertrag von Brest-Litowsk:* 1918 zwischen Sowjetrussland und den Mittelmächten (Deutsches Reich, Österreich-Ungarn, Osmanisches Reich, Bulgarien) geschlossen
2 *iustus hostis (lat.):* wörtlich: gerechter Feind, gemeint ist: Feind mit gleichen Rechten

1 Interpretieren Sie die Karikatur M 9.
2 Arbeiten Sie heraus, wie MacMillan (M 8) die Wahrnehmung des Versailler Vertrages in Deutschland beschreibt und worin sie die Gründe dafür sieht.
3 **Vertiefung:** Erläutern Sie anhand von M 10, inwieweit der Versailler Friedensvertrag ein „Bruch mit den Traditionen neuzeitlicher Friedensverträge" darstellt.
4 **Zusatzaufgabe:** siehe S. 149.

M 11 Adolf Hitler in einem offenen Brief an Reichskanzler Brüning (25. Januar 1932)

Aber zu einem Versailler Vertrag wäre es nie gekommen, wenn nicht die hinter Ihnen stehenden Parteien des Zentrums, der Sozialdemokratie und der Demokratie das alte Reich ausgehöhlt, zerstört und

verraten hätten, wenn sie nicht die Revolution vorbe- 5
reitet, durchgeführt oder zumindest akzeptiert und gedeckt hätten. Nicht ich, Herr Reichskanzler, habe jemals im Versailler Vertrag eine mögliche Basis für das Leben unseres Volkes oder das Gedeihen der Wirtschaft gesehen, aber die hinter Ihnen stehenden 10
Parteien haben durch die Unterzeichnung dieses Vertrages seine Erfüllung zumindest als möglich vorgetäuscht. Derjenige, der als Erster in Deutschland in unzähligen Massenversammlungen gegen diesen Vertrag Stellung nahm, war, um „geschichtlichen 15
Verwechslungen vorzubeugen", ich, nicht Sie. Die unerbittliche Handhabung aber dieses Vertrages, die, wie Sie meinen, in den ersten 5 Jahren jeden deutschen Wiederaufbau zerstörte, wäre ganz unmöglich gewesen, wenn nicht gewisse „deutsche" Parteien zu 20
jeder Erpressung, Schmach und Schande ihre Zustimmung gegeben hätten. Ich [...] mache diejenigen verantwortlich, die durch ihr Wirken diese Verhältnisse entweder schufen oder zumindest begünstigten. 25

Zit. nach: Johannes Hohlfeld (Hg.), Deutsche Reichsgeschichte in Dokumenten 1849–1934, Bd. 4, Leipzig 1934, S. 422 f.*

Pickelhaube = Preußen

M 12 *„The Source"*, Karikatur von Daniel Fitzpatrick aus einer amerikanischen Zeitung, 1930

VERSAILLES
TREATY

1 Analysieren Sie den offenen Brief Hitlers an Reichskanzler Brüning (M 11).
Tipp: siehe S. 149.
2 **Wahlaufgabe:** Bearbeiten Sie a) oder b).
  a) Interpretieren Sie die Karikatur „The Source" von Daniel Fitzpatrick (M 12).
  b) Beurteilen Sie, inwiefern der Versailler Vertrag für den Aufstieg der NSDAP verantwortlich war. Berücksichtigen Sie dabei M 8–M 12.

Kontinuität alter Eliten

M 13 **Der Abgeordnete Daniel Stücklen (SPD) über die Reichswehr (26. Mai 1925)**

Wir haben heute ein Heer der Republik, das, wie ich feststellen will, diesem Staate dient, dessen Leitung erklärt, wir stehen auf dem Boden der Verfassung; aber das schließt natürlich nicht aus, dass wir, wenn

5 die Verfassung geändert, eine anderes Staatswesen aufgezogen wird, dann auch dem neuen Staatswesen dienen.

Es sind aber recht deutliche Anzeichen dafür vorhanden, dass die Entwicklung der Reichswehr dahin

10 geht, eine Art Staat im Staate zu werden. Das war [...] eine gewisse Abgeschlossenheit, ein Korpsgeist, der zur Abgeschlossenheit führen musste und letzten Endes bewirkte, dass die alte Armee wirklich ein Staat im Staate war, mit einem eigenen Ehrbegriff, ihrem

15 eigenen Strafkodex, mit einem Wort: eine Menge Einrichtungen, die von den Einrichtungen der zivilen Bevölkerung losgelöst waren. Im Hauptausschuss wurde darauf hingewiesen, dass die Anzeichen für eine solche Entwicklung abermals vorhanden seien.

20 Die Gefahr ist umso größer, als früher der Soldat nur zwei Jahre diente und nach zwei Jahren in die Massen des Volkes zurücktrat. [...] Heute dient der Reichswehrsoldat zwölf Jahre. Zwölf Jahre verlebt er in einer ganz anderen Umwelt. Er ist ganz anderen Einflüssen

25 und Eindrücken preisgegeben; das führt letzten Endes dazu, dass eine gewisse Entfremdung nicht vermieden werden kann.

Wolfgang Michalka, Gottfried Niedhart (Hg.), Die ungeliebte Republik. Dokumentation zur Innen- und Außenpolitik Weimars 1918–1933, 3. Aufl., dtv, München 1984, S. 220.*

M 14 **Der Historiker Heinrich August Winkler über das Urteil im Hitlerprozess 1924 (1993)**

Am 1. April 1924 sprach das Volksgericht München Ludendorff von der Anklage des Hochverrats frei; fünf andere Beteiligte, darunter der Organisator der SA, Ernst Röhm, wurden zu drei Monaten Festung

5 und 100 Mark Geldstrafe mit Bewährung, Hitler selbst zusammen mit drei Mitverschwörern zu fünf Jahren Festung und 200 Mark Geldstrafe verurteilt. Nach Verbüßung von sechs Monaten stand auch den zuletzt Genannten eine Bewährungsfrist in Aussicht.

10 Allen Angeklagten hielt das Gericht zugute, sie hätten sich bei „ihrem Tun von rein vaterländischem Geiste und dem edelsten, selbstlosen Willen" leiten lassen und nach bestem Wissen und Gewissen geglaubt, „dass sie zur Rettung des Vaterlands handeln

15 mussten, und dass sie dasselbe taten, was kurz zuvor die Absicht der leitenden bayerischen Männer war".

Moralisch kamen das Urteil und seine Begründung einem Freispruch gleich – und nicht anders wurden sie über Bayern hinaus auch verstanden.

Heinrich August Winkler, Weimar. Die Geschichte der ersten deutschen Demokratie 1918–1933, C. H. Beck, München 1993, S. 252.*

M 15 **„Stützen der Gesellschaft", Gemälde von George Grosz, 1926**

1 Erklären Sie, was der Abgeordnete Stücklen mit „Staat im Staate" (Z. 10) meint.

2 Bewerten Sie auf der Basis von M 14 das Urteil im Hitlerprozess.
   Tipp: Beziehen Sie die Formulierung „Tun von rein vaterländischem Geist" (Z. 11 f.) in Ihr Werturteil ein.

3 Charakterisieren Sie mithilfe des Gemäldes von George Grosz (M 15) die „Stützen der Gesellschaft".
   Tipp: siehe S. 149.

Krisen und politische Gewalt

M 16 Wertverlust des Geldes 1914 bis 1923

Zeitpunkt	Wert von 100 000 Mark von 1914	Wertverlust in %
Juni 1914	100 000,00	0,00
Jan. 1919	47 190,00	52,80
Juli 1919	27 855,00	72,10
Jan. 1920	6 480,00	93,50
Juli 1920	10 638,00	89,40
Jan. 1921	6 468,00	93,50
Juli 1921	5 476,00	94,50
Jan. 1922	2 189,00	97,80
Juli 1922	851,00	99,10
Jan. 1923	23,46	100,00
Juli 1923	1,19	100,00
Sept. 1923	0,00	100,00

Zit. nach: Herbert Prokasky, Der Erste Weltkrieg und die Inflation 1914–1923, in: Geschichtsdidaktik 5, 1980, S. 267.

M 17 **Leserbrief in der Braunschweigischen Landeszeitung (1923)**

Schon zwischen 8 und 9 sieht man, wie das Licht eins nach dem anderen in den Häusern erlischt. Die Treppenhäuser der großen Mietskasernen und die besseren Wohnhäuser sind unbeleuchtet und in den
5 vielen Straßen kommt man schon in den frühen Abendstunden vor verschlossenen Haustüren, weil man sein Eigentum gegen Diebstahl auf jede mögliche Art und Weise schützen muss. Die Millionenrechnungen für Gas und elektrisches Licht, auch für
10 Heizung, zwingen zu den äußersten Einschränkungen; Gesundheit und Bequemlichkeit werden hintangestellt, um nur die allernotwendigsten Lebensbedürfnisse noch bestreiten zu können, Not und Elend überall. [...] In den letzten Wochen sind schon wieder
15 Selbstmorde vorgekommen, die ihre Ursachen in Hunger, Kummer, Not, Elend, Unzufriedenheit und Verzweiflung haben! Wann kommt der Retter? Reden haben bisher nicht geholfen und helfen auch jetzt nicht mehr. Das Volk, der Mittelstand, will endlich
20 Taten sehen!

Zit. nach: Reinhard Bein, Die Hyperinflation – eine traumatische Erfahrung, in: Praxis Geschichte Nr. 2/1992, S. 24 f.

M 18 „Die Arme der Gerechtigkeit", Karikatur von Herbert Anger aus der Satirezeitschrift „Lachen links. Das republikanische Witzblatt", 1925

M 19 Umgang mit politischen Morden 1921

	Politische Morde begangen von Linksstehenden	Politische Morde begangen von Rechtsstehenden
Gesamtzahl der Morde	22	354
– ungesühnt	4	326
– teilweise gesühnt	1	27
– gesühnt	17	1
Zahl der Verurteilten	38	24
freigesprochen	–	23
Dauer der Einsperrung	15 Jahre	4 Monate
Hinrichtungen	10	–

Aus: Die Zerstörung der deutschen Politik. Dokumente 1871–1933, neu hg. und kommentiert v. Harry Pross, Fischer TB, 1982, S. 145.*

1 **Kooperative Partnerarbeit:** Bearbeiten Sie a) und b) arbeitsteilig und stellen Sie sich anschließend Ihre Ergebnisse vor.
   a) Analysieren Sie den Leserbrief M 17. Erklären Sie anschließend unter Einbeziehung von M 7 und M 16, welche Auswirkungen die Geldentwertung auf die Menschen hatte.
   b) **Wahlaufgabe:** Analysieren Sie M 18 oder M 19.

Krisenherde im Spiegel von Wahlplakaten

M 20   Plakat gegen die französische Besetzung des Ruhrgebiets, 1923

M 21   Plakat der DNVP, Reichstagswahl 1924

M 22   Plakat der Deutschen Demokratischen Partei (DDP), Reichstagswahl 1924.
Der am Ärmel platzierte Geldschein trägt die Aufschrift „Eine Rentenmark".

1 Gruppenarbeit:

a) Analysieren und vergleichen Sie arbeitsteilig die Wahlplakate (M 20–M 22).
   Tipp: Beachten Sie die methodischen Hinweise auf S. 34.

b) Präsentieren Sie in der Gruppe Ihr Plakat und den Belastungsfaktor, auf den es reagiert.

c) **Vertiefung:** Vergleichen Sie die Darstellung von Belastungsfaktoren auf Wahlplakaten der Weimarer Republik mit heutigen Wahlplakaten.

Weitere Wahlplakate der Parteien

cornelsen.de/Webcodes
Code: xutova

Relative Stabilisierung 1924 bis 1929

M23 Der Historiker Ulrich Herbert (2014)

Das politische Gefüge der Weimarer Republik blieb auch in den Jahren 1924 bis 1929 instabil; aber die Zeit des Bürgerkriegs und der Umsturzversuche war fürs Erste vorbei. Nach der Wiederherstellung einer,
5 wenn auch brüchigen, wirtschaftlichen Stabilität standen im Mittelpunkt dieser fünf Jahre die Versuche, einigermaßen tragfähige Lösungen für die vielfältigen Probleme zu finden, denen sich die deutsche Nachkriegsgesellschaft ausgesetzt sah, und dafür
10 parlamentarische Mehrheiten zu gewinnen. [...] Die inneren Verhältnisse in Deutschland [begannen sich] zu beruhigen, wenngleich die Grundkonflikte nur verschoben, nicht gelöst waren. [...] Das entscheidende Problem aber blieb die Instabilität des politi-
15 schen Systems. Selbst [...] strittige Fragen [...] erschienen lösbar, wenn es gelang, langfristig handlungsfähige Regierungen zu installieren. [...] Die Suche nach politischen Instrumentarien zur Steuerung der freigesetzten Dynamik in Gesellschaft,
20 Wirtschaft und Kultur war durch den Krieg und die dadurch verschärften ideologischen Widersprüche und Interessenskonflikte noch schwieriger geworden. Vor allem erwies es sich als nahezu unmöglich, zwischen den verschiedenen Parteien und gesell-
25 schaftlichen Lagern Bündnisse zu schmieden, die über ein ausreichendes Maß an Übereinstimmungen verfügten und in der Lage waren, diese in die politische Praxis umzusetzen. Die verbreitete These von der „Demokratie ohne Demokraten" ist insofern nur
30 bedingt zutreffend. [...] Als nach dem Tod Friedrich Eberts 1925 der 77-jährige Paul von Hindenburg zum Reichspräsidenten gewählt wurde, kam mit ihm ein Mann ins höchste Amt der Republik, der für die wilhelminische Ära [...] stand. [...] Darin drückte sich
35 der Wunsch eines Teils der Wählerschaft nach vergangener Größe aus [...], aber auch die kritische Haltung gegenüber Republik, Parteienstaat und Kultur der Moderne. Insofern war die Wahl Hindenburgs eine schwere Niederlage der demokratischen Kräfte.
40 [...] [Sie] machte vor allem deutlich, dass eine antirepublikanische Mehrheit von rechts möglich war.

Ulrich Herbert, Geschichte Deutschlands im 20. Jahrhundert, C.H. Beck, München 2014, S. 213–222.*

M24 Die Historiker Eberhard Kolb und Dirk Schumann (2013)

Das Jahrfünft von 1924 bis 1929/30 gilt als Phase einer „relativen Stabilisierung" der Weimarer Republik. Diese Charakterisierung ist durchaus zutreffend, wenn dabei die Betonung auf dem Wort „relativ"

liegt. [...] Aber diese Stabilisierung vollzog sich auf 5 dünnem Boden und war bestenfalls oberflächlich. Je intensiver sich die Forschung mit der Mittelperiode der Weimarer Republik befasst, desto stärker werden die Zweifel an der Stabilisierungsthese. Vielmehr ist die Rede von einer „Instabilitätsrepublik" (Rudolf 10 Morsey), von einer „Geschichte des Versagens" (Michael Stürmer) gerade im Hinblick auf die Phase der relativen Stabilisierung. Tatsächlich ist es in jenen Jahren, in denen der außenpolitische Druck nachließ und die inneren Auseinandersetzungen ruhiger ver- 15 liefen als in den stürmischen Anfangsjahren der Republik, nicht gelungen, das politische und das sozialökonomische System so zu konsolidieren, dass die Republik einer ernsthaften Krise gewachsen war. Mochte die parlamentarisch-parteienstaatliche De- 20 mokratie einige Jahre lang auch leidlich funktionieren: Ein stabiles parlamentarisches Regierungssystem entwickelte sich in der Phase der „relativen Stabilisierung" nicht; und im Bereich der Wirtschafts- und Sozialpolitik verhärteten sich in eben 25 jenen Jahren die Fronten, wurde ein Konfliktpotenzial angehäuft, das nach Entladung drängte.
Mit diesem Hinweis soll keineswegs die politische und gesellschaftliche Entwicklung der Jahre ab 1923 nachträglich zu einer historischen Einbahnstraße 30 stilisiert werden [...]. Die unübersehbaren strukturellen Schwächen der Republik determinierten nicht zwingend die seit 1930 betriebene Krisenstrategie und jenen Geschehensablauf, der sich 1932/33 vollzog; bis zuletzt bestand ein – freilich immer enger 35 werdender – Raum für alternative Problemlösungen und Entscheidungen. Wohl aber werden durch eine Analyse der in der Mittelperiode aufweisbaren strukturellen und politischen Defizite jene Voraussetzungen und eben auch Vorbelastungen umrissen, welche 40 den Bedingungsrahmen bildeten für Agieren und Reagieren der Politiker und breiter Bevölkerungsschichten, als die Republik 1929/30 erneut in eine Phase akuter Gefährdung eintrat.

Eberhard Kolb/Dirk Schumann, Die Weimarer Republik, 8. Aufl., Oldenbourg, München 2013, S. 74 f.*

1 Arbeiten Sie die zentralen Argumente von Ulrich Herbert aus M23 heraus.

2 Erläutern Sie die „Zweifel an der Stabilisierungsthese" (Z.9), die Eberhard Kolb und Dirk Schumann in M24 formulieren.

3 Setzen Sie sich mit der These der relativen Stabilisierung auseinander. Beziehen Sie die Materialien des ganzen Kapitels 3 mit ein.
Tipp: siehe S. 149.

Ein Nationalfeiertag für die Weimarer Republik: der 11. August

M1 **Deckblatt der Weimarer Reichsverfassung**

Nationalfeiertage dienen dazu, in einem Staat eine kollektive Identität herzustellen bzw. zu stärken. Sie bilden einen wichtigen Bestandteil der Gedenk- und Geschichtskultur. In einer neuen Demokratie wie der Weimarer Republik kam einem solchen gemeinsamen Tag des Feierns eine besondere Bedeutung zu.

Von 1921 bis 1932 war der 11. August, der Tag der Unterzeichnung der Weimarer Verfassung, ein Nationalfeiertag. Dem Beschluss gingen allerdings kontroverse Diskussionen voraus und es gelang nicht, den Feiertag als reichsweiten, arbeitsfreien Tag mit einer gemeinsamen Zentralfeier durchzusetzen. Befürwortet und schließlich mit einer Mehrheit durchgesetzt wurde der Verfassungstag von den liberalen und demokratischen Parteien. Konservative plädierten dagegen für den 18. Januar als Erinnerung an die Reichsgründung von 1871, die Kommunisten dagegen für den 1. Mai als Tag der Arbeit. 1932 fand die letzte Feier des Verfassungstages statt. 5

10

M2 **Feier zum 3. Jahrestag der Unterzeichnung der Weimarer Verfassung im Reichstag in Berlin, Fotografie, 11. August 1922.**

An der Wand sieht man den neuen Reichsadler und die Inschrift „Einigkeit und Recht und Freiheit".

M3 Aus einer Rede von Reichspräsident Friedrich Ebert zum Verfassungstag (11. August 1922)

Vor drei Jahren, am 11. August, hat sich das deutsche Volk seine Verfassung gegeben, das Fundament seiner Zukunft. Diesen Tag wollen wir, trotz aller Not der Gegenwart, mit Freude und Hoffnung begehen.
5 Wir wollen keinen Bürgerkrieg, keine Trennung der Stämme. Wir wollen Recht. Die Verfassung hat uns nach schweren Kämpfen Recht gegeben. Wir wollen Frieden. Recht soll vor Gewalt gehen. Wir wollen Freiheit. Recht soll uns Freiheit bringen. Wir wollen
10 Einigkeit. Recht soll uns einig zusammenhalten. So soll die Verfassung uns Einigkeit, Recht und Freiheit gewährleisten. Einigkeit und Recht und Freiheit! Dieser Dreiklang aus dem Lied des Dichters gab in Zeiten innerer Zersplitterung und Unterdrückung der
15 Sehnsucht aller Deutschen Ausdruck, er soll auch jetzt unseren harten Weg zu einer besseren Zukunft begleiten. Sein Lied, gesungen gegen Zwietracht und Willkür, soll nicht Missbrauch finden im Parteikampf; es soll nicht der Kampfgesang derer werden, gegen
20 die es gerichtet war; es soll auch nicht dienen als Ausdruck nationalistischer Überhebung. Aber so, wie einst der Dichter, so lieben wir heute, „Deutschland über alles". In Erfüllung seiner Sehnsucht soll unter den schwarz-rot-goldenen Fahnen der Sang von Ei-
25 nigkeit und Recht und Freiheit der festliche Ausdruck unserer vaterländischen Gefühle sein.

Zit. nach: Jörg Koch, Dass Du nicht vergessest der Geschichte. Staatliche Gedenk- und Feiertage in Deutschland von 1871 bis heute, Wissenschaftliche Buchgesellschaft, Darmstadt 2019, S. 77.

M4 Artikel aus der Frankfurter Zeitung (11. August 1930)

Verfassungsfeier und – in fünf Wochen Wahlen! Wahlen, bei denen es äußerlich um ein paar Notverordnungen geht, um den Etat des Reiches, der erst nachträglich die Zustimmung des Parlamentes erhalten
5 soll, um Steuern und anderes […]. Aber im Grund geht es um – die Verfassung. […]
Es ist in Deutschland, genährt durch Experimente des Ostens und Südens, eine Stimmung vorhanden, auf Grund deren eine nicht unerhebliche Anzahl von
10 Menschen die jetzige Verfassung nicht verändern, reformieren, ausgestalten, entwickeln, sondern – beseitigen will. Also Gegenrevolution? Wir haben in Deutschland so deutliche Zustände nicht gern. Zwar bei den Kommunisten ist durch die russische Zentra-
15 le ersichtlich, dass sie Etappe der Weltrevolution sind. Aber die Revolutionäre von rechts wollen ja vorläufig nicht nach Rom, sondern – ins Parlament marschieren! Wollen sich, wie auch die Kommunisten,

wenigstens vorerst, der Mittel, die ihnen die gehaßte Verfassung bietet, bedienen. Also ungefährlicher? 20
Vielleicht im dramatischen Sinne. Aber sind im Grunde Kapp-Putsche nicht weniger „gefährlich" als verkappte Putsche? Wenn nämlich der Körper gesund ist, wenn er widerstandsfähig ist, dann ist ein plötzlicher Schock durch ein hitziges Fieber […] im 25 Grunde harmloser als irgendeine sanft auftretende, aber sich immer tiefer einnistende Infektion. Gewiß, es gibt ein paar unangenehme Stunden, sowohl bei dem Patienten wie bei seiner Umgebung, und der Laie denkt, hier ist Schlimmstes zu befürchten; aber 30 welcher behandelnde Arzt, der die Konstitution des Erkrankten kennt, wird sich von vornherein durch heftige äußere Symptome in seinem Zutrauen wankend machen lassen?
Das schleichende Fieber – das ist der beunruhigende 35 Druck, der von den extremen Parteien ausgeht, dieses Wühlen gegen die Verfassung, die in der Stunde furchtbarster Niederlage und nicht minder furchtbaren Zusammenbruchs bisher Autoritäten dem gesamten Volke eine neue Grundlage schuf, von der aus 40 es wieder langsam zu sich selbst und zu seiner Wiedererstarkung zurückfinden konnte: dieses Wühlen mit dem Rezept große Not allen Versprechungen hilflos preisgegebenen Ohren der Unzufriedenen und Verzweifelten, dieser seit Jahren genährte und ge- 45 schürte Wahn, es läge am Ehesten, man brauche nur die Diktatur von rechts oder links aufzurichten und die Not würde ein Ende haben. […]
Ein ernster Tag, dieser Feiertag der Verfassung, für alle, denen dieses Stück bedruckten Papiers keine 50 gleichgültige Sammlung von Paragraphen ist […]. Denen sie die allein mögliche Grundlage ist für den Traum, den als richtige Deutsche auch sie träumen: ein einmal wirklich in seinen Stämmen geeint, von lästigen und überlebten staatlichen Innengrenzen 55 befreiten Deutschland!

„Verfassungsfeier in Wahlkampfzeiten" (Volltext, gekürzt; 11.08.1930), in: Frankfurter Zeitung; zit. nach: https://www.faz. net/aktuell/politik/historisches-e-paper/historisches-e-paper-verfassungsfeier-in-wahlkampfzeiten-16828357.html (Download vom 16. Oktober 2020).*

1 Analysieren Sie die Werte, die Ebert am Verfassungstag für die Weimarer Republik beschwört.
2 Erörtern Sie, welche Gefahren für die Weimarer Demokratie in M4 aufgezeigt werden.

Seit 2019 gibt es das „Haus der Weimarer Republik" als nationalen Gedenkort für die Weimarer Verfassung.

cornelsen.de/Webcodes
Code: receja

Schriftliche Quellen interpretieren

Französischer Soldat auf einem Kohlewagen während der Ruhrbesetzung, kolorierte Fotografie, 1923

In der Gegenwart zeigt sich die Geschichte in Form von Quellen. Sie bilden die Grundlage unserer historischen Kenntnisse. Doch nicht die Quellen selbst stellen das Wissen dar, erst ihre systematische Analyse ermöglicht eine adäquate Rekonstruktion und Deutung von Geschichte. Daher gehört es zu den grundlegenden Kompetenzen im Geschichtsunterricht, Quellen angemessen erschließen und interpretieren zu können. 5

Die bedeutsamsten Quellen für die Rekonstruktion von Vergangenheit sind schriftliche Zeugnisse. Sie werden unterteilt in **erzählende Quellen**, die zum Zweck der Überlieferung verfasst wurden, z. B. Chroniken, Geschichtsepen, Monografien und Biografien, sowie in **dokumentarische Quellen**, z. B. Urkunden, Akten, Gesetzestexte und Zeitungen, die gesellschaftliche und private Ereignisse und Prozesse unmittelbar und meist 10 unkommentiert wiedergeben.

Bei der Untersuchung schriftlicher Quellen kommt es darauf an, zunächst eine **Leitfrage (1)** zu stellen, unter der man die Quelle untersuchen will. Zusätzlich zur Analyse **formaler** und **inhaltlicher Aspekte (2)** bedarf es einer Einordnung in den **historischen Kontext (3)**, um abschließend den Aussagegehalt der Quelle kritisch zu **beurteilen (4)**. 15 Nur wenn man bei der Interpretation Tatsachen und Meinung unterscheidet, ist das Ergebnis der Quellenarbeit eine weitgehende Annäherung an die historische Wirklichkeit.

Arbeitsschritte für die Analyse

1. Leitfrage	– Welche Fragestellung bestimmt die Untersuchung der Quelle?
2. Analyse	*Formale Aspekte*
	– Wer ist der Autor (ggf. Amt, Stellung, Funktion, soziale Schicht)?
	– Wann und wo ist der Text entstanden bzw. veröffentlicht worden?
	– Um welche Textart handelt es sich (z. B. Brief, Rede, Vertrag)?
	– Was ist das Thema des Textes?
	– An wen ist der Text gerichtet (z. B. Privatperson, Institution, Machthaber, Öffentlichkeit, Nachwelt)?
	Inhaltliche Aspekte
	– Was sind die wesentlichen Textaussagen (z. B. anhand des gedanklichen Aufbaus bzw. einzelner Abschnitte)?
	– Welche Begriffe sind von zentraler Bedeutung (Schlüsselbegriffe)?
	– Wie ist die Textsprache (z. B. sachlich, emotional, appellativ, informativ, argumentativ, manipulierend, ggf. rhetorische Mittel)?
3. Historischer Kontext	– In welchen historischen Zusammenhang (Ereignis, Epoche, Prozess bzw. Konflikt) lässt sich die Quelle einordnen?
4. Urteil	*Sachurteil (es erfolgt aus der Sicht des historischen Gegenstands der damaligen Zeit)*
	– Welchen politisch-ideologischen Standpunkt nimmt der Autor ein?
	– Welche Intention verfolgt der Verfasser des Textes?
	– Inwieweit ist der Text glaubwürdig? Enthält er Widersprüche?
	– Welche Wirkung soll der Text bei den Adressaten erzielen?
	Werturteil
	– Wie lässt sich der Text im Hinblick auf die Leitfrage aus heutiger Sicht, nach unseren Maßstäben und Normen bewerten?

Übungsaufgabe

M2 **Aufruf des Reichspräsidenten und der Reichsregierung zum Abbruch des Ruhrkampfes (26. September 1923)**

An das deutsche Volk!

Am 11. Januar haben französische und belgische Truppen wider Recht und Vertrag das deutsche Ruhrgebiet besetzt. Seit dieser Zeit haben Ruhrgebiet und
5 Rheinland schwerste Bedrückungen zu erleiden. Über 180 000 deutsche Männer, Frauen, Greise und Kinder sind von Haus und Hof vertrieben worden, für Millionen Deutsche gibt es den Begriff der persönlichen Freiheit nicht mehr. Gewalttaten ohne Zahl ha-
10 ben den Weg der Okkupation begleitet. Mehr als hundert Volksgenossen haben ihr Leben dahingeben müssen, Hunderte schmachten noch im Gefängnis. Gegen die Unrechtmäßigkeit des Einbruchs erhoben sich Rechtsgefühl und vaterländische Gesinnung. Die
15 Bevölkerung weigerte sich, unter fremden Bajonetten zu arbeiten. Für diese dem Deutschen Reiche in schwerster Zeit bewiesene Treue und Standhaftigkeit dankt das ganze deutsche Volk. Die Reichsregierung hatte es übernommen, nach ihren Kräften für
20 die leidenden Volksgenossen zu sorgen. In immer steigendem Maße sind die Mittel des Reichs dadurch in Anspruch genommen worden. In der abgelaufenen Woche erreichten die Unterstützungen für Rhein und Ruhr die Summe von 3 500 Billionen Mark. In der lau-
fenden Woche ist mindestens die Verdoppelung die- 25 ser Summe zu erwarten. Die einstige Produktion des Rheinlandes und des Ruhrgebietes hat aufgehört. Das Wirtschaftsleben im besetzten und unbesetzten Deutschland ist zerrüttet. Mit furchtbarem Ernst droht die Gefahr, dass bei Festhalten an dem bisheri- 30 gen Verfahren die Schaffung einer geordneten Währung, die Aufrechterhaltung des Wirtschaftslebens und damit die Sicherung der nackten Existenz für unser Volk unmöglich gemacht wird. Diese Gefahr muss im Interesse der Zukunft Deutschlands ebenso 35 wie im Interesse von Rhein und Ruhr abgewendet werden. Um das Leben von Volk und Staat zu erhalten, stehen wir heute vor der bitteren Notwendigkeit, den Kampf abzubrechen. [...]

Zit. nach: Deutsche Geschichte in Quellen und Darstellung, Bd. 9: Weimarer Republik und Drittes Reich 1918–1945, hg. v. Heinz Hürten, Reclam, Stuttgart 1995, S. 83 f. *

1 Interpretieren Sie M 2 mithilfe der Arbeitsschritte von S. 54.
   ▶ Lösungshinweise finden Sie auf S. 152 ff.

Erschließungshilfen

Einleitung	Materialvorstellung	Bei dem Text handelt es sich um …, verfasst von … Die Verfasser thematisieren/beschäftigen sich/setzen sich auseinander mit dem Thema … Der Text entstand … und richtet sich an …
Reproduktion	Historischer Kontext	Der Text entstand im Zusammenhang mit folgendem Ereignis/Epoche/Konflikt: …
	Wiedergabe der Argumentation	Die Autoren verweisen zunächst darauf, dass … Daraus folgern sie, dass … Sie stellen einen Zusammenhang zwischen … und … her. Weiterhin/Außerdem/Darüber hinaus argumentieren sie … Schließlich betonen sie, dass …
	Abschließende Beurteilung	Die Autoren vertreten den Standpunkt, dass … Sie verfolgen folgende Intention: …

Anwenden

M1 Der stellvertretende Vorsitzende des Reichsverbands der Deutschen Industrie, Paul Silverberg, über die Stellung der Unternehmer zum
Staat (4. September 1926)

Die politische Revolution, mit der nach dem Kriegs-
verlust die Nachkriegszeit anfing, wurde sehr bald zu
einer wirtschaftlichen und sozialen Revolution. Das
deutsche Unternehmertum, bis zum Kriege und von
5 einzelnen abgesehen auch im Kriege, politisch indif-
ferent, jedenfalls nicht aktiv, sah sich plötzlich als Objekt des politischen Kampfes. Es sah als seinen un-
mittelbaren Gegner die revolutionäre Arbeiterschaft
und den von ihr beherrschten Staat. Es hatte einen
10 Kampf um seine Existenz nach vielen Seiten zu führen: gegen die wirtschaftlich-finanzielle Entwicklung,
von der es gleichermaßen mit dem ganzen Volke betroffen wurde, dazu gegen die den Staat repräsentie-
renden revolutionären Regierungen. Gegen sie in ih-
15 ren auf Sozialisierung und Gemeinwirtschaft
hinzielenden Tendenzen musste es um seinen Besitz
und die Grundlage seiner Existenz den Kampf führen. Es folgte daraus, dass das deutsche Unternehmertum gegen den Staat [...] geschlossen seine able-
20 nende Stellung einnahm. Während auf der einen
Seite die Exponenten des Staates jede gute Tradition
negierten [...], überboten sich andere, die Grundlagen
des deutschen Unternehmertums aus böswilliger
Zerstörungswut oder idealistischem Unverständnis
25 zu vernichten. Dieser Kampf musste ausgekämpft
oder wenigstens so weit geführt werden, dass für
Volk und Wirtschaft eine erträglich standfeste Basis
erstritten und errichtet wurde. Dieses Ziel ist heute
in gewissem Umfang erreicht, und es ist von ganz be-
30 sonderem Interesse festzustellen, dass es die politische Not des gesamten Volkes – ich nenne Reparationsfrage und Ruhrkampf – und damit die
Außenpolitik es waren, die Unternehmertum und
nachrevolutionäre Regierungen zu aktiver Zusam-
35 menarbeit für den Staat brachten. Und trotz aller besonderen neuen Schwierigkeiten und Kritiken am
Tun oder Unterlassen hatte diese Zusammenarbeit
das gute Ergebnis, dass die Einstellung des Unternehmertums auf den heutigen Staat auf eine klare Linie
40 gebracht worden ist: Das deutsche Unternehmertum
steht restlos auf staatsbejahendem Standpunkt.
[...] Wir leben in einer Welt, die ihre Existenz und
Kultur auf kapitalistischen Wirtschaftsmethoden
aufgebaut hat, nicht auf einem exzedierenden[1] Fi-
45 nanzkapitalismus, den das deutsche Unternehmertum ebenso ablehnt, wie die Arbeiterschaft, sondern
auf einem Kapitalismus als Grundlage einer durchor-
ganisierten Produktion und einer rationalisierten
Güterverteilung bis zum Güterkonsum.
Wenn eine soziale Demokratie sich so auf den Boden 50
der Tatsachen stellt, den radikalen Doktrinarismus
und die immer zerstörende, nie aufbauende Politik
der Straße und der Gewalt ablehnt, wird sie zusammen mit dem Unternehmertum und unter seiner
Führung Deutschland und die deutsche Wirtschaft 55
wieder zu Erfolgen und zur Blüte führen.

*Wolfgang Michalka/Gottfried Niedhart (Hg.), Deutsche
Geschichte 1918–1933. Dokumente zur Innen- und Außenpolitik,
Fischer, Frankfurt/Main 2002, S. 153 f. ***

1 *exzedierend:* übertrieben, ausschweifend

M2 Reaktion der SPD in ihrer Parteizeitung
„Vorwärts" auf die Silverberg-Rede (5. September
1926)

Zum ersten Mal seit dem Bestand der Republik fand
das Unternehmertum den Mut, den Staat, so wie er
ist, zu bejahen. Darin ist die Sozialdemokratische
Partei und mit ihr die Gewerkschaftsbewegung von
dem Tage an vorangegangen, als mit der Aufrichtung
des neuen Staates die demokratische Verfassung ge- 5
sichert wurde. Niemals hat sich die Sozialdemokratie
den Pflichten entzogen, die die größte Partei
Deutschlands in unserem republikanischen Staatswesen zu tragen hat. Dabei hat sie oft genug die ökonomischen Zielstrebungen zurückstellen müssen, 10
die der Wille zum Sozialismus bedingt. Sie hat das
getan, weil sie in der Republik die Voraussetzung für
die freie Entfaltung des politischen Willens sieht, der
allein auf die Dauer der gerechten Sache zum Siege
verhilft. 15

*Wolfgang Michalka/Gottfried Niedhart (Hg.), Deutsche
Geschichte 1918–1933. Dokumente zur Innen- und Außenpolitik,
Fischer, Frankfurt/Main 2002, S. 158.*

1 Fassen Sie die Stellungnahme von Paul Silverberg
(M 1) in Thesen zusammen.

2 Erläutern Sie das von Silverberg skizzierte Verhältnis
von Staat und Wirtschaft.

3 Analysieren Sie die Reaktion der SPD auf die Rede.

4 Beurteilen Sie, ob die Silverberg-Rede und die
Reaktion der SPD Zeichen für eine Stabilisierung der
Weimarer Republik sind.

5 Vertiefung: Erörtern Sie auf der Basis von M 1 und
M 2 grundlegende Konflikte in der Weimarer
Republik.

Wiederholen

M3 „Republik. Sie tragen die Buchstaben der Firma – aber wer trägt den Geist?", Karikatur von Thomas Theodor Heine aus dem „Simplicissimus" vom 21. März 1927

1 Interpretieren Sie die Karikatur M 3:
   a) Bestimmen Sie die Bildelemente und die Kernaussage.
   b) Diskutieren Sie ausgehend von der Karikatur die These von der Weimarer Republik als „Republik ohne Republikaner".
2 Beschreiben Sie die deutschen Reaktionen auf den Versailler Vertrag.
3 Beurteilen Sie das Verhalten der alten Eliten in den ersten Jahren der Weimarer Republik.
4 **Wahlaufgabe:** Bearbeiten Sie entweder a), b) oder c).
   Setzen Sie sich mit einer Krise aus der Frühzeit der Weimarer Republik bis 1923 auseinander (z. B. Hitler-Putsch, Hyperinflation, Ruhrkampf)
   a) in Form eines Referates,
   b) in Form eines Essays,
   c) in Form einer Präsentation.
5 Analysieren Sie die Gründe für die „prekäre Stabilisierung" der Weimarer Republik bis 1929.
6 **Vertiefung:** Erörtern Sie, ob und inwiefern man von einer Modernisierung der Weimarer Republik sprechen kann. Untersuchen Sie dabei die Bereiche Staat, Gesellschaft und Wirtschaft.

Zentrale Begriffe

„Dolchstoßlegende"
Elite
„Erfüllungspolitiker"
Hitler-Putsch
Inflation, Hyperinflation
Kapp-Lüttwitz-Putsch
„Kriegsschuldartikel"
Krise
Obrigkeitsstaat
Passiver Widerstand
Politische Morde
Rentenmark
Reparationen
Revision des Versailler Vertrages
Ruhrbesetzung und Ruhrkampf
Selbstbestimmungsrecht der Völker
Stabilisierung
Versailler Vertrag
Weltanschauungs- und Interessenpartei

Formulierungshilfen
– Im Zentrum des Bildes …
– Die Persönlichkeiten symbolisieren …
– Der Schriftzug verdeutlicht …
– Das Verhältnis der Persönlichkeiten zur Republik ist …
– Die Farbgebung vermittelt den Eindruck, dass …
– Der historische Kontext ist …
– Der Titel des Bildes betont …
– Der Karikaturist will mit seiner Karikatur Kritik üben an …

4

Außenpolitik im europäischen und internationalen Spannungsfeld

M1 „Europa-Probleme – Hier irrt Zeus. Die Rettung der Europa durch dieses Meer geht selbst über die Kräfte eines Stieres", Karikatur von Karl Arnold, aus dem „Simplicissimus", 9. Juli 1933.

Auf den Papierwellen steht u.a.: Zölle, Arbeitslosigkeit, Völkerbund, Abrüstung, Kriegsschulden, Weltwirtschaft. Laut dem antiken Europa-Mythos entführte der Göttervater Zeus in Form eines Stieres die phönizische Prinzessin Europa und brachte sie durch das Mittelmeer auf die Insel Kreta.

	1919	Versailler Vertrag, Gründung des „Völkerbundes"		1923	Stresemann Reichskanzler, Ruhrkampf zwischen Deutschland und Frankreich
1918	Waffenstillstand		1922	Vertrag von Rapallo	

1915	1920

1914–1918 Erster Weltkrieg	1919–1923 Krisenjahre der Weimarer Republik

Die Weimarer Republik lässt sich nicht losgelöst von der internationalen Staatenwelt betrachten. Seit 1919 bestimmte der Versailler Vertrag die Stellung und die Handlungsspielräume des Kriegsverlierers Deutschland im internationalen Kräftefeld. Konnte die junge Weimarer Demokratie unter diesen Bedingungen eine eigenständige „republikanische Außenpolitik" entwickeln, mit anderen Staaten zusammenarbeiten und eine Politik gemeinsamer Friedenssicherung betreiben?

Wer diese Frage beantworten will, muss sich mit der Politik und dem Politiker Gustav Stresemann (1878–1929) beschäftigen. Er war ein außerordentlich lernfähiger Politiker, der sich mit der Entstehung der Weimarer Demokratie vom Monarchisten zum „Republikaner aus Vernunft" und von einem Nationalisten zu einem pragmatischen Friedenspolitiker wandelte. Von 1923 bis zu seinem Tode 1929 war Stresemann unter verschiedenen Regierungen Außenminister und prägte die deutsche Außenpolitik maßgeblich. Herausragende Stationen dieser Politik waren das Vertragswerk von Locarno 1925 und der Beitritt Deutschlands zum Völkerbund 1926. Seine außenpolitischen Ziele unterschieden sich nicht von denen anderer Politiker. Er strebte die Revision des Versailler Friedensvertrages an und wollte die Wiederherstellung der alten deutschen Großmachtstellung erreichen. Mit Blick auf die europäischen Kräfteverhältnisse betrieb er aber die deutsche Außenpolitik als Versöhnungspolitik, die die Regierungen der Siegermächte nicht herausforderte. Dabei baute er nicht auf militärische Stärke, sondern auf die Wirtschaftsmacht Deutschlands. Tatsächlich vergrößerte Stresemann die Handlungsspielräume deutscher Außenpolitik und wurde so zu einem bedeutenden Träger der Weimarer Republik. Im Rückblick sprechen manche von der Ära Stresemann, manche sehen Stresemann gar als Vordenker der heutigen Europäischen Union. Es gibt aber auch kritische Einschätzungen seiner Politik. Unbestritten war Gustav Stresemann jedoch ein wichtiger Repräsentant seiner Zeit.

M 2 Gustav Stresemann, Austen Chamberlain und Aristide Briand in Genf, Fotografie, 1926.

Außenminister Gustav Stresemann in einer Runde mit dem britischen Außenminister Chamberlain und dem französischen Außenminister Briand in Genf nach der Aufnahme Deutschlands in den Völkerbund.

1 Nennen Sie die Probleme des Textes, die Ihr Interesse wecken.
2 **a)** Analysieren Sie die Karikatur „Europa-Probleme" (M 1).
   b) Vergleichen Sie die Europa-Probleme von damals mit heutigen.
3 Erläutern Sie thesenartig die Grundprobleme der deutschen Außenpolitik.
4 Nehmen Sie Stellung zur Strategie Gustav Stresemanns, den Versailler Vertrag mithilfe einer Versöhnungspolitik rückgängig zu machen. Beziehen Sie das Foto M 2 in Ihre Argumentation mit ein.

	1929	Börsenkrach in New York, Beginn der Weltwirtschaftskrise
1926	Aufnahme Deutschlands in den Völkerbund	
1925	Vertrag von Locarno	1933	Hitler Reichskanzler

1925   1930

1923–1929 Stresemann Außenminister   1930–1933 Präsidialkabinette

4   Außenpolitik im europäischen und internationalen Spannungsfeld

> *In diesem Kapitel geht es um*
> – *den europäischen Hauptkonflikt zwischen Frankreich und Deutschland infolge des Ersten Weltkrieges,*
> – *die verschiedenen Phasen deutscher Außenpolitik,*
> – *die Bedeutung Gustav Stresemanns für die Überwindung der außenpolitischen Isolation der Weimarer Republik,*
> – *Gustav Stresemann als Repräsentant seiner Zeit.*

Das Ziel einer europäischen Friedensordnung 1919–1923

▶ **Pariser Friedensverträge** siehe S. 40 f.

Mit den Pariser Friedensverträgen von 1919/1920 wurde der Erste Weltkrieg formal durch einen Friedensschluss beendet. Dennoch waren die Jahre von 1919 bis 1923 geprägt von starken Spannungen zwischen Deutschland und Frankreich. Eine breite Mehrheit der Deutschen lehnte das Vertragswerk ab und brandmarkte es als „Schanddiktat". Man sah im Versailler Vertrag die Fortsetzung des Krieges mit anderen Mitteln. In dieser Logik verfolgten die Siegermächte mit dem Vertragswerk einzig die Absicht, Deutschland dauerhaft zu unterdrücken. Das Ziel jeder deutschen Regierung musste daher die Revision* des Versailler Vertrages sein.

Revisionspolitik
Sie verfolgt das Ziel, Verträge zu revidieren, also rückgängig zu machen. In der Weimarer Republik zielt sie auf die Rückgängigmachung des Versailler Vertrages.

Aus französischer Sicht gab es keinen Zweifel an der deutschen Verantwortung für den Ausbruch des Ersten Weltkrieges. Somit war Deutschland auch für das große Leid und die enorme Zerstörung, unter denen die französische Bevölkerung gelitten hatte, verantwortlich. Nach den schmerzhaften Erfahrungen des Deutsch-Französischen Krieges 1870/71 und des Ersten Weltkrieges zielte Frankreich nun auf eine dauerhafte Schwächung Deutschlands. Daher beharrte es auf einer strikten Umsetzung des Versailler Vertrages.

Verträge von Rapallo im Wortlaut
🔖▶ cornelsen.de/Webcodes
➕🔊 Code: daniwi

Um dem Ziel der Revision des Versailler Vertrages näher zu kommen, musste sich die deutsche Außenpolitik in eine andere Richtung orientieren: Im italienischen **Rapallo** schloss das Deutsche Reich 1922 mit der international geächteten Sowjetunion einen Vertrag. Darin nahm Deutschland die diplomatischen und wirtschaftlichen Beziehungen zur Sowjetunion wieder auf und beide Seiten verzichteten auf Reparationsforderungen für erlittene Kriegsschäden. Beide Länder konnten auf diese Weise ihre außenpolitische Isolierung durchbrechen. Die westlichen Großmächte zeigten sich von dem neuen Bündnis überrascht und teilweise besorgt. Insbesondere Frankreich lehnte den Vertrag strikt ab und verschärfte seine außenpolitische Haltung gegenüber Deutschland.

▶ **Ruhrbesetzung und Ruhrkampf** siehe S. 43

Auch vor diesem Hintergrund ist die **Besetzung des Ruhrgebiets** im Januar 1923 durch französische Truppen zu sehen. Sie stellte den für alle sichtbaren Höhepunkt der Auseinandersetzung zwischen Deutschland und Frankreich dar und offenbarte die deutsche Ohnmacht gegenüber Frankreich.

Einen dauerhaften und stabilen Frieden konnte es in Europa nur dann geben, wenn der europäische Hauptkonflikt zwischen Frankreich und Deutschland beigelegt oder zumindest entschärft werden könnte. Nach der Beendigung des Ruhrkampfes zeigte sich Ende 1923, dass sowohl die französische Politik des Beharrens auf Maximalforderungen als auch die deutsche Position einer Totalverweigerung gescheitert waren. Diese Situation bot die Chance auf einen Neuanfang auf beiden Seiten.

Die „Ära Stresemann"

Von 1923 bis 1929 prägte Gustav Stresemann als Außenminister die Außenpolitik der Weimarer Republik in wechselnden Kabinetten so stark, dass häufig von einer „Ära Stresemann" gesprochen wird. Die nachfolgenden Generationen kamen bei der Betrachtung seiner Person und seiner Politik zu sehr unterschiedlichen Urteilen: Die einen sa-
5 hen in ihm einen europäischen Verständigungspolitiker, die anderen einen nationalen Machtpolitiker. Fest steht, dass Stresemann eine bemerkenswerte Wandlung vollzog: Noch im Krieg plädierte er für einen uneingeschränkten U-Boot-Krieg und forderte einen Siegfrieden mit umfangreichen Gebietsgewinnen. Auch als Außenpolitiker der Zwischenkriegszeit verfolgte er – wie beinahe alle europäischen Staatsmänner – eine nati-
10 onale Politik. Diese war geprägt vom Wunsch nach dem Wiederaufstieg Deutschlands zur gleichberechtigten politischen Großmacht in Europa. Das Hauptziel deutscher Außenpolitik blieb die Revision des Versailler Vertrages. Was Stresemann allerdings von den meisten anderen Politikern seiner Zeit unterschied, waren die Methoden, mit denen er seine Ziele erreichen wollte. Durch eine Politik der Versöhnung und Verständi-
15 gung schien es ihm möglich, die Vertragsbestimmungen langfristig und schrittweise rückgängig zu machen und gleichzeitig die Großmachtstellung Deutschlands zurückzuerlangen. Dafür war er bereit, das französische Sicherheitsbedürfnis anzuerkennen und zu befriedigen. Gemeinsam mit dem französischen Außenminister **Aristide Briand** arbeitete Stresemann an einer Entspannung des deutsch-französischen Verhältnisses.

M 1 Gustav Stresemann (1878 bis 1929), Fotografie, 1929

▶ M 4–M 15: Stationenlernen Stresemann als Repräsentant seiner Zeit

Schrittweise Überwindung der außenpolitischen Isolation

In den **Verträgen von Locarno (1925)** erkannte Deutschland die Entmilitarisierung des Rheinlandes und die deutsche Westgrenze an. Durch diesen Schritt konnte das französische Bedürfnis nach Sicherheit vor Deutschland gestillt werden. Die deutschen Zugeständnisse stellten zudem eine „vertrauensbildende Maßnahme" dar, für die man in
5 Zukunft Gegenleistungen erwarten durfte: Im Gegensatz zur Westgrenze hatte sich Stresemann nämlich eine Revision der deutschen Ostgrenze ausdrücklich vorbehalten. Durch den Versailler Vertrag hatte Deutschland große Gebiete im Osten vor allem an Polen abtreten müssen. Für diese Gebiete wurde kein „Locarno des Ostens" vereinbart. Die deutsch-französische Annäherung stieß weltweit auf große Anerkennung. Die

Verträge von Locarno im Wortlaut
🔗▶ cornelsen.de/Webcodes
➕🔊 Code: kuziwa

M 2 Plakat der Deutschnationalen Volkspartei (DNVP) zur Reichstagswahl 1928

M 3 Aristide Briand (1862 bis 1932), Fotografie, um 1925

Völkerbund
Der Völkerbund wurde 1920 mit Sitz in Genf gegründet. Er sollte bei Konflikten zwischen Staaten vermitteln und die Einhaltung von Friedensverträgen überwachen. Er gilt als Vorläufer der Vereinten Nationen.

Reparationen
Kriegsentschädigungen, die Deutschland aufgrund des Versailler Vertrages zahlen sollte.

Young-Plan
Der Young-Plan von 1929 sah eine Verringerung und Staffelung der Reparationszahlungen bis 1988 vor.

Architekten des Vertrages, Stresemann und Briand, bekamen für ihren Beitrag ein Jahr 10 später den **Friedensnobelpreis** verliehen. Innenpolitisch waren die Verträge von Locarno jedoch umstritten: Rechtsradikale und Nationalkonservative kritisierten die Verträge für die territorialen Zugeständnisse im Westen, da sie die Ergebnisse des Weltkrieges anerkannten.

Im **Berliner Vertrag (1926)** setzte die Reichsregierung ihre Politik der Annäherung an 15 die Sowjetunion fort, die sie mit dem Vertrag von Rapallo 1922 begonnen hatte. Stresemann vermied eine einseitige Westbindung und signalisierte der Sowjetunion, dass die Annäherung Deutschlands an den Westen keine negativen Auswirkungen auf das Verhältnis der beiden Länder haben würde. Der Vertrag von Locarno hatte den Weg für die **Aufnahme Deutschlands in den Völkerbund*** frei gemacht. Der Beitritt Deutschlands 20 wurde am 10. September 1926 vollzogen. Nur acht Jahre nach Kriegsende war damit die moralische und politische Isolierung Deutschlands überwunden und Deutschland durfte sich wieder zu den drei großen europäischen Mächten zählen. Der französische Außenminister Briand initiierte gemeinsam mit dem amerikanischen Staatssekretär Frank B. Kellogg ein Abkommen, das die Grundlage der Friedenssicherung sein sollte. 25 Im nach ihnen benannten **Briand-Kellogg-Pakt (1928)** wurde der Krieg als Mittel der Politik völkerrechtlich geächtet. Die 15 unterzeichnenden Staaten verpflichteten sich, auf Krieg als Mittel zur Lösung internationaler Konflikte zu verzichten. Die deutsche Delegation unter Stresemann setzte sich im Vorfeld des Vertragsschlusses sehr für das Zustandekommen des Abkommens ein. Bis 1929 traten mehr als 60 Staaten dem Ab- 30 kommen bei.

Konfrontationskurs nach der Ära Stresemann

Stresemann starb im Oktober 1929 an den Folgen eines Schlaganfalls. Nach seinem Tod zeigte sich, wie eng die Entspannungspolitik mit seiner Person verbunden war. Stresemanns Politik der Verständigung mit dem Ziel einer schrittweisen Revision des Versailler Vertrages wurde zunehmend abgelöst durch einen deutlich offensiveren außenpolitischen Stil, verstärkte nationale Abgrenzung und aggressiveren Revisionismus. Fortan 5 kam es vermehrt zu Konflikten mit den westlichen Großmächten.

Am 30. Juni 1930 erfolgte die endgültige **Räumung des besetzten Rheinlandes**. Noch im „Geiste von Locarno" vorbereitet, nahm 1932 die **Genfer Abrüstungskonferenz** ihre Arbeit auf. Deutschland erlangte dort mit der Drohung, die Konferenz zu verlassen, die grundsätzliche Anerkennung als militärisch gleichberechtigter Staat. Die deutsche Au- 10 ßenpolitik verfolgte nun vor allem das Ziel, die **Reparationslast** für das Reich aufzulösen. Im Zeichen der Weltwirtschaftskrise überstiegen die finanziellen Belastungen der Reparationen* die Leistungsfähigkeit der deutschen Wirtschaft. Die Krise wurde von der Reichsregierung bewusst verschärft, um die Zahlungsunfähigkeit Deutschlands zu verdeutlichen. Der **Young-Plan*** wurde schließlich auf der **Konferenz von Lausanne** 15 aufgehoben, dies bedeutete praktisch das Ende der deutschen Reparationszahlungen. Hitler konnte nach seiner Wahl im Januar 1933 nahtlos an diesen Revisionismus anknüpfen. Im Oktober 1933 zog sich Deutschland aus dem Völkerbund und der Genfer Abrüstungskonferenz zurück.

1 Stellen Sie die außenpolitischen Ereignisse in einer Zeitleiste grafisch dar. Markieren Sie jeweils den zeitlichen Rahmen verschiedener Phasen in unterschiedlichen Farben und geben Sie für jede Phase ein treffendes Schlagwort an.

2 **Geschichte kreativ:** Schreiben Sie einen Nachruf auf Gustav Stresemann. Gehen Sie dabei auf seine Bedeutung als Außenpolitiker ein.

3 **Vertiefung:** Vergleichen Sie die Außenpolitik Stresemanns mit der Außenpolitik Bismarcks.

  Tipp: Gliedern Sie Ihren Vergleich: Ziele – Mittel – Ergebnisse – Rolle der Person.

Hinweise zur Arbeit mit den Materialien

Im Zentrum der Materialien steht Gustav Stresemann (1878–1929), 1923 bis 1929 Außenminister der Weimarer Republik und Friedensnobelpreisträger. Bearbeitungsmöglichkeiten:

a) *Die Materialien können in Form eines **Stationenlernens** unter dem Aspekt „Stresemann als Repräsentant seiner Zeit" analysiert werden. Jeder muss alle Stationen bearbeiten.*

b) *Die Materialien können in Form eines **Gruppenpuzzles** bearbeitet werden. Dabei befasst sich in einer ersten Arbeitsphase jede Gruppe mit einem Thema. In einer zweiten Arbeitsphase kommen Schüler aus allen vier Gruppen zusammen und stellen sich gegenseitig ihre Ergebnisse vor.*

Station 1: Biografie Stresemanns bis 1919

Gustav Stresemann prägte die Außenpolitik der Weimarer Republik so stark, dass seine Amtszeit als Außenminister (1923–1929) häufig als „Ära Stresemann" bezeichnet wird. Bis heute wird sein politisches Vermächtnis unterschiedlich
5 *bewertet: Für die einen ist er ein europäischer Verständigungspolitiker, für die anderen ein nationaler Machtpolitiker.*

M 4 **Gustav Stresemann in der Nationalversammlung in Weimar, Fotografie, 1919**

1 Recherchieren Sie die Biografie Stresemanns bis 1919 und stellen Sie Ihre Ergebnisse grafisch dar.
   Tipp: siehe S. 149.

M 5 **Der Historiker Andreas Rödder über Gustav Stresemanns politische Einstellungen bis 1919 (2018)**

Zunächst war Gustav Stresemann [...] in vielerlei Hinsicht ein echter Liberaler der wilhelminischen Ära, und zwar sowohl Nationalliberaler als auch

linksliberaler Freisinniger. Als Student trat er 1897 nicht einer der zunehmend antisemitischen traditio-   5 nellen Burschenschaften bei, sondern der Reformburschenschaft „Neogermania". Damit waren die Vorzeichen bereits gesetzt, denn die Reformburschenschaften vertraten einerseits eine positive Einstellung gegenüber dem liberalen Erbe von 1848 und   10 bekannten sich andererseits zum nationalen Machtstaat. Als Syndikus des Verbands Sächsischer Industrieller war Stresemann später ein Wirtschaftslobbyist, der zugleich im Sinne Friedrich Naumanns für sozialen Fortschritt ohne Klassenkampf und einen   15 sozialpolitisch orientierten Liberalismus eintrat. [...] 1907 zog Stresemann als damals jüngster Parlamentarier für die Nationalliberale Partei in den Deutschen Reichstag ein, wo er bald seine außergewöhnliche rednerische Begabung unter Beweis stellte. Der   20 nationale Liberalismus, den er vertrat, stand für einen Dreiklang aus innenpolitischen Reformen, darunter die Abschaffung des Dreiklassenwahlrechts und eine Parlamentarisierung des politischen Systems, einer weltwirtschaftlichen Orientierung und   25 einer deutschen Weltpolitik, die auf eine verstärkte Flotten-, Wehr- und Kolonialpolitik setzte.

1914 war Stresemann wie so viele seiner Landsleute überzeugt, dass Deutschland ein Verteidigungskrieg aufgezwungen worden sei, und im Laufe des Kriegs   30 radikalisierte auch er seine Auffassungen: England galt als der Hauptfeind, und Stresemann plädierte für einen uneingeschränkten U-Boot-Krieg. Bis 1918 forderte er einen deutschen Siegfrieden mit umfangreichen Gebietsgewinnen. Die Kriegsniederlage im No-   35 vember 1918 stellte daher auch für Stresemann eine traumatische Enttäuschung dar. Während weite Teile der deutschen Öffentlichkeit sich jedoch ganz im Habitus des Opfers ergingen und versuchten, Verantwortung abzuwehren [...], erwies sich Stresemann als   40 Realist. Er sei und bleibe Monarchist, erklärte er 1919, aber er akzeptierte die Republik als Status quo, zumal er mit dem parlamentarischen System schon immer sympathisiert hatte. Es gehe nicht mehr um die Unterscheidung „hier theoretische Republikaner,   45 dort theoretische Monarchisten", sondern um den Gegensatz „Staatsbejahung oder Staatszerstörung".

Anreas Rödder, Gustav Stresemann und die Perspektive der anderen, zit. nach: https://www.bpb.de/apuz/268358/gustav-stresemann-und-die-perspektive-der-anderen (Download vom 28. September 2020).*

1 Arbeiten Sie die politischen Überzeugungen Stresemanns thesenartig heraus.

2 Erläutern Sie Stresemanns Einstellung zur Weimarer Republik bis 1919.

Station 2: Innenpolitik

M 6 Der Historiker Horst Möller über die Anfänge des Vernunftrepublikaners Stresemann (2018)

Begann Stresemanns Vernunftrepublikanismus erst 1923 mit dem Regierungseintritt? So könnte es scheinen und so ist es auch oft gesehen worden. Einer der Gründe lag darin, dass sich Stresemann in Reaktion
5 auf den im Jahr 1919 zunächst sehr erfolgreichen, dezidiert linksliberal-republikanischen Kurs der Deutschen Demokratischen Partei (DDP) zu Beginn der Weimarer Republik mit seiner DVP [Deutschen Volkspartei] stärker konservativ profilierte, um die
10 bürgerlichen Wähler der rechten Mitte zu erreichen. Hinzu kam die Ablehnung der Weimarer Verfassung durch die DVP in der Nationalversammlung im Sommer 1919. Stresemann hatte sich während der Verfassungsberatungen dort auffallend zurückgehalten,
15 hatte nicht einmal den Fraktionsvorsitz übernommen, sondern sich stattdessen intensiv um den Aufbau der neuen Parteiorganisation gekümmert. Die Kritik der DVP an der Weimarer Verfassung erfolgte aber in erster Linie nicht wegen ihres demokrati-
20 schen Gehalts, sondern vor allem wegen des nun endgültigen Wechsels von der Monarchie zur Republik sowie der Zurückweisung der DVP durch die Parteien der Mitte. Dieses Verhältnis entwickelte eine spezifische Dialektik. Tatsächlich hatte Stresemann
25 den Linksliberalen schon im November 1918 erklärt: Die Nationalliberalen wollten „unbeschadet der persönlichen Meinung des Einzelnen auf dem Boden der republikanischen Staatsform" mitarbeiten. Während des rechtsextremen Kapp-Putsches im März 1920
30 wurde er sogar von der DDP verdächtigt, mit diesem zu sympathisieren. Doch trifft das Gegenteil zu: Bereits am 4. März 1920 hatte er sich in einer Sitzung des Geschäftsführenden Ausschusses der DVP eindeutig von der rechtskonservativ-reaktionären
35 Deutschnationalen Partei (DNVP) distanziert und ihr vorgeworfen, eine „verantwortungslose Opposition" gegen die Weimarer Republik und die Reichsregierung zu betreiben. Und bei Beginn des Kapp-Putsches, am 13. März 1920, verurteilte die Parteileitung
40 der DVP nach einem Bericht Stresemanns den gewaltsamen Umsturz [...] auf das Schärfste. „Die Deutsche Volkspartei habe diese Regierung zwar als Oppositionspartei bekämpft, ihre Beseitigung aber nachdrücklichst nur auf verfassungsmäßigem Wege
45 durch Neuwahlen angestrebt, niemals aber an einen gewaltsamen Umsturz gedacht." Und in einer internen Besprechung hielt Stresemann eine öffentliche Erklärung für erforderlich: „[...] dass wir niemals die Hand bieten zu irgendwelchen reaktionären Maß-

nahmen [...]. Unter allen Umständen fordern wir die 50 sofortige Zurückführung des ungesetzlichen Zustands auf eine gesetzmäßige Grundlage." Diese Reaktion auf den Putsch bedeutete faktisch ein Bekenntnis zur Weimarer Verfassungsordnung. Stresemann war also keineswegs erst 1923, wie oft zu le- 55 sen ist, sondern bereits im Frühjahr 1920 nachweislich ein „Vernunftrepublikaner".

Horst Möller, Die Weimarer Republik. Demokratie in der Krise, 2. Aufl., Piper, München 2018, S. 114–116.

1 Charakterisieren Sie die Politik der DVP (Deutschen Volkspartei) und überprüfen Sie, inwiefern Stresemann mit diesen Zielen übereinstimmte.

2 Bewerten Sie auf Grundlage der Ausführungen Möllers, inwiefern Stresemann als „Vernunftrepublikaner" bezeichnet werden kann.

M 7 „Retter Stresemann", Karikatur, Titelblatt des „Simplicissimus" vom 14. Mai 1923.

Bildunterschrift: „Er schaut nach rechts, er schaut nach links – er wird mich retten!"

1 Ordnen Sie die Karikatur in das Krisenjahr 1923 ein.

2 Interpretieren Sie die Karikatur hinsichtlich der Wahrnehmung Stresemanns in der Weimarer Republik.
   Tipp: siehe S. 149.

3 **Zusatzaufgabe:** siehe S. 149.

M 8 Außenminister Gustav Stresemann über die Krise des Parlamentarismus (26. Februar 1928)

Täuschen wir uns nicht darüber: wir stehen in einer Krise des Parlamentarismus, die schon mehr als eine Vertrauenskrise ist. Diese Krise hat zwei Ursachen: einmal das Zerrbild, das aus dem parlamentarischen
5 System in Deutschland geworden ist, zweitens die völlig falsche Einstellung des Parlaments in Bezug auf seine Verantwortlichkeit gegenüber der Nation. Was bedeutet „parlamentarisches System?" Es bedeutet die Verantwortlichkeit des Reichsministers
10 gegenüber dem Parlament, das ihm mit Mehrheit das Vertrauen entziehen und ihn zur Amtsniederlegung zwingen kann. [...]
Bewegungen im deutschen Volk sprechen von der Notwendigkeit, die Rechte des Reichspräsidenten zu
15 verstärken. Es wäre zunächst wünschenswert, dass die Fraktionen und Parteien sich bemühten, durch ihre Einstellung das Ansehen des Reichspräsidenten nicht zu verringern. Selbstverständlich bedarf die Ernennung der Minister der Gegenzeichnung des
20 Reichskanzlers, genau wie die Ernennung der Beamten der Gegenzeichnung des Ressortministers. [...] Der Reichspräsident kann in Gemeinschaft mit dem Reichskanzler die Regierungsbildung in dieser oder jener Weise vornehmen und den Kampf gegen das
25 Parlament führen, das dieser Bildung des Kabinetts widerstrebt. Ich bin überzeugt, dass manche Krise in dem Augenblick zu Ende wäre, wo ein Machtwort des Reichspräsidenten erfolgte und die Kabinettsbildung aus den Verhandlungen der Fraktionen herausge-
30 nommen würde. [...]
Es geht ein Raunen durch das Land von illegalen Bestrebungen zur Ersetzung der Verfassung durch Diktaturpläne und Ähnliches. Trotz der herzlichen Beziehungen, in denen der Oberbürgermeister von
35 Köln [Adenauer] zu Großmächten Europas steht, in denen diese Regierungsform besteht, glaube ich, dass wir vom Faschismus noch weit entfernt sind. Jeder versteht unter der Diktatur den Diktator seiner Wünsche, und sobald er zwischen den widerstreitenden
40 Interessen sich entscheiden muss, wird er bald die Opposition gegen sich wachsen sehen. Es gibt zudem niemanden, der den Wahnwitz denken kann, dass ein Mann wie Hindenburg sich zur Verletzung der Verfassung hergeben würde. Aber wir müssen uns bemü-
45 hen, zur Reform des Parlamentarismus zu kommen. Wir müssen verlangen, dass der Parteigeist seine Grenze findet an den Lebensnotwendigkeiten der deutschen Entwicklung, dass das Parlament den Zwang nicht nur zur formalen, sondern tatsächli-
50 chen Mehrheitsbildung in sich findet oder, wenn das an den Parteien selbst in dieser Situation scheitert,

der Ruf ertönt: „*Res venit ad triarios!*"[1] und verantwortungsbewusste Persönlichkeiten den Mut finden, zu regieren, das heißt, die Führung zu übernehmen.

Zit. nach: Wolfgang Michalka/Gottfried Niedhart (Hg.), Die ungeliebte Republik. Dokumente zur Innen- und Außenpolitik Weimars 1918–1933, 3. Aufl., dtv, München 1984, S. 249–251.

1 *Res venit ad triarios:* die Sache ist zum Äußersten gekommen

1 Analysieren Sie die Rede Stresemanns.
  Tipp: Gehen Sie auf seine Einordnung der Krise des Parlamentarismus ein.
2 Ordnen Sie Stresemanns Aussage „Es geht ein Raunen durch das Land von illegalen Bestrebungen zur Ersetzung der Verfassung durch Diktaturpläne und Ähnliches" in die politischen Probleme der Weimarer Republik ein.

M 9 Wahlplakat der DVP, 1930

1 Interpretieren Sie das Plakat der DVP von 1930.
  Tipp: Siehe die Arbeitsschritte auf der Methodenseite: Politische Plakate interpretieren, S. 34.
2 Bewerten Sie auf Grundlage Ihrer bisherigen Ergebnisse die Bedeutung Stresemanns für die innenpolitische Entwicklung der Weimarer Republik.

Station 3: Außenpolitik

M 10   Aus einer Rede Stresemanns vor der „Arbeitsgemeinschaft deutscher Landsmannschaften in Groß-Berlin" über die Methoden deutscher Außenpolitik (14. Dezember 1925)

Das Hauptmittel [der Außenpolitik] ist die materielle Macht, Armee und Flotte. Dass wir sie nicht besitzen, ist Ihnen bekannt. [...] Eine [...] Frage für die deutsche Außenpolitik ist die, ob Deutschland noch ir-
5 gendwo eine Großmacht wäre und als Großmacht sich wieder in das Konzert der Mächte einschalten könnte, und diese einzige große Waffe unserer Außenpolitik sehe ich in unserer wirtschaftlichen Stellung. [...] Ich glaube, man wird am weitesten kom-
10 men, wenn man irgendein Verhältnis zu anderen Nationen auf gleich laufenden Interessen aufbaut. An unserer Produktion haben die anderen kein Interesse; aber sie haben ein Interesse daran, dass die aus den Fugen geratene Weltwirtschaft [...] wieder in
15 Ordnung kommt; und sie glauben nicht daran, dass sie wieder in Ordnung kommt, wenn Deutschland in den Abgrund hineingezogen wird. [...] Meine Herren, das waren Gesichtspunkte, die uns veranlassen mussten, an uns die Frage zu richten, ob es nicht für
20 uns möglich sei, politische Fragen auf wirtschaftlichem Wege zu lösen, und unter dem Gedanken dieser unserer Machtstellung zu versuchen, den Dingen seit Versailles eine andere Wendung zu geben. [...] Was bedeuten im Sinne der Regierung der Vertrag
25 von Locarno und die angebahnte Verständigung? [...] Der wirtschaftlichen Verständigung musste eine politische Verständigung folgen. [...] Gewiss bedeutet der Verzicht auf Krieg auch den Verzicht, auf kriegerischem Wege Elsass-Lothringen wiederzugewinnen.
30 Meine Herren, einen anderen Weg sehe ich aber auch nicht. [...]
Meine Herren, ich denke auch in Bezug auf die Ostfragen [...] nicht an kriegerische Auseinandersetzungen. Was ich mir aber vorstelle, ist das, dass, wenn
35 einmal Verhältnisse entstehen, die den europäischen Frieden oder die wirtschaftliche Konsolidierung[1] Europas durch die Entwicklung im Osten bedroht erscheinen lassen, [...] dass dann Deutschland auch die Möglichkeit haben kann, mit seinen Forderungen Er-
40 folge zu erzielen, wenn es sich vorher mit den ganzen Weltmächten, die darüber zu entscheiden haben, politisch auf einen freundschaftlichen Verständigungsfuß und auf eine wirtschaftliche Interessengemeinschaft auf der anderen Seite gestellt hat. Das ist
45 meiner Meinung nach die einzige praktische Politik. [...] Meine Herren, die Politik, die wir inauguriert[2] haben, hat uns mindestens immer als eine Politik der

Sicherung des deutschen Rheinlands gegen die Fortsetzung der französischen Rheinpolitik vor Augen gestanden, und da wir es nicht mit den Waffen schüt-
50 zen können, mussten wir es durch Verträge schützen. Nun aber ein Wort über die Inkraftsetzung und über den Völkerbund. Auch hier bekämpfen wir Deutsche uns prinzipiell wie immer. Bist du für den Völkerbund oder gegen ihn? Das ist eine ganz falsche Fragestel-
55 lung. Man muss vielmehr fragen: Ist es besser für Deutschland, draußen zu bleiben oder hineinzugehen? Der Völkerbund ist mir absolut nicht sympathisch. Seine Entstehung war gegen uns gerichtet. Seine Handlungen waren gegen uns: [...] Wir hätten
60 vom eigenen Standpunkt keine Veranlassung, große Sympathien mit ihm zu haben. Aber ich frage mich auch hier: nicht, ob mir die Menschen sympathisch sind oder nicht, sondern: nutzt oder schadet es? Da sehe ich die Dinge folgendermaßen: Alles, was das
65 deutsche Volk auf dem Herzen hat, gerade an den noch ungelösten Fragen aus dem Weltkrieg, kann es nirgends besser anbringen als dort.

Zit. nach: Akten zur deutschen auswärtigen Politik 1918–1945. Serie B: 1925–1933, Bd. 1.1, Vandenhoeck & Ruprecht, Göttingen 1966, S. 728–751.*

1 *Konsolidierung:* Festigung
2 *inauguriert:* eingeführt

1 Erläutern Sie die Ziele und Methoden der Außenpolitik Stresemanns auf Grundlage seiner Rede.
2 Bewerten Sie die Bedeutung der Wirtschaftspolitik für die Außenpolitik Stresemanns.

M 11   Vertraulicher Brief Stresemanns an Kronprinz Wilhelm über die Grundlagen seiner Außenpolitik (7. September 1925, 1932 bekannt geworden)

Die deutsche Außenpolitik hat nach meiner Auffassung für die nächste absehbare Zeit drei große Aufgaben: Einmal die Lösung der Reparationsfrage in einem für Deutschland erträglichen Sinne und die
5 Sicherung des Friedens, die die Voraussetzung für eine Wiedererstarkung Deutschlands ist. Zweitens rechne ich dazu den Schutz der Auslandsdeutschen, jener 10–12 Millionen Stammgenossen, die jetzt unter fremdem Joch in fremden Ländern leben.
Die dritte große Aufgabe ist die Korrektur der Ost-
10 grenzen: die Wiedergewinnung von Danzig, vom polnischen Korridor und eine Korrektur der Grenze in Oberschlesien. Im Hintergrund steht der Anschluss von Deutsch-Österreich [...]. Wollen wir diese Ziele erreichen, so müssen wir uns aber auch auf diese
15 Aufgaben konzentrieren. Daher der Sicherheitspakt, der uns einmal den Frieden garantieren und England

sowie, wenn Mussolini[1] mitmacht, Italien als Garanten der deutschen Westgrenze festlegen soll. Der Sicherheitspakt birgt andererseits in sich den Verzicht auf [...] Rückgewinnung Elsass-Lothringens, [...] der aber insoweit nur theoretischen Charakter hat, als keine Möglichkeit eines Krieges gegen Frankreich besteht. [...] Zudem sind alle Fragen, die dem deutschen Volk auf dem Herzen brennen, [...] Angelegenheiten des Völkerbundes [...].

Die Frage des Optierens[2] zwischen Osten und Westen erfolgt durch unseren Eintritt in den Völkerbund nicht, Optieren kann man ja übrigens nur, wenn man eine militärische Macht hinter sich hat. Das fehlt uns leider. [...] Ich warne vor einer Utopie, mit dem Bolschewismus zu kokettieren. [...] Das Wichtigste ist [...] das Freiwerden deutschen Landes von fremder Besatzung. Wir müssen den Würger erst vom Halse haben. [...] Deshalb wird die deutsche Politik [...] in dieser Beziehung zunächst darin bestehen müssen, zu finassieren[3] und den großen Entscheidungen auszuweichen.

Ich bitte E.K.H.[4] [...], diesen Brief selbst – den ich absichtlich nicht unterzeichne, damit er nicht, auch nur aus Versehen, in fremde Hände fällt – freundlichst unter dem Gesichtspunkt würdigen zu wollen, dass ich mir natürlich in allen meinen Äußerungen eine große Zurückhaltung auferlegen muss. [...]

Gustav Stresemann, Vermächtnis, Bd. II, hg. von Henry Bernhard, Ullstein, Berlin 1932, S. 553 ff.*

1 *Benito Mussolini (1883–1945):* ital. Politiker; von 1922 bis 1943 Ministerpräsident des Königreiches Italien; ab 1925 Diktator an der Spitze des faschistischen Regimes in Italien
2 *optieren:* sich für etwas aussprechen, entscheiden
3 *finassieren:* Tricks anwenden, um etwas zu erreichen
4 *E.K.H.:* Eure Kaiserliche Hoheit

1 Arbeiten Sie die außenpolitischen Ziele Stresemanns aus seinem Brief an Kronprinz Wilhelm heraus.
2 Erörtern Sie, warum Stresemann bei dem Brief um Geheimhaltung bittet.
3 **Vertiefung:** Bewerten Sie die Vereinbarkeit von Stresemanns außenpolitischen Zielen mit dem Versailler Vertrag.

M 12 Der Historiker Eberhard Kolb über Stresemann als „Hauptarchitekten" der Weimarer Außenpolitik (2003)

Als Außenminister, als Hauptarchitekt einer „republikanischen Außenpolitik" in der Mittelperiode der Weimarer Republik, hat Stresemann Epoche gemacht. Verständlicherweise steht daher die Außenpolitik seit jeher im Mittelpunkt des Interesses an Persönlichkeit und Werk Stresemanns [...]. [...]

Gustav Stresemann verfolgte – wie jeder andere europäische Staatsmann dieser Zeit – eine nationale Außenpolitik, und das hieß unter den inneren Bedingungen deutschen außenpolitischen Handelns nach 1919: Er verfolgte eine auf die Revision des Versailler Vertrags ausgerichtete Politik. Seine Zielvorstellung war der möglichst rasche Wiederaufstieg des Deutschen Reiches zur souveränen und im internationalen System gleichberechtigten Großmacht. Wenn Stresemann also durchaus ein nationaler Machtpolitiker war, so trennte ihn von den meisten deutschen Nationalisten der Weimarer Zeit, dass bei ihm – in produktiver Verarbeitung der Erfahrungen von 1914–1918 – nach 1919 sukzessive ein Sinn für die weltpolitische Wirklichkeit zum Durchbruch gekommen war. Er hatte die Einsicht gewonnen, dass eine nationale Außenpolitik nicht zum Erfolg führen konnte, wenn sie die Regierungen der Siegermächte herausforderte. Mit einem hochentwickelten Sinn für die politische Wirklichkeit legte er seiner Außenpolitik eine realistische Einschätzung der europäischen Kräfteverhältnisse zugrunde und betrieb seine „nationale Revisionspolitik als internationale Versöhnungspolitik" (Karl Dietrich Erdmann) mit dem Willen zum Ausgleich im Rahmen des internationalen Systems. Seine Konzeption und Herangehensweise brachte er auf den Begriff „Nationale Realpolitik", den er häufig gebrauchte. [...] Es war gerade die Frage der Methode, gar nicht so sehr die eigentliche Zielsetzung, in der sich Stresemann eindeutig von seinen nationalistischen Gegnern unterschied, die ihn erbittert bekämpften und bis über den Tod hinaus mit ihrem Hass verfolgten.

Weil Stresemann an seine Aufgabe mit politischem Realismus heranging, war für ihn die Rückgewinnung einer deutschen Machtstellung nur auf dem Wege eines über viele Stufen verlaufenden längerfristigen Prozesses möglich, bei dem mit den Mitteln der Verhandlung und Verständigung operiert werden musste.

Eberhard Kolb, Gustav Stresemann, C. H. Beck, München 2003, S. 94–97.*

1 Erläutern Sie, was die „nationale Realpolitik" Stresemanns von der Politik der meisten anderen nationalen Machtpolitiker seiner Zeit unterschied.
2 Überprüfen Sie, mithilfe der Ergebnisse aus Kapitel 3 (Krise und Stabilisierung), inwiefern Stresemanns „Revisionismuspolitik" erfolgreich war.
3 **Zusatzaufgabe:** siehe S. 150.

Station 4: Stresemann als Repräsentant seiner Zeit

M 13 **Der Historiker Horst Möller über Stresemann als „Vernunftrepublikaner" (2018)**

Gustav Stresemann war ursprünglich Monarchist und wurde danach zum pragmatischen Vernunftrepublikaner, zählte also zu dem Teil der Politiker beziehungsweise der politisch Engagierten, die der aus
5 Kriegsniederlage und Revolution 1918/19 geborenen Republik zunächst ablehnend gegenüberstanden, sich dann aber doch zu ihr bekannten. Wer waren diese Vernunftrepublikaner, wie entwickelte sich Gustav Stresemann zu ihrem markantesten Reprä-
10 sentanten?

Der Begriff stammt von einem der bedeutendsten Historiker des späten 19. und frühen 20. Jahrhunderts, Friedrich Meinecke. In einem bereits Ende 1918 geschriebenen Zeitschriftenartikel konstatier-
15 te er: „Zwar kann kein Zweifel daran sein, dass die überwiegende Mehrheit des deutschen Volkes noch heute monarchisch empfindet. Aber die Monarchie selber hat dieser Empfindung den Todesstoß versetzt durch die unwürdige Art ihres Endes, durch das völli-
20 ge Versagen ihres letzten Trägers im Reiche [...]. Ich bleibe, der Vergangenheit zugewandt, Herzensmonarchist und werde, der Zukunft zugewandt, Vernunftrepublikaner." [...]

Kennzeichnend für Vernunftrepublikaner war [...],
25 dass sie sowohl den Untergang der Monarchie 1918 kritisch reflektierten, als auch die möglichen Alternativen 1918/19 pragmatisch überdachten. Nicht wenige dieser Vernunftrepublikaner waren schon vor der Revolution 1918 überzeugt, dass das Kaiserreich
30 und insbesondere der Hegemonialstaat Preußen fundamentaler Reformen bedurften. Wenn sie die politische Vernunft zum Maßstab machten, dann handelte es sich nicht zwangsläufig um klar definierte politische Inhalte, aber doch um das Ziel, mithilfe einer
35 rationalen Analyse der historischen und aktuellen politischen Probleme pragmatische Lösungen zu finden – Lösungen, die einerseits eine Restauration[1] ausschlossen, andererseits aber entschieden jeglichen politischen Irrationalismus ablehnten. Und dies
40 schloss politische Gewaltakte und Morde, die die Republik von Beginn an erschütterten, ebenso aus, wie fanatische Ideologien, die nach 1918 immer stärker an Boden gewannen. [...]

Der Weimarer Vernunftrepublikanismus war folglich
45 ein generationsspezifisches Phänomen, das weder parteigebunden noch sozialspezifisch reduziert, aber demokratisch-rechtsstaatlich verwurzelt war. 1922 beschrieb Friedrich Meinecke diese organisatorisch

in verschiedenen Parteien zu findende Haltung: „Zwischen den Gesinnungsrepublikanern[2] der Arbei-
50 terschaft auf der einen und den Gesinnungsmonarchisten im bürgerlichen Lager auf der anderen Seite steht dann eine große mittlere Schicht des Bürgertums, die man als neu gewordene Vernunftrepublikaner bezeichnen kann. Sie sind es in verschiedenen
55 Graden und Dosierungen, von bloßer vorübergehend gemeinter Anpassung an Unvermeidliches bis zur endgültigen, vernunftgemäßen und ehrlichen Anerkennung einer geschichtlichen Notwendigkeit."

Horst Möller, Die Weimarer Republik. Demokratie in der Krise, 2. Aufl., Piper, München 2018, S. 101–103.*

1 *Restauration:* Wiederherstellung früherer Verhältnisse
2 *Gesinnungsrepublikaner, Gesinnungsmonarchist:* Republikaner oder Monarchisten, die ihre Haltung nur nach ihrer Gesinnung, ihrem subjektiven Wissen und Wollen ausrichten

1 Beschreiben Sie, was Horst Möller unter einem „Vernunftrepublikaner" versteht.
2 Überprüfen Sie, inwiefern Stresemann nach der Definition Möllers als „Vernunftrepublikaner" bezeichnet werden kann.
3 **Vertiefung:** Charakterisieren Sie mithilfe der Ergebnisse aus den bisherigen Stationen die Veränderung von Stresemanns politischer Einstellung.

M 14 **Der Historiker Karl Heinrich Pohl über Stresemann als „Grenzgänger" (2015)**

Berücksichtigt man aber die [...] „anderen Seiten" Stresemanns, wäre es für eine zukünftige Erinnerungspolitik vielleicht – etwas provokant ausgedrückt – ganz richtig, ja geradezu angemessen, die positiven Seiten Stresemanns nicht zu überstrapazie-
5 ren. Gerade die Ambivalenz, die sein Leben und seine Politik gekennzeichnet hat, scheint erinnerungswürdig zu sein, erinnerungswürdiger jedenfalls als die Konstruktion einer Legende vom „guten" Stresemann, die in dieser Einseitigkeit nicht zu halten ist.
10 Ein solch ambivalentes Bild stünde geradezu paradigmatisch für die Instabilität und Zwiespältigkeit der Weimarer Republik insgesamt, stünde für die Schwäche des deutschen Bürgertums – und würde nicht zuletzt der Persönlichkeit Stresemanns gerech-
15 ter als die bisherige Konstruktion.

Auf diese Weise könnte daran erinnert werden, dass selbst eine „Zierde der Weimarer Republik" wie Gustav Stresemann, ein deutscher Friedensnobelpreisträger, ein Parlamentarier erster Qualität, innerlich
20 nur mit halbem Herzen zur Demokratie und Völkerversöhnung tendierte und die Republik nur bedingt akzeptierte. Damit stünde die Erinnerung an Stresemann sehr treffend für das Deutschland der

25 1920er-Jahre, mit all seinen Stärken, aber auch seinen Schwächen. Es stünde für die genutzten, aber zugleich für die vergebenen Chancen der Weimarer Republik.

Karl Heinrich Pohl, Gustav Stresemann: Biografie eines Grenzgängers, Vandenhoeck & Ruprecht, Göttingen 2015, S. 308.*

1 Fassen Sie die Kritik Karl Heinrich Pohls über eine mögliche Verklärung Stresemanns zusammen.

2 Erörtern Sie die Aussage Pohls, Stresemann habe nur mit „halben Herzen zur Demokratie" gestanden.

3 Überprüfen Sie die Aussage, Stresemann stehe mit seinen Stärken und Schwächen stellvertretend für die vergebenen Chancen der Weimarer Republik.
Tipp: siehe S. 150.

M 15 Nachruf auf Gustav Stresemann in der Frankfurter Zeitung (4. Oktober 1929)

Die politische Richtung, deren Führer er dem Namen und dem Amte nach war, folgte ihm immer widerwilliger und störrischer, und die Brücke zwischen rechts und links, die er in seiner eigenen Person darstellte, 5 wurde politisch und leider auch körperlich mit jedem Tage morscher. Er war viel mächtiger in Europa als im Fraktionszimmer der Deutschen Volkspartei.

Europa – wir meinen das in Umrissen sich abzeichnende Wunschbild eines vernünftigen, anständigen 10 und menschlichen Zusammenlebens der am höchsten kultivierten Nationen der Erde, – dieses neue Europa hat viel verloren. Man darf und muss das sagen, obwohl Stresemann kein Europäer der eingeborenen und ursprünglichen Ueberzeugung gewesen ist, son- 15 dern sich in reifem Alter unter dem Eindruck und dem Druck der zwingenden allerrealsten Notwendigkeit zur Idee der europäischen Verständigung hindurchgearbeitet hat. [...]

Dass diese seine anfänglichen Ueberzeugungen ir- 20 gendwann einen ganz scharfen Bruch erlitten hätten, ist uns nicht bekannt und nicht wahrscheinlich. Von der Rasse der aus den tiefsten Antrieben handelnden Bekenner ist er überhaupt nicht gewesen, sondern von jenem Typus, in dem die echt nationalliberale Er- 25 wägung der Opportunitäten[1] einen besonders glücklichen, einen beinahe klassischen Ausdruck fand.

Allmählich, unter der täglichen Wirkung der Ereignisse jenes fürchterlichen halben Jahrzehnts nach dem Kriege, ist in ihm die Einsicht stärker geworden, 30 daß es so, wie die nationalistische Forderung es wollte, mit der Wiederherstellung Deutschlands niemals gehen könne und sein sehr starker praktischer Verstand, seine Erfahrung und Weltkenntnis konnten gerade noch im rechten Augenblicke in den Dienst des Staates, der aus dem Zusammenbruch hervor- 35 ging, gestellt werden.

Man wird Stresemann in der Geschichte in erster Linie wahrscheinlich als den deutschen Staatsmann der großen internationalen Konferenzen und Verträge weiternennen. Uns scheint, dass seine stärkste 40 Leistung in der ersten Zeit seiner Reichskanzlerschaft liegt, als er mit einem wirklich seltenen Mute – denn das Schicksals Erzbergers und Rathenaus[2] hätte ihm sehr wohl beschieden sein können – den Ruhrkampf abbrach und nach der schauerlichen Zer- 45 rüttung, die Cuno[3] hinterließ, zuerst wieder so etwas wie eine Reichsregierung und -verwaltung begründete. Sein Glück war, daß er nicht früher in das Ministerium gelangte. Es mußte erst mit Elend und Blut der bösartigste Teil des vom Kriege erzeugten Wahn- 50 sinns verrauchen und nicht nur bei uns, sondern auch im Auslande.

„Erinnerung an Stresemann" (Auszug: 04.10.1929), in: Frankfurter Zeitung: zit. nach: https://www.faz.net/aktuell/politik/ historisches-e-paper/historisches-e-paper-zum-tode-von-stresemann-16293409.html (Download vom 23. Oktober 2020).*

1 *Opportunität:* Zweckmäßigkeit in der gegenwärtigen Situation

2 *Matthias Erzberger (1875–1921) und Walther Rathenau (1867–1922):* Die beiden führenden Politiker der Weimarer Republik wurden von Attentätern ermordet.

3 *Wilhelm Cuno (1876–1933):* Er war Reichskanzler von November 1922 bis August 1923. Seine Strategie, die Ruhrbesetzung durch passiven Widerstand und staatliche Ausgleichszahlungen zu beenden, überlastete den Staatshaushalt und scheiterte.

1 Erläutern Sie, welche politischen Leistungen und Verfehlungen Stresemann nach seinem Tod zugesprochen werden.

2 War Stresemann europäischer Verständigungspolitiker oder nationaler Machtpolitiker? Nehmen Sie begründet Stellung zu dieser Frage.

3 **Vertiefung:** Die Stresemann-Gesellschaft verleiht regelmäßig eine Medaille an Persönlichkeiten, die sich in besonderem Maße im Sinne Stresemanns verdient gemacht haben. Entwickeln Sie Kriterien, nach denen diese Medaille im Sinne Stresemanns vergeben werden sollte.

Historische Urteile analysieren und vergleichen

M1 Trauerzug zur Beerdigung Gustav Stresemanns in Berlin, Fotografie, 1929.
Hunderttausende Berliner wohnten dem Trauerzug zur Beerdigung Gustav Stresemanns bei.

Eine objektive Wahrheit gibt es in der Geschichte nicht. Jede Wahrnehmung und jede Deutung von historischen Ereignissen hängen von einer Vielzahl von Faktoren (z. B. Lebenszeit des Autors, Zugang zu Quellen, Sozialisation, emotionale Betroffenheit, Distanz zum Geschehen) ab. Darstellungen von Geschichte sind daher immer perspektivisch – unterschiedliche Menschen kommen zu unterschiedlichen Beurteilungen von ein und demselben historischen Ereignis. In diesem Sinne ist Geschichtsschreibung immer subjektiv. Historische Urteile können sich folglich stark voneinander unterscheiden. Die Frage, wie ein Historiker zu seiner Beurteilung kommt, ist mindestens so spannend und wichtig, wie die nach der Beurteilung selbst. Deshalb müssen historische Urteile auf die **Stimmigkeit ihrer Argumentationskette**, auf die **Stichhaltigkeit der einzelnen Argumente** und auf die **Angemessenheit der Darstellung** geprüft werden. Nur so lässt sich die Qualität eines historischen Urteils erkennen und beurteilen. 5

Um einem historischen Ereignis in seiner Komplexität gerecht zu werden, ist es sinnvoll, (kontroverse) Materialien hinsichtlich zentraler Gemeinsamkeiten und Unterschiede zu vergleichen. In der Geschichtswissenschaft spricht man vom **Prinzip der Multiperspektivität**. Das Gleiche gilt für historische Urteile. Durch die Analyse und den Vergleich verschiedener historischer Urteile kann man sich ein eigenes Bild von einer historischen Begebenheit machen. In dem Wissen, dass auch das eigene historische Urteil nicht objektiv sein wird, lässt sich zumindest ein abgewogenes und in sich stimmiges historisches Urteil formulieren. 10 15 20

Arbeitsschritte für die Analyse von historischen Urteilen

1. Formale Merkmale	– Welche (z. B. berufliche) Funktion/welche (politische, gesellschaftliche) Stellung hat der Verfasser?
	– Wann, wo und aus welchem Anlass ist der Text entstanden?
	– Um welche Textsorte (z. B. öffentliche Rede, Artikel, Fachbuch) handelt es sich?
	– An wen wendet sich der Text?
2. Herausarbeiten des Inhalts	– Mit welchem Thema beschäftigt sich der Text?
	– Welche zentralen Aussagen enthält der Text? Welche Thesen werden aufgestellt?
	– Mit welchen Argumenten untermauert der Autor seine Thesen und Aussagen?
3. Historischer Kontext	– Auf welches Ereignis/welche Epoche/welches Problem bezieht sich der Text?
	– In welchem Verhältnis steht der Autor zum behandelten Thema?
4. Aussageabsicht	– Welche Absicht verfolgt der Verfasser?
	– Welchen Standpunkt nimmt er ein?
	– Unter welchen Fragestellungen/Maßstäben werden die Sachverhalte beurteilt?
	– Welche Gesamtaussage lässt sich formulieren?
5. Darstellungen vergleichen	– Welche Aspekte sind für den Vergleich der beiden historischen Urteile geeignet? Welche Aspekte lassen sich nicht vergleichen?
	– Welche Unterschiede und Gemeinsamkeiten zeigen die Darstellungen? Gibt es Überlappungen, Ähnlichkeiten, Abweichungen oder Gegensätze?
6. Darstellungen beurteilen	– Wie glaubwürdig/überzeugend sind die Texte?
	– Gibt es logische Fehler in den Argumentationsketten oder sind sie schlüssig?
	– Sind die Aussagen sachlich richtig?
	– Wird das Wesentliche in den Blick genommen oder werden zentrale Aspekte ausgespart?

Übungsaufgabe

M2 Der Schriftsteller und Journalist Emil Ludwig über Gustav Stresemann (1929)

Ludwigs Artikel „Der Mann des Friedens" erschien am 3. Oktober 1929 anlässlich von Stresemanns Tod in der „Vossischen Zeitung".

Stresemanns Verdienste als Staatsmann werden heute von Kennern dargestellt werden. Er hat seine Taten, die von 1923 bis 1929 reichen, mit der Rettung der Republik aus der Not des Ruhrkampfes begonnen und mit der Befreiung des Gebietes beschlossen. In
5 der Geschichte aber wird seine Gestalt ein Symbol der Wandlung bedeuten. Ein reiner Imperialist, der an den Primat[1] der Wirtschaft nur allzu sehr glaubte, ein wilder Annexionist[2], der 1915 alle französischen
10 Erze haben wollte, hielt er sich im November 1918 besser als gewisse Zeitgenossen: Denn er ist nicht von heute auf morgen in fünf Minuten rot geworden. Stattdessen wurde er in fünf Jahren schwarzrotgold. Der furchtbare Schlag hat ihn zur Besinnung ge-
15 bracht. Sein Ohr hörte den verwandelten Rhythmus der Geschichte, sein historisch sehr geschulter Geist zeigte ihm die Parallelen. Er begreift, dass man in Europa nicht nach den alten Methoden weiterregieren könnte, und darum auch nicht in Deutschland. [...]
20 Er sah, dass nicht die alte Revanchefrage derer, aus deren Kreisen er hervorging, sondern nur der Gedanke des Völkerbundes Deutschland emporführen könnte. [...]
An [...] [seinen] Zügen erkennt man den Menschen,
25 der weniger auf rasche Wirkung als auf nachdenkliche Forderung bedacht ist. Und doch zeigte sein Charakter auch eine gewisse studentenhafte Naivität, die ihn nicht gerade zum Menschenkenner machte. So entstand in ihm eine Frische, die zur Überlegung, ein
30 Ernst, der zur Handlung führte: Stresemann war ein sehr deutscher Charakter.

Vossische Zeitung, 3. Oktober 1929; zit. nach: http://zefys. staatsbibliothek-berlin.de/kalender/auswahl/date/ 1929 10 03/27112366/ (Download vom 25. November 2020).*

1 *Primat der Wirtschaft:* Vorrangstellung der Wirtschaft
2 *Annexionist:* Person, die danach strebt, fremdes Staatsgebiet gewaltsam anzugliedern

M3 Der Historiker Hagen Schulze über Gustav Stresemann (1983)

Das erste große Ziel deutscher Außenpolitik verstand sich fast von selbst: die Revision von Versailles. [...] Im Osten dagegen strebte [Stresemann] ganz unverhohlen die Rückgabe Danzigs, des Korridors und Oberschlesiens an. Eine vertragliche Festschreibung
5 der deutschen Ostgrenzen kam deshalb für ihn nie in Betracht; Stresemann mühte sich vielmehr, Frankreich und Polen zu entzweien. [...] Vor allem, um die Frage der deutschen Ostgrenze offenzuhalten, strebte Stresemann die Mitgliedschaft Deutschlands im
10 Völkerbund an. [...] Ihm ging es letztlich um die Beseitigung des internationalen Systems der Pariser Vorortverträge von 1919 und um die Rückkehr zu einem europäischen Gleichgewicht, in dem Deutschland wie zur Bismarck-Zeit schon aufgrund seiner
15 hohen Bevölkerungszahl und seiner wirtschaftlichen Überlegenheit die erste Geige spielen sollte. Stresemann, das war Bismarck *redivivus*[1], konservativ bis in die Fingerspitzen, der eine an den Grenzen des politischen Möglichen orientierte aufgeklärte Machtpo-
20 litik betrieb. Es war derselbe Stresemann, der 1914 Gebiete von Calais bis Petersburg annektieren wollte, der 1919 die Dolchstoßlegende gepredigt und sich der Annahme des Versailler Vertrages wie der Weimarer Reichsverfassung widersetzt hatte und der
25 nun daranging, mit den westlichen Alliierten den Ausgleich zu suchen – „Entspannungspolitik" zu betreiben, würde man heute sagen –, der mit aller Macht in den Völkerbund drängte, der den Friedensnobelpreis erhalten und der Nachwelt als großer Eu-
30 ropäer erscheinen sollte. Doch in Wirklichkeit hat eine Wandlung vom nationalistischen Saulus zum paneuropäischen Paulus[2] nie stattgefunden.

Hagen Schulze, Weimar. Deutschland 1917–1933, Siedler, Berlin 1983, S. 272 f.*

1 *Bismarck redivivus:* der wiedererstandene Geist Bismarcks
2 *Wandlung vom Saulus zum Paulus (Redensart):* sich vom Schlechten abwenden und zum Guten werden

1 Analysieren Sie M 2 und vergleichen Sie M 3 damit.
▶ Lösungshinweise finden Sie auf S. 154 ff.

Anwenden

M1 Die Historikerin Ursula Büttner über das Verhältnis von Außen- und Innenpolitik in der „Ära Stresemann" (2008)

In Deutschland stieß Stresemanns Politik auf ein geteiltes Echo. Die wütenden Proteste der „nationalen Kreise" waren die lauteste, aber nicht die vorherrschende Reaktion. Seine Konzeption, durch eine Po-
5 litik des Interessenausgleichs und der Friedenssicherung in Europa Voraussetzungen für die Korrektur der Versailler Beschlüsse zu schaffen, fand sogar viel Zustimmung. Die Deutsche Volkspartei setzte vor Wahlen voll auf die Popularität des Außenministers
10 und konnte, indem sie um Unterstützung für seine Politik warb, sich von 1924 bis 1928 mit 9–10 % der Stimmen einigermaßen behaupten. Nach seinem Tod erlebte sie dann einen steilen Absturz in der Gunst der Wähler. Auch die gesamte sozialdemokra-
15 tische Arbeiterbewegung trug Stresemanns Außenpolitik zuverlässig mit, obwohl die SPD in diesen Jahren in der Opposition war.
Der außenpolitische Konsens war für Stresemann daher ein wesentlicher Grund, sich 1928 nach dem
20 Wahlerfolg der SPD unter Aufbietung all seines Ansehens und all seiner Kraft für das erneute Zustandekommen einer Großen Koalition einzusetzen. Widerstand kam vor allem vom rechten, von der Schwerindustrie beherrschten Flügel seiner eigenen
25 Partei. Diese „Nationalliberalen" lehnten sowohl die von ihm erstrebte Versöhnung von Bürgertum und Arbeiterschaft im Inneren als auch seine Verständigungspolitik gegenüber dem Ausland ab. Für sie zählten keine symbolischen Gewinne wie der Friedens-
30 nobelpreis; sie verlangten sofort handfeste Ergebnisse der Locarno-Politik.
Unter dem Druck der rechten Opposition, die durch Stresemanns innerparteiliche Gegner bis in das Regierungslager reichte und es ständig zu sprengen
35 drohte, schlugen die außenpolitischen Sprecher Deutschlands schon 1928 schärfere Töne an. Der schwerkranke Außenminister, der wie kein anderer die Grenze zwischen dem innenpolitisch Nützlichen und dem außenpolitisch Möglichen zu halten wuss-
40 te, fiel in diesem Jahr wiederholt für längere Zeit aus. Dem sozialdemokratischen Reichskanzler Hermann Müller, der ihn dann bei wichtigen internationalen Begegnungen vertrat, fehlte die Erfahrung, um den Balanceakt zwischen Innen- und Außenpolitik mit
45 der gleichen Sicherheit durchzuhalten. So überraschte er bei der Völkerbundstagung im September 1928

durch die harsche Form, in der er die bekannten Forderungen nach Räumung des Rheinlands und Abrüstung der europäischen Mächte vortrug. Einige Histo-
50 riker haben deshalb argumentiert, dass sich das Ende der kooperativen Außenpolitik schon 1928 anbahnte, als der Wille zur internationalen Zusammenarbeit wieder stärker vom Bewusstsein der Rivalität überlagert wurde. Trotzdem hob sich die Außenpolitik in
55 der „Ära Stresemann" durch ihre Zielsetzung, ihre Methoden und ihren Stil deutlich von der konfrontativen Politik der Präsidialkabinette seit 1930 ab, die deutsche Wünsche von neuem ohne Rücksicht auf die Bedenken in anderen Staaten, aber auch ohne
60 Rücksicht auf die internationalen Machtverhältnisse durchzusetzen versuchten.
Das Urteil über Stresemann und seine Außenpolitik fiel lange zwiespältig aus: Die einen sahen in ihm einen Wegbereiter der europäischen Verständigung
65 und Integration; die anderen betonten die Kontinuität seiner nationalistischen Ziele, die er nur aus taktischer Klugheit mit neuen Mitteln verfolgt habe. Inzwischen herrscht in der internationalen Forschung weithin Einigkeit, dass es an der Aufrichtigkeit seiner
70 Kooperationsbereitschaft keinen Zweifel gebe. Er war überzeugt, dass das Deutsche Reich seine Interessen, darunter auch für ihn an erster Stelle die Revision des Versailler Vertrags, nur in Übereinstimmung mit den europäischen Mächten und den USA errei-
75 chen könne, und deshalb gab es zur Friedenspolitik in Europa für ihn keine Alternative.

Ursula Büttner, Weimar. Die überforderte Republik 1918–1933. Leistung und Versagen in Staat, Gesellschaft, Wirtschaft und Kultur, Klett-Cotta, Stuttgart 2008, S. 362 f.

1 Fassen Sie die zentralen Thesen von Ursula Büttner
   a) über die innenpolitischen Bedingungen und b) die historische Bewertung der Stresemann'schen Außenpolitik zusammen.

2 Die Historikerin Ursula Büttner wählte für das Kapitel über die Außenpolitik Stresemanns die Zwischenüberschrift: „Stabilisierung auf gefährdeter Grundlage 1924–1930". Erläutern Sie diese Formulierung. Formulieren Sie gegebenenfalls eine andere Überschrift.

3 Der amerikanische Historiker Henry A. Turner hat die These vertreten, dass mit Stresemann ein „pragmatischer Konservativer" jahrelang den Kurs der deutschen Außenpolitik bestimmt habe. Nehmen Sie Stellung zu dieser These.

Wiederholen

M 2 „Deutschland und Russland. Ein Anfang", Karikatur von Erich Schilling aus der deutschen Satirezeitschrift „Simplicissimus" vom 10. Mai 1922

Zentrale Begriffe

„Ära Stresemann"
Berliner Vertrag
Besetzung des Ruhrgebietes
Briand-Kellogg-Pakt
Friedensnobelpreis
Genfer Abrüstungskonferenz
Großmacht
Konferenz von Lausanne
Reparationen
Revision des Versailler Vertrages
Ruhrkampf
Vertrag von Rapallo
Verträge von Locarno
Völkerbund
Young-Plan

1 **a)** Fassen Sie die Bestimmungen des Vertrags von Rapallo zusammen.
   b) Interpretieren Sie die Karikatur M 2.
   c) Erklären Sie, warum die Reaktionen in Frankreich auf den Vertrag von Rapallo negativ ausfielen.
   Tipp: Hinweise finden Sie im Darstellungstext.

2 Arbeiten Sie heraus, inwiefern Gustav Stresemann es geschafft hat, den Spielraum der deutschen Außenpolitik zu vergrößern.

3 **Wahlaufgabe:** Bearbeiten Sie entweder a) oder b).
   a) Nehmen Sie Stellung zu der These des Historikers Eberhard Kolb: „Wenn es also aufgrund der inneren Machtstruktur der Weimarer Republik nahelag, dass ein Repräsentant des alten Deutschland die Außenpolitik führte, dann war Stresemann nach persönlichem Format und außenpolitischer Haltung eine nahezu optimale Führerpersönlichkeit für diese Jahre. Durch seine längerfristige Perspektive bei der Realisierung der Revisionsziele und seine relative Mäßigung bei der Anwendung der zur Verfügung stehenden Mittel wurden die zukünftigen Optionen Deutschlands offengehalten."
   b) Verfassen Sie ein kurzes Referat, in dem Sie eine alternative These zu der von Kolb vertreten und begründen. Präsentieren Sie Ihre These.

4 **Vertiefung:** Erörtern Sie die Aussage, Stresemanns Außenpolitik stellte eine „ökonomische Variante deutscher Machtpolitik" dar.

Formulierungshilfen
– Auf dem Bild sieht man im Vordergrund …
– Im Hintergrund sind … dargestellt.
– Die Personen sind mit … bekleidet, ihre Gestik verweist auf …
– Die Farbgebung ist …
– Insgesamt vermittelt das Bild … Eindruck.
– Der Karikaturist deutet mit seinem Bild die Zukunft der deutsch-russischen Beziehungen folgendermaßen …

5 Zwischen Aufbruch und Unsicherheit: die „Goldenen Zwanziger“

M 1 „Metropole (Berlin)“, Gemälde von George Grosz, 1916

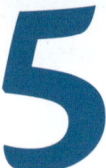

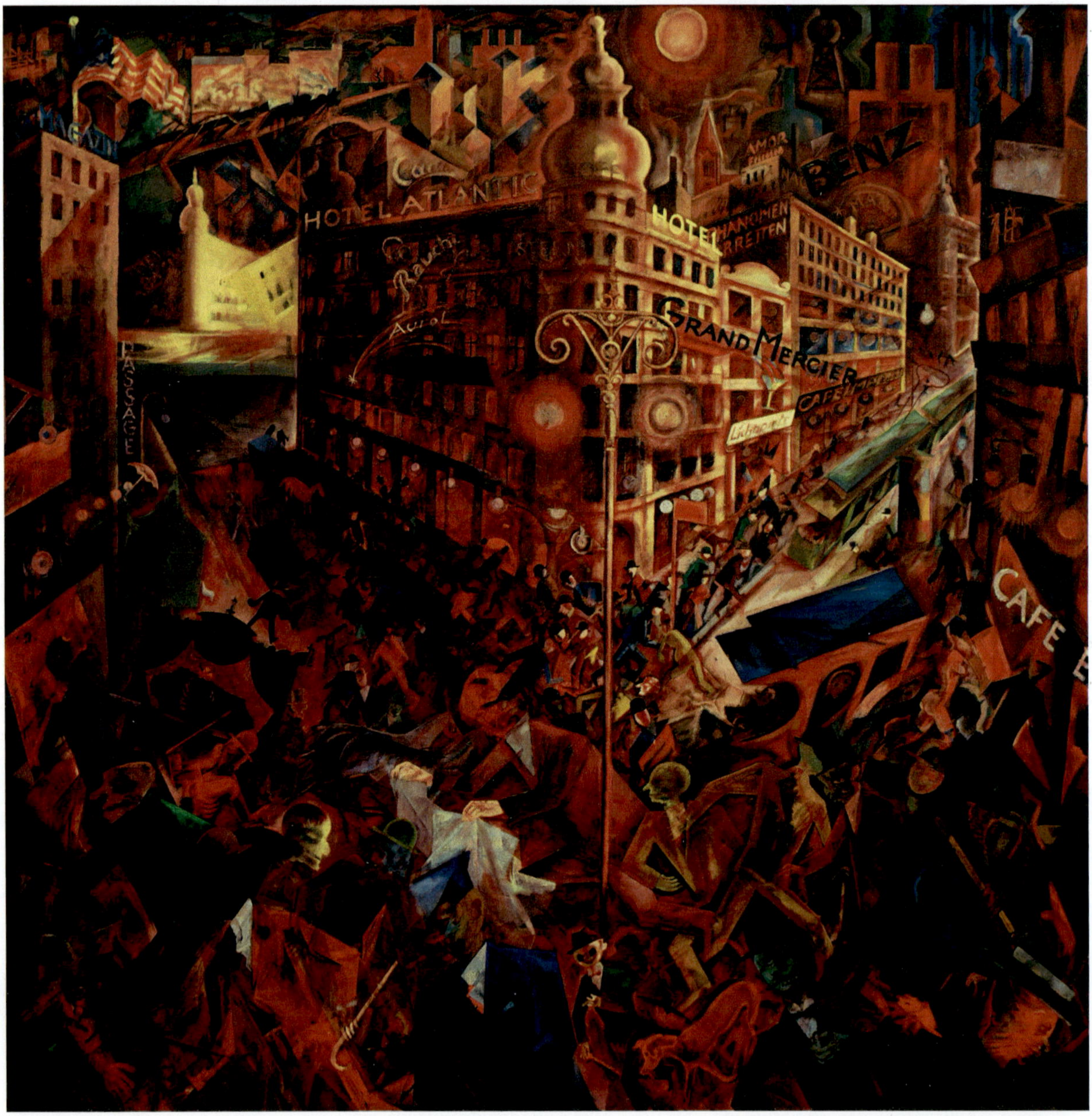

1895 | Erste Filmvorführungen in Paris und Berlin

1910 | Durchbruch des Expressionismus

1895 | 1900 | 1905 | 1910 | 1915

1871–1918 Deutsches Kaiserreich

Die Jahre von 1924 bis 1929 gelten nicht nur als eine Zeit der relativen Stabilisierung der Weimarer Republik, sondern werden auch als die „Goldenen Zwanziger Jahre" bezeichnet. Besonders im kulturellen Bereich verbreitete sich eine Aufbruchstimmung, die schöpferische Kräfte freisetzte und eine große Vielfalt geistig-künstlerischen Schaffens
5 ermöglichte. In den Bereichen Kunst, Literatur, Theater, Architektur, Städtebau, Design, Technik, Rundfunk und Film entstanden bahnbrechende Werke und Entwicklungen. Außerdem erfasste vor allem in der Großstadt Berlin überwiegend junge Menschen ein neues freiheitliches Lebensgefühl, das sich auch in veränderten Geschlechterrolle niederschlug. Man spricht von einer Zeit der kulturellen Modernisierung. Diese Neuerun-
10 gen prägten zwar weitgehend die öffentliche Debatte, aber sie waren nicht repräsentativ für die Gesamtgesellschaft.
Auch Unsicherheiten bestimmten die „Weimarer Kultur", und die kulturelle und künstlerische Avantgarde der Moderne traf auf Widerspruch und Ablehnung. Ihr stand eine entschieden zivilisationskritische, kulturpessimistische, traditionsverhaftete und reakti-
15 onäre Bewegung gegenüber. Diese war häufig ländlich geprägt und empfand das Tempo der Veränderungen in den Großstädten, allen voran Berlin, als zu hoch und als gefährlich. Trotz dieser Gegenströmungen sorgten die neuen Medien Rundfunk und Kino sowie der Bedeutungszuwachs der Presse für die Entwicklung einer Massenkultur. Unterhaltung, Bildung, Werbung und Massenkonsum hielten Einzug in die Alltagswelt
20 vieler Menschen der Weimarer Republik. Und auch die Technisierung des Alltags schritt voran.

M 2 Außenminister Gustav Stresemann bei einer Rundfunkansprache, Fotografie, 14. Juni 1925

1 Charakterisieren Sie die „Goldenen Zwanziger" mit den Begriffen „Aufbruch" und „Unsicherheit". Nennen Sie für jeden der beiden Begriffe Beispiele, die Sie auf einem Blatt schriftlich festhalten. Erläutern Sie in kurzen Stichworten die Beispiele.
2 Analysieren Sie, wie George Grosz die Großstadt Berlin darstellt.
  Tipp: Achten Sie dabei besonders auf die Farbgebung und die Perspektivenwahl.
3 **Wahlaufgabe:** Setzen Sie sich mit dem in der Weimarer Zeit neuen Medium Rundfunk auseinander. Beziehen Sie die Fotografie M 2 mit ein. Bearbeiten Sie entweder a), b) oder c).
  a) **Tabelle:** Stellen Sie die Vorteile und Nachteile des Rundfunks für die Menschen in einer Tabelle gegenüber.
  b) **Leserbrief:** Verfassen Sie einen Leserbrief, in dem Sie kritisch zum neuen Medium Rundfunk Stellung nehmen.
  c) **Essay:** Erläutern Sie in einem Essay die Rolle des Rundfunks für die politische Meinungsbildung.

1922/23	Abwendung vieler Avantgarde-Künstler vom Expressionismus, Hinwendung zur „Neuen Sachlichkeit"
1926	Gründung der „Deutschen Welle"
1928	Aufführung des ersten Tonfilms
1935	Erstes reguläres Fernsehprogramm der Welt im Deutschen Reich

1920	1925	1930	1935	1940

1919–1923 Krisenjahre der Weimarer Republik   1924–1929 „Goldene Zwanziger"   1930–1933 Präsidialkabinette   1933–1945 Nationalsozialismus

5   Zwischen Aufbruch und Unsicherheit: die „Goldenen Zwanziger"

> *In diesem Kapitel geht es um*
> – *Begriff und Bedeutung der „Goldenen Zwanziger",*
> – *die Weimarer Kultur im Widerstreit zwischen Moderne und Tradition,*
> – *Massenkultur und Medien,*
> – *Technisierung des Lebens,*
> – *Geschlechterverhältnisse.*

„Goldene Zwanziger"

cornelsen.de/Webcodes
Code: nesesa

▶ **M 21:** Volker Depkat über die Moderne in den USA

Avantgarde
Als Avantgarde werden politische oder künstlerische Bewegungen bezeichnet, die sich an der Idee des Fortschritts orientieren und ein besonderes Maß an Radikalität befürworten. Sie sehen sich als Vorreiter neuer Entwicklungen.

M 1   „Konstruktion (Ohne Titel)", Gemälde von George Grosz, 1920

▶ **M 8:** Ursula Büttner über den Expressionismus

„Goldene Zwanziger" und kulturelle Modernisierung

Betrachtet man die Kultur der Weimarer Republik, nimmt man die 1920er-Jahre als Ganzes in den Blick, den Schwerpunkt bilden aber die Jahre der wirtschaftlichen Stabilisierung nach 1924. Darstellungen der deutschen Kultur- und Kunstgeschichte charakterisieren diese Jahre mit dem **Begriff „goldene zwanziger Jahre"** oder einfacher „Goldene Zwanziger". Bei dieser Bezeichnung klingt die Freude über die künstlerische Kreativität 5 und Vielfalt der Zeit nach. Und sie ist mehr als ein Mythos, mehr als eine Verklärung der historischen Wirklichkeit. Vielmehr verdeutlicht diese Epochenbezeichnung, dass es eine **der Moderne zugewandte „Weimarer Kultur"** gab, die sich durch ein ungewöhnliches Maß an schöpferischer Schaffenskraft und Experimentierlust auszeichnete. Der Begriff bezieht aber auch den Wirtschaftsaufschwung mit ein. Das Phänomen des Wirt- 10 schaftsaufschwungs und der kulturellen Modernisierung war aber nicht nur auf Deutschland begrenzt. In den USA bezeichnet man die Jahre als „Roaring Twenties" (wilde Zwanziger), in Frankreich als „Années Folles" (verrückte Jahre). In Deutschland wie auch international erhielten deutsche Künstler große Aufmerksamkeit. Das Gleiche galt umgekehrt für die US-amerikanischen Entwicklungen. Die Berliner Regierungen 15 und Stadtmagistrate förderten die Künste und eröffneten der Avantgarde* neue Spielräume. Breitere Bevölkerungsschichten sprachen den Kunstwerken eine große Bedeutung zu. Die Künstler waren nicht länger Außenseiter, sondern standen im Mittelpunkt der künstlerischen Diskussionen und lieferten die Themen.

Expressionismus

Diese moderne Kultur, die mit den ästhetischen Überzeugungen der Vergangenheit brach und neue künstlerische Entwicklungen ausprobierte, war nicht erst in der Weimarer Zeit entstanden. Bereits in den Jahren um 1910 gelang dem **Expressionismus** der entscheidende Durchbruch. Maler und Bildhauer wählten ungewöhnliche Farben und harte Kontraste, verfremdeten Formen und stellten statt der äußerlichen Wirklichkeit 5 innerliche Bewegungen dar oder lösten die Gegenständlichkeit in Abstraktionen auf. Dichter ersetzten wohlklingende Dialoge durch Schreien und Stammeln. Dem Theaterpublikum präsentierten sie keine Helden, die Bewunderung oder Mitleid erregten, sondern jeglicher Individualität entkleidete Typen.
Diese künstlerische Rebellion gegen die starren Konventionen und zufriedene Selbstge- 10 rechtigkeit des wilhelminischen Bürgertums erlebte nach den grauenhaften Erfahrungen des Ersten Weltkrieges in der ersten deutschen Demokratie einen Aufschwung. Die Weimarer Reichsverfassung gewährleistete die ersehnte Meinungs- und Kunstfreiheit und beseitigte damit die Fesseln für die geistige und moralische Erneuerung. Aber weder die Novemberrevolution 1918/19 noch die Weimarer Republik erfüllten die großen 15 Hoffnungen, mit denen die expressionistischen Künstler sie begrüßt hatten. Weil ihre großen, idealistischen Erwartungen unerfüllt blieben, wandten sich viele von ihnen von

der Republik ab. In der linksdemokratischen Presse überzogen manche die junge Demokratie mit heftiger Kritik und schwächten dadurch den Weimarer Staat. Von dieser
20 Kritik profitierten auch die Anhänger der extremen politischen Rechten, die die Republik bekämpften. Das trifft ebenfalls auf Teile der geistigen Elite zu, die konservative, anti-
liberale, antidemokratische oder kulturpessimistische* Ideen vertraten.

apolitische und künstlerische Bewegungen

Zwischen Avantgarde und Kulturpessimismus

Die künstlerische Avantgarde beherrschte in der Weimarer Zeit nicht unangefochten
die Kulturszene. Traditionelle Kunstrichtungen und die hergebrachte Formensprache
blieben weiterhin einflussreich. Außerdem leisteten kulturpessimistische und zivilisationskritische Strömungen heftigen Widerstand gegen das Vordringen moderner Künst-
5 ler. Das führte dazu, dass sich **zwei Kulturen** unversöhnlich gegenüberstanden. Die einen waren nach dem Ende des Ersten Weltkrieges und des Kaiserreiches von
Aufbruchstimmung und Hoffnung erfüllt auf eine friedliche und bessere Zukunft; die
anderen begründeten mit dem Hinweis auf die Kriegsopfer ihre nationalistischen und
revisionistischen Einstellungen und trauerten der verlorenen Monarchie nach. Wäh-
10 rend die einen die Dynamik der Großstadt und trotz des im Krieg sichtbar gewordenen
Vernichtungspotenzials die Errungenschaften der modernen Technik begrüßten, verurteilten die anderen das großstädtische Leben sowie die moderne Kultur und Zivilisation. Überdies blieben Arbeiterkultur und bürgerliche Hochkultur streng voneinander
getrennt.

Neue Sachlichkeit

Etwa seit 1922/23 wandten sich wesentliche Bewegungen der kulturellen Avantgarde
vom Expressionismus ab. Nicht mehr die stete Suche nach einer völlig neuen Welt und
neuen Kunstformen bestimmte seitdem das künstlerischen Denken und Handeln, sondern unsentimentaler Pragmatismus und eine sachlichere, nüchternere Auseinander-
5 setzung mit der Wirklichkeit prägte alle Kunstrichtungen. Der Kunsthistoriker Gustav
Friedrich Hartlaub charakterisierte die beginnende Kunstepoche mit dem Begriff **„Neue
Sachlichkeit"**. Damit war das Gemeinsame der zahlreichen Kunststile benannt und

Kulturpessimismus
Der Begriff bezeichnet eine negative
Deutung aktueller Entwicklungen. Oft wird
der Niedergang der Kultur vorausgesagt.

▶ M 10: Paul Schultze-Naumburg über
„Kunst und Rasse"

M 2 „Selbstbildnis vor Litfaß",
Gemälde von Georg Scholz,
1926.
*Der Maler Georg Scholz (1890–1945) ist
ein wichtiger Vertreter der „Neuen Sachlichkeit". Er leitete seit 1925 die Badi-
sche Landeskunstschule, 1933 wurde er
als „entarteter Künstler" entlassen.*

▶ S. 92 Fotocollage, Kunstart entwickelt von John Heartfield

gleichzeitig Raum gelassen für große Unterschiede. Das Streben nach „Neuer Sachlichkeit" lässt sich auch aufzeigen an der Fotografie, die sich zu einer eigenständigen Kunstform entwickelte und in besonderer Weise geeignet war, die zentralen Aspekte der Industriewelt zu erfassen. Aber auch in der literarischen Welt entwickelten sich neue Ausdrucksformen wie die Reportage, der Reisebericht oder kurze Notizen. Mit ihrer Hilfe konnte die moderne Welt angemessen beschrieben, konnten Industrie, Technik und Großstadtleben präzise und einfühlsam dargestellt werden.   10

Massenkultur

Der Schriftsteller und Sprachwissenschaftler Umberto Eco hat einmal zwei Möglichkeiten unterschieden, über Massenkultur zu sprechen. Die Anhänger der einen Richtung, die er als „Apokalyptiker" bezeichnete, beklagen allein den unaufhaltsamen Niedergang der Werte und wollen öffentlich zeigen, dass sie sich nicht anpassen. Die anderen, die „Integrierten", begrüßen die weite Verbreitung der modernen Medien und stellen heraus, dass nun die Kulturgüter allen zugänglich seien. Es gibt jedoch noch eine andere Position, die die Massenkultur als **Element der Industrialisierungs- und Demokratisierungsprozesse der modernen Welt** versteht.   5

Tatsächlich hatte die Industrialisierung seit dem 19. Jahrhundert die Voraussetzungen für Massenproduktion und Massenkonsum geschaffen. Bereits im Jahrzehnt vor dem Ersten Weltkrieg erlebten unterhaltsame und belehrende **Zeitschriften** eine weite Verbreitung, Groschenromane* erfuhren sogar einen Boom. Die Nachfrage nach Schau- und Breitensport stieg, die ersten Kinovorführungen stießen auf großes Interesse. Aber erst in der demokratischen Gesellschaft der Weimarer Republik verstärkte sich der Trend zur Massenkultur, die für immer breitere Bevölkerungsschichten die Möglichkeiten des Konsums sowie die Teilhabe an Wohlstand und Kultur schuf. Millionen Menschen konnten jetzt an den **Freizeitvergnügungen** alter und neuer Art teilnehmen. Dass Freizeit nicht mehr ein Vorrecht gut situierter bürgerlicher Schichten blieb, sondern auch in bescheidenerem Maße Arbeiterinnen und Arbeitern zugutekam, lag zudem an technischen Innovationen und sozialpolitischen Fortschritten. Sie ermöglichten die Verkürzung der täglichen und wöchentlichen Arbeitszeit sowie einen in der Regel einwöchentlichen Jahresurlaub. Weit mehr Menschen als früher besaßen in ihrer Freizeit ab Samstagmittag die Chance, das Wochenende beim Sport, im Schrebergarten oder bei Ausflügen ins Grüne zu genießen. Das Fahrrad vergrößerte den Bewegungsradius. Sportereignisse wie Fußballspiele, Boxkämpfe, Fahrrad- und Autorennen waren beliebt, auch traditionelle Vergnügungsstätten, Jahrmärkte und Tanzsäle. Das Vereinsleben blühte auf. In den Städten veränderten überdies neue Medien das Freizeitverhalten: Schallplatte und Grammophon, Hörfunk und Kino, sorgten für die schnelle Verbreitung neuer Musik- und Textstile und schufen die Stars.   10 15 20 25

Obwohl die Angebote der Massenkultur für viele Menschen über Schichten- und Generationsgrenzen hinweg anziehend waren, ebneten sie die sozialen Unterschiede nicht ein. Statussymbole verdeutlichten nach wie vor den Sozialstatus der Menschen auch in ihrer Freizeit. Das Ansehen eines Films verschaffte dem Besucher eines Kinopalastes ein größeres Vergnügen als im Groschenkino, in der Loge war es angenehmer als auf dem „Rasiersitz", wie die Sitzplätze in der ersten Reihe umgangssprachlich genannt wurden. Angehörige der Ober- und oberen Mittelschicht bevorzugten zudem andere Sportarten als Fans aus den Unterschichten. Hinzu kam, dass ein Großteil der Provinz- und Landbewohner aus technischen Gründen vom Rundfunkempfang ausgeschlossen war. Weil die Landbevölkerung weiterhin über wenig Freizeit verfügte und von vielen Freizeitangeboten abgeschnitten blieb, vergrößerte die Entfaltung der modernen Freizeitkultur das Gefälle zwischen Stadt und Land beträchtlich. Die Bevölkerung in der Provinz oder auf dem Land schaute daher mit Unverständnis und Abwehr auf die „Vergnügungssucht" und die „losen Sitten" der Städte.   30 35 40

Groschenroman
Die Romane in preisgünstiger Heftform (Preis = 1 Groschen) gab es bereits seit dem 19. Jh., im 20. Jh. wurden sie zum Massenprodukt.

M3 Titelblatt der Zeitschrift „DAS MAGAZIN", Dezember 1925

DAS MAGAZIN

Nr. 16   Dezember 1925   M. 1.–

▶ M 11–M 14: Tanz, Clubs, Kinos und Kaufhäuser

Die Massenkultur löste aber auch Entsetzen aus; sie polarisierte das öffentliche Leben,
45 galt vielen als Provokation. Vertreter des Bildungsbürgertums erblickten in ihr eine Gefahr für die Hochkultur und fürchteten um ihre Rolle als Schöpfer und Vermittler dieser
Kultur. In den städtischen und ländlichen Mittelschichten bangten viele Menschen um
ihre Alltagskultur, die ihnen Sinn und Halt gab. Das galt für ihr Arbeitsethos und Pflicht-
bewusstsein, ihr Bildungsstreben und ihre traditionelle Familienordnung. Bereits durch
50 die Novemberrevolution fühlten sich diese bürgerlichen Schichten ihrer Vorrangstellung beraubt, durch die Wirtschaftskrisen der frühen Weimarer Zeit geschwächt. In den
1920er-Jahren reagierten sie auf die Verletzung ihrer Wertvorstellungen sehr gereizt.

Medien

Ein wichtiges Element der Massenkultur sind die Medien. Mit ihren modernen Nach-
richten-, Druck-, Produktions- und Darstellungstechniken und -formen erlebten sie in
der Weimarer Republik einen großen Aufschwung und erleichterten die Massenkommunikation. **Schallplatten** boten eine neue Möglichkeit, Musik zu konservieren und zu
5   transportieren. Der **Rundfunk** gewann zunehmend an Popularität. Zahlreiche neue
Sendeanstalten entstanden, die Funkanstalten unterhielten eigene Orchester, Chöre
und Theaterensembles. 1926 entstand die „Deutsche Welle", die ein überregionales
„Volksbildungsinstitut" sein sollte. Doch gelang es während der 1920er-Jahre nicht, allen
Bevölkerungsschichten über den Rundfunk Kultur, Bildung, Unterhaltung und Informa-
10 tionen in gleicher Weise zu vermitteln. Die Anschaffung eines Radios war hauptsächlich
für das mittelständische Bürgertum erschwinglich. Deswegen konzentrierten sich die
Radiohörer vornehmlich in den Städten.
Bei der Verbreitung von Nachrichten blieb die **Presse** das wichtigste Massenkommunikationsmittel. Zeitungen und Wochenblätter erreichten täglich Millionen Leser. 1932
15 wurden in Deutschland 3732 Tageszeitungen und 7652 Zeitschriften gezählt. Dabei
sind zwei Haupttypen von Zeitungen, die Parteipresse und politisch „unabhängige" Zeitungen, zu unterscheiden. Die „unabhängigen" Blätter finanzierten sich zu einem erheblichen Teil aus Inseratengeschäften und vermieden daher einseitige politische Festle-
gungen; zudem wollten die Zeitungen nicht von großen Anzeigenkunden abhängig
20 werden. An politischen Richtungen war aber nicht nur die Parteipresse, sondern die
gesamte Presse, auch die Boulevardblätter und die Illustrierten orientiert.
Besondere Attraktivität ging in der Weimarer Zeit vom **Kino** aus, das mit seinen beweg-
lichen Bildern sowohl die Wirklichkeit wiedergab als auch eine imaginäre Welt erschuf.
Die Zahl der Kinobesucher stieg stark an: 1914 gab es 2500, 1925 dann 3700 und 1930
25 mehr als 5000 Kinos mit mehr als 2 Millionen Sitzplätzen, darunter manche „Filmpa-
läste"; die Besucherzahl wurde auf 4 bis 5 Millionen geschätzt.

▶ M 16: Staat und Rundfunk

M 4 Szenenfoto aus dem Film „Der Blaue Engel" mit Marlene Dietrich, 1929

Großstadt

Der neuartige Lebensraum, das „Dickicht der Städte" (Bertolt Brecht), bescherte ele-
mentar widersprüchliche Erfahrungen. Die Stadt war äußerlich von einer hektischen,
undurchschaubaren, chaotisch erscheinenden Vielfalt geprägt, andererseits aber über
komplizierte Regelungen ganz und gar durchorganisiert. Mentalitäten, Denkmuster
5   und Verhaltensweisen mussten sich der beschleunigten, nervenbelastenden Umwelt
anpassen. Die verschiedenen Lebenswelten – Familie, Arbeitsplatz, Straße, Vereine, Frei-
zeit- und Konsumwelt – trennten den früher überschaubaren Lebensraum in eine Fülle
von Teilwelten. Die ausufernde Vielfalt so vieler Menschen, ihre differenzierten Interessen, Beziehungen und Betätigungen griffen in einem so „vielgliedrigen Organismus"
10 (Georg Simmel) ineinander, dass ohne genaueste Verhaltensregeln und ihre pünktliche
Befolgung „das Ganze zu einem unentwirrbaren Chaos zusammenbrechen würde".

Die größten deutschen Städte um 1925:

Stadt	Einwohner
Berlin	ca. 4 Mio.
Hamburg	ca. 1 Mio.
München	ca. 680 000
Dresden	ca. 600 000

▶ M 15: Eberhard Kolb und Dirk Schumann über Berlin als Kulturmetropole

Die Überflutung mit Reizen und ständig wechselnden Informationen und Anforderungen erzogen den Großstädter zu ständiger Wachheit und Reaktionsbereitschaft. Einen weiten, ständig wachen Blick benötigte man, um gleichzeitig volle Schaufenster, die Menschen auf den Bürgersteigen und die Gefahr des heransausenden Autos zu erfassen. Ein neuer Zeitrhythmus, eine Ökonomie der Zeit entstand. Das sprichwörtliche Berliner „Tempo" etwa war das Mittel, Zeit zu gewinnen, nicht zuletzt für die Befriedigung neuer Bedürfnisse.

M 5 Kreuzung Friedrichstraße Ecke Leipziger Straße, Fotografie, 1925

▶ M 18: „Schmutz- und Schundliteratur"

Die Großstadt mit ihrem massiven Einbruch der Moderne in die traditionellen Lebenswelten wurde für die Kulturkritiker der Hauptschauplatz, auf dem die Auseinandersetzung zwischen begeisterter Bejahung der neuen Welt und apokalyptischen Ängsten vor dem Untergang aller Religiosität, Sittlichkeit und Kultur ausgetragen wurde.

Technisierung

Die Debatte über Wert und Unwert der Moderne entzündete sich auch am Aufstieg der modernen Technik und der Technisierung der Welt. Der technische Fortschritt eröffnete den Menschen viele neue Möglichkeiten, die ihr Leben veränderten und verbesserten. Besonders in den deutschen Metropolen trafen Angebote wie Autos oder moderne Haushaltsgeräte (z. B. Staubsauger, Waschmaschine oder Gasherd) bei vielen Menschen auf begeisterte Zustimmung. Neu gebaute Wohnungen besaßen Gas-, Wasser- und Stromanschluss. Mit Stolz und Zuversicht bewunderten die Menschen überdies die Glanzleistungen deutscher Technik: Hierzu gehörten z. B. der Nonstop-Flug eines Zeppelins* vom Bodensee in die USA 1924, die Erdumrundung eines anderen deutschen Luftschiffs 1929 sowie die Eroberung des „Blauen Bandes", der Auszeichnung für die schnellste Atlantiküberquerung, durch die „Bremen" bei ihrer Jungfernfahrt 1928. Auch Konservative zeigten sich für die Modernisierung des Lebens durch technische Neuerungen aufgeschlossen, was reaktionäre politische Haltungen nicht ausschloss. „Tempo" entwickelte sich zu einem wichtigen Element des Lebensgefühls – nicht nur in der Großstadt. Leitfiguren dieser modernen Welt wurden dynamische, effiziente Männer wie Sportler, Ingenieure oder Flieger, allen voran Charles Lindbergh nach seinem Alleinflug von New York nach Paris 1927. Die moderne Frau zeigte sich ebenfalls sportlich, schlank und selbstbewusst. Der „Bubikopf" erschien ihr als Zeichen der Emanzipation. Aber nicht alle Menschen in Deutschland profitierten in der Weimarer Zeit vom wissenschaftlich-technischen Fortschritt. Viele Angebote der Industrie wie Autos oder

▶ M 19: Joachim Radkau über die Technisierung des Haushalts

Zeppelin
Das mithilfe von Höhen- und Seitenrudern lenkbare Luftschiff bestand u. a. aus einem riesigen Gasraum, einem Propeller und einer Passagierkabine bzw. einer Gondel. Entwickelt wurde es von Ferdinand Graf Zeppelin (1838–1917) und seit 1900 als Transportmittel eingesetzt.

moderne Haushaltsgeräte blieben für zahlreiche Menschen unerschwinglich. Auch unterschied sich die Massenkultur des modernen Großstadtlebens weiterhin stark vom Alltagsleben beispielsweise der Handwerker und Kleinhändler sowie der ländlichen Bevölkerung, aber auch der Studenten und Akademiker. Dieses wurde nach wie vor
25 durch die traditionelle Vereinskultur z. B. mit ihren Gesangsvereinen bestimmt. Nicht Aufgeschlossenheit gegenüber der modernen Welt, sondern die Abwehr moderner Entwicklungen prägten diese überwiegend konservativen, teilweise rückwärtsgewandten Milieus.

Geschlechterverhältnisse und -beziehungen

Das Verhältnis der Geschlechter wandelte sich in der Weimarer Zeit. Die Verfassung erkannte die **Gleichberechtigung von Mann und Frau als Grundrecht** an, und die **Einführung des Frauenwahlrechtes** 1918 brachte eine erhebliche Politisierung und Organisierung der Frauen mit sich. Außerdem gewährte die Verfassung den Frauen die
5 Gleichberechtigung in allen staatsbürgerlichen Angelegenheiten (Art. 109, 119, 128), im Beamtenrecht und ausdrücklich auch in der Ehe. Alle Parteien beteuerten in ihren Wahlprogrammen ihre Frauenfreundlichkeit und stellten Frauen auf sicheren Listenplätzen auf, allerdings nie als Spitzenkandidatinnen. Nur die NSDAP schloss später Frauen von der Parlamentsarbeit in ihren Reihen aus.
10 Der Trend zur **Frauenerwerbstätigkeit** setzte sich in der Weimarer Republik fort. Viele Frauen fanden im Dienstleistungsbereich als Stenotypistin, Sekretärin oder Verkäuferin eine Anstellung, die häufig dazu diente, um der Familie ein Zubrot zu verdienen oder die Übergangsphase zwischen der Schulentlassung und der Heirat zu überwinden. Verheiratete Frauen arbeiteten nur in der Arbeiterschaft in nennenswertem Umfang, und
15 auch hier wurde das vornehmlich mit der sozialen Lage begründet. Insgesamt blieb es in der Arbeitswelt bei der prinzipiellen Verteilung der Geschlechterrollen. Das galt selbst für die Arbeiterschaft, wo zwar die Gleichberechtigung von Männern und Frauen propagiert wurde, im Alltag aber z. B. die Hausarbeit bei berufstätigen Ehepaaren von den Frauen verrichtet wurde. Obwohl die Doppelbelastung berufstätiger Frauen beste-
20 hen blieb, begann sich die Hausarbeit durch Technisierung und Rationalisierung allmählich zu verändern. Die neuen technischen Haushaltsgeräte kamen jedoch vor allem Frauen aus begüterten Schichten zugute. Der eigentliche Wandel im Verhältnis der Geschlechter betraf die **„Entdeckung der modernen Frau"** (Ute Frevert). Neben das traditionelle Bild der Frau als Hausfrau und Mutter trat das der emanzipierten Frau, die sich
25 nicht länger über ihren Mann definierte, sondern über ihre Leistungen in Beruf und Freizeit. Auch männliche Rollenverständnisse veränderten sich. Durchsetzungsfähigkeit, Stärke, Unterdrückung von Gefühlen bestimmten nach wie vor das Männlichkeitsideal. Der soldatische Mann besaß noch große Anziehungskraft. Aber auch der partnerschaftliche Ehemann und der treusorgende Familienvater entwickelten sich langsam zu
30 akzeptierten Leitvorstellungen. Die Geschlechterbeziehungen wurden daher vielfältiger und ließen, z. B. in der Jugend, Ansätze erkennen, starre Rollenschranken und -klischees zu durchbrechen.

▶ S. 33, Wahlrecht und Frauenbewegung

M 6 Sekretärin mit einer Schreibmaschine, Fotografie, um 1930

▶ M 22–M 25: moderne Frau, Beruf und Familie

1 Erläutern Sie die Epochenbezeichnung „Goldene Zwanziger".
2 Charakterisieren Sie die zentralen Merkmale der „zwei Kulturen" in der Weimarer Republik.
3 **Partnerarbeit/Präsentation:** Erstellen Sie in Partnerarbeit eine Präsentation zu einem der folgenden Themen: a) Rolle der Medien, b) Massenkultur und Demokratisierung, c) Kulturpessimismus, d) Tempo und Komplexität der Großstadt, e) Veränderungen des Alltags durch Technisierung.
4 **Brief:** Verfassen Sie aus Sicht der Sekretärin in M 6 einen Brief an ihre Eltern auf dem Land, in dem sie ihren Alltag und ihre Probleme in der Stadt schildert.

Hinweise zur Arbeit mit den Materialien

Die unterschiedlichen Aspekte der Modernisierung des Alltags- und Berufslebens lassen sich mithilfe von M 7, M 9, M 11, M 12, M 13 und M 14 analysieren. Anhand von M 8 und dem Bild M 9 kann die Stilrichtung des Expressionismus erläutert werden, während die zeitgenössische Quelle M 10 die moderne Kunst kritisiert. Die europäische Kulturmetropole Berlin charakterisieren Historiker in M 15. Mit der Rolle des Staates im deutschen Rundfunkwesen befasst sich M 16, aber auch M 17 und M 18 verdeutlichen unterschiedliche zeitgenössische Perspektiven bei der Betrachtung der Massenmedien Rundfunk und Literatur. Die Bedeutung der Technik für den Wandel des Haushaltes beschreiben M 19 und M 20. Mithilfe von M 21 kann ein Vergleich mit den USA gezogen werden. Veränderungen in den Geschlechterbeziehungen können mithilfe von M 22 bis M 25 diskutiert werden.

Zur Vernetzung mit dem Kernmodul

M 21 über die 1920er-Jahre in den USA ermöglicht einen transnationalen Vergleich des Phänomens kulturelle Moderne und stellt damit einen Bezug zu M 9 (Osterhammel) und M 10 (Patel) des Kernmoduls her. Kulturelle Austauschprozesse, aber auch Unterschiede können herausgearbeitet werden.

„Goldene Zwanziger" und kulturelle Modernisierung

M 7 Der Architekt Hannes Meyer über die „Neue Welt" (1926)

Unsere Straßen stürmen die Autos: Von 18–20 Uhr umspielt uns auf der Trottoirinsel der Pariser *Avenue des Champs Elysées* das größtmögliche Fortissimo großstädtischer Dynamik. „*Ford*" und „*Rolls-Royce*"
5 sprengen den Stadtkern und verwischen Entfernung und Grenze von Stadt und Land. Im Luftraum gleiten Flugzeuge: „*Fokker*" und „*Farman*" vergrößern unsere Bewegungsmöglichkeiten und die Distanz zur Erde; sie missachten die Landesgrenzen und verringern
10 den Abstand von Volk zu Volk. Lichtreklamen funken, Lautsprecher kreischen, *Claxons*[1] rasseln, Plakate werben, Schaufenster leuchten auf: Die Gleichzeitigkeit der Ereignisse erweitert maßlos unsern Begriff von „Zeit und Raum", sie bereichert unser Leben. Wir
15 leben schneller und daher länger. Unser Sinn für Geschwindigkeit ist geschärfter denn je, und Schnelligkeitsrekorde sind mittelbar Gewinn für alle. Segelflug, Fallschirmversuche und Variétéakrobatik verfeinern unser Gleichgewichtsbestreben. Die ge-
20 naue Stundeneinteilung der Betriebs- und Bürozeit und die Minutenregelung der Fahrpläne lässt uns bewusster leben. [...] Radio, Marconigramm[2] und Telephoto erlösen uns aus völkischer Abgeschiedenheit zur Weltgemeinschaft. Grammophon, Mikrophon, Orchestrion und Pianola[3] gewöhnen unser Ohr an
25 das Geräusch unpersönlich-mechanisierter Rhythmen: „*His Masters Voice*", „*Vox*" und „*Brunswick*"[4] regulieren den Musikbedarf von Millionen Volksgenossen. Die Psychoanalyse sprengt das allzu enge Gebäude der Seele, und die Graphologie[5] legt das We-
30 sen des Einzelwesens bloß. [...] Die Tracht weicht der Mode, und die äußerliche Vermännlichung der Frau zeigt die innere Gleichberechtigung der Geschlechter. [...] Unsere Wohnung wird mobiler denn je: Massenmiethaus, *Sleeping-car*, Wohnjacht und *Transat-*
35 *lantique*[6] untergraben den Lokalbegriff der „Heimat". Das Vaterland verfällt. Wir lernen Esperanto[7]. Wir werden Weltbürger.

Hannes Meyer, „Die neue Welt", Das Werk 13, Nr. 7, 1926, S. 205–224.*

1 *Claxons:* Hupen
2 *Marconigramm:* per Funk übermitteltes Telegramm
3 *Pianola:* Gerät zum automatischen Abspielen von Musik
4 *„His Masters Voice", „Vox" und „Brunswick":* Plattenfirmen
5 *Graphologie:* Wissenschaft von der Deutung der Handschrift
6 *Transatlantique:* frz. Reederei, die mit Passagierschiffen nach Nord- und Mittelamerika sowie ins Mittelmeer fuhr
7 *Esperanto:* künstliche Plansprache, die die internationale Verständigung vereinfachen sollte

1 Gliedern Sie die verschiedenen Elemente der „Neuen Welt" nach Hannes Meyer.
   Tipp: Verwenden Sie als Kriterien Stadt, Technik, Arbeit, Kultur, Einstellungen.

M 8 Die Historikerin Ursula Büttner über die Stilrichtung des Expressionismus (2008)

In das unruhige erste Jahrfünft der Republik, als fundamentale Konflikte die politische Szene immer wieder erschütterten und die fortschreitende Geldentwertung gesellschaftliche Positionen, Wertvorstellungen und Orientierungen durcheinanderwir-
5 belte, fiel die hohe Zeit des Expressionismus. [...]
Der Expressionismus gab der seelischen Anspannung der Menschen nach der Katastrophe des verlorenen Krieges und ihrer Zerrissenheit zwischen extremen, höchst widersprüchlichen Gefühlen
10 künstlerischen Ausdruck. [...] Gemeinsam war den Künstlern der Aufruhr, die explosive Dynamik [...]. Widersprüche gehören zum Wesen des Expressionismus, der sich deshalb nicht auf eine dominierende Aussage oder wenige bestimmende Themen reduzie-
15 ren lässt. „Manche Expressionisten dokumentierten ihre sexuelle Angst vor Impotenz oder ihre religiöse

20 Angst vor dem Nichts; andere schrieben Stücke über ihre Bekehrung zu Christus oder – viel häufiger – zu einer Menschheitsreligion. Ein paar rühmten, die meisten aber karikierten die Segnungen der modernen technischen Zivilisation. Es gab sogar Expressionisten, die Krieg und Zerstörung als das einzig authentische menschliche Erlebnis verherrlichten; aber 25 die überwiegende Mehrheit verfluchte den Militarismus und verkündete ihre ekstatische Vision eines erneuerten friedvollen Menschengeschlechts." [Peter Gay] Apokalyptische Vorstellungen äußerten sich in diesem Traum vom neuen, geläuterten Menschen, 30 der eine bessere Welt erschaffen würde, oder im Schreckensbild eines allgemeinen Rückfalls in die Barbarei.

Ursula Büttner, Weimar. Die überforderte Republik 1918–1933. Leistung und Versagen in Staat, Gesellschaft, Wirtschaft und Kultur, Klett-Cotta, Stuttgart 2008, S. 303 f.*

M9 „Potsdamer Platz", Gemälde von Ernst-Ludwig Kirchner, 1914

1 Arbeiten Sie mithilfe von M 8 die wesentlichen Merkmale des Expressionismus heraus.
2 Erläutern Sie die expressionistischen Merkmale des Bildes von Ernst-Ludwig Kirchner (M 9).
3 Erörtern Sie auf der Basis von M 8 und M 9, inwiefern sich die Expressionisten als Avantgarde und Vertreter der kulturellen Moderne verstanden.

M 10 Der Architekt und Kunsttheoretiker Paul Schultze-Naumburg über „Kunst und Rasse" (1928)

Sucht man nach einem Gesamteindruck der gegenwärtigen Kunst, so ist es vor allem der eines gänzlichen Wirrwarrs, eines plan- und haltlosen Durcheinanders, eines unschöpferischen Tastens nach Sensationen, eines gänzlichen Mangels an echter 5 schlichter Menschlichkeit und des Fehlens jeglicher Wahrhaftigkeit. Dahin gehört die etwas kindische Vorliebe für ganz fernliegende soziologische Entwicklungsstufen und für das fast perverse Liebäugeln mit fremden Rassen und ihrer Haltung. [...] Wo die 10 Rasse zerfällt, muss natürlich auch das Rassegefühl schwinden, und wo das Rassegefühl schwindet, wird auch das Zielbild, wie es in jeder echten Rasse wurzelt, verloren gehen. [...] Man steht hier vor dem Lebensschicksal eines Volkes, dem ein großer Teil des 15 nordischen Blutes anvertraut war, vor der Frage seines Lebens oder Vergehens.

Paul Schultze-Naumburg, Kunst und Rasse, J. F. Lehmanns Verlag, München 1928, S. 1–3, 86–88, 101–104.*

1 Fassen Sie das Urteil von Schultze-Naumburg (M 10) über die Kunst der Weimarer Republik zusammen.
2 **Kurzvortrag:** Informieren Sie sich im Internet über die Stilrichtung „Neue Sachlichkeit" und die wichtigsten Vertreter. Präsentieren Sie einen zentralen Vertreter Ihrer Wahl in einem Kurzvortrag.
3 **Vertiefung:** Vergleichen Sie die Kritik von Schultze-Naumburg mit dem Bild von Ernst-Ludwig Kirchner.
4 **Zusatzaufgabe:** siehe S. 150.

Massenkultur und Medien

M 11 Die Autorin Katharina Rathaus über den Tanz „*Charleston*" (1926)

Mechanisierung und Demokratisierung des Lebens zwingen den Gliedern andere, neue Bewegungen ab. Statt im Zotteltrab Tänze zu tanzen, deren Geist einer verflossenen Ära entstammt, holt die junge Generation ihre Inspirationen aus der ursprünglichen Be- 5 wegung primitiver Völker, aus der ungekünstelten Wiedergabe rhythmisch-musikalischer Erlebnisse naiver Gemüter. Landen so erlauschte Pas[1], vielleicht Bewegungsfragmente wilder Völker, in vielen Retorten verschmolzen mit den Resten abendländischer 10 Kultur, geglüht in den Hochöfen modernster Zivilisation, in letzte Form gegossen durch Stilgefühl begabter Tänzer und abgekühlt durch die Konventionen unseres demokratisch-bürgerlichen Milieus [...], was Wunder, wenn Herzen und Beine ihnen zufliegen, 15

zurasen, zujubeln! [...] Dieser Tanz [...] reinigt die Tradition vom Staub der Jahrzehnte [...], zeigt der tanzbegeisterten Menge den Rhythmus, der ihrem Leben, Fühlen, Denken entspricht, und hört auf den
20 Namen „Charleston".

Katharina Rathaus, Charleston. Jede Zeit hat den Tanz, den sie verdient, in: Uhu 3 (1926), S. 120–121.*

1 *Pas:* Tanzschritt

M 12 „Die tanzenden Fräuleins", Werbeplakat von Otto Dely für eine Revue in Berlin, 1926

M 13 Das Kino Capitol am Auguste-Viktoria-Platz in Berlin bei Nacht, Fotografie, 1931

M 14 Die Schnittmusterabteilung im Kaufhaus Wertheim in Berlin, Fotografie, 1927

1 Charakterisieren Sie mithilfe von M 11 bis M 14 das Leben in der Großstadt Berlin.
2 Erörtern Sie die veränderten Lebensbedingungen von Frauen in der Stadt. Beziehen Sie die sozialen Unterschiede mit ein.

M 15 Die Historiker Eberhard Kolb und Dirk Schumann über Berlin als europäische Kulturmetropole (2013)

Wie mit Recht immer wieder betont wird, war in Weimar-Deutschland die ganze Struktur der Künste „auf überwältigende Art und Weise großstädtisch" (John Willett), mit Berlin als unbestrittenem und al-
5 les beherrschendem Zentrum. In der Tat ist die „Weimarer Kultur" nicht vorstellbar ohne das pulsierende geistige, kulturelle und gesellschaftliche Leben der Reichshauptstadt, die in diesen Jahren zur europäischen Kulturmetropole [...] aufstieg. Gewiss:
10 Auch in anderen Weltstädten, in London, Paris, New York, Moskau, fand zwischen Weltkriegsende und Beginn der Weltwirtschaftskrise ein großartiger Aufschwung aller künstlerischen und geistigen Kräfte statt. Aber die zwanziger Jahre waren doch „recht ei-
15 gentlich das Jahrzehnt Berlins": Hier „verschmolzen sich die neuen Ideen und die neuen Kräfte der ganzen Welt zu einer besonderen, charakteristischen Synthese. So schien es nicht nur den Berlinern. Die ganze Welt spürte es. Berlin, die jüngste der
20 Welthauptstädte, hatte den größten Schwung, weil sie den geringsten Ballast trug" (Peter de Mendelssohn). Das Berlin dieser Jahre wirkte wie ein Magnet auf alle Talente; besonders viel verdankte das kulturelle und geistige Leben Berlins dabei dem jüdi-
25 schen Bevölkerungsteil, „seinen internationalen Beziehungen, seiner sensitiven Unruhe und vor allem seinem todsicheren Instinkt für Qualität" (Gottfried Benn).

Die deutsche Reichshauptstadt, damals der Einwohnerzahl nach die drittgrößte Stadt der Welt hinter London und New York (mit seinen 4,3 Millionen Einwohnern im Jahr 1929 zählte Berlin 1,5 Millionen Einwohner mehr als Paris), war eine Stadt der Superlative in vielerlei Hinsicht: die größte und vielfältigste Zeitungsstadt der Welt, die Stadt der großen Verlagsimperien, der Theater und Konzertsäle, Vorort des politischen Kabaretts, Schlager und Chansons aus diesen Jahren sind bis heute bekannt. Berlin hatte aber auch die schnellste Stadtbahn und war die telefonierfreudigste Stadt der Welt (fast 500 000 Telefonanschlüsse, von denen täglich 1,25 Millionen Telefongespräche geführt wurden). [...] Hier in der Reichshauptstadt vollzog sich der Akzelerationsprozess[1] in der Veränderung der Lebens- und Wertvorstellungen am deutlichsten. Aber eben dadurch wurden auch starke Emotionen und Aversionen geweckt. Jenen, die die „alten Werte" erhalten wissen wollten und den Geist der Großstadt perhorreszierten[2], erschien das sich rasch amerikanisierende Berlin als ein modernes Babylon, das es zu „säubern" galt.

Eberhard Kolb/Dirk Schumann, Die Weimarer Republik, 8. Aufl., Oldenbourg, München 2013, S. 105 f.*

1 *Akzelerationsprozess:* Beschleunigungsprozess
2 *perhorreszieren:* verabscheuen, zurückschrecken

1 Arbeiten Sie die wichtigsten Merkmale heraus, warum Berlin in den 1920er-Jahren die europäische Kulturmetropole war.
2 Entwickeln Sie eine Einschätzung, was das sich „amerikanisierende Berlin" (Z. 49) für das deutsche Selbstverständnis bedeutete.
3 **Zusatzaufgabe:** siehe S. 150.

M 16 **Auszug aus dem Rundfunk-Jahrbuch, hg. v. der Reichs-Rundfunk-Gesellschaft (1930)**

Das Interesse des Staates am Rundfunk ist trotz der nicht unerheblichen Beträge, die er seinen Kassen zuführt, ein vorwiegend ideelles. Zwar gehört er zu den *„circenses"*[1], derer das Volk bedarf, das nach Zerstreuung, Freude und Erhebung verlangt, aber wichtiger noch ist er dem Staat als ein verhältnismäßig billiges und bis in die entlegensten Behausungen dringendes Mittel der Volksbildung, und das stärkste Interesse nimmt der Staat an ihm wegen seiner Eignung zur Beeinflussung der öffentlichen Meinung. Der Grad dieser Eignung erhellt daraus, dass gegenwärtig im Reich rund drei Millionen Rundfunkanschlüsse vorhanden sind, die – wenn auch nur gelegentlich – von sechs bis zehn Millionen Deutschen benutzt werden. Damit ist der Rundfunk zu einer

Großmacht geworden, die an Bedeutung die Großmacht Presse vielleicht noch übertrifft.

Der Staat und mit ihm alle Rundfunkleiter wollen, dass diese Großmacht im aufbauenden, nicht im zersetzenden Sinne wirksam ist. Sie soll die inneren Kämpfe, unter denen unser Volk leidet, mildern [...]. Sie soll die Deutschen dazu erziehen, die Meinung anders Denkender zu verstehen und zu achten. Sie soll dem sozialen Ausgleich dienen und die Klüfte zwischen den Gesellschaftsschichten überbrücken helfen. Sie soll endlich zur staatsbürgerlichen Erziehung und zur Versöhnung der Völker beitragen. Alles dies vermag der Rundfunk leichter als die Presse, die – sofern sie Bedeutung hat – parteipolitisch gebunden oder wirtschaftlich von bestimmten Interessentengruppen abhängig zu sein pflegt. Zu einer Entgiftung der inneren und äußeren Atmosphäre ist der Rundfunk aber nur geeignet, wenn er behutsam und in jeder Weise überparteilich gehandhabt wird. Um dies zu erreichen und zu verhindern, dass mit einem so wichtigen Instrument Missbrauch getrieben wird, musste der Staat entscheidenden Einfluss auf den Rundfunk nehmen.

Peter Longerich (Hg.), Die Erste Republik. Dokumente zur Geschichte des Weimarer Staates, Piper, München 1992, S. 357 f.*

1 *Circenses:* den Zirkus betreffend

M 17 **„Der Radionist, Gemälde von Kurt Günther, 1927**

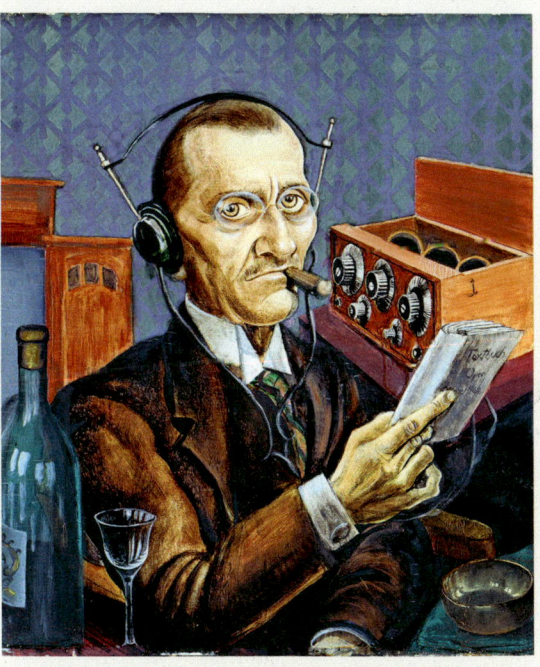

1 Bestimmen Sie die Interessen des Staates bei der Gestaltung des Rundfunks in der Weimarer Zeit.

2 Interpretieren Sie das Bild M 17.

3 Nehmen Sie Stellung zur Rolle des Staates bei der Rundfunkaufsicht in den 1920er-Jahren und vergleichen Sie diese mit den Regelungen in der Gegenwart.

M 18 **Aus einer Rede des Reichstagsabgeordneten Schreiber (Zentrum) zur Frage der Bekämpfung der „Schmutz- und Schundliteratur" (1925)**

Sind wir doch in der eigenartigen Lage, dass hier diese Metropole in vielem internationalisiert ist, dass sie in vielem kosmopolitisch steht, und jenes andere ist ebenso gewiss: wenn wir in den letzten Jahrzehnten
5 in Deutschland eine wundervolle Heimatkunst, eine Heimatkultur entwickelt haben, wenn wir die Dichtungen von Theodor Storm, von Fritz Reuter, Klaus Groth und anderen Heimatkünstlern schätzen, so ist es nicht bloß wegen der dichterischen Schönheit und
10 Kraft. Darüber hinaus haben wir das Empfinden: Dort strömt in diesen Landschaften Niedersachsens, ebenso aber auch in anderen deutschen Landschaften köstlicher Jungbrunnen deutscher Kultur, dort liegt noch viel Urkräftiges, vieles an ungebrochener
15 gesunder Volkskraft. Und wenn es darauf ankommt, diese deutsche Volkskraft in ihrer landschaftlichen Eigenart zu erhalten und zu fördern, dann werden wir nicht bloß auf Berlin und auf die Entscheidungen der Filmoberprüfstelle hier achten, sondern werden
20 unsere Maßstäbe für die Beurteilung auch finden in dem kernigen Volke des Schwarzwaldes, in den sittlichen Maßstäben, die man auf der westfälischen Heide anlegt, und in den Wäldern Schlesiens, ebenso im bayerischen Gebirge. Wir brauchen dringender denn
25 je diesen Rückblick auf die seelische Feinnervigkeit der deutschen Landschaft, um uns Kultureinflüssen hier in Berlin zu erwehren, die unser Volk nicht weiterbringen, sondern in der Volkspflege und in der Volkskultur zurückwerfen.

Peter Longerich (Hg.), Die Erste Republik. Dokumente zur Geschichte des Weimarer Staates, Piper, München 1992, S. 377.

1 a) Informieren Sie sich im Internet über die Bedeutung der Heimatkunst.
Tipp: siehe Webcode unten.

b) Erörtern Sie, warum die Heimatkunst in den 1920er-Jahren besonders propagiert wurde.

2 Vertiefung: Diskutieren Sie ausgehend von M 18 das Verhältnis von Großstadt und Provinz in der Massenkultur der Weimarer Zeit.

Heimatkunst

cornelsen.de/Webcodes
Code: wesuxi

Technisierung

M 19 **Der Historiker Joachim Radkau über die Technisierung am Beispiel des Haushaltes (2008)**

Hugo Münsterberg (1863–1916), der deutsch-amerikanische Industriepsychologe, [...] meinte schon 1912, die „wissenschaftliche Betriebsleitung" würde „vielleicht nirgends so heilsam sein wie in der Küche und den Wirtschaftsräumen", wo sich die Wirkung 5 „millionenfach wiederholen" und „die schließliche Summe an Kraftersparnis und an Gefühlsgewinn eine besonders beträchtliche sein würde". Der Rückgang des Dienstpersonals in vielen bürgerlichen Haushalten nach dem Krieg verstärkte das Interesse 10 an der Technik. Technisierung und Rationalisierung, ja „Verwissenschaftlichung" des Haushalts wurden in den zwanziger Jahren zu einem beliebten Thema, wobei in diesem traditionellen Reich der Frau die Konzepte der Realität noch weiter vorauseilten als in 15 der Industrie. Das hatte seine Gründe; Marie-Elisabeth Lüders kritisierte 1929, der „Begriff der Rationalisierung der Hauswirtschaft" werde „viel zu eng gefasst". „Wirtschaftlichkeit braucht sich nicht immer zahlenmäßig zu äußern, die Entlastung der Hausfrau 20 ist ebenso wichtig." Bei der Küche gab es das amerikanische, beim Badezimmer das englische Vorbild; aber in damaligen deutschen Haushalten stand „Rationalisierung" mehr unter der Devise der Sparsamkeit als der Bequemlichkeit. 25

Technisierung des Haushalts verband sich in den Konzepten jener Zeit vor allem mit Elektrifizierung. Die Elektrizität eröffnete im privaten Bereich erstmals unbegrenzte Technisierungsmöglichkeiten, während bis dahin Mechanisierungspläne, die einen 30 künstlichen Antrieb voraussetzten, mit kollektivistischen Ideen verknüpft und durch diese in ihrer Verbreitung gehemmt waren. Zwischen Gas und Elektrizität entbrannte in den zwanziger Jahren ein Kampf um die deutsche Küche. Dabei war manchen Kom- 35 munen die mit der Elektrifizierung des Kochens verbundene Expansions- und Niedrigpreispolitik zunächst nicht geheuer. Der Berliner Magistrat verbot den Berliner Elektrizitätswerken zeitweise die Werbung für den Elektroherd, und andere Städte folgten 40 diesem Beispiel. [...] Wasserkraftreiche Länder wie die Schweiz und Norwegen wurden „die Schöpfer der elektrischen Küche in Europa". Das heißt nicht, dass die deutsche Küche bis in die erste Hälfte des 20. Jahrhunderts gänzlich unverändert geblieben wäre: 45 Es gab auch eine Vielfalt von Technisierungsmöglichkeiten im Kleinen und auf der Grundlage der Handarbeit. Eine „technische Revolution" im Haushalt

wurde bis in die fünfziger Jahre durch die sparsame
50 Gewohnheit, die vorhandenen Geräte so lange wie
möglich zu gebrauchen, behindert.
Der vielleicht tiefste Einschnitt im Hausfrauenalltag
war die Mechanisierung der „großen Wäsche", der
mühseligsten Arbeit. Aber die Entwicklung einer für
55 die Masse der Haushalte erschwinglichen Waschmaschine, die nicht nur rasant rotierte, sondern auch
sauber und stoffschonend reinigte, ohne dass eine
Nachbearbeitung nötig war, zog sich bemerkenswert
lange hin: ein Vorgang, der in exemplarischer Weise
60 die Probleme offenlegt, die sich ergaben, als sich die
der männlichen Welt verhafteten Techniker einen
weiblichen Erfahrungsbereich anzueignen suchten.
Auch die elektrischen Bügeleisen hatten erhebliche
Kinderkrankheiten zu überwinden; die Gasbügelei-
65 sen waren gesundheitsschädlich.

*Joachim Radkau, Technik in Deutschland. Vom 18. Jahrhundert
bis heute, Campus, Frankfurt/M. 2008, S. 248 f.**

M20 **Werbeplakat für eine Gasküche, um 1928**

1 Erläutern Sie am Beispiel des Haushaltes die „Rationalisierung" und „Technisierung" (M 19).
2 Analysieren Sie auf Basis von M 20, wie für den Einsatz
von Technik im Haushalt geworben wurde.
Tipp: siehe S. 150.

Die 1920er-Jahre in den USA

M21 **Der Historiker Volker Depkat über die Moderne in den USA (2016)**

Die 1920er waren die ersten Jahre einer nunmehr voll
entwickelten Moderne in den USA. Die Urbanisierung erreichte neue Dimensionen; erstmals lebten
nun in etwa genauso viele Amerikaner in der Stadt
wie auf dem Land. Mittelstädte wurden zu Großstäd- 5
ten und Großstädte zu Metropolen, die immer kom-
plexer mit ihrem Umland verflochten waren. Die
funktionale, sozioökonomische und ethnische Aus-
differenzierung des städtischen Raums, also dessen
Aufteilung in Geschäftsbezirke, Industriebezirke und 10
Wohnbezirke [...] schritt voran. [...]
Ein weiterer wesentlicher Aspekt der Modernität der
1920er-Jahre ist der sich vielfältig manifestierende
Hedonismus, also eine ganz im Hier und Jetzt ange-
siedelte Grundhaltung des Strebens nach innerwelt- 15
licher Glückseligkeit um ihrer selbst willen. Parallel
dazu entstanden damals immer neue Vergnügungs-
möglichkeiten. Das Angebot an Konsumgütern
wuchs, und es prägte sich eine Konsumkultur aus, die
den Lebensstandard, Status und Glück über den Be- 20
sitz von Konsumgütern definierte. Gleichzeitig
schritt die Kommerzialisierung der Kultur rasant voran, und die Freizeit- und Unterhaltungsindustrie
kam zur vollen Entfaltung. Hollywood erlebte in der
Zwischenkriegszeit ein goldenes Zeitalter. In den 25
späten 1920er-Jahren kamen die ersten Tonfilme in
die Kinos. Hier markierten *The Jazz Singer* mit Al Jol-
son im Jahr 1927 und der ein Jahr später veröffent-
lichte Gangsterfilm *Lights of New York* Meilensteine
der Filmgeschichte. [...] Neben Film wurde populäre 30
Musik in den 1920er-Jahren zum großen Geschäft,
und Jazz in seinen verschiedenen Varianten zum
letzten Schrei. In Harlem (New York City), Chicago,
St. Louis und anderen Großstädten entstand eine
blühende und sehr einträgliche Clubkultur [...]. Die 35
[...] Schallplattenindustrie verbreitete die Lieder bis
in den letzten Winkel der USA. Darüber hinaus waren die 1920er-Jahre die *Radio Days*; der Rundfunk
wurde zum neuen Massenmedium, das ganz neue
Formen der Unterhaltung ermöglichte. [...] 40
Die aufregende Modernität der 1920er-Jahre wurde
allerdings nicht von allen Amerikanern begrüßt.
Ganz im Gegenteil, in dem Maße, in dem die Gesellschaft diverser, liberaler und hedonistischer wurde,
wuchsen auch die antimodernen Widerstände [...]. 45
Es kam zu regelrechten Kulturkriegen, in deren
Verlauf sich ein wachsender Graben zwischen dem
großstädtischen und dem ländlich-kleinstädtischen
Amerika auftat. Die Prohibition[1], der damals sich

50 formierende christliche Fundamentalismus sowie
der Aufstieg des Ku-Klux-Klans[2] sind überhaupt nur
im Kontext dieser Kontroverse um die Moderne zu
verstehen.

*Volker Depkat, Geschichte der USA, Kohlhammer, Stuttgart 2016,
S. 196 ff.**

1 *Prohibition:* staatliches Verbot von Alkoholherstellung und
Verkauf in den USA von 1920 bis 1933
2 *Ku-Klux-Klan:* rassistischer Geheimbund in den USA, der in
den 1860er-Jahren aktiv war und 1915 als Massenorganisati-
on wieder gegründet wurde. Nach 1945 existierte er in kleine-
ren Gruppen weiter.

1 Beschreiben Sie Aspekte der Moderne der 1920er-
Jahre in den USA.
2 **Vertiefung:** Vergleichen Sie mit Deutschland.
3 Diskutieren Sie, welchen Nutzen ein transnationaler
Vergleich der Kultur der 1920er-Jahre bringen könnte.

Vertiefung: Geschlechterverhältnisse

**M 22   Die Historikerin Ute Frevert über den Typus
der „neuen Frau" (1986)**
Fortschritt und Beharrung, Modernität und Tradition trafen im Typus der „neuen Frau", wie ihn die Weimarer Kulturkritik kreierte, auf besondere Weise zusammen. Schon das äußere Erscheinungsbild junger
5 Frauen nach dem Krieg verführte manchen Zeitgenossen dazu, das „Zeitalter der befreiten Frau" einzu-
läuten. Bubikopf, Zigaretten, saloppe Mode galten als
Markenzeichen der modernen Frau, die den Gleich-
berechtigungsgrundsatz der Weimarer Verfassung
10 ernst nahm und ihren Platz in Beruf und Öffentlichkeit selbstbewusst ausfüllte. Doch nicht bloß in ihrem Äußeren schienen sich Frauen Männern anglei-
chen zu wollen, auch in ihren Lebensplänen
verwischten sich die Grenzen zwischen den Ge-
15 schlechtern. Immer mehr Frauen übten einen Beruf
aus und verdienten eigenes Geld. Die Berufszählung
1925 wies über 1,7 Millionen mehr vollzeiterwerbstä-
tige Frauen aus als 1907, und obwohl die weibliche
Erwerbsquote kaum gestiegen war – von 34,9 % 1907
20 auf 35,6 % 1925 –, setzte sich in der Öffentlichkeit der
Eindruck fest, dass Frauen stärker als vor dem Ersten
Weltkrieg in die „objektive Kultur" einbezogen seien.
[...] In der Tat beschleunigte sich in der Weimarer Republik das, was man als Anpassung des weiblichen
25 Erwerbsprofils an das männliche Standardmodell
kennzeichnen könnte: Frauen arbeiteten seltener in
land- und hauswirtschaftlichen Berufen und übernahmen häufiger Positionen in der Industrie, im
Handwerk und im Dienstleistungssektor. Waren 1907
30 noch zwei Drittel aller erwerbstätigen Frauen in der

Haus- und Landwirtschaft tätig, sank ihr Anteil bis
1925 auf 55 % und lag 1933 bei 51 %. Für diese „traditionellen" Frauen interessierten sich in der Weimarer
Republik weder Medien noch Sozialpolitik. Auch die
Industriearbeiterinnen, die 1925 18,4 % aller weibli- 35
chen Erwerbspersonen stellten, standen nicht im
Rampenlicht der Emanzipationsdebatte, ebenso wenig die kleine Schar studierter Frauen, die als Lehrer-
innen, Ärztinnen oder Juristinnen Zugang zur höheren, männlich exklusiven Berufssphäre gefunden 40
hatten. Heißdiskutierte Prototypen [...] waren vielmehr die jungen Angestellten, die als Kinder der
neuen Zeit gefeiert oder, je nach Weltanschauung,
gescholten wurden. In den Sekretärinnen, Stenotypis-
tinnen und Verkäuferinnen schien die Modernität 45
des Weimarer Systems augenfällig zu werden, und
die zahlenmäßige Entwicklung – 1925 gab es [...] 1,5
Millionen weibliche Angestellte, dreimal mehr als
1907; ihr Anteil an allen erwerbstätigen Frauen stieg
von 5 % auf 12,6 % – rechtfertigte das [...] Interesse an 50
diesem Frauentyp der „neuen Sachlichkeit".

*Ute Frevert, Frauen-Geschichte, suhrkamp, Frankfurt/M. 1986,
S. 171 f.**

**M 23   „Sonja", Gemälde von Christian Schad,
1928**

M24 Die sozialistische Politikerin und Journalistin Anna Geyer (1893–1973) über berufstätige verheiratete Frauen (1930)

Die neben der Berufsarbeit zu leistende Arbeit im Haushalt und die Pflege der Erziehung der Kinder stellt jede außerhäuslich erwerbstätige Frau und ihre Familie vor ganz besondere Schwierigkeit. Die Haus-
5 arbeit muss notgedrungen flüchtiger gemacht werden, was für die Familie oft ein Minus an Ernährung bedeutet. Die Pflege und Beaufsichtigung der Kinder müssen zu einem guten Teil anderen überlassen werden. [...]
10 Die Abwesenheit der Frau während des Tages, die hastige Erledigung der Hausarbeit in den Abendstunden und die in der Regel bestehende Überanstrengung der Frau bedeutet für die Familie immer eine Einbuße an „Gemütlichkeit". [...]
15 Zu dem Umstand, dass die außerhalb des Hauses erwerbstätige Frau während ihrer Berufsarbeit oft andere Ansichten hört als die ihres Mannes und darin ihm gegenüber kritischer wird, tritt die Tatsache, dass mit dem eigenen Einkommen meistens eine
20 Steigerung des Selbstgefühls für die Frau verknüpft ist. Die berühmte weibliche Anpassungsfähigkeit wird bei einer solchen Entwicklung meist etwas zurückgehen. Und es wird umgekehrt seitens des Mannes nicht der immer ganz bequeme Weg der Anpas-
25 sung beschritten werden müssen. In alledem liegt eine gewisse Belastungsprobe für die Ehe und den Familienzusammenhalt.

Jens Flemming/Kalus Saul/Peter-Christian Witt (Hg.), Familienleben im Schatten der Krise. Dokumente und Analysen zur Sozialgeschichte der Weimarer Republik, Droste Verlag, Düsseldorf 1988, S. 138 f.*

M25 Aus einem Artikel von Grete Dittmann in der liberalen Zeitschrift für Politik, Literatur und Kunst „Die Hilfe" (1927)

Einem unserer Freunde wurde das zweite Mädchen geboren. Er konnte aber keinen Funken Freude aufbringen in seiner großen Enttäuschung darüber, dass es kein Junge war. Das war traurig. [...] Aber es half
5 alles nichts, kein freundschaftliches Zureden und kein Ärgerlichwerden über den verstockten Vater. Es war eben ein Mädchen. Und doch war unser Freund kein altmodischer „Herr der Schöpfung", der nur sein eigenes Geschlecht voll anerkannte. Nein, diesem
10 scharf beobachtenden Manne war der Zwiespalt im Schicksal der heutigen Frau so stark aufgegangen, dass er keine Freude mehr an der Zeugung von Menschen hatte, denen ein klarer Lebensweg versagt bleibt oder, wie mancher meint, denen die Zivilisati-

on besonders große Steine und Kreuzwege in die 15 einstige Naturbestimmung geschmuggelt hat. [...]
Wenn es auch gerade kein Elend ist, so hatte er doch damit Recht, dass hier große Schwierigkeiten liegen. Die sind aber immer dort, wo Wandlungen vor sich gehen. Und dass es eine Frauenfrage gibt, bestätigt 20 das Dasein von Wandlungen auf diesem Gebiet. Hoffen wir, dass einst die Antwort auf diese Frage für unsere Enkelinnen eine erklommene Stufe bedeutet, von der aus dem Blick wieder ein Stück Lebensweite mehr sich öffnet, ohne dass die Nachzucht hochwer- 25 tiger Rassen leidet.
Denn der Zwiespalt ist unleugbar vorhanden gegenüber dem Leben unserer Großmütter und dem des Mannes. Vom Zwiespalt wird gewiss kein Mensch verschont, aber hier und heute ist er das Schicksal 30 fast des ganzen weiblichen Geschlechts. Mindestens ist er uns bewusster geworden als in früheren Zeiten. Denn wie viele Frauen und Mädchen, die das geistige Erbteil ihres Vaters einst in sich trugen, innerlich seufzten unter dem aufgezwungenen Hausfrauenda- 35 sein und selbst kaum wussten, was ihnen fehlte, wer will das jetzt wissen!
Heute jedenfalls hat jedes Mädchen schon allein aus wirtschaftlichen Gründen einen Beruf zu ergreifen. Sie wird ihn meist ihrer Veranlagung gemäß wählen, 40 und doch muss sie ihn, wenn er ihr auch noch so lieb geworden ist, fast immer aufgeben, wenn sie heiratet. Das ist ein schweres Problem, dessen Einzelheiten wir hier nicht aufrollen können. Aber viele arbeiten an seiner Lösung, und wir ahnen noch nicht, ob sie 45 immer dem Weibtum oder der geistigen Anlage der Frau zugutekommen wird, oder ob sie gar eine vollständige sein kann.

Zit. nach: Werner Abelshauser/Anselm Faust/Dietmar Petzina (Hg.), Deutsche Sozialgeschichte 1914–1945. Ein historisches Lesebuch, C. H. Beck, München 1985, S. 111 f.*

1 Arbeiten Sie aus M22 die zentralen Thesen heraus und beurteilen Sie diese. Ziehen Sie dafür auch den Darstellungstext S. 81 heran.
2 Analysieren Sie das Frauenbild in M23.
3 Erläutern Sie, welche Probleme Anna Geyer (M24) für berufstätige verheiratete Frauen sieht.
4 Vergleichen Sie die Begründungen für die unterschiedlichen Lebensperspektiven von Mädchen und Jungen, die die Autorin und ihr Freund geben, und bewerten Sie diese (M25).
5 **Zusatzaufgabe:** siehe S. 150.

Anwenden

M1 **Die Historiker Eberhard Kolb und Dirk Schumann über Kultur und Politik (2013)**

Während der zwanziger Jahre veränderte sich [...] die Medienlandschaft in einem vorher nicht gekannten Ausmaß. Das Vordringen neuer Massenmedien wirkte sich auf Bewusstsein und Lebenswirklichkeit brei-
5 ter Bevölkerungsschichten ebenso nachhaltig und unmittelbar aus wie etwa die Tatsache, dass Freizeit und Urlaub allmählich (wenn auch langsam) aufhörten, Privileg einer schmalen Oberschicht zu sein. Auch jener umfassende Wandel in Lebensgefühl und
10 Lebensstil, der bereits um die Jahrhundertwende eingesetzt hatte, wurde nach 1918 massenwirksam: Durchbrechung zahlreicher althergebrachter Tabus, Gefühl des Ungebundenseins, „Lebensreform" im weitesten Sinne, Wandern, Sport, Baden, Entfaltung
15 des „Körpersinns", [...] eine neue Einstellung zum Kind und zum Heranwachsenden, zum anderen Geschlecht, zum Geschlechtlichen überhaupt. Aber was den einen Fortschritt und Erweiterung der individuellen Lebenssphäre war, Ausbruch aus überholten
20 Bindungen und Befreiung von lästigen Fesseln, das betrachteten die anderen als Kulturverfall [...]. [...].
Eine ähnliche Feststellung lässt sich für den Zusammenhang von „Weimarer Kultur" und politischer Entwicklung der Republik treffen. Die Instabilität, für die
25 Weimarer Republik als politische und soziale Ordnung ein Verhängnis, wurde im Bereich von Kunst und Kultur zur Chance; „ein Überfluss an Begabungen wie auch an Konfliktstoffen" ermöglichte, kombiniert mit der politischen Freiheit, ein „unbeschränk-
30 tes Experimentieren" (Walter Laqueur). So kam es zu einer – bis in unsere Tage spürbaren – gewaltigen Eruption von Neuem. Aber zwischen dem künstlerischen Schaffen der Avantgarde und dem Kunstgeschmack und allgemeinen Bewusstsein eines großen
35 Teils der bürgerlichen (und nichtbürgerlichen) Kulturkonsumenten bestand eine kaum überbrückbare Diskrepanz. Die hohen Auflagen von Werken der „Heimatkunst"-Literatur sind ein Indiz dafür, dass hier Probleme, Ängste und Sehnsüchte angespro-
40 chen wurden, die damals viele Menschen beschäftigten und bewegten. Die großartige – und die Nachwelt mit Recht so stark beeindruckende – Entfaltung von Kunst und Kultur in der Weimarer Zeit hat daher der Republik in ihren aktuellen politischen und sozialen
45 Nöten keine Entlastung gebracht oder ihr gar eine höhere „Legitimität" zuwachsen lassen, sondern im Gegenteil [...]. Als herausragendes Charakteristikum der „goldenen zwanziger Jahre" erweist sich bei näherer Betrachtung daher die Gespaltenheit zwischen Wille zur Modernität und Angst vor der Modernität, 50 zwischen Radikalismus und Resignation, zwischen Ausrichtung auf nüchtern-sachliche Rationalität und Hinwendung zu einem tiefen Irrationalismus [...].

*Eberhard Kolb/Dirk Schumann, Die Weimarer Republik, 8. Aufl., Oldenbourg, München 2013, S. 110 f.**

M2 **Zeitschriftenanzeige für „Waldorf Astoria Zigaretten", 1925**

1 Beschreiben Sie mithilfe von M1 die Merkmale des kulturellen Wandels in der Weimarer Republik.
2 Erläutern Sie die Widersprüche, die Licht- und Schattenseiten der Weimarer Kultur.
3 Charakterisieren Sie das Frauenbild der Zigarettenwerbung M2.
4 Nehmen Sie Stellung zu der These von Kolb und Schumann, die „Weimarer Kultur" habe der Republik keine „Entlastung" sowie keine „höhere Legitimität" (Z. 45 f.) gebracht.

Wiederholen

M3 „Am Stadtrand", Gemälde von Hans Grundig, 1926.

Der Maler und Grafiker Hans Grundig (1901–1958) trat 1926 der Kommunistischen Partei bei und gründete 1929 gemeinsam mit seiner Frau, der Malerin Lea Langer, die „Dresdner Assoziation Revolutionärer Künstler Deutschlands". Unter den Nationalsozialisten erhielt er Berufsverbot und wurde im Konzentrationslager Sachsenhausen interniert.

1 Beschreiben Sie die zentralen Aspekte des kulturellen Wandels in der Weimarer Republik, indem Sie für jeden Einzelaspekt einige Stichworte nennen und diese kurz erläutern.

2 Charakterisieren Sie anhand von ausgewählten Beispielen Entstehung und Folgen der Massenkultur in der Weimarer Republik.

3 Interpretieren Sie das Gemälde von Hans Grundig (M 3).
   a) Ordnen Sie es begründet einer der neuen Stilrichtungen der Weimarer Republik zu.
   b) Formulieren Sie eine Kernaussage. Beziehen Sie dabei die biografischen Angaben der Bildunterschrift mit ein.

4 **Wahlaufgabe:** Bearbeiten Sie entweder Aufgabe a) oder b).
   a) Erläutern Sie die Funktion des Sports zwischen Arbeit und Freizeit in der modernen Massenkultur.
   b) Analysieren Sie Möglichkeiten und Grenzen der modernen Massenmedien, die gesamte Bevölkerung mit den neuesten Nachrichten zu versorgen und zu unterhalten.

5 1929 bezeichnete der Nationalökonom Alphonse Goldschmidt die Metropole Berlin als einen „uferlosen Kolossalkonsumenten"; sie lebe von der Arbeit der anderen produktiven Regionen, dehne sich unwiderstehlich aus und werde dabei immer lebensfeindlicher. Diskutieren Sie diese These.

6 **Vertiefung:** Erläutern und diskutieren Sie die These, dass die Zugehörigkeit zu einem bestimmten Geschlecht entscheidend ist für die Verteilung von Lebenschancen. Konzentrieren Sie sich dabei auf die Weimarer Zeit.

Zentrale Begriffe

Expressionismus
Geschlechterverhältnisse
„Goldene Zwanziger"
Großstadt
kulturelle Modernisierung
Massenkultur
Medien
„Neue Sachlichkeit"
Technisierung
Heimathunst

goldene 20er
[?] 1923 Krisenjahr
mit einbeziehen

Formulierungshilfen

Im Vordergrund des Bildes sieht man …
Im Hintergrund ist/sind … dargestellt.
Insgesamt handelt es sich um eine Szene …
Es sind folgende Symbole zu sehen: …
Die Farben sind … gehalten.
Die Gestaltung der Personen ist …
Das Bild kann aufgrund der … Farbgebung und der … Gestaltung der Personen der Stilrichtung … zugeordnet werden.
Der Maler möchte mit seinem Bild … ausdrücken.
Er betont …
Auf diese Weise kritisiert er …

6

Politische Radikalisierung und Scheitern der Demokratie 1929 bis 1933

M 1 Fotocollage „Der Reichstag wird eingesargt" von John Heartfield (1891–1968) von 1932.

Die Bildunterschrift lautet: „Wenn das Parlament es wagen sollte, sich dem Reichspräsidenten zu widersagen, muss ohne Zögern und Schwanken der Reichstag abermals aufgelöst, das parlamentarische System endgültig liquidiert werden. DAZ (Deutsche Allgemeine Zeitung)"

1929 | Kurssturz an der New Yorker Börse – Beginn der Weltwirtschaftskrise (Ende Oktober), Scheitern Volksbegehren gegen den Young-Plan (22.12.)

1930 | Rücktritt des Kabinetts Hermann Müller (27.3.), Ernennung Heinrich Brünings zum Reichskanzler (29.3.), Bildung des ersten Präsidialkabinetts, starke Stimmengewinne der NSDAP bei Reichstagswahlen (14.9.)

1931 | Zweites Kabinett Brüning (9.10.)

1930

Ende der 1920er-Jahre spitzte sich die wirtschaftliche und die politische Lage in Deutschland erneut zu. Die Weltwirtschaftskrise nach dem Börsencrash in New York vom Oktober 1929 traf die deutsche Wirtschaft hart. Steigende Arbeitslosenzahlen und wachsende Staatsverschuldung setzten die Regierung unter Druck. Die letzte Regierung
5   mit einer eigenen Mehrheit im Reichstag, eine Große Koalition aus SPD, DDP, Zentrum, DVP und BVP, scheiterte im März 1930. Die Zeit der „Präsidialkabinette", die ihre Gesetze mithilfe der besonderen Vollmachten des Reichspräsidenten (Artikel 48) durchbrachten, begann. Bei den Reichstagswahlen 1932 gewannen die antidemokratischen Parteien – NSDAP, DNVP und KPD – nahezu 58 Prozent der Stimmen. KPD und NSDAP
10 hatten sich immer stärker radikalisiert. Die Basis dafür bildete auch die Weltwirtschaftskrise, die sowohl von den linksextremen als auch den rechtsextremen Kräften zur zum Teil gewaltsamen Agitation genutzt wurde. Politische Krise und Wirtschaftskrise griffen ineinander, radikalisierten die politischen Einstellungen und führten zu einer schrittweisen Delegitimierung der Demokratie. Eine zentrale Rolle spielte Reichspräsident Hin-
15 denburg, der zwar die politische Handlungsfähigkeit wiederherstellen wollte, aber letztlich das demokratische durch ein autoritäres System ersetzen wollte. Im Januar 1933 ernannte er Adolf Hitler zum Reichskanzler. Die nationalkonservativen Koalitionspartner der Nationalsozialisten wie auch Hindenburg selbst glaubten, dass sie Hitler und seine Parteifreunde „zähmen" könnten. Das gelang nicht, vielmehr errichtete die NS-
20 Führung in Deutschland eine Diktatur und gestaltete Politik und Wirtschaft, Gesellschaft und Kultur nach ihren Vorstellungen um.

(handschriftliche Randnotizen:) Notstandsparagraph

Präsidialkabinett.

1 Interpretieren Sie die Fotocollage von John Heartfield (M 1):
   a) Ordnen Sie das Bild mithilfe der Einleitung in den historischen Kontext ein. Recherchieren Sie gegebenenfalls zusätzliche Informationen.
   b) Bestimmen Sie die Bildelemente und formulieren Sie die Kernaussage.
2 **Gruppenarbeit/Placemat:** Bilden Sie Vierergruppen und gestalten Sie ein Placemat zu einem der folgenden Themen:
   a) politische Radikalisierung,
   b) Präsidialkabinette,
   c) Scheitern der Demokratie.
   Tipp: Zur Gestaltung eines Placemats siehe S. 159.
3 Diskutieren Sie am Beispiel der letzten Jahre der Weimarer Republik erste Thesen zur Gefährdung liberaler Demokratien, ihrer Schwächen und Stärken im Hinblick auf die gegenwärtige Situation demokratischer Ordnungen.
4 **Zusatzaufgabe:** siehe S. 150.

1932	Februar: 6,128 Mio. Arbeitslose in Deutschland (Höchststand),
	Wiederwahl Hindenburgs zum Reichspräsidenten (10.4.),
	Entlassung des Kabinetts Brüning, Bildung Kabinett der „nationalen
	Konzentration" unter Franz von Papen (30.5.),
	Auflösung des Reichstages (4.6.),
	Reichstagswahlen: NSDAP stärkste Partei (31.7.),
	Misstrauensvotum für Kabinett Papen (12.9.),
	Auflösung des Reichstags,
	Reichstagswahlen: trotz Verlusten bleibt NSDAP stärkste Partei (6.11.),
	Präsidialkabinett Kurt von Schleicher (2.12.)
1933	Hindenburg entzieht Kurt von Schleicher Vertrauen (28.1.),
	Ernennung Hitlers zum Reichskanzler an der Spitze eines
	Präsidialkabinetts (30.1.)

6   Politische Radikalisierung und Scheitern der Demokratie 1929 bis 1933

> **In diesem Kapitel geht es um**
> – die Auswirkungen der Weltwirtschaftskrise auf die Weimarer Republik,
> – die politischen und gesellschaftlichen Reaktionen im Umgang mit der Krise sowie
> – die Zerstörung der Demokratie in Deutschland.

Die Weltwirtschaftskrise und ihre Folgen für Europa

Deflation
Der Begriff bezeichnet einen Prozess stetiger Preissenkungen in einer Volkswirtschaft. Verursacht wird Deflation, wenn die Nachfrage geringer ist als das Angebot. Sie kann infolge einer übermäßigen Verringerung der Geldmenge entstehen (z. B. durch Kapitalabflüsse ins Ausland) und eine Wirtschaftskrise auslösen oder vertiefen. Unternehmen halten Investitionen zurück, Gewinnerwartungen sinken, die Produktion lässt nach. Einkommensverluste der Arbeiter und Angestellten senken die Konsumneigung, Arbeitslosigkeit wird zu einem bedeutenden Lebensrisiko. Die Steuereinnahmen des Staates sinken, die Sozialausgaben steigen.

▶ **M 5–M 9: Auswirkungen der Weltwirtschaftskrise**

Maßnahmen der Regierung Brüning zur Bekämpfung der Wirtschaftskrise
– Kürzung der Staatsausgaben
– Erhöhung direkter Steuern (Lohn-, Einkommens-, Umsatzsteuer)
– Erhöhung indirekter Steuern (Verbrauchssteuern z. B. auf Zucker, Tabak, Bier)
– „Notopfer" (Sonderabgabe) für Beamte und Angestellte
– Abbau von Sozialleistungen
– Kürzung der Gehälter im öffentlichen Dienst (mit Ausnahme der Reichswehr)
– Ledigensteuer
→ „Austeritätspolitik" (strenge Sparkeitspolitik)

▶ **M 8, M 9: Einschätzungen zum Umgang mit der Wirtschaftskrise**

Der Crash der New Yorker Börse an der Wall Street in den letzten Oktobertagen 1929 löste eine Wirtschaftskrise aus, die bis in die 1930er-Jahre hinein weltweit gravierende Folgen hatte. Sie verlief regional unterschiedlich, Deutschland war neben den USA mit am stärksten von **Deflation*** und Niedergang betroffen. Die **Ursachen für die deutsche Krisenanfälligkeit** sind verbunden mit Entwicklungen in den 1920er-Jahren: Deutschlands Industrie blieb auch nach dem Ersten Weltkrieg **exportorientiert** und war deshalb eng verbunden mit der Weltwirtschaft. Die fortschreitende technische Entwicklung verschärfte die Konkurrenzsituation auf den Weltmärkten. Etwa ein Drittel der Beschäftigten in Deutschland arbeitete nach wie vor in der **Landwirtschaft**. Durch Verbesserung der Anbaumethoden und das steigende Angebot fielen die Preise. Landwirte mussten sich verschulden, um sinkende Preise aufzufangen und dennoch Investitionen zu tätigen. Die Pariser Vorortverträge, darunter der Versailler Vertrag, hatten ein **„Schuldenkarussell"** geschaffen, in dem die europäischen Alliierten (Großbritannien, Frankreich) ihre Kriegsschulden bei den USA mit den Reparationszahlungen aus Deutschland tilgten. Deutschland wiederum erhielt im Zuge der wirtschaftlichen Erholung umfangreiche Kredite und Investitionen aus den USA.

Die Weltwirtschaftskrise nahm ihren Anfang in den USA. Sie folgte auf das Wachstum der 1920er-Jahre („Roaring Twenties"), das in den USA zur Bildung einer **Spekulationsblase** an den Aktienmärkten geführt hatte: Im Glauben an einen dauerhaften Boom wurden Wertpapiere zu überhöhten Preisen gehandelt und häufig mit Krediten finanziert. Im Oktober 1929 entluden sich Vorahnungen über Kursverluste in panikartigen Verkäufen. Die Kurse fielen ins Bodenlose, hoch dotierte Aktien wurden im Handel wertlos, sowohl Banken als auch Privatanleger waren nicht mehr zahlungsfähig. Im Anschluss entwickelte sich die Finanzkrise zur **Wirtschaftskrise**:

– Etwa **ein Drittel der amerikanischen Banken brach zusammen**, deren Kredite und Investitionen fielen aus. Die übrigen stellten die Kreditvergabe teilweise ein und zogen Auslandsinvestitionen (besonders aus Deutschland) zurück.
– Das fehlende Kapital führte dazu, dass sich **Handel und Produktion deutlich abschwächten** oder phasenweise zusammenbrachen, allerdings regional unterschiedlich. So halbierte sich in den USA die Industrieproduktion zwischen 1929 und 1932 nahezu, während beispielsweise in Großbritannien die Einbußen gering blieben.
– Der wirtschaftliche Niedergang hatte katastrophale Auswirkungen auf die **Beschäftigungslage**. Millionen Menschen verloren ihre Anstellung und damit ihre wirtschaftliche Grundlage. Alle anderen hatten gravierende Lohnkürzungen hinzunehmen.
– Die sinkende wirtschaftliche Leistung und die steigenden Sozialausgaben **belasteten die Staatshaushalte** und zwangen die Regierungen zum Handeln. Dabei gingen die Länder unterschiedliche Wege. In Deutschland verfolgte Reichskanzler Heinrich Brüning (Zentrumspartei) vor allem ehrgeizige Sparziele*, auch um eine Wiederholung der Inflation von 1923 um jeden Preis zu verhindern.

Von der Wirtschafts- zur Staatskrise in Deutschland

Die sinkende Wirtschaftsleistung, die steigenden Arbeitslosenzahlen und die wachsende Staatsverschuldung übten stetig wachsenden **Druck auf die seit 1928 regierende „Große Koalition"** (SPD, DDP, Zentrum, DVP, BVP) aus. Außerdem bildete der ab Sommer 1929 verhandelte **„Young-Plan"*** für rechtsextreme Kreise den Anlass, die Re-
5 gierung unter Reichskanzler Hermann Müller (SPD) heftig zu attackieren. Ein Volksbegehren gegen den Young-Plan scheiterte zwar deutlich. Antidemokratische, rechtsnationale und antisemitische Propaganda fand gleichwohl zunehmend öffentliche Aufmerksamkeit und wurde befeuert z. B. durch den Pressekonzern des DNVP-Vorsitzenden Alfred Hugenberg, der auch immer wieder Kontakte zu „Stahlhelm-Bund"* und
10 NSDAP knüpfte. Politische Auseinandersetzungen verliefen immer schärfer und unerbittlicher. Schlägertrupps der Parteien lieferten sich Saal- und Straßenschlachten.
Die Fraktionen des Reichstags waren unterdessen zu parlamentarischer Mehrheitsbildung nicht mehr in der Lage, weil sie keine Kompromisse mehr eingingen und sich gegenseitig hemmten. Begünstigt durch diese Konstellation und angetrieben durch seine
15 eigenen Überzeugungen von Staat und Gesellschaft entwickelte in dieser Phase Reichspräsident Hindenburg maßgeblichen Einfluss auf das politische System. Die Große Koalition zerbrach und damit die letzte Regierung der Republik, die demokratisch legitimiert war. Differenzen hatten sich lange entwickelt, nun gelang keine Einigung über die Erhöhung der Beiträge zur Arbeitslosenversicherung.
20 Zur wichtigen Weichenstellung wurde die **Berufung von Heinrich Brüning (Zentrumspartei) zum Reichskanzler** einer Regierung ohne festgelegte parlamentarische Mehrheit und unter Ausschluss der SPD, die zu der Zeit mit fast 30 Prozent der Stimmen die stärkste Fraktion im Reichstag bildete. Die Durchsetzung ihrer Gesetzesvorschläge, so lauteten die Verabredungen der Brüning-Regierung, sollte auch mithilfe der präsidialen
25 Vollmachten erfolgen. Hinter diesem Schritt stand vor allem Reichspräsident Hindenburg, der die Vereinigung der rechtsnationalen Kräfte hinter dieser Regierung wollte. Er sicherte zu, Artikel 48 der Reichsverfassung in Anwendung zu bringen, wenn keine Mehrheit im Reichstag zu beschaffen war. Das geschah zum ersten Mal im Juli 1930, als Brünings Gesetzesvorschlag zur Bekämpfung der Wirtschaftskrise, der vor allem Spar-
30 maßnahmen, Ausgabenkürzungen und Steuererhöhungen umfasste, im Reichstag abgelehnt wurde. Mit der **Auflösung des Reichstags** und der Durchsetzung dieses Maßnahmenpakets durch eine illegitime präsidiale Notverordnung war das erste „Präsidialkabinett" installiert und eine neue Verfassungswirklichkeit geschaffen.

M2 Arbeitslose in Berlin beim Studium von Stellenanzeigen, Fotografie, um 1930

Young-Plan
Im Juni 1929 legte ein alliierter Ausschuss unter Führung des amerikanischen Industriellen Owen Young neue Vereinbarungen zu den deutschen Reparationszahlungen vor. Sie sahen eine Reduktion der Schuldenlast und jährliche Zahlungen bis 1988 vor. Die alliierte Kontrolle über Reichsbahn, Reichsbank und das Rheinland wurde aufgegeben. Das Ergebnis war ein Erfolg, bei DNVP und NSDAP löste es jedoch Empörung über die lange Laufzeit aus.

M1 Plakat von NSDAP/DNVP zum Volksbegehren gegen den Young-Plan, 1929

▶ M 12–M 16: Wahlkampf und politische Kultur 1932

„Stahlhelm, Bund der Frontsoldaten"
Franz Seldte gründete im Dezember 1918 die Organisation, in der sich Kriegsteilnehmer des Ersten Weltkriegs und Republikfeinde versammelten. Hindenburg war Ehrenmitglied. Der „Stahlhelm" war der paramilitärische Arm der DNVP und verstand sich auch als militärische Reserve, da der Versailler Vertrag die Größe der Reichswehr eng begrenzt hatte. Der „Stahlhelm" unterstützte antidemokratische, antisemitische und militaristische Propaganda. Nach 1933 wurde die Organisation „gleichgeschaltet" und löste sich schließlich auf.

▶ M 10, M 11: Urteile zur Einrichtung der Präsidialkabinette

M 3 Funktionsmechanismus der Präsidialkabinette 1930–1933

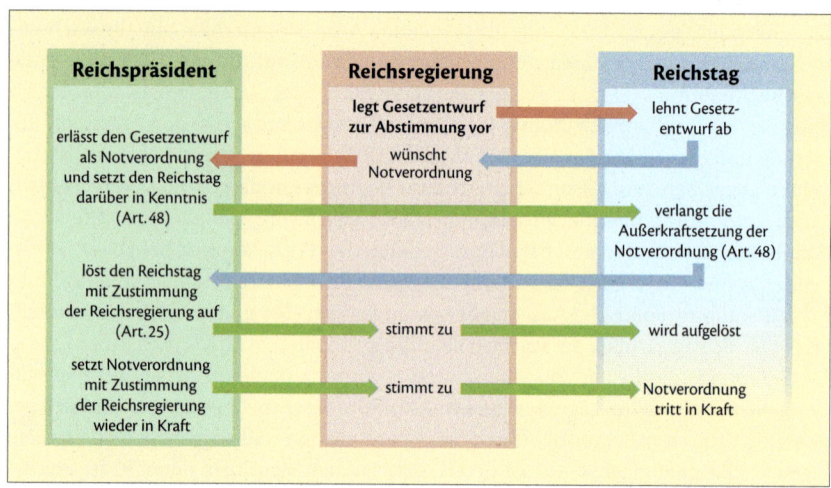

Der Aufstieg der Nationalsozialisten

Regierungen der Weimarer Republik 1924 bis 1933

Amtszeit	Reichskanzler	Koalition
1924	Wilhelm Marx (Zentrumspartei)	Z, DVP, DDP, BVP
1925	Hans Luther (parteilos)	DNVP, Z, DVP, BVP DDP
1926	Hans Luther (parteilos)	Z, DDP, DVP, BVP
1926	Wilhelm Marx (Zentrumspartei)	Z, DDP, DVP, BVP
1927–1928	Wilhelm Marx (Zentrumspartei)	DNVP, Z, DVP, BVP, DDP
1928–1930	Hermann Müller (SPD) Große Koalition	SPD, DVP, DDP, BVP, Z
1930–1931	Heinrich Brüning (Zentrumspartei)	ohne Mehrheit
1931–1932	Heinrich Brüning (Zentrumspartei)	ohne Mehrheit
1932	Franz v. Papen (parteilos)	ohne Mehrheit
1932–1933	Kurt v. Schleicher (parteilos)	ohne Mehrheit
ab 1933	Adolf Hitler (NSDAP)	ohne Mehrheit

▶ M 17: Strategie der NSDAP

Auf die Auflösung des Reichstags im Juli 1930 durch Reichspräsident Hindenburg folgte die Neuwahl im September 1930. Die Wahlbeteiligung lag bei 82 Prozent und war damit höher als 1928. Wahlerfolge erzielten vor allem radikale Parteien: KPD und NSDAP. „Zertrümmert ist die Mitte", konstatierte die „Vossische Zeitung" am Tag nach der Wahl und verwies damit ernüchtert vor allem auf den enormen Stimmenzuwachs der NSDAP   5 (+15,5 Prozent) zulasten der bürgerlich-republikanischen Parteien. Dieses Ergebnis erschien als vorläufiger Tiefpunkt für die demokratische Kultur der Republik und zugleich als Höhepunkt eines jahrelangen Aufstieges der NSDAP, der aber keineswegs linear verlaufen war und nicht zwangsläufig auf die Machtübernahme 1933 zusteuerte.

Die NSDAP gewann vor allem ab 1929 größere öffentliche Aufmerksamkeit, indem sie   10 im Rahmen eines **Volksbegehrens gegen den Young-Plan** mit der DNVP kooperierte. Das Anliegen scheiterte zwar, propagandistisch hatte die NSDAP jedoch nachhaltig auf sich aufmerksam machen können. 1930 ermöglichten dann zwei maßgebliche Faktoren den Wandel der NSDAP **von der Randerscheinung zur Sammlungsbewegung**: Überall wurde die Lage in der zweiten Jahreshälfte 1930 als existenzielle Krise wahrgenommen   15 – wirtschaftlich und politisch. Den etablierten Parteien wurden wirksame Maßnahmen gegen die gesellschaftliche Erosion nicht mehr zugetraut, weshalb sich die NSDAP und Adolf Hitler in dieser Atmosphäre zunehmend als Hoffnungsträger profilieren konnten. Andererseits verfügte die NSDAP seit 1925 (nach dem missglückten Putschversuch und Hitlers Gefängnisaufenthalt) über eine neue Parteistruktur, die auf Massenmobilisie-   20 rung ausgerichtet war. Sie war auch in dieser Hinsicht „anschlussfähig". Die Konstellation zwischen weitreichendem Wählerfrust und parteipolitischer Aufnahmefähigkeit machte die NSDAP ab 1930 zum wichtigsten **Auffangbecken** für alle, die in der krisenhaften Gegenwart enttäuscht, wütend, verbittert und radikalisiert waren. Das waren vor allem Menschen aus (häufig ehemals) mittleren Einkommensschichten. In beson-   25 derem Maße zog die NSDAP dabei junge Menschen an: 1930 waren fast 70 Prozent der Mitglieder jünger als 40 Jahre.

Bis 1932 betrieb die NSDAP eine **radikale Oppositionspolitik**, indem sie gegen sämtliche Notverordnungen der Regierung Brüning stimmte, sich jeder Kooperation im Parlament verweigerte, ihre **paramilitärischen Verbände SA** (Sturmabteilung) und **SS**   30 (Schutzstaffel) vergrößerte und den Sturz der Regierung betrieb. Der Zulauf der Wähler hielt vorerst an, auch weil sich die wirtschaftliche Krise 1931 erneut verschärfte. Gleichwohl gelang es der NSDAP zunächst nicht, aus eigener Kraft Regierungsverantwortung an sich zu reißen und damit die Umgestaltung der verhassten Republik einzuleiten.

Die Zerstörung der Demokratie 1932

Obwohl die parlamentarische Opposition im Reichstag über eine Mehrheit verfügte, konnte die Brüning-Regierung ab 1930 ihre Notverordnungen durchsetzen, weil die SPD das Regierungshandeln aus Furcht vor Stimmenverlusten bei der nächsten Wahl tolerierte. Auf dieser Grundlage und mit dem Vertrauen des Reichspräsidenten regierte
5 Brüning bis Anfang 1932. Dann begann die Schlussphase, in der die Demokratie sukzessive zerstört wurde. Hindenburg verlor dabei nie sein Ziel aus den Augen, die „Zersplitterung Deutschlands" durch eine nationalkonservative Mehrheitsregierung zu überwinden. Dieses Vorhaben wurde stark beeinflusst durch den Aufstieg der NSDAP. Hindenburgs schärfster Widersacher bei seiner **Wiederwahl zum Reichspräsidenten**
10 **im April 1932** war Adolf Hitler. Das führte zu Wahlaufrufen für Hindenburg ausgerechnet von Seiten der SPD und der Gewerkschaften, was Hindenburg als persönliche Niederlage empfand. Er legte auch Brüning zur Last, dass sich die rechtsnationalen Kräfte hinter Hitler und nicht hinter ihm versammelt hatten. Als Brüning Garantien für weitere Notverordnungen vom Reichspräsidenten einforderte, verweigerte sich Hindenburg
15 und entließ ihn kurz nach der Wahl. Neuer Reichskanzler wurde Franz von Papen, ein Zentrumspolitiker, der vor allem Adlige als Minister in sein **„Kabinett der Barone"** berief. Der Reichstag wurde aufgelöst mit dem Ziel, die NSDAP nach der Neuwahl einzubinden, ihre Stärke für die Zwecke der Reichsregierung zu nutzen und damit zu „zähmen". Auch Hindenburg schloss sich diesem Vorgehen an.
20 Die **Reichstagswahl im Juli 1932** endete mit einem Triumph für die NSDAP – und dennoch bedeuteten 37,3 Prozent der Stimmen nicht die absolute Mehrheit. Eine Diktatur war für die NSDAP auf dieser Grundlage nicht zu verwirklichen und auch Hindenburg stellte sich gegen ihren alleinigen Machtanspruch. Gleichzeitig erkannte der Reichspräsident einen „Wert" in der Hitlerbewegung als dynamische Kraft für die Realisierung ei-
25 ner „Volksgemeinschaft". So zeigte sich in dieser Konstellation das widersprüchliche Verhältnis von Hindenburg zur NSDAP. Hitler und seine Partei widersetzten sich dabei ohnehin einer Einbindung in die bestehende Regierung Papen und beharrten auf ihren diktatorischen Vorstellungen. Der Regierung wurde mit den Stimmen von NSDAP und Zentrum das Misstrauen ausgesprochen, woraufhin Hindenburg den frisch gewählten
30 Reichstag am 12. September wieder auflöste. Neuwahlen wurden erst nach langem Zögern angesetzt.
Im **November 1932** sorgte das NSDAP-Ergebnis bei der Neuwahl (33,1 Prozent) parteiintern für große Enttäuschung. Auch Hitlers Position war nach den Stimmenverlusten nicht unangefochten. Kurt von Schleicher, ehemaliger Reichswehrminister und inzwi-
35 schen zum Reichskanzler ernannt, versuchte erneut, die geschwächte NSDAP in eine politische „Querfront" (Gewerkschaften, Rechtsnationale, Teile der NSDAP) einzubinden. Hitler beharrte jedoch auf seinem Kurs: „alles oder nichts". In dieser Phase ging Franz von Papen erneut auf Hitler zu. Am Ende wochenlanger Verhandlungen, die Hindenburg förderte, stand im Januar 1933 eine **Verständigung zwischen NSDAP und**
40 **DNVP**, die unter Adolf Hitler als Reichskanzler den Kern der Regierung bildeten. Hindenburg sah in diesem Kabinett sein politisches Grundanliegen verwirklicht: die Zusammenarbeit der Rechten mit dem Ziel, das deutsche Volk als Nation „zusammenzuführen". In der Gewissheit, einer Entwicklung in diese Richtung näher gekommen zu sein, folgte am 30. Januar 1933 die **Ernennung von Adolf Hitler zum Reichskanzler**.

1 Erläutern Sie in einer nach den Dimensionen „Politik" und „Wirtschaft" gegliederten Gegenüberstellung die Wechselwirkungen dieser Ereignisse und Maßnahmen.
2 Nennen Sie Zustände und Entwicklungen, die die Machtübernahme der NSDAP 1933 begünstigten bzw. ermöglichten.
   Tipp: Berücksichtigen Sie auch die Zusammensetzung und Amtszeit der Regierungen (s. S. 96).

M 4 Kurt von Schleicher (1882–1934, links) und Franz von Papen (1879–1969, rechts) auf dem „Reichsfrontsoldatentag" des „Stahlhelm"-Bundes, September 1932

Franz von Papen (1879–1969)
Nach seiner militärischen Laufbahn während des Ersten Weltkrieges begann Franz von Papen als Mitglied der Zentrumspartei eine politische Karriere. Seine Unterstützung für Paul von Hindenburg brachte ihn in Konflikt mit seiner Partei. 1932 wurde er als Reichskanzler Nachfolger von Heinrich Brüning, ebenfalls Zentrum, und musste seine Partei daraufhin verlassen. Franz von Papen betrieb ausdauernd die Annäherung der Konservativen um Hindenburg an die NSDAP, was in die Ernennung Hitlers zum Reichskanzler mündete.

Kurt von Schleicher (1882–1934)
In den 1920er-Jahren war der Offizier vor allem im Reichswehrministerium tätig. Er erlangte in verschiedenen Funktionen beträchtliches politisches Gewicht, das er auch bei der Ernennung von Franz von Papen zum Reichskanzler bei Hindenburg geltend machte. Seine eigene Amtszeit als Reichskanzler dauerte nur wenige Wochen und war aus der Not geboren. Da sich die NSDAP nicht unterordnen wollte und von Papen andere Lösungen suchte, musste er im Januar 1933 zurücktreten. Im Zuge des vorgeblichen „Röhm-Putsches" wurde von Schleicher 1934 durch die SS ermordet.

▶ M 17–M 20: Hintergründe der Machtübernahme durch die NSDAP

Hinweise zur Arbeit mit den Materialien

Der Materialteil setzt vier Schwerpunkte: Statistiken veranschaulichen die Auswirkungen der Wirtschafts-krise (M 5–M 7), das Handeln der Regierung Brüning reflektieren die zeitgenössischen Texte M 8 und M 9. Das erste Präsidialkabinett als Wendepunkt beleuch-ten M 10 und M 11. Den Abschluss bilden Materialien (Wahlplakate, zeitgenössische Texte und eine Karikatur) zur Zerstörung der Demokratie im Jahr 1932 (M 13–M 20). Geschichte kontrovers bietet eine Zusammenstellung verschiedener Historikeranalysen und ermöglicht einen ersten Zugriff auf die Frage, warum die Republik scheiterte (M 21–M 23).

Zur Vernetzung mit dem Kernmodul

Anhand der Materialien zur Weltwirtschaftskrise kann ein Erkenntnisgewinn durch die Perspektive der transnationalen Geschichtsschreibung (Kernmodul M 9, M 10) konzeptionell diskutiert werden. Das Scheitern der Weimarer Republik sowie eine Diskussi-on der verantwortlichen Faktoren spielen auch eine zentrale Rolle bei der deutschen Sonderwegsthese. Ein Bezug zu M 4 bis M 8 des Kernmoduls ist insgesamt möglich.

Weltwirtschaftskrise in Deutschland

M 5 **Index der Industrieproduktion (1925–1929 = 100)**

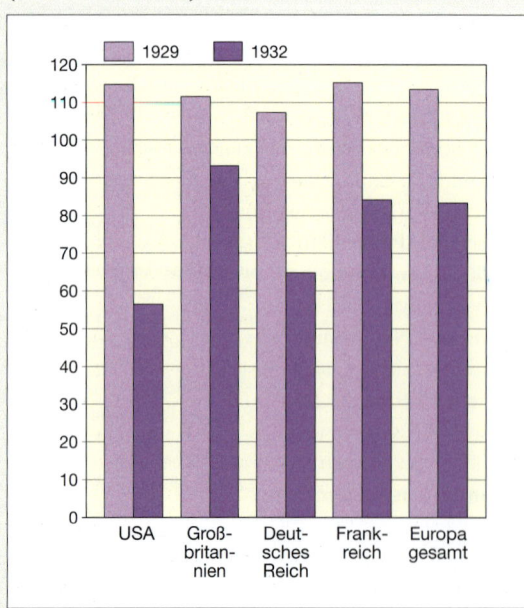

M 6 **Die Entwicklung der Arbeitslosigkeit in Deutschland 1929–1933 (in Millionen, gerundet)**

Die offiziellen Statistiken erfassten langfristig Erwerbs-lose oder Personen ohne festen Wohnsitz nicht. Auch waren viele Arbeitnehmer von Lohnsenkungen betrof-fen, die ihre Existenz trotz einer Anstellung gefährde-ten. In Wirklichkeit war wohl jede deutsche Familie direkt oder indirekt von Auswirkungen der Weltwirt-schaftskrise betroffen.

	Beschäftigte	Arbeitslose
April 1929	18,4	1,7
Oktober 1929	18,4	1,5
April 1930	16,9	2,8
Oktober 1930	16,3	3,2
April 1931	14,9	4,4
Oktober 1931	14,0	4,6
April 1932	12,6	5,8
Oktober 1932	13,2	5,1
Januar 1933	11,7	6,0
April 1933	13,0	5,3

Konjunkturstatistisches Handbuch 1936; zit. nach: Eberhard Kolb/Dirk Schumann, Die Weimarer Republik, Oldenbourg, München 2013, S. 125.

M 7 **Wöchentliche Ausgaben einer siebenköpfi-gen Familie in Berlin (in Reichsmark), 1932.**

Die Zahlen basieren auf einem Bericht von 1932 über eine Arbeitslosenfamilie, die 15,85 Reichsmark Unter-stützung in der Woche erhielt.

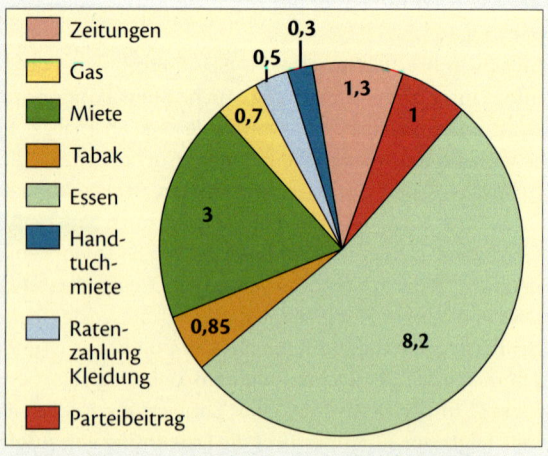

Zahlen nach: Werner Abelshauser, Anselm Faust, Dietmar Petzina (Hg.), Deutsche Sozialgeschichte 1914–1945. Ein historisches Lesebuch, C. H. Beck, München 1985, S. 334 f.

1 Gestalten Sie ein Begriffsnetz zu den Auswirkungen der Krise ab 1929 in Deutschland und Europa.
2 **Wahlaufgabe:** Analysieren Sie M 6 oder M 7.

M 8 Reichskanzler Heinrich Brüning in einer Rede vor dem Reichsparteiausschuss des „Zentrums" (5. November 1931)

Ich werde mich bis zum Letzten dagegen wehren, irgendeine inflatorische Maßnahme irgendeiner Art zu treffen, und zwar nicht nur aus Gerechtigkeit, nicht nur zum Schutze der Schwachen, sondern weil
5 ich der Ansicht bin, dass die ehrliche Bilanz in der deutschen Wirtschaft trotz aller Bitternisse wiederhergestellt werden muss und dass jeder Versuch und jedes Verlangen nach inflatorischen Maßnahmen letzten Endes nur noch den Zweck haben kann, die-
10 sen Prozess der klaren Bilanz der gesamten deutschen Wirtschaft zuschanden zu machen und wiederum einen Schleier über die Fehler der Vergangenheit zu ziehen.
Erfolge in der Außenpolitik sind umso eher zu errei-
15 chen, wenn wir die Bilanz der deutschen Finanzen und der deutschen Wirtschaft klar und ehrlich jedermann in der Welt zur Einsicht vorlegen. Das ist die stärkste und durchschlagendste Waffe, die die Reichsregierung haben konnte, und diese Waffe zu
20 schmieden war die Aufgabe des ersten Jahres der Tätigkeit dieser Reichsregierung. Das hat dazu geführt, dass die Frage der Reparationen durch die Öffentlichkeit in der ganzen Welt ohne Ausnahme völlig anders beurteilt wird als in früheren Jahren.

Wolfgang Michalka/Gottfried Niedhart (Hg.), Die ungeliebte Republik. Dokumente zur Innen- und Außenpolitik Weimars 1918–1933, dtv, München 1980, S. 307 f.

M 9 Bericht der Bank für Internationalen Zahlungsausgleich über die wirtschaftliche Situation Deutschlands (23. Dezember 1931)

Um so weit wie möglich seine Stellung gegenüber dem Ausland zu schützen – den Reichsmarkkurs und den Ausfuhrmarkt –, hat Deutschland eine zielbewusste Politik einschneidender und starker Senkung
5 des Lohn- und Preisniveaus getrieben. [...] Durch die allmähliche Schrumpfung der Tätigkeit in Industrie und Handel ist die Erwerbslosigkeit, die bereits vor der Krise hoch war, weiter gestiegen. [...] Deutschlands Bedarf an Kapital zur Ausfüllung der durch den
10 Krieg, die Nachkriegserscheinungen und die Inflation entstandenen Lücken war sehr groß. Tatsächlich stand dem Einströmen von Kapital, das unmittelbar nach der Marktstabilisierung einsetzte [...], ein teilweiser Abfluss durch die Reparationszahlungen [...]
15 gegenüber. [...] Dass aber ein so großer Teil seines Kapitals in fremden Händen ist, macht Deutschland besonders empfindlich für finanzielle Störungen, namentlich soweit dieses Kapital mit kurzer Kündigungsfrist zurückgezogen werden kann. [...] Unter

diesen Umständen erheischt das deutsche Problem, 20 das in weitem Maße die Ursache für die steigende finanzielle Lähmung der Welt ist, ein gemeinsames Handeln, das nur von den Regierungen ausgehen kann. [...] Es muss daher sofort gehandelt werden, und zwar in viel weiterem Maßstab als dem durch 25 Deutschland allein gegebenen.

Ulrich Thürauf (Hg.), Schulthess' Europäischer Gerichtskalender, Bd. 72 (1931), C. H. Beck, München 1932, S. 518 ff.*

1 Arbeiten Sie die Motive der Regierung Brüning für ihre Wirtschaftspolitik heraus (M 8).
2 Analysieren Sie M 9 und stellen Sie die Kernaussagen von M 8 Ihren Ergebnissen gegenüber.
3 Überprüfen Sie die Wirksamkeit der deutschen Politik gegen die Krise. Diskutieren Sie Alternativen.

Präsidialkabinette

M 10 Heinrich Brüning (Zentrum) in seinen Memoiren über die erste Notverordnung seines Kabinetts im Juli 1930 (veröffentlicht posthum 1970)
[Es] wurde im Kabinett spontan der Wunsch geäußert, alle Minister sollten das Versprechen geben, mit mir auf dem schwankenden Schifflein auszuharren. Das war die Abwehr gegen die Versuche der Minder-
5 heiten in jeder hinter der Regierung stehenden Partei, die eigenen Parteifreunde, einen nach dem andern, herauszuschießen. Diese Methode war das letzte Aufflackern des alten instinktiven Wunsches des Reichstags, auf der ganzen Linie über das Kabi-
10 nett zu herrschen und den einzelnen Abgeordneten die Möglichkeit zu verschaffen, durch Erpressungen und Drohungen die Regierung in ihrer Gesamtheit oder einzelne ihrer Minister zur Erfüllung ihrer Lieblingswünsche reif zu machen. Mit diesem System unter allen Umständen aufzuräumen, hatte ich mir vor- 15 genommen. [...] Bei der unter größter Spannung sich vollziehenden Abstimmung [über die Notverordnung] am 18. Juli, bei der die rote Auflösungsmappe [mit der vom Reichspräsidenten unterzeichneten Vollmacht zur Auflösung des Reichstags] schon auf 20 meinem Tisch lag, waren mehrere Deutschnationale noch immer nicht entschlossen. [...] Die Notverordnung wurde mit sieben Stimmen Mehrheit abgelehnt, der Reichstag sofort aufgelöst. Am Abend wurde in einer Kabinettssitzung der Wahltermin auf den 14. 25 September festgelegt. Ebenfalls noch am 18. Juli schickte der Reichspräsident einen Brief an das Reichskabinett, der vorher vereinbart war, in dem er [...] bat, alsbald Vorschläge für eine neue Notverordnung zu machen. Man ging sofort an diese Arbeit he- 30

ran. [...] Der Wahlkampf wurde zu einem Plebiszit[1] über die Notverordnung, aber auch gleichzeitig zu einem Entscheidungskampf zwischen einer sinnlosen Form des Parlamentarismus und einer gesunden,
35 maßvollen Demokratie, in der die Regierung, um die öffentlichen Finanzen vor dem Zusammenbruch zu retten, vor dem ganzen Volke den Kampf für diese Aufgabe gegenüber dem Intrigenspiel und der Unvernunft im bisherigen Reichstag aufnehmen musste.

Heinrich Brüning, Memoiren 1918–1934, Deutsche Verlags-Anstalt, Stuttgart 1970, S. 176–182.*

1 *Plebiszit:* Volksabstimmung

M 11 „Der Reichstag aufgelöst!", Zeitungsbericht (18. Juli 1930)

Die letzte Stunde des sterbenden Reichstages verlief unter ungeheurer Spannung. [Es] stand allein noch die Aufhebung der Notverordnung zum Kampf. Damit war in noch größerer Klarheit die Frage so ge-
5 stellt: für Hindenburg oder gegen Hindenburg. Das Parlament entschied mit der knappen Mehrheit von 15 Stimmen gegen die Verordnungen des Reichspräsidenten. Reichskanzler Dr. Brüning erhob sich sofort und verkündete die Auflösung. Die letzten Worte
10 der Botschaft des Reichsoberhauptes gingen, was sehr bezeichnend ist, in einem wüsten Gebrüll des zu Tode getroffenen Parlaments unter. Nachdem das Parlament in Deutschland zwölf Jahre lang die Geduld des Volkes ermüdet hat, hatte angesichts der
15 drängenden Not eine Regierung versucht, den sachlichen Notwendigkeiten Geltung zu verschaffen. Sie hatte die parlamentarischen Möglichkeiten bis zum Letzten ausgeschöpft, und erst als sie sah, dass sie so nicht zum Ziele kommen konnte, die Autorität des
20 Staatsoberhauptes gegen das Parlament angerufen. Hindenburg hat sich diesem Appell nicht versagt. Aber in diesem Reichstag vom 20. Mai 1928 [Wahltermin] geschah das Unglaubliche, dass der parlamentarische Fraktionsgeist über die Unterschrift des
25 Reichspräsidenten triumphieren durfte.

Deutsche Allgemeine Zeitung, Nr. 330, 18. Juli 1930, S. 1.

1 „[An] diesem Tag [18. Juli 1930] begann die permanente Durchbrechung des Verfassungssystems durch die Diktaturgewalt des Reichspräsidenten" (Gerhard Schulze). Erläutern Sie diese Aussage.
2 Arbeiten Sie Motive der Akteure heraus (M 10).
3 Formulieren Sie Thesen, warum das Vorgehen der Regierung Brüning kaum Proteste in der Bevölkerung auslöste (M 11). Überprüfen Sie Ihre Thesen (S. 95 ff.).

Die Zerstörung der Demokratie

M 12 Wahlplakat der Zentrumspartei, Reichstagswahl Juli 1932

M 13 Wahlplakat der KPD, Reichstagswahl Juli 1932

M 14 Wahlplakat der SPD, Reichstagswahl Juli 1932

M 15 Wahlplakat der NSDAP, Reichstagswahl Juli 1932

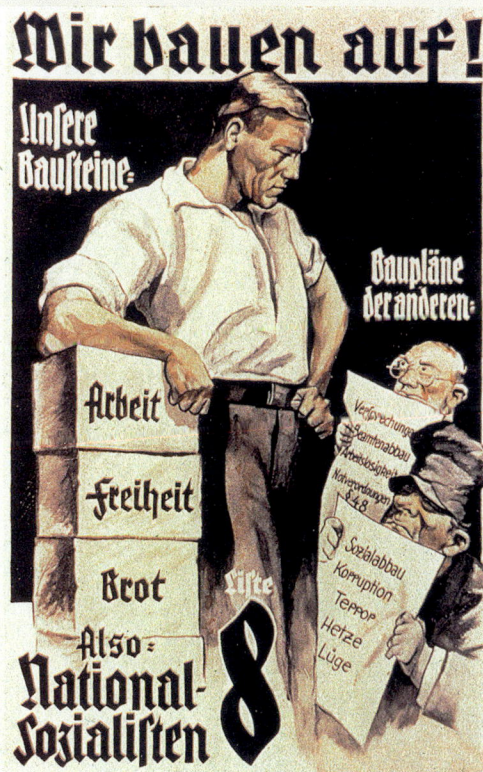

M 16 Clara Zetkin (KPD) als Alterspräsidentin zur Eröffnung des Reichstags (30. August 1932)

Die politische Macht hat zur Stunde in Deutschland ein Präsidialkabinett [unter Franz von Papen] an sich *Reichskanzler* gerissen, das unter Ausschaltung des Reichstags gebildet wurde, das der Handlanger des verkrusteten Monopolkapitals und des Großagrariertums und 5 dessen treibende Kraft die Reichswehrgeneralität ist. Trotz der Allmacht des Präsidialkabinetts hat dieses gegenüber allen innen- und außenpolitischen Aufgaben der Stunde gänzlich versagt. Die Innenpolitik charakterisiert sich genau wie die ihrer Vorgängerin 10 durch die Notverordnungen, Notverordnungen im ureigensten Sinne des Wortes; denn sie verordnen Not und steigern die schon vorhandene Not. [...] Ehe der Reichstag Stellung nehmen kann zu Einzelaufgaben der Stunde, muss er seine zentrale Pflicht erkannt und erfüllt haben: Sturz der Reichsregierung, 15 die den Reichstag durch Verfassungsbruch vollständig zu beseitigen versucht. Anklagen könnte der Reichstag auch erheben gegen den Reichspräsidenten und die Reichsminister wegen Verfassungsbruchs 20 und noch weiterer geplanter Verfassungsbrüche vor dem Staatsgerichtshof zu Leipzig.

Zit. nach: https://www.reichstagsprotokolle.de/Blatt2_w6_bsb00000138_00033.html (Download vom 8. Januar 2020).*

1 **Arbeitsteilige Gruppenarbeit:** Analysieren und vergleichen Sie M 12 bis M 15. Gehen Sie dabei der Frage nach, inwiefern die Plakate zur Reichstagswahl im Juli 1932 den politischen Zeitgeist widerspiegeln.
2 Charakterisieren Sie die Zerstörung der Weimarer Demokratie und ihrer Verfassung (M 16 und S. 97).
3 **Zusatzaufgabe:** siehe S. 150.

Aufstieg und Machtübernahme der NSDAP

M 17 Joseph Goebbels (NSDAP) über „Legalität" im „Angriff" (1928)

Wir gehen in den Reichstag hinein, um uns im Waffenarsenal der Demokratie mit deren eigenen Waffen zu versorgen. Wir werden Reichstagsabgeordnete, um die Weimarer Gesinnung mit ihrer eigenen Unterstützung lahm zu legen. Wenn die Demokratie so 5 dumm ist, uns für diesen Bärendienst Freifahrkarten und Diäten zu geben, so ist das ihre eigene Sache. [...] Uns ist jedes gesetzliche Mittel recht, den Zustand von heute zu revolutionieren. Wenn es uns gelingt, bei diesen Wahlen [1928] sechzig bis siebzig Agitato- 10 ren unserer Parteien in die verschiedenen Parlamente hineinzustecken, so wird der Staat selbst in Zukunft unseren Kampfapparat ausstatten und

besolden. [...] Wir kommen als Feinde! Wie der Wolf
15 in die Schafherde einbricht, so kommen wir. Jetzt
seid ihr nicht mehr unter euch! Ich bin kein Mitglied
des Reichstags. Ich bin ein IdI, ein IdF. Ein Inhaber
der Immunität. Ein Inhaber der Freifahrkarte. [...]
Wir sind gegen den Reichstag gewählt worden und
20 wir werden auch unser Mandat im Sinne unserer Auftraggeber ausüben.

*Zit. nach: Karl D. Bracher, Die Auflösung der Weimarer Republik,
Ring-Verlag, Villingen 1960, S. 375, Anm. 39 f.**

M 18 Tagebuchaufzeichnungen von Joseph Goebbels (NSDAP) nach der Reichstagswahl im November (1932)

8. Dezember 1932: In der Organisation [= NSDAP]
herrscht schwere Depression. Die Geldsorgen machen jede zielbewusste Arbeit unmöglich. Es laufen
Gerüchte um, dass Strasser[1] eine Palastrevolution
plane. Wie sie im Einzelnen verlaufen soll, konnte ich
noch nicht erfahren. Man ist innerlich so wund, dass
5 man nichts sehnlicher wünscht, als für ein paar Wochen aus all diesem Getriebe zu entfliehen. [...] Wir
stehen vor der entscheidenden Probe. Jede Bewegung, die an die Macht will, muss sie bestehen. Sie
kommt meist kurz vor dem entscheidenden Sieg und
10 ist ausschließlich eine Sache der Nerven. Wir dürfen
jetzt den Kopf nicht hängen lassen; wir werden schon
Mittel und Wege finden, diese verzweifelte Situation
zu überwinden.

*Zit. nach: Heinz Hürten (Hg.), Deutsche Geschichte in Quellen
15 und Darstellung, Bd. 9: Weimarer Republik und Drittes Reich
1918–1945, Reclam, Stuttgart 1995, S. 137–140.**

1 *Gregor Strasser (1892–1934):* zunächst Anhänger, dann inner-
parteilicher Gegner von Adolf Hitler; wurde 1934 von SS-
Angehörigen ermordet

M 19 Bankier Kurt Freiherr von Schröder über ein Treffen zwischen Hitler und Papen am 4. Januar 1933 (Rückblick aus der Nachkriegszeit)

Weiterhin führte Papen aus, dass er es für das Beste
halte, eine Regierung zu formen, bei der die konservativen und nationalen Elemente, die ihn unterstützt
hatten, zusammen mit den Nazis vertreten seien. Er
5 schlug vor, dass diese neue Regierung womöglich von
Hitler und Papen zusammen geführt werden sollte.
Daraufhin hielt Hitler eine lange Rede, in der er sagte,
dass, wenn er zum Kanzler ernannt werden würde,
Anhänger von Papen als Minister an seiner (Hitlers)
10 Regierung teilnehmen könnten, sofern sie gewillt wä-
ren, seine Politik, die viele Änderungen bestehender
Zustände verfolgte, zu unterstützen. Er skizzierte
diese Änderungen, einschließlich der Entfernung aller Sozialdemokraten, Kommunisten und Juden von

führenden Stellungen in Deutschland und der Wiederherstellung der Ordnung im öffentlichen Leben.
Papen und Hitler erzielten eine prinzipielle Einigung,
durch welche viele der Punkte, die den Konflikt ver-
ursachten, beseitigt werden konnten und eine Möglichkeit der Zusammenarbeit gegeben war. [...] [Ich,
20 der Bankier von Schröder] informierte mich allgemein, wie sich die Wirtschaft zu einer Zusammenarbeit der beiden stellte. Die allgemeinen Bestrebungen der Männer der Wirtschaft gingen dahin, einen
starken Führer in Deutschland an die Macht kom-
25 men zu sehen, der eine Regierung bilden würde, die
lange Zeit an der Macht bleiben würde.

*Zit. nach: http://germanhistorydocs.ghi-dc.org/sub_document.
cfm?document_id=3941&language=german (Download vom
8. Januar 2020).**

M 20 „Brautvorführung", Karikatur aus dem schweizerischen Magazin „Nebelspalter", 10. Februar 1933.

V.l.n.r.: Paul v. Hindenburg, Franz von Papen, Germania, Alfred Hugenberg, Adolf Hitler.

1 Charakterisieren Sie die Strategie der NSDAP vor der Ernennung Hitlers zum Reichskanzler (M 17, M 18).

2 Analysieren Sie M 20. Überprüfen Sie, ob das gezeigte Verhalten der Akteure historisch haltbar ist.
   Tipp: Berücksichtigen Sie M 18, M 19.

3 Vertiefung: Bewerten Sie Hindenburgs Rolle während der Machtübernahme der NSDAP.

Geschichte kontrovers:
Das Scheitern der Weimarer Republik

M 21   Der Historiker Heinrich August Winkler
(1998)

Der deutsche Liberalismus hat sich von seiner Niederlage in dieser Revolution [1918] nie mehr völlig erholt. Sein Arrangement mit dem Obrigkeitsstaat hatte Wirkungen, die das Kaiserreich überdauerten.
5 Hinter den liberalen Parteien stand, anders als bei Sozialdemokratie oder Zentrum, kein fest gefügtes „Milieu"; die Anziehungskraft nationalistischer Parolen auf ehedem liberale Wähler war so stark, dass beide liberale Parteien seit 1930 immer mehr zu Splitter-
10 gruppen herabsanken. Als Weimar in seine Endkrise eintrat, hatte die Sozialdemokratie einen ihrer Partner aus der parlamentarischen Gründungskoalition, den liberalen, also bereits verloren. Der andere Partner, das Zentrum, rückte immer mehr nach rechts
15 und gab sich schließlich der Illusion hin, es sei seine Mission, die Nationalsozialisten in einer Koalition zu zähmen. Damit war die Isolierung der Sozialdemokratie komplett. Wenn es eine Hauptursache für das Scheitern Weimars gibt, liegt sie hier: Die Republik
20 hatte ihren Rückhalt im Bürgertum weitgehend eingebüßt und ohne hinreichend starke bürgerliche Partner konnte der gemäßigte Flügel der Arbeiterbewegung die Demokratie nicht retten.

Heinrich August Winkler, Weimar 1918–1933. Die Geschichte der ersten deutschen Demokratie, C. H. Beck, München 1998, S. 610.

M 22   Der Historiker Hans-Ulrich Thamer
(2006)

Die Krise der liberalen Demokratie, die in Deutschland schließlich in die Staats- und Wirtschaftskrise der Jahre 1930–1932 und zur nationalsozialistischen Machtergreifung führen sollte, hatte zugleich eine
5 europäische Dimension. Überall stellte der Erste Weltkrieg die europäischen Staaten und Gesellschaften vor schwere materielle und soziale Belastungen und führte zu einer politischen Mobilisierung und Radikalisierung. [...] Vergleicht man die Entste-
10 hungsbedingungen der faschistischen Bewegung und Grüppchen, [...] dann lassen sich wichtige Voraussetzungen für den Durchbruch zur Massenbewegung und Regierungsbeteiligung oder umgekehrt für den Misserfolg europäischer Faschismen bestim-
15 men. Massenwirksamkeit und politische Erfolge erreichten sie dort, wo das überkommene bürgerlich-liberale Parteiensystem nicht zur stabilen Mehrheitsbildung fähig war und die politisch-soziale Mobilisierung mit einer starken Linksbewegung
20 das bürgerliche Lager verunsichert hatte. Zu den politisch-sozialen System- und Orientierungskrisen kamen noch Belastungen der nationalen Identität durch die Niederlage im Ersten Weltkrieg und durch eine Friedensregelung hinzu, die als nationale Schmach und als Aufforderung zu einer radikalen 25 Revisionspolitik empfunden wurde. Nur in Italien und Deutschland konnten die faschistischen-nationalsozialistischen Bewegungen darum zu einer Massenbewegung anschwellen und zu einem eigenständigen politischen Machtfaktor werden. 30

Hans-Ulrich Thamer, Machtergreifung 1933. Die Begründung des „Dritten Reiches", in: Alexander Gallus (Hg.), Deutsche Zäsuren. Systemwechsel seit 1806, Böhlau, Köln 2006, S. 171.*

M 23   Die Historiker Eberhard Kolb und Dirk
Schumann (2013)

Die Historiker sind sich heute zumindest darin einig, dass das Scheitern der Republik und die nationalsozialistische „Machtergreifung" nur durch die Aufhellung eines sehr komplexen Ursachengeflechts plausibel erklärt werden können. Dabei sind vor allem 5 folgende Determinanten zu berücksichtigen: institutionelle Rahmenbedingungen, etwa die verfassungsmäßigen Rechte und Möglichkeiten des Reichspräsidenten [...]; die ökonomische Entwicklung mit ihren Auswirkungen auf die politischen und gesellschaftli- 10 chen Machtverhältnisse; Besonderheiten der politischen Kultur in Deutschland [...]; Veränderungen im sozialen Gefüge, beispielsweise Umschichtungen im „Mittelstand" mit Konsequenzen u. a. für politische Orientierung und Wahlverhalten mittelständischer 15 Kreise; ideologische Faktoren (autoritäre Traditionen in Deutschland, extremer Nationalismus [...]; „Führererwartung" [...]); massenpsychologische Elemente, z. B. Erfolgschancen einer massensuggestiven Propaganda infolge kollektiver Entwurzelung und 20 politischer Labilität breiter Bevölkerungssegmente; die Rolle einzelner Persönlichkeiten an verantwortlicher Stelle, in erster Linie zu nennen sind hier Hindenburg, Schleicher, Papen.

Eberhard Kolb/Dirk Schumann, Die Weimarer Republik, Oldenbourg, München 2013, S. 277.*

1 **Arbeitsteilige Gruppenarbeit:** Analysieren Sie M 21 bis M 23 und vergleichen Sie Ihre Ergebnisse.
2 **Wahlaufgabe:** Bearbeiten Sie a) oder b).
   a) Gewichten und diskutieren Sie Ursachen für das Scheitern der Weimarer Republik.
   b) Gestalten Sie ein Begriffsnetz, das Ursachen für das Scheitern von Weimar verknüpft.
3 **Schaubild:** Gestalten Sie ein Schaubild, das den Weg zur Machtübernahme der NSDAP 1933 erklärt.

Darstellungen analysieren

Zu den zentralen Aufgaben des Historikers gehört die Arbeit mit Quellen, die in schriftlicher, bildlicher und gegenständlicher Form einen direkten Zugang zur Geschichte bieten. Ihre Ergebnisse präsentieren die Wissenschaftler in selbst verfassten Darstellungen – häufig auch **Sekundärtexte** genannt –, in denen sie unter Beachtung wissenschaftlicher Standards die Ergebnisse ihrer Quellenforschungen sowie ihre Schlussfolgerungen 5 und Bewertungen veröffentlichen. Grundsätzlich lassen sich Darstellungen in **zwei große Gruppen** gliedern: *Wissenschaftsinteressierte / Historiker*
– in fachwissenschaftliche und *eher Entertainment / breitere Gesellschaft*
– in populärwissenschaftliche bzw. „nichtwissenschaftliche" Darstellungen.

Die **fachwissenschaftlichen Texte** wenden sich an ein professionelles Publikum, bei 10 dem Grundkenntnisse des Faches, der Methoden und der Begrifflichkeit vorausgesetzt werden können. Zu den relevanten Kennzeichen fachwissenschaftlicher Darstellungen gehört, dass alle Einzelergebnisse durch Verweise auf Quellen oder andere wissenschaftliche Untersuchungen durch Fußnoten belegt werden. **Populärwissenschaftliche Darstellungen,** die sich an ein breiteres Publikum wenden, verzichten dagegen auf detailliert 15 belegte Erkenntnisse historischer Befunde und Interpretationen. In erster Linie geht es darum, komplexe historische Zusammenhänge anschaulich und vereinfacht zu präsentieren. Zu dieser Gruppe werden beispielsweise publizistische Texte und historische Essays in Zeitungen und Magazinen sowie Schulbuchtexte gezählt.

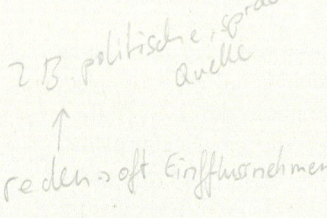

z. B. politische, sprachliche Quelle
reden oft Einfluss nehmen

Arbeitsschritte zur Interpretation

1. Leitfrage	– Welche Fragestellung bestimmt die Untersuchung der Darstellung?
2. Analyse	*Formale Aspekte*
	– Wer ist der Autor (ggf. zusätzliche Informationen recherchieren)?
	– Um welche Textsorte handelt es sich?
	– Mit welchem Thema setzt sich der Autor auseinander?
	– Wann und wo ist der Text veröffentlicht worden?
	– Gab es einen konkreten Anlass für die Veröffentlichung?
	– An welche Zielgruppe richtet sich der Text (Historiker, interessierte Öffentlichkeit)?
	– Welche Intentionen oder Interessen verfolgt der Verfasser?
	Inhaltliche Aspekte
	– Was sind die wesentlichen Aussagen des Textes?
	a) anhand der Argumentationsstruktur: These(n) und Argumente
	b) anhand der Sinnabschnitte: wesentliche Aspekte und Hauptaussage
	– Wie ist die Textsprache (z. B. appellierend, sachlich oder polemisch)?
	– Welche Überzeugungen vertritt der Autor?
3. Historischer Kontext	– Auf welchen historischen Gegenstand bezieht sich der Text?
	– Welche in der Darstellung angesprochenen Sachaspekte bedürfen der Erläuterung?
4. Urteil	– Ist der Text überzeugend im Hinblick auf die fachliche Richtigkeit (historischer Kontext) sowie auf die Schlüssigkeit der Darstellung?
	– Welche Gesichtspunkte des Themas werden vom Autor kaum oder gar nicht berücksichtigt?
	– Was ergibt ggf. ein Vergleich mit anderen Darstellungen zum gleichen Thema?
	– Wie lässt sich der dargestellte historische Gegenstand aus heutiger Sicht im Hinblick auf die Leitfrage bewerten?

Übungsaufgabe

M1 **Die Historikerin Ursula Büttner über das Scheitern der Weimarer Republik (2008)**

Doch erst unter dem Druck der beginnenden Weltwirtschaftskrise fielen jene fatalen politischen Entscheidungen, durch die sich die offene Situation immer mehr zu einer schlechten, wenn auch bis zum
5 Ende nie aussichtslosen Zukunftsperspektive für die Republik verengte. Erst jetzt entstand jenes Machtvakuum, das die Verächter der Demokratie in der Umgebung des Reichspräsidenten für ihre Zwecke ausnutzen konnten. Der NSDAP gelang ihr grandioser
10 Aufstieg von der politischen Sekte zur mächtigen „Volkspartei des Protests" vor allem aus zwei Gründen: Die eine Ursache war, dass breite Bevölkerungsschichten den Staat für die Verletzung ihrer elementaren Interessen verantwortlich machten, die soziale
15 Gerechtigkeit grob missachtet sahen und sich von den etablierten Parteien nicht mehr repräsentiert fühlten. Dazu kam als zweite Ursache, dass die politischen und gesellschaftlichen Eliten die rechtsradikalen Staatsfeinde in Dienst zu stellen hofften, statt sie
20 energisch zu bekämpfen. Bereits in der Agrarkrise der späten zwanziger Jahre zeichnete sich ab, dass die politische Mobilisierung der empörten Landbewohner überwiegend der NSDAP zugute kam. In der Weltwirtschaftskrise bestätigte sich dieser Trend in
25 den Städten. Je mehr sich die sozialen Spannungen verschärften, desto attraktiver wurden die ideologischen Angebote der NSDAP: Wiederherstellung der „Volksgemeinschaft" unter einem starken, gerechten „Führer", Zähmung der Kapitalisten und Vernichtung
30 der „Bolschewisten". Die Widersprüchlichkeit der Parolen bot den verschiedenen Schichten Anknüpfungspunkte für ihren Protest. Angstgeplagten Bürgern machte die bei Demonstrationen und Aufmärschen zur Schau gestellte Durchsetzungs-
35 kraft der Nationalsozialisten Mut. Junge Menschen wurden durch die Dynamik der „Bewegung" in besonderer Weise angezogen, und dies wiederum schien der NSDAP in den Augen vieler Älterer die Zukunft zu verheißen.
40 1930, als der schwere Konjunkturrückschlag harte finanz- und sozialpolitische Einschnitte erzwang, sich jedoch noch nicht zu einer fundamentalen Wirtschaftskrise ausgeweitet hatte, kündigte sich die Gefährdung der Republik von rechts bei der September-
45 wahl in der sprunghaften, gewaltigen Zunahme der NSDAP-Stimmen an. Aber noch stand weniger als ein Fünftel der Wähler im nationalsozialistischen Lager. Die Bildung einer parlamentarisch verankerten Mehrheitsregierung unter Ausschluss der extremen

Flügelparteien NSDAP, DNVP und KPD war weiter-
50 hin möglich und wurde nicht nur von demokratischen Politikern und Staatsrechtlern, sondern im Interesse politischer Stabilität zunächst auch von der Führung des Reichsverbands der deutschen Industrie gefordert. Dieser Weg setzte allerdings einen
55 über alle Interessengegensätze hinwegreichenden Konsens voraus, die demokratische Verfassung unbedingt zu erhalten, und diesen Konsens gab es nicht. Vielmehr entschlossen sich die konservativen Machteliten jetzt, dauerhaft gegen die stärkste demokrati-
60 sche Partei, die SPD, zu regieren und vom parlamentarischen zum autoritären System überzugehen. Anders als ihre Vorgänger 1923 missbrauchten sie die Notstandsbestimmungen der Verfassung, um die Verfassungswirklichkeit grundlegend zu verändern.
65 [...]

Die konservativen Retter Deutschlands wollten das Volk einen und trieben es an den Rand des Bürgerkriegs. Sie wollten den Staat aus dem Griff der Parteien und Interessengruppen befreien und lieferten ihn
70 dem skrupellosesten Parteiführer aus. Die Weimarer Republik musste in der kurzen Zeit ihres Bestehens mit enormen Schwierigkeiten fertig werden. Wegen ihrer großen strukturellen „Vorbelastungen", der vielfältigen sozialen Spannungen, der Schwächen ihrer
75 Eliten und der überzogenen Erwartungen ihrer Bürger war sie dafür schlecht gerüstet. Den letzten Stoß aber erhielt sie durch den revisionistischen Ehrgeiz einer konservativen politischen Führung, die seit der Ära Brüning inmitten einer dramatischen Wirt-
80 schafts- und Staatskrise danach strebte, die außen- und innenpolitische Niederlage von 1918 zu überwinden.

*Ursula Büttner, Weimar. Die überforderte Republik 1918–1933. Leistung und Versagen in Staat, Gesellschaft, Wirtschaft und Kultur, Klett-Cotta, Stuttgart 2008, S. 507–509.**

1 Analysieren Sie M 1 mithilfe der Arbeitsschritte von S. 104.
▶ Lösungshinweise finden Sie auf S. 156 f.

Anwenden

M1 Der Medienunternehmer und Vorsitzende der DNVP Alfred Hugenberg auf einer Kundgebung der „Harzburger Front"[1] (11. Oktober 1931)

Hier ist die Mehrheit des deutschen Volkes. Sie ruft den Pächtern der Ämter und Pfründen, den Machtgenießern und politischen Bonzen, den Inhabern und Ausbeutern absterbender Organisationen, sie ruft
5 den regierenden Parteien zu: Es ist eine neue Welt im Aufstieg – wir wollen Euch nicht mehr! In dem Volke [...] stehen die tragenden Kräfte der Zukunft. Aus ihnen heraus wird ein neues, wahres und jüngeres Deutschland wachsen. [...]
10 Die bisherigen Machthaber hinterlassen Berge von Sünden und Scherben. Es ist die bittere und doch erhebende Aufgabe eines notgestählten Volkes, die Scherbenberge abzuarbeiten und die überkommenen Sünden zu büßen. Aber dieses Volk [...] front
15 noch als Sklavenvolk. Aber es sehnt sich nach Arbeit – sehnt sich danach, als adliges Volk vollen Rechtes im Stolz auf seine Väter für Heim und Herd des freien Mannes zu schaffen. [...]
Niemand möge sich täuschen: Wir wissen, dass eine
20 unerbittliche geschichtliche und moralische Logik auf unserer Seite ficht. Aus dem Neuen, das Technik und Industrie für die Welt bedeutete, hatte sich ein Wahn mit doppeltem Gesichte entwickelt – der sogenannte internationale Marxismus und der eigentlich
25 erst aus den marxistischen Konstruktionen heraus Wirklichkeit gewordene internationale Kapitalismus. Dieser Wahn bricht jetzt in der Weltwirtschaftskrise und in der davon scharf zu unterscheidenden deutschen Krise zusammen. Die Frage ist nur, ob daraus
30 raus Zerstörung und Elend nach russischem Muster oder neuer Aufstieg nach unseren Plänen und unter unserer Führung hervorgehen soll. [...] Da gibt es keinen Mittelweg und keine Konzentration widerstrebender Kräfte. Da gibt es nur ein Entweder – Oder.

Zit. nach: Herbert Michaelis/Ernst Schraepler (Hg.), Ursachen und Folgen, Bd. 8, Dokumenten-Verlag Wendler, Berlin 1958 ff., S. 364.*

1 *Harzburger Front:* Bündnis von DNVP, NSDAP, Stahlhelm, Bund der Frontsoldaten, Reichslandbund und Alldeutschem Verband, das im Oktober 1931 die Absetzung der Regierung Brüning und Neuwahlen forderte. Aufmärsche und Kundgebungen unterstrichen die Forderungen. Das Bündnis scheiterte schnell an der Uneinigkeit der Mitglieder bzw. vor allem an den Alleingängen der NSDAP.

M2 Die Historiker Eberhard Kolb und Dirk Schumann über die Endphase der Weimarer Republik (2009)

Allerdings darf aber auch nicht übersehen werden, dass sich die demokratischen Parteien den Schwierigkeiten der Krisensituation keineswegs gewachsen zeigten. Immobilismus und Konzeptionslosigkeit von SPD- und Gewerkschaftsführung [...] sind hier
5 ebenso zu erwähnen wie die Rechtsentwicklung im Zentrum, das eine Koalition mit der NSDAP nicht prinzipiell ausschloss. Bei allen Gruppen der demokratischen Mitte und Linken gab es politische Illusionen und verharmlosende Fehleinschätzungen des
10 Nationalsozialismus, schließlich flüchteten sie in eine Haltung fatalistischen Abwartens. Die Kritik an der Schwäche derer, die aufgrund ihres historischen Auftrags und ihres eigenen politischen Selbstverständnisses berufen und verpflichtet waren, den de-
15 mokratischen Rechtsstaat und den parlamentarischen Verfassungsstaat zu verteidigen, sollte jedoch nicht auf derselben Ebene angesiedelt werden wie die Kritik an denjenigen, die Republik wie Demokratie in Deutschland zerstören wollten [...]. Man wird
20 schwerlich behaupten können, die Weimarer Demokratie sei „nicht an ihren Gegnern, sondern an sich selbst zugrunde gegangen" (Karl Dietrich Erdmann). Nicht in erster Linie der sozialdemokratischen Arbeiterschaft und ihren Organisationen, der immer stär-
25 ker schrumpfenden Gruppe republiktreuer bürgerlicher Demokraten und dem Lager des politischen Katholizismus ist der Untergang der Republik anzulasten, sondern den nationalistischen und autoritären Gegnern der Weimarer Demokratie, die – skru-
30 pellos in der Wahl der Mittel – den Staat von Weimar in einer großangelegten Offensive zertrümmerten.

Eberhard Kolb/Dirk Schumann, Die Weimarer Republik, 8. Aufl., Oldenbourg, München 2013, S. 152 f.*

1 Fassen Sie die zentralen Thesen der Rede Hugenbergs zusammen (M1).
2 Ordnen Sie die Zeitdiagnose Hugenbergs in den historischen Kontext ein.
3 Analysieren Sie die Stärken und Schwächen der unterschiedlichen politischen Kräfte in der Endphase der Weimarer Demokratie. Beziehen Sie M1 und M2 mit ein.
4 Nehmen Sie Stellung zu der These von Kolb und Schumann (M2), dass die Demokratie nicht in erster Linie an sich selbst, sondern an ihren „skrupellosen" Gegnern zugrunde gegangen ist.

Wiederholen

M3 **Karikatur von E. Schilling, Februar 1931.**
Die Zeichnung trägt die Unterschrift: „Nach den Erfahrungen der letzten Wochen ist verfügt worden, dass jeder Demonstrationszug seinen eigenen Leichenwagen mitzuführen hat."

Zentrale Begriffe

Deflation
Große Koalition
Nationalsozialismus
NSDAP
Präsidialkabinette
SA (Sturmabteilung)
„Schuldenkarussell"
Spekulationsblase
SS (Schutzstaffel)
Stahlhelm, Bund der Frontsoldaten
Weltwirtschaftskrise
Young-Plan

*populistisch
Sonderwegsthese*

1 a) Gliedern Sie die Geschichte der Weimarer Republik von 1929 bis 1933 in Phasen.
   b) Charakterisieren Sie die einzelnen Entwicklungsabschnitte, indem Sie für jede Phase zentrale Ereignisse und Handlungen bzw. Strukturen und Prozesse nennen.
   c) **Mindmap:** Setzen Sie die Entwicklungen in einer Mindmap zueinander in Beziehung.
2 Arbeiten Sie die entscheidenden Konflikte zwischen den unterschiedlichen Parteien und Gruppierungen in der Weimarer Demokratie während der Jahre 1929 bis 1933 heraus.
3 Interpretieren Sie M 3. Überprüfen Sie, ob das dargestellte Verhalten der historischen Akteure historisch haltbar ist.
4 **Vertiefung:** Bewerten Sie die Rolle von Reichspräsident Hindenburg während der Machtübernahme der NSDAP.
5 **Wahlaufgabe:** Bearbeiten Sie entweder a) oder b).
   a) Der sozialdemokratische Politikwissenschaftler Franz Neumann schrieb 1933: „Die deutsche Demokratie hat Selbstmord verübt und ist gleichzeitig ermordet worden." Erörtern Sie dieses auf den ersten Blick widersprüchliche Zitat. Formulieren Sie gegebenenfalls eine plakative alternative These.
   b) **Lernplakat:** Gliedern Sie in einem Lernplakat die Faktoren, die zum Scheitern der Weimarer Demokratie geführt haben.
   Tipp: Zur Erstellung von Lernplakaten siehe S. 158.

Formulierungshilfen
– Die Karikatur ist ... entstanden.
– Sie thematisiert ...
– Im Vordergrund sind ... dargestellt.
– Die einzelnen Personen repräsentieren ...
– Gestik und Gestaltung unterstreichen ...
– Im Hintergrund sind ... dargestellt.
– Die Karikatur deutet die Situation als ...

7 Kernmodul

Hinweise zur Arbeit mit den Materialien

Die Materialien M 1 bis M 3 widmen sich den Deutungen des deutschen Selbstverständnisses: Jürgen Kocka (M 1) gibt einen Überblick über das deutsche Nationalbewusstsein im 19. und 20. Jahrhundert. Sebastian Haffner (M 2) analysiert den Nationalismus der Weimarer Republik und leistet damit auch einen Beitrag zum Kernthema des vorliegenden Kursheftes. Heinrich August Winkler (M 3) schlägt den Bogen in die Gegenwart. Anschließend wird in den Materialien M 4 bis M 8 die Debatte um den deutschen Sonderweg beleuchtet. Zunächst erklärt Hans-Ulrich Wehler (M 4), einer der wichtigsten Vertreter der Sonderwegsthese, die Grundzüge der Debatte. Die Propagandapostkarte (M 5) bietet die Möglichkeit, eine von den Nationalsozialisten konstruierte Kontinuitätslinie zu diskutieren. Mit Karl Dietrich Bracher kommt ein weiterer Hauptvertreter der Sonderwegsthese zu Wort (M 6). Tim B. Müller und Andreas Wirsching (M 7) erörtern die innerhalb der Debatte zentrale Frage, ob Weimar scheitern musste. Horst Möller (M 8) beschließt den Themenblock mit einem kritischen Blick auf die Debatte. Die Materialien M 9 und M 10 führen in das Konzept der transnationalen Geschichtsschreibung ein. Jürgen Osterhammel (M 9) erläutert Begriff und Perspektiven von Weltgeschichte, Klaus Kiran Patel (M 10) definiert transnationale Geschichtsschreibung und setzt sich mit ihren Schwierigkeiten auseinander.

Themenfelder des Kernmoduls	Materialien im Kernmodul	Thematische Anknüpfungspunkte des verbindlichen Wahlmoduls	Kapitel des verbindlichen Wahlmoduls	Materialien zum verbindlichen Wahlmodul
Deutungen des deutschen Selbstverständnisses im 19. und 20. Jahrhundert	M 1 Jürgen Kocka M 2 Sebastian Haffner M 3 Heinrich August Winkler	Einführung Gründung: Politische Ideen und Träger (Verfassungskontroversen, Träger der Republik)	Kapitel 1 Kapitel 2	M 5–M 8 M 12–M 15, M 17, M 18, M 22–M 26
		Krise und Stabilisierung (Kontinuität alter Eliten)	Kapitel 3	M 13–M 15
		Zwischen Aufbruch und Unsicherheit NS und deutsches Selbstverständnis	Kapitel 5 Kapitel 9	M 7–M 10, M 18 M 3–M 5
Deutsche Sonderwegsdebatte	M 4 Hans-Ulrich Wehler M 5 Propagandapostkarte M 6 Karl Dietrich Bracher M 7 Tim B. Müller, Andreas Wirsching M 8 Horst Möller	Einführung Gründung: Politische Ideen und Träger (Verfassungskontroversen, Träger der Republik)	Kapitel 1 Kapitel 2	M 9, M 10 M 12–M 15, M 17–M 20, M 22, M 23
		Krise und Stabilisierung (Kontinuität alter Eliten, Krisenjahr 1923)	Kapitel 3	M 13–M 24
		Außenpolitik (Stresemann)	Kapitel 4	M 4–M 15
		Politische Radikalisierung und Scheitern (Zerstörung Demokratie)	Kapitel 6	M 10–M 23
Transnationale Geschichtsschreibung	M 9 Jürgen Osterhammel M 10 Klaus Kiran Patel	Einführung Zwischen Aufbruch und Unsicherheit Politische Radikalisierung und Scheitern (Weltwirtschaftskrise)	Kapitel 1 Kapitel 5 Kapitel 6	M 11, M 12 M 21 M 5–M 9
		Erster Weltkrieg	Kapitel 8	M 10

Deutungen des deutschen Selbstverständnisses im 19. und 20. Jahrhundert

M 1 **Der Historiker Jürgen Kocka über das Nationalbewusstsein der Deutschen** (1982)

Wie deutsch war die deutsche Geschichte des 19. und 20. Jahrhunderts? [...] Wie sind die Eigenarten der deutschen Entwicklung zu erklären und einzuordnen? [...] Welches Gewicht soll und darf man der na-
5 tionalsozialistischen Diktatur bei der Deutung der deutschen Geschichte des 19. und 20. Jahrhunderts beimessen? [...]
In betonter Absetzung gegenüber Frankreich und der Französischen Revolution entstand das moderne
10 deutsche Nationalbewusstsein. – In der zweiten Hälfte des 19. Jahrhunderts war es eine zentrale These führender deutscher Sozial- und Wirtschaftswissenschaftler, dass die deutsche Wirtschaftsentwicklung anders und wohl auch besser verlaufe als die engli-
15 sche und deshalb die westeuropäische Klassische Nationalökonomie für Deutschland modifiziert werden müsste. Dann gehörte es zu den Grundüberzeugungen großer Teile der akademischen Intelligenz im Kaiserreich, dass die preußisch-deutsche Verfas-
20 sungsentwicklung zu Recht anders verlaufe als in Westeuropa und dass die starke Monarchie mit ihrer Militärmacht und Bürokratie den westlichen parlamentarisch-demokratischen Staaten überlegen sei. Dieses Sonder- und Überlegenheitsbewusstsein wur-
25 de im Ersten Weltkrieg zugespitzt und in der Niederlage schließlich zutiefst in Frage gestellt. [...]
Bismarcks Reichsgründung mit „Blut und Eisen" verstärkte das Gewicht des Militärs. Mit den alten Macht-eliten überlebten viele traditionale vorbürgerliche,
30 vorindustrielle Normen, Mentalitäten und Lebensformen – trotz des tiefgehenden sozialökonomischen Wandels im Zuge der spät einsetzenden, dann aber schnellen Industrialisierung seit der Mitte des 19. Jahrhunderts. In dieser für Deutschland spezifi-
35 schen und brisanten Koexistenz zwischen sozialökonomischer Modernisierung einerseits und fortdauernden vor-industriellen Strukturen in Gesellschaft, Staat und Kultur andererseits sahen viele Historiker eine wichtige Bedingung dafür, dass die Krise der
40 20er- und 30er-Jahre in Deutschland mit dem Sieg des Nationalsozialismus endete. [...]
Es wäre zweifellos problematisch, die jüngere deutsche Geschichte so zu schreiben, als ob sie mit Notwendigkeit auf die nationalsozialistische Diktatur
45 zugelaufen wäre und es keine Entwicklungsalternativen gegeben hätte. Auch tut das kein ernsthafter Historiker. Richtig ist sicher auch, dass man die deutsche Geschichte heute, fast vier Jahrzehnte nach Ende des Zweiten Weltkriegs, auch unter anderen Gesichtspunkten interpretieren kann und will als un-
50 ter dem Gesichtspunkt „1933". Der Historiker kann in der Tat verschiedenartige Kontinuitäten herausarbeiten, ohne seinem Gegenstand Gewalt anzutun. Die deutsche Geschichte des 19. und frühen 20. Jahrhunderts war eben auch Vorgeschichte der Bundes-
55 republik (und der Deutschen Demokratischen Republik), und nicht nur Vorgeschichte des Dritten Reichs. Überhaupt geht sie nicht darin auf, Vorgeschichte zu sein. Aber falsch und naiv wäre es, wenn man bei der Interpretation des Kaiserreichs und der Weimarer
60 Republik ganz davon absehen wollte, dass ihre tatsächliche Zukunft zunächst das „Dritte Reich" war. Eine Illusion wäre es zu glauben, dass man durch Abblenden der späteren Jahrzehnte besser herausfinden könnte, wie es damals, im Kaiserreich und in der
65 Weimarer Republik, „eigentlich gewesen ist".

Jürgen Kocka, Der „deutsche Sonderweg" in der Diskussion, in: German studies review, Johns Hopkins University Press, Baltimore 1982, Vol. 5, Iss 3, S. 365 f., 369 f., 376 f.*

1 Fassen Sie die Entwicklung des deutschen Selbstverständnisses nach Kocka zusammen.
2 Erläutern Sie Kockas Kritik daran, die Zeit der Weimarer Republik als reine Vorgeschichte von „1933" zu interpretieren.
3 **Vertiefung:** Recherchieren Sie deutsche Denkmäler aus der Zeit des Deutschen Kaiserreichs. Erörtern Sie das deutsche Selbstverständnis, das sich in diesen Denkmälern manifestiert.
Tipp: siehe S. 150 f.

M 2 **Sebastian Haffner über den Nationalismus in der Weimarer Republik** (1987)

Sebastian Haffner war ein deutsch-britischer Publizist und Zeitzeuge, dessen Ausführungen über die deutsche Geschichte des 19. und 20. Jahrhunderts bis heute große Beachtung finden.

Es waren drei Gründe, die die Nationalsozialisten 1930 zunächst zur Massenpartei und dann 1932 zur stärksten Partei überhaupt machten. [...] Die Not war der erste Grund, der Hitler die Massen zutrieb. Sie wird noch heute gern als einzige, und damit als
5 durchschlagende Entschuldigung der plötzlich so massenhaft auftretenden Naziwähler angeführt. Sie war ein Grund, und ein sehr starker, aber nicht der einzige. Ein zweiter Grund lag in einem plötzlich wieder erstarkenden Nationalismus. Er ist längst nicht
10 so greifbar wie die wirtschaftliche Not jener Jahre, und auch nicht so leicht zu erklären. Es scheint sogar widerspruchsvoll, dass gerade das Elend und die wirtschaftliche Verzweiflung von einer Art nationa-

15 ler Aufbruchsstimmung begleitet waren. Aber so war
es; jeder, der die Jahre 1930 bis 1933 noch bewusst
miterlebt hat, kann es bezeugen. Ganz überwunden
worden waren die nationalen Komplexe und Ressentiments[1] der Zeit nach 1918, die Gefühle, die in sol-
20 chen Begriffen wie „Dolchstoß" und „Novemberverbrecher" zum Ausdruck kamen, ja niemals. Aber sie
waren in den Jahren 1919 bis 1924 doch im Wesentlichen auf die alte Rechte, die Wähler der Deutschnationalen Volkspartei, beschränkt gewesen und hatten
25 sich in den Jahren nach 1925, als diese Partei mitre-
gierte, gemildert. Jetzt wurden sie plötzlich Gemein-
gut fast aller Parteien; sogar die Kommunisten sprachen plötzlich eine nationalistische Sprache; und die
heimlichen und offenen Monarchisten, die hinter
30 Brünings Präsidialkabinett standen, sowieso. [...]
Der dritte Grund für den Wahlerfolg der NSDAP lag
in der Person Hitler selbst – das muss gesagt werden,
obwohl es viele Leute heute ärgern wird. [...] Schon
1918 und 1919 hatten sich viele Deutsche einen sol-
35 chen Mann, wie Hitler ihn jetzt darstellte, als
Wunschziel ausgemalt. Es gibt aus jener Zeit ein Gedicht von Stefan George, in dem er die Hoffnung aus-
spricht, dass die Zeit

„Den einzigen, der hilft, den Mann gebiert ...
40 Der sprengt die ketten, fegt auf trümmerstätten
Die ordnung, geisselt die verlaufnen heim
Ins ewige recht, wo grosses wiederum gross ist,
Herr wiederum herr, zucht wiederum zucht. Er
heftet
45 Das wahre sinnbild auf das völkische banner.
Er führt durch sturm und grausige signale
Des frührots seiner treuen schar zum werk
Des wachen tags und pflanzt das Neue Reich."

*Sebastian Haffner, Von Bismarck zu Hitler. Ein Rückblick,
Droemer, München 2015 [1987], S. 193 ff.**

1 *Ressentiment: eine oft unbewusste Abneigung, die auf Vorur-
teilen, Neid oder einem Unterlegenheitsgefühl basiert*

1 Erläutern Sie die Entwicklung des Nationalismus in
der Weimarer Republik.
2 **Partnerarbeit:** Erörtern Sie, welches deutsche
Selbstverständnis den Begriffen „Dolchstoß" und
„Novemberverbrecher" zugrunde liegt.
Tipp: Siehe zu den Begriffen „Dolchstoß" S. 41 und
„Novemberverbrecher" S. 169. Formulierungshilfen
finden Sie auf S. 150 f.
3 **Vertiefung:** Interpretieren Sie das Gedicht Stefan
Georges hinsichtlich seiner Aussage über das
„Wunschziel" vieler Deutscher.

M3 **Der Historiker Heinrich August Winkler über
das nationale Selbstverständnis in einer Rede zum
70. Jahrestag des Kriegsendes im Bundestag
(2015)**

Abgeschlossen ist die deutsche Auseinandersetzung
mit der eigenen Vergangenheit nicht, und sie wird es
auch niemals sein. Jede Generation wird ihren Zugang zum Verständnis einer so widerspruchsvollen
Geschichte wie der deutschen suchen. Es gibt vieles 5
Gelungene in dieser Geschichte, nicht zuletzt in der
Zeit nach 1945, über das sich die Bürgerinnen und
Bürger der Bundesrepublik Deutschland freuen und
worauf sie stolz sein können. Aber die Aneignung
dieser Geschichte muss auch die Bereitschaft ein- 10
schließen, sich den dunklen Seiten der Vergangenheit zu stellen. Niemand erwartet von den Nachgebo-
renen, dass sie sich schuldig fühlen angesichts von
Taten, die lange vor ihrer Geburt von Deutschen im
Namen Deutschlands begangen wurden. Zur Verant- 15
wortung für das eigene Land gehört aber immer auch
der Wille, sich der Geschichte dieses Landes im Ganzen bewusst zu werden. Das gilt für alle Deutschen,
ob ihre Vorfahren vor 1945 in Deutschland lebten
oder erst später hier eingewandert sind, und es gilt 20
für die, die sich entschlossen haben oder noch ent-
schließen werden, Deutsche zu werden. [...]
Es gibt keine moralische Rechtfertigung dafür, die Erinnerung an solche Untaten in Deutschland nicht
wachzuhalten und die moralischen Verpflichtungen 25
zu vergessen, die sich daraus ergeben. [...] Unter eine
solche Geschichte lässt sich kein Schlussstrich ziehen. Neben dem Vergessen gibt es freilich auch noch
eine andere Gefahr im Umgang mit dem dunkelsten
Kapitel der deutschen Geschichte: eine forcierte Ak- 30
tualisierung zu politischen Zwecken. Wenn Deutschland sich an Versuchen der Völkergemeinschaft beteiligt, einen drohenden Völkermord oder andere
Verbrechen gegen die Menschlichkeit zu verhindern,
bedarf es nicht der Berufung auf Auschwitz. Auf der 35
anderen Seite lässt sich weder aus dem Holocaust
noch aus anderen nationalsozialistischen Verbrechen noch aus dem Zweiten Weltkrieg insgesamt ein
deutsches Recht auf Wegsehen ableiten. Die Mensch-
heitsverbrechen der Nationalsozialisten sind kein Ar- 40
gument, um ein Beiseitestehen Deutschlands in Fällen zu begründen, wo es zwingende Gründe gibt,
zusammen mit anderen Staaten im Sinne der *„res-
ponsibility to protect"*, einer Schutzverantwortung der
Völkergemeinschaft, tätig zu werden. [...] 45
Dem wiedervereinigten Deutschland fällt innerhalb
der EU schon aufgrund seiner Bevölkerungszahl und
seiner Wirtschaftskraft eine besondere Verantwortung für den Zusammenhalt und die Weiterentwick-

50 lung dieser supranationalen Gemeinschaft zu. Dazu kommt die Verantwortung, die sich aus der deutschen Geschichte ergibt. Es ist eine an Höhen und Tiefen reiche Geschichte, die nicht aufgeht in den Jahren 1933 bis 1945 und die auch nicht zwangsläufig
55 auf die Machtübertragung an Hitler hingeführt, wohl aber dieses Ereignis und seine Folgen ermöglicht hat. Sich dieser Geschichte zu stellen, ist beides: ein europäischer Imperativ und das Gebot eines aufgeklärten Patriotismus. Um es in den Worten des dritten Bun-
60 despräsidenten Gustav Heinemann aus seiner Rede zum Amtsantritt am 1. Juli 1969 zu sagen: Es gibt schwierige Vaterländer. Eines davon ist Deutschland. Aber es ist unser Vaterland.

Rede von Prof. Dr. Heinrich August Winkler zum 70. Jahrestag des Endes des Zweiten Weltkrieges, 8. Mai 2015. Zit. nach: https:// www.bundestag.de/dokumente/textarchiv/2015/kw19_ gedenkstunde_wkii_rede_winkler-373858 (Download vom 10. August 2020).*

1 Arbeiten Sie die zentralen Aussagen der Rede Winklers heraus.

2 Erläutern Sie die im Material dargestellte „Verantwortung", die sich nach Winkler aus der deutschen Geschichte ergibt.

3 Nehmen Sie Stellung zu der Frage, welchen Stellenwert die Auseinandersetzung mit der deutschen Vergangenheit für das gegenwärtige Selbstverständnis der Deutschen haben sollte.

Tipp: Kriterien für ein hier gefordertes Werturteil könnten sein: Menschlichkeit, Friedenserhaltung, Verantwortung für individuelles und gesellschaftliches Verhalten, Gedanken- und Meinungsfreiheit sowie die Übereinstimmung mit christlichen und humanistischen Normen.

Tipp: Sprachliche Hilfen für eine Stellungnahme siehe S. 151.

4 **Zusatzaufgabe:** siehe S. 151.

Gesamte Rede Winklers

cornelsen.de/Webcodes
Code: situyu

Die deutsche Sonderwegsdebatte

M4 Der Historiker Hans-Ulrich Wehler über die Sonderwegsdebatte (2000)

Hans-Ulrich Wehler war einer der einflussreichsten deutschen Historiker des 20. Jahrhunderts. Er gilt als einer der wichtigsten Vertreter der Sonderwegsthese. Er betont die Kontinuitätslinien in der deutschen Geschichte.

Worum geht es bei der „Sonderweg"-Kontroverse? Was wollte man und was will sie klären? [...] Am Anfang steht die Vorstellung von einem positiven deutschen Sonderweg, der von 1871 bis 1945 das Deutsche Reich im Vergleich mit den „westlichen De- 5 mokratien" als weit überlegen erscheinen ließ. Denn die leistungsfähige Bürokratie, die effiziente Militärmacht, die starke Monarchie oder Diktatur, die staatliche Sozialpolitik, das Bildungssystem – all das schien die Überlegenheit der deutschen Staats- und 10 Gesellschaftsverfassung zu demonstrieren. Darin trat eine Arroganz zutage, die durch [...] den Verlauf des Ersten Weltkriegs nachhaltig verstärkt wurde, ehe sie die Rassedoktrin des „Dritten Reiches" sogar zu einem welthistorischen Unikat überhöhte. Die ra- 15 dikale Umwertung in einen negativen „Sonderweg" ging aus den Erfahrungen mit dem Nationalsozialismus hervor. Denn die Schlüsselfrage seit 1933/1945 lautet: Warum hat Deutschland als einziges westliches Industrie- und Kulturland einen Radikalfaschis- 20 mus in der Gestalt des nationalsozialistischen Regimes mit all seinen mörderischen Konsequenzen des Genozids und Vernichtungskrieges hervorgebracht? [...]

In endlosen Diskussionen schälte sich die Denkfigur 25 von einer weithin geglückten Evolution auf dem westlichen Modernisierungspfad heraus, der als normativer Maßstab diente, um den fatal abweichenden deutschen „Sonderweg" pointiert herausarbeiten zu können. [...] Da gab es seit dem ausgehenden 18. 30 Jahrhundert, vollends dann seit 1914 ein deutsches „Sonderbewusstsein", das auf die Unterscheidung vom „Westen" statt auf die Gemeinsamkeiten axiomatischen[1] Wert legte. Da blieb eine „bürgerliche Revolution" aus, wie sie angeblich die „klassischen" Re- 35 volutionsländer England, Nordamerika und Frankreich erlebt hatten. [...] Auf der anderen Seite blieben die traditionalen Machteliten im Adel, im Heer, in der Bürokratie so stark und selbstbewusst, dass sie, gewissermaßen über ihre legitime Lebens- 40 zeit hinaus, die Parlamentarisierung und Demokratisierung des politischen Lebens blockieren konnten. Während die industrielle und soziale Modernisierung voranschritten, erzeugte die Bremswirkung

45 dieses traditionellen Überhangs ein so gefährliches Spannungsverhältnis, dass unter den neuen Bedingungen des verlorenen Weltkrieges und der Weltwirtschaftskrise seit 1929 der Weg in die autoritäre, dann die diktatoriale Regierungsform als akzeptable Kri-
50 senlösung erschien. Wegen der Verformungen der politischen Modernität konnte dann selbst das NS-Regime eine bis 1945 belastbare Loyalitätsbasis gewinnen.

Diese Interpretation eröffnete einen Zugang zur neu-
55 eren deutschen Geschichte, der eine selbstkritische Auseinandersetzung mit ihr, namentlich seit den 1960er-Jahren, außerordentlich gefördert hat. [...] [Es] ging [...] jetzt um ein Geflecht von strukturellen Bedingungen, die – ungeachtet aller Leistungserfolge
60 in der Wirtschaft oder Wissenschaft – eine fehlgesteuerte Gesamtentwicklung bewirkt hatten. An dieser Problematik hat sich eine breitgefächerte Forschung abgearbeitet, um endlich den Voraussetzungen und Durchsetzungsbedingungen des natio-
65 nalsozialistischen Regimes auf die Spur zu kommen. [...]
Bisher hat sich [...] eine mittlerweile sorgfältig differenzierte Variante der „Sonderweg"-Interpretation behauptet. 1933 – das bleibt eine national- und uni-
70 versalhistorisch legitimierbare und weiterhin erklärungsbedürftige Zäsur. Überdies geht es an erster Stelle um die Bedeutung von Unterschieden in der Entwicklung der westlichen Länder. Und noch immer bewährt sich die modernisierungstheoretische
75 Denkfigur von einem explosiven Spannungsverhältnis zwischen traditionalem Erbe und mächtigen sozialökonomischen und politischen Antriebskräften. So sehr manche Vorstellung von deutschen „Eigentümlichkeiten" inzwischen in Frage gestellt
80 worden ist, bleibt doch ein Geflecht von sozialstrukturellen und vor allem politischen Sonderbedingungen bestehen, die freilich ihre dramatische Wirkung erst seit der zweiten Hälfte des 19. Jahrhunderts entfaltet haben.

Hans-Ulrich Wehler, Das Ende des deutschen Sonderweges, in: ders., Umbruch und Kontinuität. Essays zum 20. Jahrhundert, C. H. Beck Verlag, München 2000, S. 84–86.*

1 *axiomatisch:* unanzweifelbar, mit Sicherheit

1 Geben Sie wieder, was nach Wehler unter dem „deutschen Sonderweg" zu verstehen ist.
2 **Schaubild:** Arbeiten Sie die Kriterien heraus, die laut Wehler für den Sonderweg der Deutschen kennzeichnend gewesen sind. Gestalten Sie hierfür ein Schaubild.
3 **Wahlaufgabe:** Bearbeiten Sie entweder Aufgabe a) oder b).

a) Charakterisieren Sie das deutsche Selbstverständnis, das durch die Sonderwegsthese vertreten wird.
b) Beurteilen Sie die von Wehler aufgeführten Kriterien für einen Sonderweg Deutschlands.

M 5 Propagandapostkarte aus dem Jahr 1933

Was der König – der Fürst – der Feldmarschall – rettete und einigte eroberte,   formte,   verteidigte ,   der Soldat.

1 Erklären Sie die Kontinuitätslinie, die auf dieser Propagandapostkarte hergestellt wird.
2 Erläutern Sie, welche Wirkung diese Darstellung der Kontinuitätslinie bei dem Betrachter erzielen soll.
3 Setzen Sie die Postkarte in Beziehung zu der Unterscheidung eines positiven und eines negativen Sonderwegs bei Wehler (M 4).

M 6 Der Politikwissenschaftler und Zeithistoriker Karl Dietrich Bracher über den „Sonderweg" Deutschlands (1979, zuerst 1969)

Man kann vier große Entwicklungszusammenhänge unterscheiden, in denen sich die spezifisch politischen Voraussetzungen des Nationalsozialismus ausgebildet haben. [...]
1. Die geografische Mittellage im Herzen Europas 5 und die besondere Führungsstellung im mittelalterlichen Imperium hatten Deutschland daran gehindert, gleichzeitig mit den westlichen Nationen eine zentral regierte, historisch-national begründete Staatlichkeit zu finden, nachdem das alte Reich in lose ver- 10 bundene Territorialstaaten zerfallen war. [...] Die anfängliche Begeisterung für die Prinzipien der Französischen Revolution machte dann unter dem Eindruck des Terrors und der aggressiven Expansion der Revolution und Napoleons einer tiefgreifenden Er- 15 nüchterung Platz. Es begann die romantisch-mystische Begründung eines nationalen Sonderbewusstseins, einer Sonderstellung der Deutschen gegenüber dem Westen und seiner Revolutions- und Staatsphilosophie. [...] Während die Freiheitskriege gegen Na- 20 poleon die nationalen Interessen in den Vordergrund

rückten, ermöglichten sie schließlich der Restauration den Sieg über innere Reform- und Revolutionsbestrebungen.

25 2. Die weltgeschichtliche Folge, die zumal nach dem Scheitern der bürgerlich-liberalen Revolution von 1848 auftrat, war eine Entfremdung und Trennung des deutschen Staatsdenkens von der westeuropäischen Entwicklung. Während das deutsche Sonder-

30 bewusstsein immer stärker antiwestliche Züge entwickelte, geriet auch die starke liberale Bewegung zunehmend in den Bann einer außenpolitisch bestimmten Freiheits- und Einheitskonzeption, die das innenpolitische Freiheits- und Verfassungsideal ver-

35 drängte. [...] Indem sie den Primat der äußeren Einheit vor der inneren Freiheit anerkannte, unterwarf sich die demokratische Verfassungs- und Reformbewegung erneut den vordemokratischen Gewalten der Höfe, des Militärs und der Bürokratie. An der

40 Spitze des preußischen Obrigkeitsstaates, der Hauptstütze und dem Symbol der reaktionären Ordnungsmächte, vermochte Bismarck den ersehnten deutschen Nationalstaat, das „Zweite Reich" in einer Revolution von oben zu erzwingen.

45 Es war eine autoritäre Ersatzlösung für den 1848 erstrebten liberal-demokratischen Nationalstaat. Aber indem sie den äußeren Wunsch der Einheitsbewegung erfüllte, gelang es ihr überraschend schnell, die bürgerlich-liberale Emanzipationsbewegung in die

50 Struktur eines scheinkonstitutionellen, halb absoluten Feudal-, Militär- und Beamtenstaates einzugliedern. [...]

Unter dem Eindruck der Bischmarck'schen Erfolge akzeptierten weite Kreise des Bürgertums jene vulgä-

55 re, zynische Auffassung, dass es in der „Realpolitik" allein auf die Macht und nicht auf Recht und Moral ankomme. [...] Machtkultur und Untertanengeist waren die beiden Pole dieser Fehlhaltung. [...]

3. So war das Bismarck-Reich von Anfang an großen

60 Spannungen ausgesetzt und mit Strukturfehlern belastet, die vom Glanz der Gründerzeit nur oberflächlich verdeckt wurden. Sie behinderten die Entfaltung eines funktionsfähigen parlamentarischen Systems und verantwortungsfreudiger Parteien. Besonders

65 katastrophal war der Niedergang der Liberalen, die noch in den Siebzigerjahren die absolute Mehrheit im Reich und in Preußen besessen hatten. Zugleich blockierte der militärisch bürokratische Obrigkeitsstaat die Mitwirkung der wachsenden Arbeitermas-

70 sen und ihrer sozialdemokratischen und gewerkschaftlichen Organisationen. [...] Es bestand eine tiefe Diskrepanz zwischen gewandelter gesellschaftlicher Struktur und politischer Ordnung, die mit der

industriellen Revolution so tief geänderte soziale Si-
75 tuation fand keine angemessene Berücksichtigung.
Nach dem Sturz Bismarcks wuchs die Neigung, dies Problem durch eine Ablenkung des Interessendrucks nach außen (im Sinne eines Sozialimperialismus) zu neutralisieren. Auch außenpolitisch verstand sich

80 das neue deutsche Einheitsreich als „verspätete Nation". Konservative und Liberale trafen sich in der Überzeugung, Deutschland müsse möglichst rasch den nationalen und imperialen Vorsprung der Weltmächte aufholen, es habe einen natürlichen An-

85 spruch, als Großmacht die Hegemonie über Mitteleuropa zu erringen und sich an der kolonial- und wirtschaftspolitischen Durchdringung und Verteilung der Welt zu beteiligen. [...]

4. Die reale Lage der Weimarer Republik war zwar
90 durch die eindeutige Niederlage des Deutschen Reiches und seine rigorose Beschneidung im Versailler Friedensvertrag bestimmt. Aber gerade der Protest, die Nichtanerkennung dieses Rückschlags hat dem Gedanken des nationalen Machtstaats auf Kosten

95 der demokratischen Neuordnung eine besondere Intensität verliehen. Die Versuche zu einer friedlichen Aufbau- und Verständigungspolitik in Europa waren auch durch das Misstrauen der Westmächte, die Schwäche des Völkerbunds und die Isolationspolitik

100 der USA beeinträchtigt. Sie standen aber vor allem unter dem Druck eines nationalistischen Revisionismus, der zumal während der Krisen zwischen 1918 und 1923 und erneut mit dem Ausbruch der Wirtschaftskrise von 1929 weite Kreise der deutschen Be-

105 völkerung erfasste. Die Weimarer Außenpolitik, zwischen Ost und West, Widerstand und Erfüllung, Kooperation und Revision schwankend, vermochte diese Dynamik nicht aufzufangen. [...]

Aber freilich ist ohne die militärisch-politische und
110 staatliche Ordnungstradition Preußens weder die Militarisierung des Denkens und Lebens in weiten Kreisen des Kaiserreichs und der Weimarer Republik noch vor allem dann der Aufbau und die Kampfkraft des totalen Staates zu denken. Die Allianz von Natio-

115 nalismus und Militarismus im Ersten Weltkrieg war Hitlers großes Erlebnis, ihre Fortsetzung im Kampf gegen die Weimarer Republik und im Bündnis der reaktionären Nationalisten mit der nationalsozialistischen Revolutionsbewegung hat 1933 erst möglich

120 gemacht.

Karl Dietrich Bracher, Die deutsche Diktatur. Entstehung, Struktur, Folgen des Nationalsozialismus, 6. Aufl., Ullstein, Frankfurt/M. 1979, S. 16–23.*

1 **Arbeitsteilige Gruppenarbeit:**

a) Bilden Sie vier Gruppen und erklären Sie jeweils einen der von Bracher genannten vier Entwicklungszusammenhänge, die den Aufstieg und die Durchsetzung des Nationalsozialismus in Deutschland begünstigt oder gefördert haben.

b) Präsentieren Sie Ihre Ergebnisse aus den Gruppenarbeiten in Form einer gemeinsamen Visualisierung, zum Beispiel als Cluster.

Tipp: Zur Cluster-Methode siehe S. 151.

2 **Wahlaufgabe:** Die Entwicklung der demokratischen Strukturen in Frankreich und England gelten als europäischer Regelfall. Recherchieren Sie die Entwicklung eines der Länder und erörtern Sie die Unterschiede zur deutschen Entwicklung unter Einbeziehung von M 4 und M 5.

M 7 Die Historiker Tim B. Müller und Andreas Wirsching über das Scheitern der Weimarer Republik (2016)

Das Scheitern Weimars wird in der Sonderwegsdebatte häufig als letzter Schritt zu einem deutschen Nationalsozialismus beschrieben. Müller und Wirsching diskutieren, ob das Scheitern Weimars absehbar war.

a) Tim B. Müller:

Der gravierendste Mangel der meisten Urteile über die „Schwäche" der Weimarer Demokratie ist ihre nationale Beschränkung. Es gab keine Demokratie nach 1918, die sich nicht in einer mehr oder minder exis-
5 tenziellen Krise befand, und es gab keine, die sich auf erfolgreiche Traditionen demokratischer Konfliktaustragung stützen konnte. Eine simple Tatsache, wenn man sich für die internationale Geschichte der Demokratie interessiert, ist es, dass sich weder Briten
10 noch Skandinavier, noch Niederländer vor 1918 als Demokraten verstanden und selbst in Frankreich und den Vereinigten Staaten umstritten blieb, was Demokratie bedeuten sollte. [...] Überall gab es „Eigenwege", aber keinen deutschen „Sonderweg", auch
15 die abgeschwächte Rede von den „Pfadabhängigkeiten" ist noch viel zu deterministisch. Entschieden wurde jeweils in der Gegenwart, die Vergangenheit konnte ganz unterschiedlich genutzt werden, demokratisch ebenso wie antidemokratisch. Die „Gleich-
20 zeitigkeit des Ungleichzeitigen" kennzeichnete überall die ganz „normale" Entwicklung der europäischen Moderne. [...] Die Weimarer Republik war nach damaligen Begriffen eine stabile Demokratie. Sie hatte früher als andere auch die Frauen zu Staatsbürgern
25 gemacht und ihnen das gleiche Wahlrecht eröffnet. Ihre Sozialpolitik wurde weithin bewundert und zunehmend als Bürgerrecht und Ausdruck der Men-

schenwürde verstanden. Die staatsrechtliche und politische Debatte über Grundrechte, die Aufgaben des Staates und die Demokratie war brillant und bie-
30 tet Anregungen bis heute. Die soziale Marktwirtschaft, der regulierte Kapitalismus, wurde erstmals experimentell erkundet. Die Republik war wehrhaft und verbot immer wieder demokratiefeindliche Organisationen. Mehr begeisterte Demokraten hätten
35 ihr zweifellos gutgetan, aber deren Zahl war auch in anderen Demokratien jener Zeit noch gering. [...]
Eine überzeugende Geschichtswissenschaft kann die Vergangenheit nicht an späteren Gewissheiten messen, sie muss erforschen, welche Geschichte für die
40 Zeitgenossen denkbar und machbar war, also ihre Zukunft, den Horizont ihrer Erwartungen. Woran Weimar gescheitert ist? Wir wissen noch viel zu wenig darüber, wir müssen noch viel genauer hinschauen. Aber so viel ist klar: Die Demokratie lässt sich
45 nicht restlos absichern. Und wie auf dem Spielfeld ist auch in der Geschichte – und besonders in der Geschichte der katastrophalen Wirtschaftskrise – immer mit dem Faktor Kontingenz zu rechnen, mit dem Zufall, damit, dass zur falschen Zeit die falschen
50 Männer am falschen Ort sind. Aber dass die Weimarer Republik eine schwache Demokratie war, das sollte man einfach nicht länger behaupten.

b) Andreas Wirsching:

Natürlich wäre es vermessen, einen einzigen geschichtlichen Faktor zu isolieren und auf ihn allein das Scheitern der Weimarer Republik zurückzuführen. Aber wesentliche Aspekte des Scheiterns lassen sich unter drei Stichworten zusammenfassen: prob-
5 lematische Traditionen, funktionale Schwächen und äußere Belastungen.
Problematische Traditionen: Die Eliten des Kaiserreichs hegten größtenteils ein tiefes und grundsätzliches Misstrauen gegenüber dem Interessenpluralis-
10 mus der modernen industriellen Massengesellschaft, die sich in Deutschland im letzten Drittel des 19. Jahrhunderts besonders dynamisch entfaltet hatte. Demokratie und Parlamentarismus schienen ihnen allzu leicht zur Plutokratie und zum Parteienegois-
15 mus zu degenerieren; Organisation und kollektiver Austrag konkurrierender Einzelinteressen in der Gesellschaft schienen den materialistischen Ungeist der Zeit widerzuspiegeln. [...]
Funktionale Schwächen: Erst vor diesem Hinter-
20 grund werden die vielfältig diagnostizierten Schwächen der Weimarer Reichsverfassung begreifbar. Deren Väter (und wenige Mütter) wussten, dass Republik und Parlamentarismus der historischen Legitimation und der praktischen Einübung entbehrten.
25

Dementsprechend sorgsam verteilte die Weimarer Nationalversammlung die verfassungspolitischen Gewichte, um eine umfassende demokratische Partizipation zu gewährleisten. Sie verknüpfte unter-
30 schiedliche Demokratiemodelle miteinander: [...] So bestechend dieser Entwurf in der Theorie aussah, so dysfunktional entwickelte er sich in der Praxis. [...]
Äußere Belastungen: Allerdings war das Schicksal der Weimarer Republik trotz ihrer unbestreitbaren
35 Traditionsprobleme und Funktionsschwächen keineswegs vorherbestimmt. Vielmehr fehlte es ihr an Zeit, den Deutschen eine längerfristige Schule der Demokratie zu sein und damit ihre eigenen Traditionen auszubilden. Dass dies nicht gelang, lag auch an
40 den äußeren Belastungen, mit denen die erste deutsche Demokratie zu kämpfen hatte und die unheilvoll mit den genannten geschichtlichen Defiziten korrespondierten. Allein schon die Tatsache, dass die Republik aus der Niederlage geboren worden war
45 und damit die Enttäuschung und den Hass der deutschen Nationalisten auf sich zog, lud ihr eine schwere Hypothek auf. [...]
Heute wie gestern gilt: Die Demokratie hat immer ihre Chance. Für die Weimarer Republik war das
50 nicht anders. Einen historischen Determinismus gibt es nicht. Aber die Erfahrung der ersten deutschen Demokratie und ihres so folgenreichen Scheiterns bleibt auch heute ein Menetekel[1] für die Fragilität der Demokratie. Und sie unterstreicht den dünnen Firnis
55 der Zivilisation, ist die Freiheit erst einmal verspielt.

Tim B. Müller und Andreas Wirsching, Hatte Weimar eine Chance? abgedruckt in: ZEIT Geschichte Nr. 3/2016. Zit. nach: https://www.zeit.de/zeit-geschichte/2016/03/weimarer-republik-demokratie-staerke/komplettansicht#comments (Download vom 30. August 2020).*

1 *Menetekel:* Warnruf, Mahnung

1 **Arbeitsteilige Partnerarbeit:**
   a) Erklären Sie jeweils die Antwort eines der beiden Historiker zu der Frage, ob Weimar scheitern musste.
   b) Vergleichen Sie gemeinsam die Antworten der Historiker.
   c) Nehmen Sie abschließend Stellung zu der Frage, ob Weimar scheitern musste.
2 **Vertiefung:** Überprüfen Sie mithilfe Ihrer bisherigen Ergebnisse die Aussage Wirschings, „einen historischen Determinismus gibt es nicht".
3 **Zusatzaufgabe:** siehe S. 151.

M 8 Der Historiker Horst Möller über Kritikpunkte an der „deutschen Sonderwegsdebatte" (1982)

Grundsätzlich ist festzustellen: Die Diskussion über den „deutschen Sonderweg" ist immer geprägt worden durch fundamentale Erschütterungen, seien es nun Revolutionen oder Kriege. Und diese Erschütte-
5 rungen haben jeweils zu spezifischen Wertungen mit politischer Pointe geführt. Solche auslösenden Erschütterungen waren die Revolutionen von 1848/49, der Erste Weltkrieg, die Revolution von 1918/19, die NS-Machtergreifung 1933 und auch das Kriegsende
10 1945. Ein Blick auf die Sonderwegsvorstellungen nach diesen Daten lässt jedes Mal eine Veränderung in der Bewertung erkennen. [...]
Die Rede vom deutschen Sonderweg impliziert zweierlei: Einmal impliziert sie die Annahme, dass es in
15 der Geschichte Normalwege gibt, und zweitens impliziert sie – zumindest der Intention nach – einen Vergleich, denn sonst könnte man nicht sinnvoll vom Sonderweg sprechen.
Hört der Historiker den Begriff Sonderweg einer Nation, dann antwortet er normalerweise: In der Ge-
20 schichte gibt es, strenggenommen, nur Sonderwege. Insofern ist es nichts Besonderes, vom „deutschen Sonderweg" zu sprechen: Jeder europäische Staat – und natürlich auch die außereuropäischen Staaten – hat gewissermaßen einen Sonderweg in der Moderne
25 beschritten. Gerade eine tiefere historische Betrachtung demonstriert schnell: Die Prämisse eines Normalwegs ist nicht verifizierbar und außerordentlich fragwürdig. Dies umso mehr, als sie meist eine Idealisierung des vermeintlichen Normalwegs impliziert.
30 So etwa die Annahme, England – der Staat, in dem die moderne parlamentarische Demokratie am frühesten verwirklicht worden ist – habe den historischen Normalweg bestritten. [...]
Schließlich: Es muss bei einem komparatistischen
35 Vorgehen dieser Art begründet werden, warum England und Frankreich und nicht auch andere Staaten – beispielsweise Spanien, Italien oder auch osteuropäische Länder – die Vergleichskriterien liefern. Ausschließlich politische Orientierung des Vergleichs an
40 der heutigen Demokratie mittel- und westeuropäischen Zuschnitts ist zwar politisch begründbar, aber geschichtswissenschaftlich fragwürdig.
Mit diesem Plädoyer für den Vergleich und der Forderung nach kritischer Reflexion über die historische
45 Kategorie eines deutschen Sonderwegs soll nicht die Berechtigung dieser Fragestellung bestritten werden, soll keineswegs einer unangemessenen Beruhigung gegenüber der Problematik der deutschen Geschichte des 20. Jahrhunderts das Wort geredet werden. Die
50 Frage ist unabweisbar: Warum kam es unter den

west- und mitteleuropäischen Staaten einzig in Deutschland zu einer Diktatur von solch singulärer Radikalität?

Horst Möller, in: Deutscher Sonderweg – Mythos oder Realität? Kolloquium des Instituts für Zeitgeschichte, R. Oldenbourg Verlag, München 1982, S. 9–15, hier S. 10 ff.*

1 Fassen Sie die Kritik Möllers an den Sonderwegsthesen zusammen.

2 Nehmen Sie abschließend begründet Stellung zu der Sonderwegsdebatte.
   Tipp: Formulierungshilfen für eine Stellungnahme siehe S. 151 (Tipps zu S. 111, M 3).

Transnationale Geschichtsschreibung

M 9 **Jürgen Osterhammel über globalgeschichtliche Perspektiven des 19. Jahrhunderts (2009)**
Weltgeschichte wird dann für den Historiker besonders gut legitimierbar, wenn sie an das Bewusstsein der Menschen in der Vergangenheit anschließen kann. Selbst heute, im Zeitalter von Satellitenkom-
5 munikation und Internet, leben Milliarden in engen, lokalen Verhältnissen, denen sie weder real noch mental entkommen können. Nur privilegierte Minderheiten denken und agieren „global". Doch schon im 19. Jahrhundert, oft und mit Recht als das Jahr-
10 hundert des Nationalismus und der Nationalstaaten bezeichnet, entdecken nicht erst heutige Historiker, auf der Suche nach frühen Spuren von „Globalisierung", Handlungszusammenhänge der Überschreitung: transnational, transkontinental, transkulturell.
15 Bereits vielen Zeitgenossen erschienen erweiterte Horizonte des Denkens und Handelns als eine besondere Signatur ihrer Epoche. Angehörige europäischer und asiatischer Mittel- und Unterschichten richteten Blicke und Hoffnungen auf gelobte Länder in weiter
20 Ferne. Viele Millionen scheuten Fahrten ins Ungewisse nicht. Staatsführer und Militärs lernten in Kategorien von „Weltpolitik" zu denken. Das erste wahre Welt-Reich der Geschichte, das nun auch Australien und Neuseeland umfasste, entstand: das British Em-
25 pire. Andere Imperien maßen sich ehrgeizig am britischen Muster. Handel und Finanzen verdichteten sich noch stärker als in den Jahrhunderten der frühen Neuzeit zu einem integrierten Weltsystem. Um 1910 wurden wirtschaftliche Veränderungen in Jo-
30 hannesburg, Buenos Aires oder Tokyo unverzüglich in Hamburg, London oder New York registriert. Wissenschaftler sammelten Informationen und Objekte in aller Welt; sie studierten die Sprachen, Bräuche und Religionen entlegenster Völker. Die Kritiker der

herrschenden Weltordnung begannen sich ebenfalls 35 auf internationaler Ebene – oft weit über Europa hinaus – zu organisieren: Arbeiter, Frauen, Friedensaktivisten, Anti-Rassisten, Gegner des Kolonialismus. Das 19. Jahrhundert reflektierte seine eigene werdende Globalität. [...] 40
Weltgeschichte bleibt eine Minderheitsperspektive, aber eine, die sich nicht länger als abseitig oder unseriös beiseite schieben lässt. Die fundamentalen Fragen sind freilich auf allen räumlichen und logischen Ebenen dieselben: „Wie verbindet der Historiker in 45 der Interpretation eines einzelnen historischen Phänomens die quellenmäßig vorgegebene Individualität mit dem allgemeinen, abstrakten Wissen, das erst die Interpretation des Einzelnen möglich macht, und wie gelangt der Historiker zu empirisch gesicherten 50 Aussagen über größere Einheiten und Prozesse der Geschichte?" [...]
Dennoch: Weltgeschichte zu schreiben ist auch ein Versuch, dem Spezialistentum der kleinteilig arbeitenden Fachhistorie ein wenig öffentliche Deutungs- 55 kompetenz abzuringen. Weltgeschichte ist eine Möglichkeit der Geschichtsschreibung, ein Register, das gelegentlich ausprobiert werden sollte.

Jürgen Osterhammel, Die Verwandlung der Welt: Eine Geschichte des 19. Jahrhundert, C. H. Beck, 2. Aufl., München 2009, S. 13 ff.*

1 Arbeiten Sie Osterhammels Definition von Weltgeschichte heraus.

2 Erläutern Sie die These Osterhammels, Weltgeschichte sei eine Minderheitsperspektive.

3 **Vertiefung:** Überprüfen Sie die Notwendigkeit, Geschichte in Zeiten der Globalisierung transnational zu betrachten.

4 **Zusatzaufgabe:** siehe S. 151.

M 10 **Der deutsch-britische Historiker Klaus Kiran Patel zur transnationalen Geschichte (2010)**
Eine relativ offene – und damit in den Augen mancher eventuell vage – Definition haben Akira Iriye und Pierre-Yves Saunier kürzlich dem von ihnen herausgegebenen *Palgrave Dictionary of Transnational History* vorangestellt: Danach geht es bei der transna- 5 tionalen Geschichte, um die „*links and flows*", die „*people, ideas, products, processes and patterns that operate over, across, through, beyond, above, under, or in-between polities and societies*".
Zugleich lässt sich für Iriye und Saunier transna- 10 tionale Geschichte nicht nur über ihren [...] Gegenstand definieren. Sie verstehen diese auch als wissenschaftlichen Ansatz – nicht jedoch als Theorie oder Methode, sondern als „*an angle, a perspective*". Wenngleich der Begriff der Perspektive in der 15

Geschichtswissenschaft untertheoretisiert ist, verweist er grundsätzlich auf das Beziehungsverhältnis zwischen dem Objekt der Analyse (der Vergangenheit) und dem Betrachter (der Historikerin/dem His-
20 toriker). Im Kern definiert sich der Ansatz transnationaler Geschichte demnach primär über das wissenschaftliche erkenntnisleitende Interesse, dass sie und wie sie den oben erwähnten „links and flows" nachzugehen trachtet. [...]
25 Zusammengefasst: Es wäre falsch zu meinen, dass sich hinter der transnationalen Geschichte ein bislang gänzlich unbeachteter Gegenstand oder ein völlig neuer Zugriff auf die Geschichte verberge. Verbindungen zwischen Gesellschaften haben stets die
30 Aufmerksamkeit von Historikerinnen und Historikern gefunden – seien diese diplomatischer und politischer, kultureller und sozialer oder schließlich ökonomischer Natur.

Neu an der transnationalen Geschichte ist vielmehr
35 zum einen die Idee, eine Alternative zur Dominanz einer national zentrierten Geschichtsschreibung zu bieten. Wenngleich die meisten Praktiker transnationale Geschichte gerade nicht als neues Paradigma oder neue Meistererzählung verstehen wollen, sehen
40 sie in ihr mehr als lediglich eine zusätzliche Ebene, die sich wie in einem Zwiebelmodell zwischen die lokale, regionale und nationale Geschichte einerseits und die globale andererseits schieben ließe. Denn transnationale Geschichte steht quer zu einer sol-
45 chen Logik der Schichten und kann das Lokale direkt mit dem Übernationalen oder Transkontinentalen verbinden. [...]

Unabhängig davon, ob man transnationale Geschichte eher eng oder weit definiert, dürfte offensichtlich
50 sein, dass sich in der europäischen Geschichte viele transnationale Phänomene finden und die transnationale Geschichte uns helfen kann, sie besser zu verstehen und zu erklären. [...]

Erstens ist es der europäischen Geschichte geradezu
55 eingeschrieben, sich mit Verbindungen und Zirkulationen zu befassen, die Grenzen überschreiten. Die Aufklärung, die Industrialisierung oder zum Beispiel die Entstehung des Wohlfahrtsstaats sind transnationale Phänomene mit stark europäischem Akzent
60 und können deswegen in lokaler oder nationaler Perspektive nicht voll erfasst werden. [...]

Zweitens kann transnationale Geschichte nicht immer an den Grenzen Europas Halt machen. In ihrem Interesse für Verbindungen und Zirkulationen folgt
65 sie idealiter ihren Objekten an all jene Orte, an die diese sie tragen – auch wenn solche Itinerare[1] gegen die Etikette einer weiterhin an territorialen Einheiten

orientierten Geschichtswissenschaft verstoßen mögen. [...]

70 Die These dieses Beitrags lautet somit: Europa ist mindestens so sehr ein Raum, in dem sich transnationale Bindungen besonders verdichtet haben, wie umgekehrt diese Verknüpfungen Europa erst als solches hervorgebracht haben. Die transnationale Ge-
75 schichte kann unsere Sensibilität dafür schärfen, in der Konstituierung des Europäischen in Räumen aller Art und in allen Teilen der Welt durch Interaktion ein, wenn nicht das zentrale Moment der europäischen Geschichte zu verstehen. Zusammengenom-
80 men vermag es erst ein solcher transnationaler Zugang, Europas Ort in der Welt aus der Perspektive der europäischen Geschichte angemessen zu bestimmen.

Klaus Kiran Patel, Transnationale Geschichte, in: Europäische Geschichte Online (EGO), hg. vom Institut für Europäische Geschichte (IEG), Mainz 2010. Zit. nach: http://ieg-ego.eu/de/ threads/theorien-und-methoden/transnationale-geschichte (Download vom 12. August 2020).*

1 Itinerare: Stationenverzeichnisse

1 Erklären Sie auf Grundlage von M 10 die Unterschiede der transnationalen zur traditionellen Geschichtsschreibung.
   Tipp: Stellen Sie Ihre Ergebnisse einander zunächst in einer Tabelle gegenüber.

2 Charakterisieren Sie die Schwierigkeit der transnationalen Geschichtsschreibung.

3 Beschreiben Sie Themenfelder der deutschen bzw. europäischen Geschichte, in der die „zusätzliche Ebene" der transnationalen Geschichtsschreibung besonders lohnenswert erscheint.

8 Wahlmodul: Der Erste Weltkrieg

__M1__ Durch Gaseinsatz erblindete britische Soldaten (bei Estaires), Fotografie, 1918

1914	Ermordung des österreichischen Thronfolgers in Sarajewo (Juni)		
1914	Österreich-Ungarn erklärt Serbien den Krieg (Juli)		
1914	Deutschland erklärt Russland und Frankreich, Großbritannien seinerseits Deutschland den Krieg (August)	1915	Erster Einsatz von Giftgas durch deutsches Militär in Ypern, Belgien (April)

1912	1913	1914	1915
1912/13 Balkankriege		1914–1918 Erster Weltkrieg	

1888–1918 Regierungszeit Kaiser Wilhelms II.

Als im Herbst des Jahres 1918 der Erste Weltkrieg zu Ende ging, lag das europäische Staatensystem in Trümmern. Der Krieg hatte nicht nur das Zeitalter des Imperialismus, sondern auch das „lange 19. Jahrhundert" (1789–1914) beendet, in dem Europa die Weltpolitik und die Weltwirtschaft bestimmt hatte. Die Bilanz dieser „Urkatastrophe

5 des 20. Jahrhunderts", wie der amerikanische Diplomat George F. Kennan den Ersten Weltkrieg einmal genannt hat, war verheerend: Weltweit starben rund neun Millionen Soldaten und mehr als sechs Millionen Zivilisten, Unzählige waren verletzt und verstümmelt worden, weite Landstriche Europas blieben verwüstet zurück. Die Grausamkeiten dieses „ersten industriellen Massenvernichtungskrieges" zerstörten bereits kurz

10 nach dessen Ausbruch nicht nur das Zutrauen, das in die Wissenschaft und die Industriezivilisation als Träger einer besseren, moderneren Welt gesetzt worden war, sondern auch den Glauben an die Humanität des Menschen überhaupt.

M 2 Deutsche Soldaten auf dem Weg an die Westfront, Fotografie, Oktober 1914

1 Erklären Sie, was die dargestellten Personen auf dem Bild M 1 machen. Recherchieren Sie dazu den historischen Kontext, in dem das Bild entstand.

2 Erläutern Sie, welche Perspektive auf den Krieg in dem Bild deutlich wird.

3 Vergleichen Sie Ihre Ergebnisse mit der Wirkung von M 2.

4 **Partnerarbeit:** Entwickeln Sie gemeinsam Fragen, die sich Ihrer Meinung nach aus der Untersuchung der Bilder (M 1, M 2) und dem Einleitungstext auf dieser Seite ergeben. Notieren Sie diese, sodass Sie sie nach Bearbeitung des Kapitels noch einmal aufrufen und bearbeiten können (siehe S. 127).

| 1916 | Schlacht bei Verdun (Febr. bis Dez.) | 1917 | Kriegseintritt der USA | 1918 | „14 Punkte"-Plan des US-Präsidenten Wilson (Jan.) | 1918 | Revolution (Nov.) | 1919 | Friedensvertrag von Versailles |

| 1916 | 1917 | 1918 | 1919 | 1920 |

1914–1918 Erster Weltkrieg

1888–1918 Regierungszeit Kaiser Wilhelms II.

8   Wahlmodul: Der Erste Weltkrieg

> **In diesem Kapitel geht es um**
> – die Auswirkungen des technisierten Krieges auf die Soldaten, die an der Front in Schützengräben Artilleriebeschuss und Giftgasangriffe erleben mussten,
> – die Folgen des Weltkriegs für die Heimatfront, die durch Wirtschaftsblockaden und Bombardements in die militärischen Planungen einbezogen wurde,
> – die gegenwärtig noch andauernde Diskussion um die Verantwortung für den Ausbruch des Kriegs.

Entente cordiale
frz., „Herzliches Einverständnis"; 1904 geschlossenes Abkommen zwischen Frankreich und Großbritannien, das koloniale Konflikte bereinigte und faktisch ein Bündnis zwischen beiden Ländern etablierte.

▶ M 10: Ute Frevert über die Bedeutung des Krieges

Ursachen und Anlass

Zwischen Frankreich und Deutschland bestand seit dem Deutsch-Französischen Krieg (1870/71) und der deutschen Annexion Elsass-Lothringens durch das Deutsche Reich eine „Erbfeindschaft". Kaiser Wilhelms politischer Kurs der imperialistischen „Weltpolitik" und die Abkehr von Bismarcks Bündnispolitik hatten die politische Isolation Deutschlands zur Folge. Trotz aller kolonialen Differenzen fanden Frankreich und Großbritannien 1904 zu einem Interessenausgleich („*Entente cordiale*"*) – ein Bündnis, das sich drei Jahre später unter Einbeziehung Russlands zur „*Triple Entente*" erweiterte. Ihr stand der Zweibund, gebildet von Deutschland und Österreich-Ungarn, gegenüber. 5

Das tödliche Attentat auf den österreichisch-ungarischen Thronfolger Franz Ferdinand und seine Frau, das serbische Nationalisten am 28. Juni 1914 im bosnischen Sarajewo 10 verübten, löste in der nun folgenden „Julikrise" eine Eigendynamik der Bündnissysteme aus: Deutschland sicherte Österreich-Ungarn, das mit Serbien „abrechnen" wollte, Anfang Juli uneingeschränkte Unterstützung zu. Ermutigt durch diese „Blankovollmacht", stellte Österreich-Ungarn am 23. Juli an Serbien bewusst unannehmbare Forderungen. Obwohl Serbien den Forderungen weitgehend entgegenkam, erklärte Österreich-Ungarn am 28. Juli Serbien den Krieg. Russland ordnete zwei Tage später die Generalmobil- 15 machung an, um Serbien militärisch beizustehen. Deutschland richtete ein Ultimatum an Russland, die Mobilmachung umgehend einzustellen. Russland ging nicht auf das deutsche Ansinnen ein, woraufhin die deutsche Kriegserklärung an Russland am 1. August und an Frankreich am 3. August 1914 folgte. Nach dem Einmarsch in das neutrale 20 Belgien stellte sich Großbritannien auf die Seite der Entente und erklärte Deutschland am 4. August den Krieg.

M 1 Zeitungsmeldung zum Attentat von Sarajewo am 28. 6. 1914

Kernmodul: ▶ S. 112 f., „Sonderweg", M 6 Karl Dietrich Bracher

Kernmodul: ▶ S. 116 f., „Transnationale Geschichte", M 9 Osterhammel, M 10 Patel

Schlacht bei Verdun
Eine der größten und zugleich blutigsten Schlachten des Ersten Weltkriegs (Februar bis Dezember 1916). In ihr wurden mehr als eine halbe Million Soldaten getötet oder verwundet.

▶ M 3–M 5: Leben an der Front

Der technisierte Krieg und seine Folgen

Die jahrhundertealte Strategie des Bewegungskrieges erwies sich im Ersten Weltkrieg schnell als überholt. Als die Fronten zum Stillstand kamen, wurde deutlich, dass für keine Seite ein schneller Sieg möglich war. Der Bewegungskrieg wurde zum Stellungskrieg. Der Einsatz von Artillerie, Brandbomben und Giftgas forderte unzählige Menschenleben und verursachte große Umweltschäden: Ganze Landstriche waren von Gra- 5 nattrichtern und Schützengräben zerfurcht. Explodierten Minen oder Granaten, wurden riesige Mengen Erde hochgeschleudert und begruben Soldaten bei lebendigem Leib. Zum Inbegriff der Materialschlacht wurde die „Hölle von Verdun"*. Der Krieg beschleunigte auch die Erfindung und Weiterentwicklung von modernen Waffen wie Maschinengewehren, Flammenwerfern, Panzern, Kampfflugzeugen und U-Booten. Die 10 Technisierung des Kriegs ließ die Opferzahlen in die Höhe schnellen: Von den insgesamt 65 Millionen an den Kampfhandlungen beteiligten Soldaten kamen mehr als acht Millionen ums Leben, über 21 Millionen erlitten Verletzungen. Die zivilen Opfer, die an Hunger und Entkräftung starben, werden auf sechs bis sieben Millionen geschätzt.

15 Die Zivilbevölkerung, in erster Linie die Frauen an der „Heimatfront", waren mit anderen Problemen konfrontiert. Der Krieg forderte große Mengen an Rohstoffen und Nahrungsmitteln, was zu Teuerung und allgemeinem Mangel führte. Zudem fehlte es an Brennstoffen zum Heizen und für das Aufkochen von Wäsche. Die Regierung rief die Bürger zum Sparen in allen Lebensbereichen auf. Die Aufrufe zur Kriegsanleihe*, mit

20 denen der Krieg finanziert wurde, wurden mit ausgeklügelter Propaganda im ganzen Land verbreitet. Die Rationierungsmaßnahmen der Regierung führten dazu, dass die Frauen häufig stundenlang in den Geschäften anstehen mussten, um karges Essen oder Konsumgüter erwerben zu können, die Lebensmittelkarten zuwiesen.

Das Kriegsende

Nach dem Kriegseintritt der USA 1917 auf Seiten der Alliierten endete der Krieg Ende 1918 mit der deutschen Kapitulation. US-Präsident Woodrow Wilson legte im Januar 1918 ein 14-Punkte-Programm vor, das als wesentlichen Leitgedanken das Selbstbestimmungsrecht der Völker beinhaltete. Wilson forderte unter anderem die Räumung

5 und Wiederherstellung der von den Mittelmächten völkerrechtswidrig besetzten Gebiete, besonders Belgiens. Deutschland und Österreich-Ungarn lehnten das 14-Punkte-Programm aber ab. Im Herbst 1917 hatte nämlich die Russische Revolution („Oktoberrevolution") die Mittelmächte entlastet und führte zum Kriegsende im Osten. Deutschland diktierte Anfang 1918 der neuen sowjetrussischen Regierung im Frieden

10 von Brest-Litowsk* harte Bedingungen. Das Ausscheiden Russlands aus dem Krieg veranlasste die OHL im Frühjahr 1918, doch noch eine Kriegswende durch letztlich aber erfolglose Offensiven an der Westfront herbeizuführen. Als der militärische Zusammenbruch immer näher rückte, forderte die OHL die Reichsregierung Ende September 1918 auf, den Alliierten ein sofortiges Waffenstillstandsangebot zu unterbreiten. Der

15 amerikanische Präsident lehnte es jedoch ab, mit Repräsentanten des deutschen Kaiserreichs zu verhandeln. Erst nach der erzwungenen Abdankung Kaiser Wilhelms II. am 9. November 1918 (Beginn der Novemberrevolution) wurde am 11. November 1918 in Compiègne ein Waffenstillstandsabkommen unterzeichnet. Die Pariser Friedensverträge (1919 bis 1922) beendeten offiziell den Ersten Weltkrieg

20 und gaben dem Deutschen Reich die Schuld an dem Konflikt. Diese Frage nach der Kriegsschuld wird jedoch heute noch heiß diskutiert.

1 Stellen Sie die Julikrise und die Folgen in einem Schaubild dar.
   Tipp: Ereigniskette. Schreiben Sie die Ereignisse in Kästchen und bringen Sie diese mit beschrifteten Pfeilen in eine sinnvolle Verbindung.
2 Beschreiben Sie die Folgen des Krieges für Soldaten und Zivilisten.
3 Skizzieren Sie das Ende des Krieges, indem Sie jeweils die Rolle und die Bedeutung der vier Hauptakteure z. B. in einer Tabelle festhalten.

Stationenpass Erster Weltkrieg

Station 1: Leben an der Front			
Station 2: Leben in der Heimat			
Station 3: Die historische Bedeutung des Krieges			
Station 4: Die Kontroverse um den Kriegsausbruch 1914			

▶ M 6–M 9: Leben in der Heimat

Kriegsanleihe
Sparanleihe, bei der die Bürger bei einem erfolgreichen Kriegsausgang durch hohe Zinsen belohnt werden sollten.

M 2 Plakat zur 8. Kriegsanleihe, 1918

DER LETZTE HIEB

ist die
8. KRIEGSANLEIHE

PAUL NEUMANN, PLAKAT FÜR DIE 8. KRIEGSANLEIHE
LOHENDE ERWÄHNUNG   DURCH DIE REICHSBANK AUSGEFÜHRT

DRUCK UND WIEDERGABE VON SELMAR BAYER, BERLIN NO. 56

Frieden von Brest-Litowsk
Am 3. März 1918 geschlossener Friedensvertrag zwischen Russland und dem Deutschen Reich, in dem Russland auf die nördlichen baltischen Provinzen (Livland, Kurland, Estland, Litauen) sowie Polen verzichtete und die Unabhängigkeit Finnlands und der Ukraine anerkennen musste.

Stand der Kriegsschuldfrage

 cornelsen.de/Webcodes
Code: besaxu

▶ M 11, M 12: Kriegsschuldfrage

Hinweise zur Arbeit mit den Materialien

*Der Materialteil zum Ersten Weltkrieg kann als Statio-
nenarbeit durchgeführt werden. Jeder muss alle Stationen bearbeiten. Folgende Schwerpunkte gibt es:*

– *Station 1: M 3–M 5 zeigen die technischen Neuerungen des Krieges und die Folgen für die Soldaten
auf.*
– *Station 2: M 6–M 9 behandeln die Auswirkungen
auf die Zivilisten an der Heimatfront.*
– *Station 3: M 10 stellt die Frage nach dem Charakter
des Konfliktes und fordert zur Bewertung auf.*
– *Station 4: M 11, M 12 thematisieren die bis heute
aktuelle Debatte um die Kriegsschuldfrage.*

Zur Vernetzung mit dem Kernmodul

– *Kernmodul „Sonderwegsdebatte": S. 111 ff., vor
allem M 6 Bracher.*
– *Kernmodul „Transnationale Geschichtsschreibung":
S. 116 f., M 9 Osterhammel, M 10 Patel.*

Station 1: Leben an der Front

M 3 **Augenzeugenbericht eines französischen
Generals (1915)**

*Der französische General Henri Mordacq erlebte den
ersten deutschen Gasangriff am 22. April 1915 vor
Ypern, der etwa 4500 Tote forderte. Seine Meldung lau-
tete:*

Ich werde heftig angegriffen. Jetzt breiten sich unge-
heure gelbliche Rauchwolken, die von den deutschen
Gräben herkommen, über meine ganze Front aus.
Die Schützen fangen an, die Gräben zu verlassen und
5 zurückzugehen. Viele fallen erstickt nieder. [...] Ich
stieg sofort zu Pferde und galoppierte in die Gräben.
Als wir uns aber Boezinge auf 300 oder 400 Meter ge-
nähert hatten, fühlten wir heftiges Prickeln in der
Nase und Kehle; in den Ohren sauste es; das Atmen
10 fiel schwer; ein unerträglicher Chlorgeruch umgab
uns. [...] In der Nähe des Dorfes war das Bild, das sich
uns bot, mehr als bedauernswert – es war tragisch.
Überall Flüchtlinge: Landwehrleute, Afrikaner,
Schützen, Zuaven[1] und Artilleristen ohne Waffen –
15 verstört, mit ausgezogenen oder weit geöffneten Rö-
cken und abgenommenen Halsbinden – liefen wie
Wahnsinnige ins Ungewisse, verlangten laut schrei-
end nach Wasser, spuckten Blut, einige wälzten sich
sogar am Boden und versuchten vergeblich, Luft zu
20 schöpfen.

1 *der Zuave:* Infanterist aus den französischen Kolonien in
Nordafrika

*Herbert Krieger (Hg.), Handbuch des Geschichtsunterrichts, Bd. 5,
Verlag Moritz Diesterweg, Frankfurt/ M. 1965, S. 138.*

M 4 **Tanks (Panzer) aus Großbritannien bei
Saint-Quentin/Frankreich, ausgerüstet mit Gra-
benüberbrückungsgerät, Fotografie, 1918**

M 5 **Auszug aus einem Feldpostbrief von Anton
Steiger vom 17. Juli 1916**

Wie ein Fuchsloch war der Eingang. Dahinter führte
eine ganz verschüttete Stiege in den Raum, in dem
wir uns vier Tage lang befanden. Tote lagen unter
dem Schutt, von einem schauten Beine heraus bis zu
den Knien [...]; die ganze Zeit war es stockdunkel, da 5
wir nur ein paar Kerzenstangen hatten. Dann war ein
schrecklicher Modergeruch da unten, ein Modergeruch von Toten. Ich habe die vier Tage fast nichts essen können. Am dritten Tag schoss die französische
Artillerie bis abends halb zehn Uhr. Was das heißt: 10
zehn Stunden im Untergrund liegen unter Granat-
feuer, zehn Stunden den Tod des Lebendig-begraben-
Werdens vor Augen oder die Aussicht, in die Luft zu
fliegen, falls eine Granate da einschlägt, wo der
Sprengstoff liegt! Wir bekamen fast keine Luft mehr. 15
Zum Schluss feuerten die Franzosen wahrscheinlich
Gasgranaten vor unser Loch. Auf einmal steht der
Feldwebel auf, es wird ihm schlecht und ein paar weitere stehen auf und fallen um. [...] Alles wollte hinaus. Viele hatten nicht mehr die Kraft, sich hinauszu- 20
schwingen. Ich hatte sie Gott sei Dank noch, half
sogar noch einem hinaus.

*Zit. nach: http://www.lexikon-erster-weltkrieg.de/Feldpost:_
Anton_Steiger (Download vom 1.9. 2016).**

---

1 Arbeiten Sie mithilfe von M 3 bis M 5 Merkmale der
Kriegsführung im Ersten Weltkrieg heraus.
Tipp: Erstellen Sie eine Concept-Map; siehe S. 159.
2 Erklären Sie die Folgen des Krieges für die Soldaten.
3 **Wahlaufgabe:** Bearbeiten Sie entweder Aufgabe a)
oder b).
  a) Recherchieren Sie Feldpostbriefe aus Ihrem Ort.
  b) Verfassen Sie einen eigenen Feldpostbrief.
4 **Zusatzaufgabe:** Siehe S. 151.

Station 2:
Leben in der Heimat

M6 Doppeldecker der amerikanischen Luftwaffe, undatierte Fotografie

M7 Warteschlange vor einem Bäcker in Wien zum Brotverkauf, Fotografie, um 1918

M8 Frauen in einer deutschen Munitionsfabrik, Fotografie, 1916

M9 Die Historikerin Barbara Guttmann (1989)

Als Arbeitskräfte und als Garantinnen des Bevölkerungswachstums wurden Frauen zum Objekt macht- und wohlfahrtsstaatlicher Interessen. [...] Erst der Sozialdemokrat Schulz hielt es aber für nötig, die Frage der Bevölkerungspolitik mit der Frauenfrage zu verbinden. Er forderte als Konsequenz das Frauenwahlrecht: „Die Frauen haben sich dieses Recht durch aufopferungsvolle Tätigkeit während des Krieges doppelt und dreifach erworben." [...] Die Sozialdemokraten wollten [...] die volle politische Gleichberechtigung der Frauen. [...] Die Nationalliberalen [...] vertraten ganz andere Vorstellungen von der künftigen Rolle der Frau. Zwar verband ihr Abgeordneter von Calker die Diskussion um die Rechte der Frauen ebenfalls mit der weiblichen Pflichterfüllung während des Krieges, er forderte jedoch eine Rückbesinnung auf die „eigentliche Domäne der Frau" [...], aber die Einführung des Frauenwahlrechts lehnte er ab. [...] Auch Staatssekretär Wallraf hielt eine politische Betätigung der Frauen für verfehlt. Er versicherte den Frauen den „Dank des Vaterlandes" für ihre Tätigkeit in „Heer und Heimat" und stellte fest, dass alte Vorurteile über die Grenzen weiblicher Kraft geschwunden seien. Doch schien es ihm bei Kriegsende vordringlich, die alten Verhältnisse wiederherzustellen [...]. Am Frauenbild der Politiker hatte sich nach fast vier Jahren Krieg dennoch wenig geändert. Die Aufgaben der Frau wurden nach wie vor am häuslichen Herd gesehen, die des Mannes im öffentlichen Leben.

Barbara Guttmann, Weibliche Heimarmee. Frauen in Deutschland 1914–1918, Deutscher Studienverlag, Weinheim 1989, S. 31–33.*

1 Arbeiten Sie aus M6 bis M9 die Folgen des Krieges für die Zivilbevölkerung heraus.
2 **Wahlaufgabe:** Bearbeiten Sie entweder Aufgabe a) oder b).
   a) Verfassen Sie mithilfe der Materialien einen Tagebucheintrag eines älteren Lehrers, der 1917 über die Familien seiner Schülerinnen und Schüler schreibt.
   b) Verfassen Sie mithilfe der Materialien den Dialog zwischen zwei Frauen, von denen sich eine 1918 für eine Freiwilligengruppe des Reichsheeres gemeldet hat, in der Frauen zu Fernsprecherinnen, Funkerinnen und Telegrafistinnen ausgebildet wurden.
3 Überprüfen Sie ausgehend von M9, ob und ggf. inwieweit der Krieg die Frauenemanzipation förderte.
4 **Zusatzaufgabe:** Siehe S. 151.

Station 3:
Die historische Bedeutung des Krieges

M 10 Die Historikerin Ute Frevert über die Bedeutung des Ersten Weltkriegs (2004)

Bereits die Zeitzeugen jener Tage spürten es: Der Krieg, der im August 1914 begann und im November 1918 sein Ende fand, war etwas Einschneidendes. Er setzte eine historische Zäsur, trennte Altes von Neu-
5 em. Er trug, wie Kurt Tucholsky[1] 1920 schrieb, „das bürgerliche Zeitalter" zu Grabe, und er eröffnete eine neue Epoche, deren Signatur den damals Lebenden noch verborgen blieb: „Was jetzt kommt, weiß niemand." Man möchte sie um ihre Ahnungslosigkeit
10 beneiden. Was kam, war eine Ära der Katastrophen, wie der 1917 geborene Historiker Eric Hobsbawm die Zeit bis 1945 nannte. Für seinen Fachkollegen Ernst Nolte leitete der Erste Weltkrieg die Epoche des „europäischen Bürgerkriegs" ein, die mit der Niederlage
15 des Nationalsozialismus endete. Für Mark Mazower, Jahrgang 1958, markiert er den Anfang eines Jahrhunderts, das Europa in einen „dunklen Kontinent" verwandelte und es zum Schauplatz erbitterter weltanschaulicher Konflikte machte. Historiker, gleich
20 welcher Generation oder politischen Haltung, stimmen mit den Zeitgenossen darin überein, die Jahre 1914 bis 1918 als epochalen Bruch zu deuten.

Was brach da ab und auseinander? Tucholsky und andere sprachen von einer „bürgerlichen" Epoche,
25 die 1914 zu Ende gegangen sei. Sie meinten damit das 19. Jahrhundert, in dem die Wertmaßstäbe des gebildeten Bürgertums den Ton angaben: die Hochschätzung von Individualität, persönlicher Leistung, rationaler Wissenschaft, gepflegter Geselligkeit, familiärer
30 Intimität und zivilen Betragens. Dazu gehörte aber auch die Überzeugung, dass Konflikte durch Kompromiss und Ausgleich zu lösen seien statt durch Gewalt und physischen Zwang. Das galt für familiäre oder Nachbarschaftsstreitigkeiten nicht anders als
35 für Arbeitskämpfe und außenpolitische Spannungen. Krieg und Gewalt hielt man zwar nicht für gänzlich illegitim, doch sollten sie sich möglichst auf Fälle existenzieller Gefährdung beschränken und in ihrem Ausmaß streng begrenzt werden.
40 Sicherlich war die Geschichte des 19. Jahrhunderts nicht ganz so zivil, wie von Tucholsky und anderen gesehen. Dafür enthielt sie zu viele dunkle Schattierungen: die sozialen Ungleichheiten einer kapitalistischen Klassengesellschaft, die Diskriminierungen
45 von Frauen, den Antisemitismus, autoritäre Regierungssysteme. Die zwischenstaatlichen Beziehungen waren mitnichten nur durch friedliche Verhandlungen und freundliche Monarchenbesuche geprägt;

Kriege wurden sehr viel häufiger aus machtpolitischem Kalkül heraus angezettelt als aus existenziel-
50 len Zwängen.

Dennoch überwog – bei Zeitgenossen ebenso wie bei späteren Historikern – der Eindruck einer fortschrittlichen Entwicklung. Langsam, aber stetig schien alles besser zu werden: Die Wirtschaft boomte, der ge-
55 samtgesellschaftliche Wohlstand wuchs, krasse Not verschwand; rasante technische Innovationen erweiterten die Handlungs- und Bewegungsspielräume von Millionen, sozialpolitische Maßnahmen dämpften den Klassenkonflikt. Außenpolitisch hatte man
60 sich an Spannungen und Krisen gewöhnt – lebte aber auch in der Gewissheit, sie seien diplomatisch zu lösen. Allen Rivalitäten zum Trotz waren die europäischen Nationen ökonomisch und kulturell eng miteinander verbunden. Zudem einte sie das Bewusstsein
65 der Überlegenheit gegenüber allen nichteuropäischen Kulturen und Zivilisationen. Die meisten Menschen blickten somit zur Jahrhundertwende hoffnungsvoll in die Zukunft. Der Krieg zerstörte diesen Optimismus. Er veränderte Europa und die Welt tief-
70 greifend und dauerhaft […].

Ute Frevert, Das Ende der Alten Welt, in: GEO Epoche, Der Erste Weltkrieg. Von Sarajevo bis Versailles: Die Zeitwende 1914–1918 Ausgabe 14, Gruner+Jahr, Hamburg, 2004 S. 22–23.

1 *Kurt Tucholsky (1880–1935):* deutscher Journalist und Schriftsteller

1 Geben Sie die zentralen Aussagen von Frevert (M 10) zur historischen Bedeutung des Krieges wieder.
2 Überprüfen Sie, ob und ggf. inwieweit der Erste Weltkrieg eine „historische Zäsur" darstellt.
   Tipp: Klären Sie den Begriff „historische Zäsur".
3 **Wahlaufgabe:** Bearbeiten Sie entweder Aufgabe a) oder b).
   Stellen Sie Aspekte zusammen, auf die eine Stellungnahme zur historischen Bedeutung des Ersten Weltkrieges aus der Sicht der „transnationalen Geschichtsschreibung" eingehen müsste, wie sie
   a) der Historiker Osterhammel (siehe S. 116, M 9) versteht oder
   b) der Historiker Patel (siehe S. 116 f., M 10).
   Kernmodul: ▶ S. 116 f., M 9, M 10

Station 4:
Die Kontroverse um den Kriegsausbruch 1914

M 11   Der australische Historiker Christopher Clark (2013)

Der Kriegsausbruch von 1914 ist kein Agatha-Christie-Thriller, an dessen Ende wir den Schuldigen im Konservatorium über einen Leichnam gebeugt auf frischer Tat ertappen. In dieser Geschichte gibt es
5 keine Tatwaffe als unwiderlegbaren Beweis, oder genauer: Es gibt sie in der Hand jedes einzelnen wichtigen Akteurs. So gesehen war der Kriegsausbruch eine Tragödie, kein Verbrechen. Wenn man dies anerkennt, so heißt das keineswegs, dass wir die kriegeri-
10 sche und imperialistische Paranoia der österreichischen und deutschen Politiker kleinreden sollten, die zu Recht die Aufmerksamkeit Fritz Fischers[1] und seiner historischen Schule auf sich zog. Aber die Deutschen waren nicht die einzigen Imperialisten, ge-
15 schweige denn die Einzigen, die unter einer Art Paranoia litten. Die Krise, die im Jahr 1914 zum Krieg führte, war die Frucht einer gemeinsamen politischen Kultur. Aber sie war darüber hinaus multipolar und wahrhaft interaktiv – genau das macht sie zu
20 dem komplexesten Ereignis der Moderne, und eben deshalb geht die Diskussion um den Ursprung des Ersten Weltkriegs weiter [...]. In den Köpfen vieler Staatsmänner hoben sich anscheinend die Hoffnung auf einen kurzen Krieg und die Angst vor einem lan-
25 gen gegenseitig auf und rückten so eine umfassende Einschätzung der Risiken in weite Ferne. [...] So gesehen waren die Protagonisten von 1914 Schlafwandler – wachsam, aber blind, von Albträumen geplagt, aber unfähig, die Realität der Gräuel zu erkennen, die
30 sie in Kürze in die Welt setzen sollten.

Christopher Clark, Die Schlafwandler. Wie Europa in den Ersten Weltkrieg zog, übers. v. Norbert Juraschitz, Deutsche Verlags-Anstalt, München 2013, S. 715 ff.*

1 *Fritz Fischer:* deutscher Historiker, der die Alleinschuldthese Deutschlands am Kriegsausbruch formulierte; sie fand vor allem durch sein Buch „Griff nach der Weltmacht" (1961) Verbreitung.

M 12   Die deutsche Historikerin Annika Mombauer (2014)

Dennoch muss der Hauptteil der Verantwortung für den Kriegsausbruch nach wie vor in den Entscheidungen Österreich-Ungarns und Deutschlands verortet werden. [...]
5 Es gab in der Julikrise 1914 nicht nur eine „schuldige" Regierung unter den Großmächten; alle trugen durch ihre Entscheidungen absichtlich oder unabsichtlich zur Verschlechterung der Situation bei. Aber die Ver-

antwortung einiger Regierungen war gravierender
10 als die anderer, die Folgen der Entscheidungen verhängnisvoller, die Absicht, einen Krieg vom Zaun zu brechen, stärker und daher auch letztendlich ausschlaggebender. Wenn wir den Fokus neuerdings wieder auf die Handlungen aller Großmächte legen,
15 hilft das nicht, wie es in der Zwischenkriegszeit von David Lloyd George beschwichtigend behauptet wurde, Europas Mächte seien hilflos in einen Krieg geschlittert, den niemand gewollt habe. Wie wir gesehen haben, war dieser Krieg nicht das Resultat von
20 „professionellen Fehlern" einer relativ kleinen Gruppe von Diplomaten, Politikern und Militärs. Der Krieg war kein „Unfall", er war nicht das Resultat von Fehlern oder Versäumnissen, und die Verantwortlichen von 1914 waren keine „Schlafwandler", sondern sie
25 wussten im Gegenteil ganz genau, was sie taten. Der Krieg brach aus, weil einflussreiche Kreise in Wien und Berlin ihn herbeiführen wollten und ihn absichtlich riskierten und weil man in Paris und Petersburg bereit war, diesen Krieg zu führen, wenn er denn käme. Gewiss, es gab auch in Paris und Petersburg
30 und zu einem viel geringeren Teil sogar in London im Juli 1914 Befürworter des Krieges, vor allem unter den Militärs. Aber die Entscheidung, im Sommer 1914 einen Krieg zu führen, war in Wien und Berlin getroffen worden.
35

Annika Mombauer, Die Julikrise. Europas Weg in den Ersten Weltkrieg, C. H. Beck, München 2014, S. 117 f.*

1 Stellen Sie die Forschungspositionen von Clark (M 11) und Mombauer (M 12) vergleichend gegenüber.
Tipp: Nutzen Sie dafür eine Tabelle. Gehen Sie dabei auch auf den Sprachstil von Christopher Clark und Annika Mombauer ein.

2 **Wahlaufgabe:** Bearbeiten Sie entweder Aufgabe a) oder b)

   a) **Internetrecherche:** Die Thesen von Clark hatten nach 2013 eine größere historische Debatte ausgelöst. Recherchieren Sie zur Clark-Kontroverse und beurteilen Sie die Stichhaltigkeit seiner Thesen.

   b) **Zeitungsbericht:** Verfassen Sie ausgehend von M 11 und M 12 einen Bericht zum Ersten Weltkrieg für eine Ausgabe der Schülerzeitung Ihrer Schule.

3 **Zusatzaufgabe:** Siehe S. 151.

Anwenden

M1 US-amerikanisches Propagandaplakat mit Werbung für den Erwerb von Kriegsanleihen, 1917

Präsentation

Propaganda im Ersten Weltkrieg

Der Erste Weltkrieg brachte nicht nur technische Neuerungen in Bezug auf die Waffen. Um die Gesellschaft für den Krieg zu mobilisieren, wurde auch erstmals Massenpropaganda eingesetzt. Präsentieren Sie die Nutzung von Propaganda im Ersten Weltkrieg.

Literaturtipp
Anton Holzer, Die andere Front. Fotografie und Propaganda im Ersten Weltkrieg, 3. Auflage, Primus, Darmstadt 2012.

Der Erste Weltkrieg in der historischen Erinnerung

Der Weltkrieg hat in der historischen Erinnerung für die kriegsteilnehmenden Länder unterschiedliche Bedeutungen. Dies wird auch deutlich durch die Bezeichnung als „The Great War" in Großbritannien bzw. „La grande Guerre" in Frankreich. Recherchieren und präsentieren Sie die verschiedenen Erinnerungen an den Ersten Weltkrieg.

Literaturtipps
Martin Beier, Der Erste Weltkrieg in der internationalen Erinnerung, in: Aus Politik und Zeitgeschichte 64, 16–17/2014, S. 47–53.
Barbara Korte (Hg.), Der Erste Weltkrieg in der populären Erinnerungskultur, Klartext, Essen 2008, S. 7–24.

M2 Veteranen und deren Nachfahren während einer Zeremonie am ANZAC-Day am Australischen Kriegsdenkmal in Canberra, Fotografie vom 25. April 2019

Wiederholen

M 3 Propaganda-
poster der USA zur
Rekrutierung von
Soldaten, 1917

Zentrale Begriffe

Clark-Kontroverse
Gleichgewicht der Mächte
Hegemonie
„Industrialisierte" Kriegführung
Kriegsschuldfrage
Nation
Nationalismus
Weltpolitik

Formulierungshilfen „Propagandaplakate analysieren"

– Das vorliegende Material ist ein amerikanisches Propagandaplakat …
– Im Zentrum des Plakats ist ein überdimensionaler Affe abgebildet, der …
– Als Erstes fällt dem Betrachter ins Auge, …
– Im Vordergrund sieht man …
– Im Hintergrund sind … zu erkennen.
– Des Weiteren fallen die … ins Auge.
– Das Plakat ist überschrieben mit dem Slogan „…", welcher in knallroten Großbuchstaben gestaltet ist.
– Am unteren Bereich findet sich „…".
– Die dargestellte Szene wirkt auf den Betrachter, …
– Der überdimensionierte Affe mit Pickelhaube soll … darstellen.
– Die Frau …
– Die zentrale Aussage ist, dass die …
– Das Poster ist Teil der amerikanischen Kriegspropaganda und soll …

1 Interpretieren Sie das Plakat M 3.
   Tipp: Beachten Sie die Arbeitsschritte auf der Methodenseite 34 sowie die Formulierungshilfen auf dieser Seite. Achten Sie auch auf inhaltliche Details, z. B. den Helm oder die Keule.
2 Setzen Sie M 3 in Verbindung zur Sonderwegsthese (d. h. zur Vorstellung von der Geschichte Deutschlands im 19./20. Jahrhundert als einem „negativen" Sonderweg).
3 **Wahlaufgabe:** Bearbeiten Sie entweder Aufgabe a) oder b).
   a) Verfassen Sie einen Feldpostbrief eines Soldaten der Westfront an seine Familie.
   b) Verfassen Sie einen Tagebucheintrag einer Frau zum Kriegsalltag 1917.
4 **Partnerarbeit:** Tauschen Sie jeweils mit einem/einer Partner/-in, der/die die jeweils andere Wahlaufgabe 3 bearbeitet hat, und verbessern Sie dessen/deren Ergebnis.
5 **Vertiefung:** Recherchieren Sie zum Ersten Weltkrieg und seinen Folgen in Ihrer eigenen Heimatgemeinde. Stellen Sie Ihre Ergebnisse im Kurs vor.
6 Erörtern Sie die These, dass der Erste Weltkrieg die Folge des europäischen Nationalismus des 19. Jahrhunderts darstellt.
7 Geben Sie Antworten auf Ihre Fragen von der Einstiegsseite 119.

Kernmodul: ▶ Sonderwegsdebatte, S. 111 ff., M 4 Wehler, M 6 Bracher

Wahlmodul: Nationalsozialismus und deutsches Selbstverständnis

M 1 Judenverfolgung in Cuxhaven, Fotografie, 1933.

Auf dem Bild sind Oskar Dankner und seine angebliche Geliebte Adele Edelmann zu sehen, die am 27. Juli 1933, sechs Monate nach der Machtübernahme der Nationalsozialisten, durch die Straßen von Cuxhaven getrieben und dabei mit Peitschen geschlugen wurden.

1918	Novemberrevolution, Ausrufung der Republik, Ende der Monarchie in Deutschland

1919	Wahlen zur Nationalversammlung, Versailler Vertrag

1923	Hitler-Putsch

1920	25-Punkte-Programm der NSDAP

1921	Wahl Hitlers zum NSDAP-Vorsitzenden

1925	Veröffentlichung von Hitlers „Mein Kampf", Bd. 1

1929	Beginn der Weltwirtschaftskrise

1920   1925   1930

1914–1918 Erster Weltkrieg

1919–1933 Weimarer Republik

Die Ernennung Adolf Hitlers zum Reichskanzler am 30. Januar 1933 war ein tiefer Einschnitt in der deutschen Geschichte. Nach nur vierzehn Jahren endete die erste deutsche Demokratie, Hitler und die Nationalsozialisten veränderten Deutschland im atemberaubenden Tempo in eine totalitäre Diktatur.

5 Hitler und sein Programm, das für die Menschen in Zeiten der Weltwirtschaftskrise nach 1929 attraktiv erschien, wurzelten ideell jedoch tief im 19. Jahrhundert. Aus diesem Grund ist eine Auseinandersetzung mit den zentralen Ideologemen der Nationalsozialisten wichtig, auch um die Traditionen des Nationalismus in diesem Ideengerüst nachweisen zu können.

1 Erläutern Sie, welches Menschenbild der Nationalsozialisten in der Fotografie M 1 deutlich wird.

2 Stellen Sie weitere biografische Nachforschungen zu Oskar Dankner und Adele Edelmann an.

3 **Partnerarbeit:** Entwickeln Sie gemeinsam Fragen, die sich Ihrer Meinung nach aus dem Bildmaterial ergeben. Notieren Sie diese, sodass Sie sie nach Bearbeitung des Kapitels noch einmal aufrufen und bearbeiten können.

| 1933 | Ernennung Hitlers zum Reichskanzler, Reichstagsbrand, Außerkraftsetzung der Grundrechte, „Ermächtigungsgesetz" | 1936 | Verkündung des „Vierjahresplans", Olympische Spiele in Garmisch-Partenkirchen und Berlin, Ernennung Himmlers zum Chef der deutschen Polizei | 1939 | Deutscher Angriff auf Polen, Beginn des Zweiten Weltkriegs | 1941 | Angriff auf die UdSSR, Kriegseintritt der USA | 1945 | Kapitulation Deutschlands |

1935   1940   1945

1933–1945 NS-Herrschaft

9   Wahlmodul: Nationalsozialismus und deutsches Selbstverständnis

> **In diesem Kapitel geht es um**
> – die ideologischen Grundlagen des Nationalsozialismus,
> – die Auswirkungen dieser Ideologie nach 1933,
> – die Bedeutung der Begriffe „Volksgemeinschaft" und „Untermenschen",
> – die Auswirkungen dieser Klassifizierungen.

NSDAP
Nationalsozialistische Deutsche Arbeiterpartei, gegründet 1920 in München, ab
1921 unter Führung von Adolf Hitler.

Ideologie des Nationalsozialismus

M1 Adolf Hitler, Fotografie,
1920

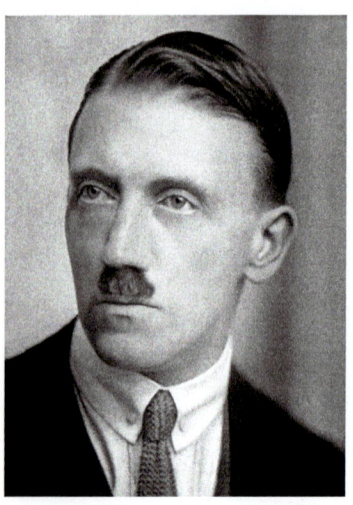

„Mein Kampf"
Von Adolf Hitler in seiner Haftzeit nach
einem gescheiterten Putschversuch
verfasste Biografie.

▶ M 3 und M 4: zur NS-Ideologie

Kernmodul: ▶ S. 111–116, M 4–M 8,
Sonderwegsdebatte

Antisemitismus im 19. und 20. Jahrhundert
🔊 cornelsen.de/Webcodes
+ Code: sosexa

Mit Beginn der 1930er-Jahre, als die Weltwirtschaftskrise in Deutschland das Vertrauen
vieler Menschen in Regierung, Parlament und Parteien sowie in deren Fähigkeiten zur
Lösung der ökonomischen und sozialen Probleme erschüttert hatte, gelang der **NSDAP***
der Durchbruch zu einer Massenpartei. Die Nationalsozialisten fanden in der Bevölkerung mit ihrer Forderung nach Beseitigung des „Weimarer Systems" und einem „starken 5
Mann" an der Spitze des Deutschen Reiches zunehmend Rückhalt.
Ihr „Führer" **Adolf Hitler*** könne als Retter Deutschland aus der Wirtschaftskrise her-
ausführen und den nationalen Wiederaufstieg des Reiches durchsetzen. Die politischen
Lösungen, die Hitler und die Nationalsozialisten anboten, beruhten sowohl auf der charismatischen Führergestalt Adolf Hitlers als auch auf der ebenso radikalen wie aggressi- 10
ven Ideologie der nationalsozialistischen Bewegung. Diese „Weltanschauung" verband
die faschistischen Grundelemente Antiparlamentarismus, Antiliberalismus und Anti-
marxismus mit völkischen Auffassungen von imperialistischem Nationalismus, Antisemitismus und Rassismus. Dabei bestand das Prinzip der NS-Ideologie in der radikalen
Vereinfachung der übernommenen Thesen und Argumente. Hitler, der seine Ansichten 15
und Ziele bereits 1925 in seinem Buch „Mein Kampf"* formuliert hatte, glaubte umso
mehr Zustimmung zu erlangen, je stärker er die nationalsozialistischen Leitgedanken
auf wesentliche Inhalte reduzierte.

Rassenlehre, Antisemitismus und „Untermensch"-Propaganda

Einer der Grundpfeiler nationalsozialistischen Denkens war der Rassismus. Er beruhte
erstens auf der pseudo-wissenschaftlichen Auffassung, dass biologische und damit erb-
liche Merkmale das gesamte menschliche, also auch das politisch-gesellschaftliche Verhalten bestimmen. Zweitens unterstellte der Rassismus die Höher- bzw. Minderwertig-
keit unterschiedlicher „Rassen". Mit dieser Annahme untrennbar verbunden ist eine 5
sozialdarwinistische Interpretation der Geschichte: Sie erschien als ein ständiger Kampf
der Individuen und Völker, der Staaten und „Rassen", wobei sich stets die Stärkeren gegenüber den Schwächeren durchsetzten.
In der NS-Ideologie verbanden sich außerdem Rassismus und Antisemitismus zum Rassenantisemitismus, d. h., die Judenfeindschaft wurde nun nicht zuvorderst religiös oder 10
sozial begründet, sondern es wurde argumentiert, dass die jüdische Rasse gegenüber
der „arischen" bzw. germanischen minderwertig sei und sich nur der geistigen und ma-
teriellen Güter höherstehender Rassen bediene. Daraus wurde gefolgert, dass „die Juden" der oberste Feind der Menschheit seien.
Mit der Machtübernahme der Nationalsozialisten wurde der Rassenantisemitismus 15
zum Dreh- und Angelpunkt staatlichen Handelns. Der Historiker Michael Wildt bezeichnet den nationalsozialistischen Judenhass im Unterschied zum Antisemitismus
der Kaiserzeit als „Antisemitismus der Tat". Ideen bezüglich gesetzlicher Einschränkun-

gen oder erste Vernichtungsgedanken, wie sie z. B. der Philosoph und Antisemit Eugen
20 Karl Dühring (1833–1921) angestellt hatte, gab es, aber sie blieben Theorie. In der NS-
Zeit wurde daraus staatliche Politik. Die Nationalsozialisten klassifizierten auch Sinti
und Roma, Menschen afrikanischer und asiatischer Herkunft sowie die slawischen Völker, vor allem Russen und Polen, als „minderwertige Rassen" bzw. als „Untermenschen".
Pseudo-wissenschaftliche und programmatische NS-Schriften sprachen den „Unter-
25 menschen" pauschal Kraft, intellektuelle Leistungsfähigkeit, Kreativität, Moral und Ehr-
barkeit ab. Die NS-Propaganda entmenschlichte sie zudem als Artfremde und Volksschädlinge, als „Ungeziefer" und „Parasiten". So bereitete der NS-Staat
die Ausgrenzung, Entrechtung, Deportation und schließlich die Vernichtung von Millionen von Menschen ideologisch vor. Gleichzeitig
30 senkte die kollektive Entmenschlichung die Hemmschwelle bei Soldaten, Polizisten und **SS***, wehrlose Menschen auszubeuten und in
den besetzten Ländern sowie in den Konzentrationslagern zu töten.

„Volksgemeinschafts"-Ideologie

Der „nationale Sozialismus", den die NSDAP vertrat, zielte nicht auf
die sozialistische Umgestaltung der wirtschaftlichen und sozialen
Verhältnisse, wie sie von den Arbeiterparteien und den Gewerkschaften angestrebt wurde. Die „nationale Wiedergeburt" des Deutschen
5 Reiches konnte nach ihrer Auffassung nur gelingen, wenn Staat und
Gesellschaft nicht länger von Klassenkampf und Parteienzwist bestimmt würden. Als Alternative zu sozialistischen und demokratischen Ordnungsvorstellungen formulierte die NS-Propaganda das
Ideal der „Volksgemeinschaft", in der alle sozialen Gruppen – außer
10 den Gegnern, die ausgegrenzt werden müssten – zu einem einheitlichen ethnischen Verband zusammengeschlossen seien. Damit jeder
seinen natürlichen Platz in der Gesellschaft einnehmen könne, sollten
alle sozialen Unterschiede eingeebnet werden. Die Verheißung der
Nationalsozialisten, die deutsche Bevölkerung zu einer „Volksgemein-
15 schaft" zusammenzuführen, war nach dem Ersten Weltkrieg ein wirk-
sames Propagandamittel, um die Unzufriedenen für die NSDAP zu
gewinnen. Nach der Machtübernahme 1933 trat ein anderes Ziel in
den Vordergrund: Die Nationalsozialisten betrachteten die Schaffung
einer homogenen und starken deutschen Nation als unabdingbare
20 Voraussetzung für ihre Kriegs- und Expansionspolitik. Erst eine von allen inneren Konflikten und Schwächen befreite „Volksgemeinschaft" habe die Kraft und Willensstärke,
den in ihren Augen erforderlichen „Lebensraum" im Osten gegen eine Welt äußerer
Feinde zu erobern.

SS
1925 von Hitler begründete Organisation,
die ursprünglich seine „Leibgarde"
darstellte („Schutzstaffel"); nach 1933/34
entwickelte sich die SS zur zentralen
Unterdrückungs- und Machtorganisation
– die SS leitete auch die Konzentrations-
wie Vernichtungslager.

M 2 „**Nürnberg 1933, einig das Volk, stark das Reich", Postkarte, 1933**

▶ **M 5: Hitler über „Volksgemeinschaft"**

Kernmodul: ▶ S. 109–111, M 1–M 3,
deutsches Selbstverständnis

1 **Schaubild:** Arbeiten Sie aus der Darstellung die zentralen Merkmale der „NS-
Volksgemeinschafts"-Ideologie heraus und stellen Sie sie in einem Schaubild dar.
2 Erläutern Sie mithilfe der Darstellung die Begriffe „Rassenantisemitismus" und
„Antisemitismus der Tat". Zeigen Sie dabei die Unterschiede zwischen dem traditio-
nellen und dem nationalsozialistischen Antisemitismus auf.
Tipp: Nutzen Sie für die Merkmale des traditionalen Antisemitismus den Webcode
(S. 130) und stellen Sie diesen dem Antisemitismus im Dritten Reich gegenüber.

Hinweise zur Arbeit mit den Materialien

Der Materialteil setzt folgende Schwerpunkte:
- *M 3 zeigt mithilfe von Auszügen aus „Mein Kampf" zentrale Merkmale der NS-Ideologie auf.*
- *M 4 behandelt die Auswirkungen der rassistischen Propaganda auf die Gesellschaft.*
- *M 5 thematisiert die Idee der „Volksgemeinschaft", mit der die Nationalsozialisten für die Gesellschaft attraktiv waren.*

Zur Vernetzung mit dem Kernmodul
- *Kernmodul „Sonderwegsdebatte": S. 111 ff., M 4 Wehler, M 6 Bracher.*
- *Kernmodul „Deutsches Selbstverständnis": S. 109 ff., M 1–M 3.*

M 3 Auszüge aus Hitlers „Mein Kampf" (1925)

a) „Der Jude"

Siegt der Jude mithilfe seines marxistischen Glaubensbekenntnisses über die Völker dieser Welt, dann wird seine Krone der Totenkranz der Menschheit sein, dann wird dieser Planet wieder wie einst vor
5 Jahrmillionen menschenleer durch den Äther ziehen.

Die ewige Natur rächt unerbittlich die Übertretung ihrer Gebote.

So glaube ich heute im Sinne des allmächtigen
10 Schöpfers zu handeln: Indem ich mich des Juden erwehre, kämpfe ich für das Werk des Herrn.

b) „Volk und Rasse"

Schon die oberflächlichste Betrachtung zeigt als nahezu ehernes Grundgesetz all der unzähligen Ausdrucksformen des Lebenswillens der Natur ihre in sich begrenzte Form der Fortpflanzung und Vermeh-
5 rung. Jedes Tier paart sich nur mit einem Genossen der gleichen Art. Meise geht zu Meise, Fink zu Fink, der Storch zur Störchin, Feldmaus zu Feldmaus, Hausmaus zu Hausmaus, der Wolf zur Wölfin usw. [...]
10 Die Folge dieses in der Natur allgemein gültigen Triebes zur Rasseeinheit ist nicht nur die scharfe Abgrenzung der einzelnen Rassen nach außen, sondern auch ihre gleichmäßige Wesensart in sich selber. [...]
15 So wenig sie [= die Natur] aber schon eine Paarung von schwächeren Einzelwesen mit stärkeren wünscht, so viel weniger noch die Verschmelzung von höherer Rasse mit niederer, da ja andernfalls ihre ganze sonstige, vielleicht jahrhunderttausendelange
20 Arbeit der Höherzüchtung mit einem Schlage wieder hinfällig wäre.

Die geschichtliche Erfahrung bietet hierfür zahllose Belege. Sie zeigt in erschreckender Deutlichkeit, dass bei jeder Blutsvermengung des Ariers mit niedrigeren Völkern als Ergebnis das Ende des Kulturträgers 25 herauskam. [...] Den gewaltigsten Gegensatz zum Arier bildet der Jude.

c) „Antiparlamentarismus" und „Führerprinzip"

Die junge Bewegung ist ihrem Wesen und ihrer inneren Organisation nach antiparlamentarisch, d. h., sie lehnt im Allgemeinen wie in ihrem eigenen inneren Aufbau ein Prinzip der Majoritätsbestimmung ab, in dem der Führer nur zum Vollstrecker des Willens 5 und der Meinung anderer degradiert wird. Die Bewegung vertritt im Kleinsten wie im Größten den Grundsatz der unbedingten Führerautorität, gepaart mit höchster Verantwortung. Die praktischen Folgen dieses Grundsatzes in der Bewegung sind nachste- 10 hende: Der erste Vorsitzende einer Ortsgruppe wird durch den nächsthöheren Führer eingesetzt, er ist der verantwortliche Leiter der Ortsgruppe. [...]
Der völkische Staat hat, angefangen bei der Gemeinde bis hinauf zur Leitung des Reiches, keinen Vertre- 15 tungskörper, der etwa durch Majorität beschließt, sondern nur Beratungskörper, die dem jeweilig gewählten Führer zur Seite stehen und von ihm in die Arbeit eingeteilt werden, um nach Bedarf selber auf gewissen Gebieten wieder unbedingte Verantwor- 20 tung zu übernehmen, genau so wie sie im Größeren der Führer oder Vorsitzende der jeweiligen Korporation selbst besitzt.

Adolf Hitler, Mein Kampf, Franz Eher Nachfolger, München 1942, S. 69 f., 311 ff., 378, 501 f.*

1 Analysieren Sie anhand von M 3 a bis c das von Hitler entworfene Menschenbild.
   Tipp: Sammeln Sie zunächst die zugeschriebenen Eigenschaften und die Bezüge zur Biologie.
2 Erklären Sie anhand von M 3 a bis c, was Hitler unter „Führerprinzip" versteht.
3 **Wahlaufgabe:** Bearbeiten Sie entweder Aufgabe a) oder b).
   Verfassen Sie zu den Aussagen in M 3 a bis c
   a) ein historisches Sachurteil oder
   b) ein Werturteil.

Formulierungshilfen „Urteile verfassen":
- Der Verfasser stellt die These/Behauptung auf ...
- Einer der wichtigsten Gründe für/gegen diese Meinung ...
- Dafür/Dagegen spricht ...
- Ich bin der Meinung/Ansicht/Auffassung, dass ...
- Mich stützend auf das Recht der Gleichheit der Menschen ...
- Ausgehend von dem erkenntnisleitenden Interesse, dass die Würde des Menschen unantastbar ist, ...
- Alles in allem zeigt sich daher, dass ...

M4 Die Historikerinnen Hilde Kammer und Elisabet Bartsch über den Begriff des „Untermenschen" in der NS-Propaganda (2002)

Die wissenschaftlich eindeutig widerlegte nationalsozialistische Rassenkunde, deren Auswirkungen für Millionen Menschen den Tod bedeuteten, stellte die Behauptung auf, es gebe eine höherstehende nordi-
5 sche Rasse, zu der in ihrer Mehrzahl die Deutschen gehörten, und andere minderwertige Rassen, zu denen unter anderen Slawen, Sinti und Roma und Juden gehörten. Auf der Grundlage der Rassenkunde wurden Juden und Slawen in Zeitungen, in Reden,
10 Büchern, Filmen, auf Plakaten, auf Schulungsveranstaltungen der NSDAP, der SS, der Hitlerjugend und aller anderen Organisationen des Nationalsozialismus immer wieder und mit einhämmernden Wiederholungen diskriminiert, das heißt herabgewürdigt. In
15 einer Schrift der SS von 1935 hieß es: „[...] Der Untermensch – jene biologisch scheinbar völlig gleichgeartete Naturschöpfung mit Händen, Füßen und einer Art von Gehirn, mit Augen und Mund, ist doch eine ganz andere, eine furchtbare Kreatur, ist nur ein Wurf
20 zum Menschen hin, mit menschenähnlichen Gesichtszügen – geistig, seelisch jedoch tiefer stehend als jedes Tier [...]. Untermensch – sonst nichts [...]. Und diese Unterwelt der Untermenschen fand ihren Führer: – den ewigen Juden [...]." In einer der Reichs-
25 pressekonferenzen, durch die die gesamte Presse des Deutschen Reiches, gelenkt vom Propagandaministerium, ihre Anweisungen über Inhalt und Aufmachung ihrer Berichte erhielt, hieß es 1939, kurz nach Beginn des Zweiten Weltkrieges, 1939–1945: „[...] Da-
30 gegen muss erreicht werden, dass die gegenwärtige Abneigung gegen alles Polnische für Jahre aufrechterhalten wird [...]. Polen ist Untermenschentum. Polen, Juden, Zigeuner sind in einem Atemzug zu nennen [...]. Es muss auch der letzten Kuhmagd in
35 Deutschland klargemacht werden, dass das Polentum gleichwertig ist mit Untermenschentum [...], bis jeder in Deutschland jeden Polen, gleichgültig ob Landarbeiter oder Intellektuellen, im Unterbewusstsein schon als Ungeziefer ansieht. Diese Anweisung
40 wird ausdrücklich über das Propagandaministerium an alle Zeitungen gegeben." Menschen, die nicht mehr als Menschen angesehen wurden, als Untermenschen, als Volksschädlinge „auszurotten", war der nächste Schritt. Die als Untermenschen und „Pa-
45 rasiten" bezeichneten Menschen wie Ungeziefer „auszumerzen", wurde als Absicht öffentlich verkündet. Auf einer Kundgebung der NSDAP 1933 sprach Hermann Göring es aus: „Volksgenossen! Meine Maßnahmen werden nicht angekränkelt sein durch ir-

gendwelche juristischen Bedenken. Hier habe ich 50 keine Gerechtigkeit zu üben, hier habe ich nur zu vernichten und auszurotten, weiter nichts."

Hilde Kammer, Elisabet Bartsch, Lexikon Nationalsozialismus. Begriffe, Organisationen und Institutionen, 6. Aufl., Rowohlt Taschenbuch Verlag, Reinbek bei Hamburg 2002, S. 253 f.*

1 Arbeiten Sie mithilfe von M4 die Hauptmerkmale der NS-Auffassung vom Menschen heraus.
2 Zeigen Sie anhand von M4 die Folgen der NS-Ideologie für Polinnen und Polen auf.

M5 Hitler über „Volksgemeinschaft" (1920)

Wir wissen, dass im Augenblick, wo Einzelbeschäftigung aufhörte, den einzelnen zu ernähren, eine Gruppe gezwungen war, einem besonders Fähigen eine bestimmte Arbeit zuzuweisen, und dass, wo Teilung der Arbeit erfolgt, der Zusammenschluss größe-5 rer Menschengruppen notwendig wurde. So ist in der Arbeit letzten Endes die Kraft zu suchen, die erst die Sippen, dann die Stämme zusammenband und die später endlich Staaten gründete.
Wenn wir als erste Notwendigkeit zur Staatenbildung 10 die Auffassung der Arbeit als soziale Pflicht ansehen müssen, dann ist die zweite Notwendigkeit, die Voraussetzung hierzu: Rassen-Gesundheit und Rassenreinheit, und nichts kam diesen nordischen Erobe-15 rern so sehr zugute als ihre geläuterte Kraft gegenüber den morschen faulen Südrassen. [...]
Wir sehen, dass hier schon in der Rasse zwei große Unterschiede liegen: Ariertum bedeutet sittliche Auffassung der Arbeit und dadurch das, was wir heute so 20 oft im Munde führen: Sozialismus, Gemeinsinn, Gemeinnutz vor Eigennutz – Judentum bedeutet egoistische Auffassung der Arbeit und dadurch Mammonismus und Materialismus, das konträre Gegenteil des Sozialismus [...]. Und in dieser Eigenschaft [...] 25 allein schon liegt die Notwendigkeit für den Juden, unbedingt staatenzerstörend auftreten zu müssen. Er kann nicht anders, ob er will oder nicht. [...]

Zit. nach: Eberhard Jäckel u. a. (Hg.), Hitler. Sämtliche Aufzeichnungen 1905–1924, DVA, Stuttgart 1980, Nr. 136, S. 184–195.*

1 Untersuchen Sie in M5 den von Hitler vorgenommenen Kontrast zwischen „Ariern" und Juden.
2 Erklären Sie den Inklusions- bzw. Exklusionscharakter der „Volksgemeinschafts"-Ideologie.
3 **Zusatzaufgabe:** Siehe S. 151.
4 Interpretieren Sie M3–M5 im Kontext des deutschen Selbstverständnisses im 19. und 20. Jahrhundert.
   Kernmodul: ▶ S. 109–111, M1–M3.

Anwenden

M1 **Predigt des katholischen Bischofs von Münster, Clemens August Graf von Galen am 3. August 1941**

Im August 1939 hatte die NS-Regierung die Gesundheitsämter angewiesen, Geburtshelfern, Hebammen, Ärzten und Entbindungskliniken eine Meldepflicht für behinderte Neugeborene und Kleinkinder aufzuerlegen. Danach begann sie mit der „Kinder-Euthanasie", der rund 5000 Kinder zum Opfer fielen. Im Oktober 1939 dehnte der NS-Staat die Tötungen auf erwachsene Behinderte aus. Die Ermordungen, meist durch Gas, fanden in abseits gelegenen Anstalten statt. Bis 1945 wurden dadurch ca. 250 000 Menschen umgebracht.

Ich hatte bereits am 26. Juli bei der Provinzialverwaltung der Provinz Westfalen, der die Anstalten unterstehen, der die Kranken zur Pflege und Heilung anvertraut sind, schriftlich ernstesten Einspruch
5 erhoben. Es hat nichts genützt. Der erste Transport der schuldlos zum Tode Verurteilten ist von Mariental abgegangen. Und aus der Heil- und Pflegeanstalt Warstein sind, wie ich höre, bereits 800 (achthundert) Kranke abtransportiert.
10 So müssen wir damit rechnen, dass die armen, wehrlosen Kranken über kurz oder lang umgebracht werden. Warum? Nicht weil sie ein todeswürdiges Verbrechen begangen haben, nicht etwa, weil sie ihren Wärter oder Pfleger angegriffen haben, sodass die-
15 sem nichts anderes übrigblieb, als dass er zur Erhaltung des eigenen Lebens in gerechter Notwehr dem Angreifer entgegentrat. Das sind Fälle, in denen neben der Tötung des bewaffneten Landesfeindes im gerechten Krieg Gewaltanwendung bis zur Tötung
20 erlaubt und nicht selten geboten ist.
Nein, hier handelt es sich um Menschen, unsere Mitmenschen, unsere Brüder und Schwestern – arme Menschen, kranke Menschen – „unproduktive Menschen" meinetwegen. Aber haben sie damit das Recht
25 auf das Leben verwirkt? Hast du, habe ich nur so lange das Recht zu leben, als wir produktiv sind, so lange wir als produktiv von andern anerkannt werden?
Wenn man den Grundsatz aufstellt und anwendet, dass man den „unproduktiven Menschen" töten darf,
30 dann wehe uns allen, wenn wir alt und altersschwach werden!
Wenn man die „unproduktiven Menschen" gewaltsam beseitigen darf, dann wehe unseren braven Soldaten, die als Schwerkriegsverletzte, als Krüppel, als
35 Invaliden in die Heimat zurückkehren!
Wenn einmal zugegeben wird, dass Menschen das Recht haben, „unproduktive Menschen" zu töten,
und wenn es jetzt zunächst auch nur arme, wehrlose Geisteskranke betrifft, dann ist grundsätzlich der Mord an allen unproduktiven Menschen, also an den 40 unheilbar Kranken, den arbeitsunfähigen Krüppeln, den Invaliden der Arbeit und des Krieges, dann ist der Mord an uns allen, wenn wir alt und altersschwach und damit unproduktiv werden, freigegeben. Wer kann noch Vertrauen haben zu einem Arzt? Viel- 45 leicht meldet er den Kranken als „unproduktiv" an und erhält die Anweisung, ihn zu töten. Es ist nicht auszudenken, welche Verwilderung der Sitten, welch allgemein gegenseitiges Misstrauen bis in die Familien getragen wird, wenn diese furchtbare Lehre gedul- 50 det, angenommen und befolgt wird! Wehe den Menschen, wehe unserm deutschen Volke, wenn das heilige Gebot Gottes „Du sollst nicht töten", das der Herr unter Donner und Blitz verkündet hat, das Gott der Schöpfer von Anfang an in das Gewissen der 55 Menschen getrieben hat, nicht nur übertreten, sondern wenn diese Übertretung sogar geduldet und ungestraft ausgeübt wird!

Zit. nach: Herbert Michaelis/Ernst Schraepler, Ursachen und Folgen, Bd. 19, Wendler, Berlin 1975, S. 518 f.*

1 Ordnen Sie M1 kurz in den historischen Kontext ein.
2 Arbeiten Sie anhand von M1 heraus, inwieweit der politische und geistig-ideologische Herrschaftsanspruch der Nationalsozialisten für von Galen zur Herausforderung wurde.
3 Beurteilen Sie M1 im Kontext des deutschen Selbstverständnisses im 19. und 20. Jahrhundert.
Kernmodul: ▶ S. 109–111, M1–M3.

Präsentation

Zeitzeugen erinnern sich an das NS-Regime

Nach 1945 argumentierten viele Deutsche, sie hätten von den Greueltaten des NS-Regimes nichts gewusst. Aktiv Beteiligte sagten, sie hätten nur auf Befehl gehandelt. Erinnerungen von Zeitzeugen können dazu beitragen, diese „Rechtfertigungsstrategien" zu analysieren und Einblick in den Alltag des NS-Regimes zu gewinnen.
Recherchieren Sie Erinnerungen von Zeitzeugen zum Alltag im NS-Regime. Stellen Sie wesentliche Zitate in Form einer Collage zusammen.

Internettipp
Das Deutsche Historische Museum stellt auf seiner Internetseite „Lebendiges Museum Online" (www.dhm.de/lemo) viele Zeitzeugendokumente zur Verfügung.

Wiederholen

M2 „Deutsche Symphonie", Ölgemälde von Hans Toepper, 1938

Zentrale Begriffe
Antisemitismus
Charismatische Herrschaft
„Lebensraum"
„Führerprinzip"
Radikalnationalismus
Rassenpolitik
„Untermensch"-Propaganda
Völkermord
„Volksgemeinschafts"-
Ideologie

1 Arbeiten Sie aus M 2 zentrale Merkmale der NS-Ideologie heraus.
　Tipp: Siehe die Formulierungshilfen zur Analyse von Gemälden auf dieser Seite.
2 Beschreiben Sie weitere Merkmale der nationalsozialistischen Ideologie und zeigen
　Sie die Wirkungen und Folgen auf.
3 **Wahlaufgabe:** Bearbeiten Sie entweder Aufgabe a) oder b).
　a) Beschreiben Sie die sich aus der NS-Ideologie ergebenden Konsequenzen für die
　　konkrete Politik des NS-Staates.
　b) Analysieren Sie die politisch-sozialen Folgen der Angriffe des nationalsozialisti-
　　schen Deutschland auf Polen.
4 **Vertiefung:** Im Jahre 1943 umriss Heinrich Himmler vor SS-Männern in Posen seine
　Vorstellungen vom „germanisch-deutschen Reich" mit den Worten: „Der Osten wird
　die Voraussetzung sein, dass das germanische Reich in der Welt in den kommenden
　Jahrhunderten fähig ist, die nächsten Stöße […] zurückzuschlagen, um abermals
　dann in den kommenden Generationen die Volkstumsgrenzen hinauszuschieben,
　um letzten Endes nur das zurückzuholen, was Goten und Vandalen, was unsere
　germanischen Vorfahren einst als Reich und ihr Land besessen haben." Erörtern Sie
　die zentralen Inhalte dieser „Reichsidee" und ordnen Sie sie in die Entwicklung des
　deutschen Selbstverständnisses ein.
5 Notieren Sie stichpunktartig die Ergebnisse zu Ihren Fragen von der Einstiegs-
　seite 129.

**Formulierungshilfe für die Analyse eines
Gemäldes**
– Im Zentrum des Gemäldes …
– Im Vordergrund/Hintergrund …
– Am rechten/linken/oberen/unteren
　Bildrand …
– Das Gemälde wird dominiert von …
– Der Maler hat überwiegend … Farben
　verwendet.
– Die Wirkung der Farben …
– Der Blick/die Perspektive auf …
– Während … im Licht erscheinen, liegt …
　im Dunkeln.
– Der Blick der Personen richtet sich auf
　den Betrachter/nach oben …

Kernmodul: ▶ S. 109 ff., M 1–M 3,
deutsches Selbstverständnis

Abiturvorbereitung

Hinweise zu den Operatoren

Operatoren sind Verben in Aufgabenstellungen, die Ihnen signalisieren, welche Tätigkeiten beim Lösen dieser Aufgaben von Ihnen erwartet werden. Schwerpunktmäßig sind sie einem der drei Anforderungsbereiche (AFB I, II oder III) zugeordnet.

Die folgenden Hinweise sollen Ihnen helfen, die Operatoren in Arbeitsaufträgen zu verstehen und sinnvoll zu bearbeiten.

Beachten Sie bitte: Operatoren werden durch die Formulierung bzw. Gestaltung der jeweiligen Aufgabenstellung und durch den Bezug zu den begleitenden Textmaterialien, Abbildungen und Problemstellungen präzisiert. **Lesen Sie sich also immer die Aufgabenstellung genau durch.**

Operator	Definition	Beispielaufgabe	Tipps und Formulierungshilfen
Anforderungsbereich (AFB) I			
beschreiben	strukturiert und fachsprachlich angemessen Materialien vorstellen und/oder Sachverhalte darlegen	Beschreiben Sie die Bilder M 1 und M 2: Achten Sie insbesondere auf die abgebildeten Personen und Gegenstände.	**Tipp:** Die Beschreibung eines Materials erfordert eine präzise und fachsprachlich angemessene Wortwahl. Außerdem sollten Sie sich eine sinnvolle Reihenfolge für die Präsentation der einzelnen (Bild-)Elemente überlegen. **Formulierungshilfen:** – Das Gemälde/der Holzstich … thematisiert … – Bei dem vorliegenden Material handelt es sich um … – Die Statistik befasst sich mit … – Hierbei zeigt die x-Achse …, die y-Achse stellt … dar. – Hier fällt auf, … – Es wird deutlich, dass …
gliedern	einen Raum, eine Zeit oder einen Sachverhalt nach selbst gewählten oder vorgegebenen Kriterien systematisierend ordnen	Gliedern Sie die verschiedenen Elemente der „Neuen Welt" nach Hannes Meyer.	– Der Autor schlägt drei Ebenen/Kategorien/Rubriken … vor. Die erste/zweite/dritte ist gekennzeichnet/charakterisiert durch … – Der Text lässt sich gliedern in … Abschnitte. – Die Abschnitte beschäftigen sich mit folgenden Themen: …
wiedergeben	Kenntnisse (Sachverhalte, Fachbegriffe, Daten, Fakten, Modelle) und/oder (Teil-)Aussagen mit eigenen Worten sprachlich distanziert, unkommentiert und strukturiert darstellen	Geben Sie die Argumentation von General Groener wieder.	– In dem Text geht es um … – Der Autor/die Autorin formuliert in seinem/ihrem Text … – Der Autor/die Autorin behauptet/verdeutlicht/kritisiert/erläutert/beschreibt/fasst zusammen/stellt klar … – Daraus entwickelt sich … – Die Folgen sind …

Operator	Definition	Beispielaufgabe	Tipps und Formulierungshilfen
zusammen-fassen	Sachverhalte auf wesent-liche Aspekte reduzieren und sprachlich distan-ziert, unkommentiert und strukturiert wieder-geben	Fassen Sie mithilfe von M 17 die zentralen Strukturprobleme des Parteienstaats zusam-men.	– Siehe „wiedergeben".
Anforderungsbereich (AFB) II			
analysieren	Materialien, Sachverhalte oder Räume beschreiben, kriterienorientiert oder aspektgeleitet erschließen und strukturiert darstel-len	Analysieren Sie die Stärken und Schwä-chen der unterschied-lichen politischen Kräfte in der Endphase der Weimarer Demo-kratie.	**Tipp:** Lesen Sie die Aufgabenstellung genau durch und werten Sie einen Sachverhalt oder das Material anhand der aufgeworfenen Frage/Problemstellung aus. Nutzen Sie die Methodenseiten S. 54 f. und S. 104 f.
charakteri-sieren	Sachverhalte in ihren Eigenarten beschreiben, typische Merkmale kenn-zeichnen und diese dann gegebenenfalls unter ei-nem oder mehreren be-stimmten Gesichtspunk-ten zusammenführen	Charakterisieren Sie das Verhältnis von Reichstag, Reichsregie-rung und Reichspräsi-denten.	– Es lässt sich beobachten, dass … – Ein typisches Kennzeichen für … – Allgemeine Merkmale waren …
einordnen	begründet eine Position/ Material zuordnen oder einen Sachverhalt be-gründet in einen Zusam-menhang stellen	Ordnen Sie das Gemälde von Hans Grundig begründet einer der neuen Stilrichtungen der Weimarer Republik zu.	**Tipp:** Ordnen Sie Aussagen des Materials Ihnen bekannten Positionen bzw. Theorien zu. Stellen Sie bei Ihrer Einordnung Textbezüge her. – Das Gemälde zeigt die Familie als … – Die Aussage in Zeile xx zeigt, dass … – Seine politische Einstellung änderte sich, weil …
erklären	Sachverhalte so darstellen – ggf. mit Theorien und Modellen –, dass Bedin-gungen, Ursachen, Ge-setzmäßigkeiten und/ oder Funktionszusam-menhänge verständlich werden	Erklären Sie jeweils die Antwort eines der beiden Historiker zu der Frage, ob Weimar scheitern musste.	– Besonders diese Ereignisse führten zu … – Deshalb spricht man von … – In diesem Zusammenhang lässt sich feststellen, dass …
erläutern	Sachverhalte erklären und in ihren komplexen Beziehungen an Beispie-len und/oder Theorien verdeutlichen (auf Grundlage von Kenntnis-sen bzw. Materialanalyse)	Erläutern Sie, was Nip-perdey mit „das dyna-mische Potenzial des neuen Macht-Natio-nalismus" (Z. 82f.) meint.	**Tipp:** Die Vorgehensweise ist wie beim Operator „erklären", allerdings sollten Sie Ihre Erläuterung mit Beispielen verdeutlichen. – An dieser Stelle (Z. xx) wird deutlich, dass … – Wie der letzte Satz zeigt …

Operator	Definition	Beispielaufgabe	Tipps und Formulierungshilfen
gegenüber-stellen	Sachverhalte, Aussagen oder Materialien kontrastierend darstellen und gewichten	Stellen Sie anhand der Darstellung die Parteien der Weimarer Republik und ihr Programm in einer Tabelle gegenüber.	**Tipp:** Achten Sie wie beim Vergleich darauf, nicht nur Gemeinsamkeiten, sondern auch Unterschiede der zu vergleichenden Sachverhalte darzulegen. Berücksichtigen Sie dabei den Ihnen bekannten historischen Kontext. Am Ende Ihrer Bearbeitung wird von Ihnen eine Gewichtung der Gemeinsamkeiten und Unterschiede erwartet. – Beide Texte/Bilder handeln von/stammen aus … – Beide Materialien thematisieren … – Während der Autor von Material A jedoch … betont, legt der Autor von Material B den Schwerpunkt auf … – Schlüssig und nachvollziehbar ist die Argumentation von … – Autor B vernachlässigt dagegen folgende Punkte …
heraus-arbeiten	Materialien auf bestimmte, explizit nicht unbedingt genannte Sachverhalte hin untersuchen und Zusammenhänge zwischen den Sachverhalten herstellen	Arbeiten Sie aus M 1 heraus, wodurch die politischen Handlungsspielräume 1918/19 eingeschränkt wurden.	**Tipp:** Erarbeiten Sie sich zunächst die wesentlichen Aussagen des Materials. Achten Sie dabei auf Zusammenhänge, auch auf solche, die nicht explizit im Text benannt werden. – Zu den wichtigsten Ergebnissen gehörte … – Die Hauptaussage des Autors lässt sich so wiedergeben: …
in Beziehung setzen	Zusammenhänge zwischen Materialien, Sachverhalten aspektgeleitet und kriterienorientiert herstellen und erläutern	Setzen Sie die Postkarte in Beziehung zu der Unterscheidung eines positiven und eines negativen Sonderwegs bei Wehler (M 4).	– Im Vergleich der beiden Texte zeigt sich … – Während Autor A stärker … thematisiert, legt Autor B den Schwerpunk auf … – Beiden gemeinsam ist … – Sie unterscheiden sich in der Bewertung von …
nachweisen	Materialien auf Bekanntes hin untersuchen und belegen	Weisen Sie nach, inwiefern der Nationalismus eine zentrale Rolle im deutschen Selbstverständnis spielte.	– Die Aussage von … lässt sich bei … wiederfinden/belegen/wird widerlegt. – Ein Beleg für … ist … – Dieser Fund stützt die These von … – Es lässt sich zeigen, dass …
vergleichen	Gemeinsamkeiten, Ähnlichkeiten und Unterschiede von Sachverhalten kriterienorientiert darlegen	Vergleichen Sie die Stellung der Frauen in der Weimarer Reichsverfassung mit derjenigen im Grundgesetz.	**Tipp:** Achten Sie immer darauf, nicht nur Gemeinsamkeiten, sondern auch Unterschiede der zu vergleichenden Sachverhalte darzulegen. – Im Vergleich mit … – Die Entwicklung verlief ähnlich wie/anders als in …

Operator	Definition	Beispielaufgabe	Tipps und Formulierung shilfen
Anforderungsbereich (AFB) III			
beurteilen	den Stellenwert von Sachverhalten oder Prozessen in einem Zusammenhang bestimmen, um kriterienorientiert zu einem begründeten Sachurteil zu gelangen	Beurteilen Sie auf Grundlage Ihrer Recherche und M 11, inwiefern es ein einheitliches europäisches Selbstverständnis geben kann.	**Tipp:** Beachten Sie bei Ihrer Urteilsbildung auch die Ergebnisse der zuvor bearbeiteten Aufgabenstellungen. Vergessen Sie nicht, die Ihrem Sachurteil zugrunde gelegten Kriterien zu verdeutlichen. – Die eigentliche Absicht des Redners war es, … – Diese Sichtweise/Konstellation/Handlung führte dazu, dass … – Diese Entscheidung hatte negative Folgen: …
entwickeln	zu einem Sachverhalt oder zu einer Problemstellung eine Einschätzung, ein Lösungsmodell, eine Gegenposition oder ein begründetes Lösungskonzept darlegen	Entwickeln Sie eine begründete Empfehlung für den Besuch eines der beiden vorgestellten Museen.	– Nach Abwägung der Positionen/Analyse der Argumentationen plädiere ich dafür, dass … – Meiner Meinung nach …
erörtern	zu einer vorgegebenen Problemstellung eine reflektierte, abwägende Auseinandersetzung führen und zu einem begründeten Sach- und/oder Werturteil kommen	Erörtern Sie, warum Stresemann bei dem Brief um Geheimhaltung bittet.	**Tipp:** Wägen Sie das Für und Wider hinsichtlich der Frage/Aufgabenstellung ab und fällen Sie dann ein begründetes Sachurteil oder zusätzlich, wenn sich das vom Thema her anbietet, ein Werturteil. – Dafür/Dagegen spricht … – Insgesamt gesehen … – Die Behauptung/These/Argumentation passt (nicht) zu den Informationen aus dem Darstellungstext/den Aussagen des Historikers XY …
sich auseinandersetzen	zu einem Sachverhalt, einem Konzept, einer Problemstellung oder einer These usw. eine Argumentation entwickeln, die zu einem begründeten Sach- und/oder Werturteil führt	Setzen Sie sich mit der Frage auseinander, ob die Frauen zu Trägern der Weimarer Republik wurden.	**Tipp:** Beziehen Sie ggf. (laut Aufgabenstellung) Materialien in Ihre Argumentation ein. An deren Ende kann ein Sach- oder ein Werturteil stehen. – Siehe „erörtern".
Stellung nehmen	Beurteilung mit zusätzlicher Reflexion individueller, sachbezogener und/oder politischer Wertmaßstäbe, die Pluralität gewährleisten und zu einem begründeten eigenen Werturteil führt	Nehmen Sie Stellung zu der Frage, inwieweit die Rolle der Parteien in der Weimarer Republik das Argument eines deutschen Sonderwegs stützt.	**Tipp:** Siehe „beurteilen". Zusätzlich haben Sie ein Werturteil zur Problemfrage zu fällen, dessen Maßstäbe bzw. Kriterien Sie nachvollziehbar verdeutlichen müssen. – Aus meiner Sicht …/meiner Meinung nach … – Nach den Maßstäben der freiheitlich-demokratischen Grundordnung … – Mich überzeugt (nicht), … – Andere sind möglicherweise der Ansicht, dass …

Operator	Definition	Beispielaufgabe	Tipps und Formulierungshilfen
überprüfen	Inhalte, Sachverhalte, Vermutungen oder Hypothesen auf der Grundlage eigener Kenntnisse oder mithilfe zusätzlicher Materialien auf ihre sachliche Richtigkeit bzw. auf ihre innere Logik hin untersuchen	Überprüfen Sie mithilfe von M 21 die These, dass die republikfreundlichen Parteien schwächer und die republikfeindlichen Parteien stärker geworden sind.	– Die Behauptung/These/Argumentation passt (nicht) zu den Informationen aus dem Darstellungstext/den Aussagen des Historikers XY …
Operator, der Leistungen in allen drei Anforderungsbereichen verlangt			
interpretieren	Sinnzusammenhänge aus Quellen erschließen und ein begründetes Sachurteil oder eine Stellungnahme abgeben, die auf einer Analyse beruhen	Interpretieren Sie das Wahlplakat M 3. Erläutern Sie, wie die politische Lage in Deutschland auf diesem Plakat dargestellt wird.	Nutzen Sie die Methodenseiten S. 34 f. und S. 104 f.

Formulierungshilfen für die Bearbeitung von Quellen und Darstellungen

Arbeitsschritte	Strukturie-rungsfunktion	Formulierungsmöglichkeiten	Beispiel
Analyse formale Aspekte	Einleitung	– Der Verfasser thematisiert/behandelt/ greift (auf) … – Er beschäftigt sich/setzt sich auseinander mit der Frage/mit dem Thema … – Die Autorin legt dar/führt aus/äußert sich zu … – Das zentrale Problem/Die zentrale Frage des Textes/Briefes/der Rede ist …	Der SPD-Politiker Philipp Schei- demann thematisiert in seiner Rede vor der Weimarer National- versammlung am 12. Mai 1919 den Versailler Vertrag.
inhaltliche Aspekte	Wiedergabe der Position/Kern- aussage	– Die Autorin vertritt die These/Position/ Meinung/Auffassung … – Er behauptet …	Der Historiker Detlev Peukert vertritt die These, der Untergang der Weimarer Republik sei auf „vier zerstörerische Prozesse" zurückzuführen (Z. xx).
	Wiedergabe der Begründung/ Argumentation/ wesentlichen Aussagen	– Sie belegt ihre These … – Als Begründung/Beleg seiner These/Be- hauptung führt der Autor an … – Der Reichskanzler legt dar/führt aus … – Die Historikerin argumentiert/kritisiert/ bemängelt … – Der Verfasser weist darauf hin/betont/ unterstreicht/hebt hervor/berücksich- tigt … – Weiterhin/Außerdem/Darüber hinaus/ Zudem argumentiert er …	Kennan betont, dass die Ameri- kaner in Deutschland Konkurren- ten der Russen seien und daher in „wirklich wichtigen Dingen" keine Zugeständnisse machen dürften (Z. xx).
	Abschließende Ausführungen	– Am Ende unterstreicht/betont der Autor noch einmal … – Der Autor schließt seine Ausführungen mit … – Sie kommt am Ende ihrer Argumentation zu dem Schluss, dass … – Zum Abschluss seiner Rede … – Abschließend/Zusammenfassend führt die Abgeordnete aus …	Am Ende seines Briefes betont Bismarck noch einmal die Not- wendigkeit eines Bündnisses mit Österreich (Z. xx).
Vergleich von Texten	Übereinstim- mung	– Der Historiker ist derselben Meinung/ Auffassung/Position … – Sie teilt dieselbe Meinung/Auffassung/ Position … – Die Autoren stimmen darin überein …	Brandt und Grass stimmen darin überein, dass die Bildung einer Großen Koalition mit Risiken verbunden sei (vgl. M 1, Z. xx; M 2, Z. xx).
	Gegensatz	– Im Gegensatz zu … – Die Positionen widersprechen sich/ weichen voneinander ab/sind unverein- bar/konträr …	Die Positionen der beiden anony- men Verfasser sind hinsichtlich ihrer Haltung zum Terror der Jakobiner unvereinbar.

Arbeitsschritte	Strukturierungsfunktion	Formulierungsmöglichkeiten	Beispiel
Historischer Kontext		– Die Quelle(n) lassen sich/sind in … ein(zu)ordnen. – Die Texte sind im Zusammenhang mit … zu sehen. – Die Rede stammt aus der Zeit des/der …	Veröffentlicht wurden beide Zeitungsartikel in der Zeit der Jakobinerherrschaft, die von 1793 bis 1794 andauerte und auch als „Schreckens- und Gewaltherrschaft" bezeichnet wird.
Urteil Sachurteil	Intention des Autors	– Der Autor beabsichtigt/intendiert/will/strebt an/fordert/plädiert für … – Die Politikerin verfolgt die Absicht/das Ziel … – Der Außenminister appelliert/ruft auf …	Der Ministerpräsident will mit seiner Rede die Abgeordneten von der Notwendigkeit wirtschaftlicher Reformen überzeugen.
	Beurteilung des Textes	– Die Argumentation ist (nicht) nachvollziehbar/überzeugend/stichhaltig/schlüssig … – Der Verfasser argumentiert einseitig/widersprüchlich … – In seiner Darstellung beschränkt sich der Historiker nur auf …	Der britische Historiker Peter Heather begründet seine These in drei stichhaltigen Argumentationssträngen.
Werturteil	Bewertung des Textes	– Aus heutiger Sicht/Perspektive kann gesagt werden/lässt sich sagen … – Der Position/Meinung/Auffassung/Ansicht des Autors stimme ich (nicht) zu … – Ich stimme der Position/ … des Autors (nicht) zu … – Die Position/ … der Verfasserin teile ich (nicht) … – Ich teile die Position/ … des Historikers (nicht) … – Meiner Meinung/Auffassung/Ansicht zufolge/nach …	– Ich stimme der Kritik von Francisco de Vitoria am Vorgehen der Spanier in der Neuen Welt zu, weil … – Die Position des anonymen Verfassers des ersten Zeitungsartikels (M 1) teile ich nicht, da heute in unserer freiheitlichen Grundordnung Terror zur Durchsetzung politischer Ziele abgelehnt wird.

Tipps zur Vorbereitung auf die Abiturthemen

Übung 1: Inhalte der Lehrplanthemen wiederholen

Das Thema „Weimarer Republik zwischen Krise und Modernisierung" wird im vorliegenden Schulbuch in sechs Teilthemen gegliedert. Jedes Teilthema ist in Form eines Kapitels aufbereitet.

1 Ein kurzer Darstellungstext führt zu Beginn jedes Kapitels in das Teilthema ein. Daran schließt sich ein umfangreicher Materialienteil mit entsprechenden Aufgaben an. Lesen Sie die Darstellungstexte wiederholend und fertigen Sie eine Zusammenfassung an. Die Zwischenüberschriften und Fettdrucke können Ihnen hierbei Hilfestellung geben.
2 Suchen Sie sich aus jedem Kapitel drei bis vier Materialien aus und bearbeiten Sie die dazugehörigen Aufgaben.
3 Halten Sie Ihre Ergebnisse auf Karteikarten fest (s. unten).

Übung 2: Wichtige Daten merken und anwenden

Auf den Auftaktseiten der Kapitel finden Sie jeweils einen Zeitstrahl. Auf drei Arten können Sie damit für das Abitur üben:

1 Geben Sie jeden Eintrag des Zeitstrahls mit eigenen Worten wieder.
2 Schreiben Sie auf die Vorderseite einer Karteikarte ein Ereignis, auf die Rückseite das Datum (s. unten).
3 Vertiefen Sie Ihre Kenntnisse über zentrale Daten, indem Sie noch einmal die dazugehörigen Darstellungen und Materialien aus dem Kapitel durcharbeiten. Schreiben Sie auf Ihre Karteikarten,
   a) welche Ursachen zu einem Ereignis geführt haben,
   b) wie es abgelaufen ist,
   c) welche Folgen es gehabt hat.

Übung 3: Zentrale Begriffe verstehen und erklären

Zentrale Begriffe sind u. a. auf der Seite „Anwenden und wiederholen" aufgeführt. Erläuterungen dazu finden Sie im entsprechenden Kapitel und im Begriffslexikon auf S. 167 ff.

1 Lesen Sie zu jedem Begriff die Erläuterung.
2 Klären Sie Fremdwörter.
3 Erläutern Sie den Inhalt jedes Begriffs anhand von historischen Beispielen. Halten Sie Ihre Ergebnisse auf Karteikarten fest (s. unten).

Ergebnisse sichern – Arbeitskartei anlegen

1 Halten Sie die Ergebnisse der Übungen 1 bis 3 auf Karteikarten fest: Notieren Sie auf der Vorderseite eine Frage, einen Begriff oder ein Datum, schreiben Sie auf die Rückseite Ihre Erläuterungen.
2 Wiederholen Sie mithilfe Ihrer Arbeitskartei die Inhalte, Daten und Begriffe der Schwerpunktthemen – alleine, in Partnerarbeit oder in Gruppen.

Übung 4: Methodentraining – Interpretation schriftlicher Quellen

Die Interpretation schriftlicher Quellen ist eine der zentralen Anforderungen im Abitur:

1 Prägen Sie sich die systematischen Arbeitsschritte zur Interpretation einer schriftlichen Quelle von S. 54f. ein.
2 Merken Sie sich die „Faustregel" zur Analyse der formalen Merkmale schriftlicher Quellen und üben Sie die Beantwortung der „W-Fragen" anhand von fünf selbst ausgewählten schriftlichen Quellen des Schülerbuches.

„Faustregel"
für die Analyse der formalen Merkmale schriftlicher Quellen:

WER sagt WO, WANN, WAS, WARUM, zu WEM und WIE?

Probeklausur mit Lösungshinweisen

1 Geben Sie M 1 nach einer quellenkritischen Einführung wieder.

2 Beschreiben Sie M 2 und stellen Sie die Aussagen des Plakats denjenigen von M 1 gegenüber.

3 Ordnen Sie M 1 und M 2 (auch unter Bezugnahme auf M 3) in die politische und soziale Situation der Weimarer Republik in den 1920er-Jahren ein.

4 Erörtern Sie, unter Berücksichtigung von M 1–M 3, die Beurteilung der seinerzeitigen politischen Reife des deutschen Volkes durch Theodor Wolff (M 4) vor dem Hintergrund Ihrer Erkenntnisse in Aufgabe 3.

M 1 **Wahlaufruf des Reichsblocks (April 1925)**

Deutsche Männer, deutsche Frauen, deutsche Jugend!
Am 29. März[1] haben sich 10,5 Millionen Deutsche durch ihre Stimmabgabe zur Reichspräsidentenwahl
5 in dem Willen vereinigt, an die Spitze des Reiches einen national, christlich und sozial empfindenden Mann zu stellen. Die Gegensätze von Parteien und Konfessionen sind dabei bewußt ausgeschaltet worden. [...]
10 Für den 26. April steht der zweite Wahlgang bevor. An diesem Tage den Endsieg für den vaterländischen Gemeinschaftsgedanken zu erringen, ist das Ziel aller guten Deutschen, die das Vaterland über die Partei stellen.
15 Diesem Gedanken folgend, haben die Bayerische Volkspartei, der Bayerische Bauernbund und die Deutsch-Hannoversche Partei sich bereit erklärt, sich auf Hindenburg als gemeinsamen Kandidaten mit den in dem bisherigen Reichsblock[2] zusammen-
20 geschlossenen Parteien und Verbänden vereinigen zu wollen.
[...] hat die nunmehr so verstärkte Front des Reichsblocks beschlossen, dem deutschen Volke den Mann für das Amt des Reichspräsidenten vorzuschlagen,
25 dessen Name in aller Welt das Programm deutscher Ehre, Treue, Kraft und Festigkeit bedeutet: Generalfeldmarschall von Hindenburg.
Hindenburg hat als der getreue Eckart[3] des deutschen Volkes sich diesem Ruf nicht entzogen, sondern sich
30 in stets bewährter Pflichterfüllung bereit erklärt, das große Opfer dieser Kandidatur zu bringen.
Wir betrachten als die ganz selbstverständliche Pflicht aller Deutschen in Stadt und Land ohne Unterschied des Standes und des Bekenntnisses, sich
35 mit ganzer Kraft und Hingabe für unseren Hindenburg einzusetzen. Hindenburg war Euer Führer in guter und schwerer Zeit. Ihr seid ihm gefolgt, Ihr habt ihn geliebt, er hat Euch nie verlassen. Kämpft für ihn auch jetzt, wo er in alter Führertreue wieder an Eure Spitze treten will, um seinem Vaterlande im Frieden 40 und Aufbau zu dienen.
Unsere Losung lautet deshalb:
Mit Hindenburg zum Siege für die Einheit aller Deutschen, für christliche Art und sozialen Fortschritt, für des Vaterlandes Größe und Freiheit. Hindenburg, der 45 Retter aus der Zwietracht.

Zit. nach: Wolfgang Michalka/Gottfried Niedhart (Hg.), Die ungeliebte Republik. Dokumente zur Innen- und Außenpolitik Weimars 1918–1933, 4. Aufl., dtv, München 1986, S. 217 f.*

1 Termin des 1. Wahlgangs der Reichspräsidentenwahl, bei dem keiner der Kandidaten die erforderliche Mehrheit errang.
2 Den Reichsblock hatten zuvor DVP und DNVP gebildet.
3 Figur aus den Erzählungen von Ludwig Tieck (1773–1853), die sinnbildlich für Treue und Opferbereitschaft steht.

M 2 **Wahlplakat des Volksblocks zur Reichspräsidentenwahl 1925.**

Wilhelm Marx (Zentrum) war der gemeinsame Kandidat der im Volksblock zusammengeschlossenen Parteien SPD, Zentrum und DDP.

M 3 **Ergebnis des 2. Wahlgangs zur Reichspräsidentenwahl am 26. April 1925**

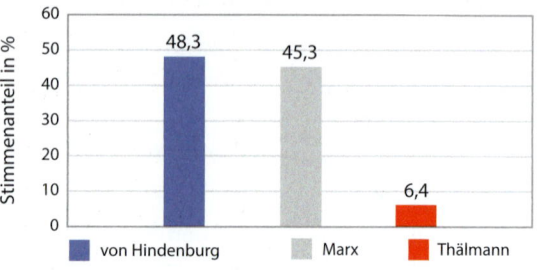

Ernst Thälmann war der Kandidat der KPD.

M4 Der Journalist Theodor Wolff in einem Leitartikel im „Berliner Tageblatt" (27. April 1925)

Die Republikaner haben eine Schlacht verloren, der bisher monarchistische Feldmarschall von Hindenburg wird Präsident der deutschen Republik. [...] Wir schämen uns nicht über die Niederlage – denn dann
5 hätten auch Feldmarschälle schon oft das Haupt beugen müssen –, aber wir empfinden Scham über die politische Unreife so vieler Millionen, die nun wieder den Augen der achselzuckenden Welt sich zeigt. Die gestrige Wahl war eine Intelligenzprüfung, und vor
10 der zuschauenden Weltgalerie, vor mitleidig entsetzten Freunden und höhnenden Feinden ist ungefähr die Hälfte des deutschen Volkes in dieser Prüfung durchgefallen. Was soll man, lautet das allgemeine Urteil, mit einem Volke anfangen, das aus seinem Un
15 glück nichts lernt und sich immer wieder, auch zum zehnten und zwölften Male, von den gleichen Leuten am Halfterbande führen läßt? [...]

Zit. nach: Wolfgang Michalka/Gottfried Niedhart (Hg.), Die ungeliebte Republik. Dokumente zur Innen- und Außenpolitik Weimars 1918–1933, 4. Aufl., dtv, München 1986, S. 218 f.*

Lösungshinweise

Aufgabe 1

Vorbemerkung

Diese „klassische" Klausur-Aufgabe stellt die distanzierte, unkommentierte und strukturierte Wiedergabe des Textes M 1 in den Mittelpunkt, verlangt darüber hinaus zudem eine quellenkritische Einführung. Die Quellenkritik ordnet einen Text historisch ein und hilft Ihnen bei seiner Erschließung, nicht nur in Aufgabe 1, sondern auch in den weiteren Teilen der Aufgabenstellung.

Quellenkritik

Bei dem vorliegenden Text handelt es sich um einen Auszug aus einem Wahlaufruf zum zweiten Wahlgang der Reichspräsidentenwahl im April 1925, somit um einen der Wahlwerbung dienenden propagandistischen Text, der für die deutsche Wählerschaft bestimmt war und deren Wahlverhalten beeinflussen sollte. Als Autor firmiert der sog. Reichsblock, ein Wahlbündnis der rechten Parteien des Weimarer Parteienspektrums um die DNVP und die DVP, der für diesen zweiten Wahlgang Paul von Hindenburg als Kandidaten nominiert hatte. Die Reichspräsidentenwahl von 1925 war notwendig geworden, nachdem der bisherige Reichspräsident Friedrich Ebert überraschend verstorben war. Im ersten Wahlgang vom 29. März 1925 hatte keiner der Kandidaten die absolute Mehrheit errungen, sodass ein zweiter Wahlgang notwendig wurde.

Textwiedergabe

Der Wahlaufruf des Reichsblocks beginnt mit einem Rückblick auf den ersten Wahlgang, bei dem sein Kandidat 10,5 Millionen Stimmen erhalten hatte, und betont dabei die nationalkonservative und christlich-überkonfessionelle politische Ausrichtung des Wahlbündnisses. Es wird sodann darauf verwiesen, dass es gelte, im zweiten Wahlgang einen Sieg der vaterländischen Gesinnung sicherzustellen. Zu diesem Zweck hätten sich neben den bisherigen Mitgliedern drei weitere Parteien dem Wahlbündnis angeschlossen.

Im Anschluss wird darüber informiert, dass der Reichsblock Generalfeldmarschall von Hindenburg als Kandidaten aufgestellt habe, der der Inbegriff deutscher Tugenden sei und der Kandidatur aus vaterländischem Pflichtgefühl zugestimmt habe. Alle Deutschen seien verpflichtet, Hindenburg ihre Stimme zu geben, der sich als verlässliche Führergestalt in guten wie in schlechten Zeiten bewiesen habe und dem Vaterland weiter dienen wolle. Er stehe für die Einheit des Volkes, für Deutschlands Größe und Freiheit und für sozialen Fortschritt.

Aufgabe 2

Vorbemerkung

Diese Aufgabe hat zwei zu behandelnde Aspekte: eine Beschreibung von M 2 und die Gegenüberstellung der Aussagen von M 2 und M 1. Bei der Beschreibung sollten Sie insbesondere auf fachsprachliche Präzision achten. Für die Gegenüberstellung, die als Operator im Anforderungsbereich II angesiedelt ist, ist es wichtig, dass Sie sich der politischen Aussagen von Text und Plakat bewusst sind und die jeweilige Aussageabsicht erfassen.

Beschreibung

Bei M 2 handelt es sich um ein Wahlplakat, das aus demselben Anlass wie M 1 angefertigt wurde, nämlich um Wahlwerbung für die Reichspräsidentenwahl 1925 zu machen, in diesem Fall für den Kandidaten des aus den Parteien der Weimarer Koalition (SPD, Zentrum, DDP) gebildeten sog. Volksblocks. Der – den Wählern mutmaßlich bekannte – Kopf dieses Kandidaten, Wilhelm Marx, ist im Zentrum der oberen Hälfte des Plakats abgebildet, umgeben von den beiden schwarz geschriebenen Wörtern „Wählt Marx". Den Hintergrund des gesamten Wahlplakats bilden die Farben Schwarz-Rot-Gold der seit 1919 so gestalteten deutschen Nationalflagge. In der unteren Bildhälfte ist in einer Art Schattenriss die Silhouette des Reichstagsgebäudes in Berlin zu erkennen. Unten, unterhalb des Reichstagsgebäudes, findet sich, durch weiße Schrift vom ansonsten schwarzen Hintergrund abgehoben, der Text „Dem deutschen Volke", und zwar genau in der Schriftart, in der diese Worte an der Front des Reichstagsgebäudes zu sehen sind.

Gegenüberstellung der Aussagen

Der Gegensatz zwischen den beiden Materialien ergibt sich bereits durch den Anlass ihrer Entstehung: Es handelt sich um die Wahlwerbung zweier konkurrierender Parteienbündnisse zu den Reichspräsidentenwahlen von 1925. Beide sind bestrebt, ihre unterschiedliche programmatische Ausrichtung den Wählern zu vermitteln.

Das Plakat M 2 macht deutlich, dass die drei Parteien des Volksblocks sich als in den Prinzipien der Weimarer Reichsverfassung verwurzelt darstellen. Die Farben Schwarz-Rot-Gold stehen dabei für die demokratische Tradition (auch schon vor der Weimarer Zeit), und das Reichstagsgebäude repräsentiert die parlamentarische Demokratie; dies wird auch unterstrichen durch die Worte „Dem deutschen Volke" – der Kandidat Marx und der Volksblock zeigen sich dem demokratischen Volkswillen verpflichtet. Durch die Wahl des Motivs Reichstagsgebäude wird zusätzlich auch deutlich, dass die Wurzeln der Demokratie bis ins deutsche Kaiserreich zurückreichen, in dem dieses Gebäude mit seiner Inschrift gebaut wurde.

Auch M 1 betont die Verwurzelung Hindenburgs, des Kandidaten des Reichsblocks, im Kaiserreich, dem er als Offizier diente, stellt aber ganz andere Traditionen in den Vordergrund, nämlich seinen Einsatz „in guter und schwerer Zeit" (Z. 37). Hindenburgs Einsatzgebiet jedoch war das Militärische, er gehörte als Generalfeldmarschall zu den führenden Offizieren des Ersten Weltkrieges. Auch weitere in M 1 angesprochene programmatische Aspekte knüpfen an die militärische Tradition des Kaiserreichs an, wenn etwa auf das „Programm deutscher Ehre, Treue, Kraft und Festigkeit" (Z. 25 f.) verwiesen wird und auf die Tugend der „Pflichterfüllung" (Z. 30) abgehoben wird. Während M 2 eindeutig die demokratisch-parlamentarischen Aspekte betont, stellt M 1 Hindenburgs Qualitäten als „Führer" (Z. 36) und „Retter aus der Zwietracht" (Z. 46) heraus und preist ihn auch wegen seiner Beliebtheit bei den Deutschen an (Z. 38).

Während also in den Aussagen von M 1 eine konservativ-autoritäre Tendenz zu erkennen ist, stellt M 2 dem eine Betonung demokratischer Gesinnung entgegen.

Aufgabe 3

Vorbemerkung

Der Operator, der im Anforderungsbereich II anzusiedeln ist, verlangt von Ihnen, dass Sie Materialien begründet in einen historischen Kontext, hier die politische und soziale Situation der Weimarer Republik, einordnen. Paul von Hindenburg, der Kandidat des Reichsblocks, bietet Ihnen eine Vielzahl von Möglichkeiten, Bezüge herzustellen, z.B. zur Kontinuität der alten Eliten aus der Kaiserzeit, aber auch zur Zerstörung der Demokratie in den Jahren 1929 bis 1933.

Einordnung

Die politische und soziale Entwicklung der Weimarer Republik in den 20er-Jahren wird in der Regel in zwei Phasen unterteilt, die krisenhaften Anfangsjahre 1919 bis 1923 und die Phase der „prekären Stabilisierung" (Winkler) von 1924 bis 1929. In die Phase der Stabilisierung von 1924 bis 1929 ist die Reichspräsidentenwahl einzuordnen. Diese Jahre werden auch als „goldene zwanziger Jahre" bezeichnet. Mit dem Tod Friedrich Eberts verlor die Weimarer Republik eine wichtige Identifikationsfigur. In der Anfangszeit der Weimarer Republik erschütterte eine Vielzahl politischer Morde die junge Demokratie, das Krisenjahr 1923 (Ruhrkampf, Inflation, Putschversuche, u. a. Hitler-Putsch) hatte weitreichende soziale und wirtschaftliche, aber auch psychische Folgen und beschädigte das Vertrauen vieler Bürger in den Staat und die ihn tragenden Parteien der Weimarer Koalition (SPD, Zentrum, DDP) schwer. Besonders der Mittelstand verlor durch eine schnelle und hohe Geldentwertung sein Sparvermögen. Der Zentrumspolitiker Wilhelm Marx, der Kandidat des „Volksblocks" (vgl. M 2), bekleidete das Amt des Reichskanzlers von November 1923 bis 1925 und in einer zweiten Amtszeit von 1926 bis 1928. In seiner Regierungszeit wurde die Rentenmark im November 1923 eingeführt, die Wirtschaft erholte sich und das politische Leben und der Alltag der Menschen beruhigten sich, auch wenn die Zahl der Arbeitslosen hoch blieb. Trotzdem unterlag er – zwar knapp – dem Kandidaten des Reichsblocks (M 3). Die Entscheidung des Reichsblocks, den parteilosen, damals 78-jährigen ehemaligen Chef der Obersten Heeresleitung, Generalfeldmarschall Paul von Hindenburg, den „Sieger von Tannenberg" und Vertreter der „Dolchstoßlegende", zu nominieren, verrät die Bedeutung der traditionalen Machteliten in Staat, Justiz und Militär. Diese lehnten die Weimarer Demokratie überwiegend ab oder standen ihr weitgehend skeptisch gegenüber. Im Wahlaufruf des Reichsblocks werden Hindenburg als Retter des Vaterlandes apostrophiert (M 1, Z. 46), Parteien als Kennzeichen einer parlamentarischen Demokratie negativ konnotiert (M 1, Z. 7 f.). Außenpolitisch sind die Jahre durch die Verständigungspolitik Gustav Stresemanns (dessen Partei, die DVP, den Kandidaten Hindenburg mittrug) geprägt. Im Jahre 1925 wurden die Locarno-Verträge unterzeichnet, in denen Deutschland die deutsche Westgrenze und die Entmilitarisierung des Rheinlands garantierte. Der Rückhalt für den Kandidaten der Kommunisten, Ernst Thälmann, ist vergleichsweise gering (M 3), trug aber mit dazu bei, dass der Kandidat des Volksblocks demjenigen des demokratieskeptischen Reichsblocks unterlag. Wenn Sie auf die Schlussphase der Weimarer Republik eingehen, können Sie die Aushöhlung der Demokratie durch die „Präsidialkabinette" und Hindenburgs ambivalentes Verhältnis zur

NSDAP anführen, getragen von der Hoffnung, die Hitlerbewegung für seine politischen Ziele instrumentalisieren zu können.

Aufgabe 4

Vorbemerkung

Der Arbeitsauftrag verlangt eine reflektierte, das Für und Wider abwägende Auseinandersetzung hinsichtlich Theodor Wolffs Einschätzung der „politische[n] Unreife" (M 4, Z. 7) der Wähler, die Hindenburg als Vertreter des ostelbischen Landadels und der Monarchie den Vorzug vor dem erfahrenen Politiker und Parlamentarier Wilhelm Marx (vgl. M 3) gegeben haben. Im Rahmen Ihrer Bearbeitung fällen Sie ein begründetes Sach- und/oder Werturteil, wobei Sie sich angesichts der Thematik auf ein Sachurteil beschränken können. Bei einem Werturteil könnten Sie die Fragilität der Demokratie, die Verführbarkeit des Volkes oder die aufgrund der Weimarer Erfahrungen untergeordnete Rolle plebiszitärer Elemente im Grundgesetz reflektieren. Lohnend ist auch die Auseinandersetzung mit folgenden Fragen: „Was kann oder darf man dem Volk zumuten?" oder „Kann man Demokratie lernen?".

Erörterung

Theodor Wolff bezeichnet in seinem Leitartikel – einen Tag nach den Wahlen – die Wahl des Reichspräsidenten als eine „Intelligenzprüfung" (M 4, Z. 9) für das deutsche Volk. Der Wahlausgang habe der ganzen Welt gezeigt, dass das deutsche Volk diese Prüfung nicht bestanden habe, „aus seinem Unglück nichts lernt" und „sich immer wieder, auch zum zehnten und zwölften Male, von den gleichen Leuten am Halfterbande führen lässt" (M 4, Z. 12ff.). So klagt er die „politische Unreife" (M 4, Z. 7) vieler Wähler an, die in der Tat mit Hindenburg einen Mann gewählt haben, der die Verantwortung für die Niederlage im Ersten Weltkrieg nicht übernehmen wollte und die Öffentlichkeit durch die Lancierung der sogenannten „Dolchstoßlegende", einer schweren Hypothek für die Weimarer Republik, bewusst getäuscht hat. Sie können weiterhin ausführen, dass Hindenburg für die „gute alte Zeit" des wilhelminischen Reichs stand und Glanz und Gloria der Monarchie verkörperte, wohingegen die neue Republik nicht wirkmächtig genug war. Der Zentrumspolitiker Marx blieb trotz erfolgreicher Krisenbewältigung gegen den Nimbus der Monarchie farblos wie auch die Beschwörung demokratischer Traditionen, wie sie das Plakat M 2 vornimmt, seinerzeit offenbar nicht mehrheitsfähig war. Vielen Nationalisten war die Republik, die quasi aus der Niederlage geboren war, verhasst. Sie können weiterhin ausführen, dass sich die Befürchtungen Wolffs zunächst nicht erfüllten, dass die Wahl aber auf alle Fälle eine Zäsur darstellte, die zeigte, dass die

Republikaner immer stärker in die Defensive gedrängt wurden. Der Repräsentant des Volkes 1925 verkörperte nicht mehr die demokratischen Werte der Republik. Als Folge von Hindenburgs Wahl wurden die nationalen und konservativen Kräfte in Deutschland gestärkt.

Die Historiker Müller und Wirsching legen dar (vgl. S.114 f.), dass es sich bei Weimar nicht um eine „schwache Demokratie" gehandelt habe. Trotz ihrer unbestreitbaren Traditionsprobleme, Funktionsschwächen und äußeren Belastungen sei ihr Schicksal nicht vorherbestimmt gewesen. Bezüge zu Wolffs „politischer Unreife" lassen sich insofern herstellen, als Wirsching davon spricht, dass es der Republik an Zeit gefehlt habe, den Deutschen eine „längerfristige Schule der Demokratie zu sein und damit ihre eigenen Traditionen auszubilden" (vgl. Wirsching, S. 115, Z. 37 f.).

Insofern können Sie gegen Wolff argumentieren, dass die Wahl auch eine Chance gewesen sein könnte. Nach außen symbolisierte sie in dem Sinne ein positives Zeichen, dass, wenn der erklärte Monarchist Hindenburg die Wahrung der republikanischen Verfassung beschwor (vgl. M 1, Z. 39 f.), sich auch konservative Kreise zu „Vernunftrepublikanern" wandeln und ihren Frieden mit dem Staat machen konnten. Auch zeigt das Wahlergebnis, dass immerhin auch mehr als 45 Prozent der Wähler für einen demokratisch gesinnten Kandidaten gestimmt hatten (vgl. M 3), eine Stimmenzahl, die unter guten Bedingungen in der Zukunft auch ausbaufähig war.

Wenn Sie die Wahl Hindenburgs aus der Retrospektive betrachten, hatte sie in der Tat verheerende Folgen. Auch wenn Hindenburg sich mehrere Jahre an die Verfassung gehalten hat, erhielten in dieser Zeit reaktionäre Interessenvertreter einen neuen, parlamentarisch unkontrollierten Zugang zur Macht. Die ostelbischen Grundbesitzer, die wie keine andere gesellschaftliche Gruppe über das Privileg des Zugangs zum greisen Reichspräsidenten verfügten, drängten auf eine Kanzlerschaft Hitlers. Diese Entwicklung unterstreicht Wolffs These von der demokratischen „Unreife so vieler Millionen" (M 4, Z. 7).

Im Rahmen der Bearbeitung empfiehlt es sich, die „Sonderwegsthesen" von Plessner, Bracher oder Wehler einzubeziehen. Deutschland sei eine „verspätete Nation" (Plessner) gewesen, die Parlamentarisierung im Kaiserreich blockiert worden. Im Gegensatz zum erfolgreichen Modernisierungsweg in England oder Frankreich sei Deutschland von Nationalismus, Autoritarismus und Militarismus geprägt gewesen. So sei die Spannung zwischen der industriellen und sozialen Modernisierung und fortdauernden vorindustriellen Strukturen in Gesellschaft, Staat und Kultur letztlich die Bedingung dafür gewesen, dass die Krise der 20er- und 30er-Jahre den Aufstieg der NSDAP und den Niedergang der Republik begünstigt habe.

A Anhang

Zusatzaufgaben und Tipps

Kapitel 1, S. 8–17: Einführung: Identität und deutsches Selbstverständnis

S. 12, zu M 6, Aufgabe 1

Analysieren Sie das Gemälde im Hinblick auf die Eigenschaften, die der deutschen Nation in dieser Personifikation der Germania zugeschrieben werden.

Tipp: Nennen Sie zuerst die Bildelemente sortiert nach Vordergrund/Germania und Hintergrund. Leiten Sie von jedem Bildelement eine Eigenschaft ab. Formulieren Sie abschließend eine Gesamtaussage, wie die deutsche Nation charakterisiert wird.

S. 12, zu M 5/M 6

Zusatzaufgabe: Suchen Sie nach Bildern, die Ihr eigenes nationales Selbstverständnis ausdrücken.

Tipp: Das könnten beispielsweise Bilder von wichtigen Gebäuden (Reichstag, Brandenburger Tor), Landschaften (Alpen, Meer, Rhein), Persönlichkeiten oder Personengruppen (Politiker, Parlament, Fußballnationalmannschaft) oder Symbole (Fahne) sein.

S. 13, zu M 7, Aufgabe 3

Setzen Sie sich mit dem Begriff „Patriotismus" auseinander und grenzen Sie ihn von dem Begriff „Nationalismus" ab.

Tipp: Klären Sie erst die Bedeutung der beiden Begriffe Patriotismus und Nationalismus. „Patriotismus" siehe z. B. unter: *https://www.bpb.de/nachschlagen/lexika/das-junge-politik-lexikon/161490/patriotismus*
Nationalismus siehe Darstellungstext S. 9 f. und Webcode „Nationalstaat Deutschland 19. Jh.", S. 13.

S. 16, zu M 10, Aufgabe 1

Interpretieren Sie die Karikatur.

Tipp: Orientieren Sie sich bei der Interpretation an folgenden Fragen:
- Wie ist die Gesamtsituation zu beschreiben (zunächst ohne Einbeziehen von Vorwissen oder Deutung)?
- Was ist in der Sprechblase dargestellt?
- Wie werden die Figuren präsentiert (Gestik, Mimik, Körperhaltung, Kleidung)?
- Welche Aussage macht der britische Zeichner über die Deutschen nach der Wiedervereinigung?

S. 16, zu M 11

Zusatzaufgabe: Nehmen Sie Stellung zu der Frage, ob der Ansatz der transnationalen Geschichte auch im Geschichtsunterricht eine wichtigere Rolle spielen sollte.

Kapitel 2, S. 18–37: Gründung: Politische Ideen und Träger der Weimarer Republik

S. 25, Aufgabe 4

Stellen Sie anhand der Darstellung und des Webcodes die Parteien der Weimarer Republik und ihre Programme in einer Tabelle gegenüber.

Tipp: Orientieren Sie sich an dem üblichen politischen Spektrum und sortieren Sie von links nach rechts. Ergänzen Sie in den Spalten unter der jeweiligen Partei z. B. ihr Staatsverständnis (Rätesystem, Demokratie, Monarchie, Führerstaat) und ihre Wirtschaftsvorstellungen (Sozialismus, Sozialpolitik, freier Markt) und weitere Aspekte.

KPD	SPD	DDP	Zentrum	DVP	DNVP	NSDAP

S. 27, zu M 11

Zusatzaufgabe: Verfassen Sie eine Rede Friedrich Eberts an die Bevölkerung, in der er die Politik der provisorischen Regierung verteidigt.

S. 30, zu M 17/M 18, Aufgabe 3

Sammeln Sie gemeinsam mit einem Partner Thesen zur Bedeutung von Kompromissen in der Politik.

Tipp: Ein Schreibgespräch führen Sie folgendermaßen durch:
- Nehmen Sie ein DIN-A2- oder DIN-A3-Blatt.
- Notieren Sie die Frage „Welche Bedeutung haben Kompromisse in der Politik?" oben auf dem Blatt
- Schreiben Sie abwechselnd Ihre Thesen zum Thema links und rechts untereinander auf das Blatt.
- Lesen Sie die Aussage des anderen und reagieren Sie schriftlich darauf.
- Während der ganzen Zeit wird nicht gesprochen.

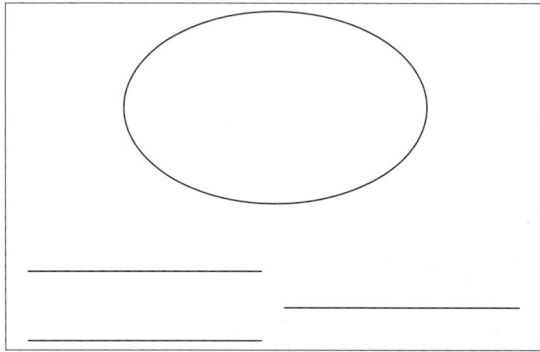

Kapitel 3, S. 38–57: Krise und Stabilisierung – die Weimarer Republik 1919 bis 1929

S. 45/Darstellungstext

Zusatzaufgabe: Informieren Sie sich über die wirtschaftliche und politische Situation in den USA. Vergleichen Sie mit Deutschland. Orientieren Sie sich an folgenden Vergleichskriterien: politisches System, Parteien, Wirtschaftskrise, gesellschaftliches System.

S. 47, zu M 10

Zusatzaufgabe: Vergleichen Sie die Beschlüsse des Versailler Vertrags mit den Entscheidungen der Potsdamer Konferenz vom 28. Juli bis 2. August 1945 für Deutschland nach dem Zweiten Weltkrieg.

S. 47, zu M 12, Aufgabe 1

Analysieren Sie den offenen Brief Hitlers an Reichskanzler Brüning (M 11).
Tipp: Beachten Sie die methodischen Hinweise auf S. 54. Sie können folgende sprachliche Formulierungshilfen verwenden:
– Die Quelle kann unter der Fragestellung untersucht werden, wer den Versailler Vertrag in Deutschland zur Geltung gebracht hat.
– Der Brief des Vorsitzenden der NSDAP Adolf Hitler wurde ... verfasst.
– Er ist an ... gerichtet.
– Der Brief entstand im Kontext ...
– Im Blick auf die Leitfrage lässt sich feststellen, dass ...

S. 48, zu M 15, Aufgabe 3

Charakterisieren Sie mithilfe des Gemäldes von George Grosz (M 15) die „Stützen der Gesellschaft".
Tipp: Bestimmen Sie zunächst die einzelnen Bildelemente. Ordnen Sie die dargestellten Personen bestimmten gesellschaftlichen Gruppen zu. Achten Sie bei der Charakterisierung der einzelnen Personen auf folgende Gestaltungsmittel:
– Kleidung
– Körperhaltung, Gestik und Mimik
– Gegenstände in der Hand
– Farbgebung
– Perspektiven
Formulieren Sie eine Gesamtaussage zu den „Stützen der Gesellschaft" und ihren Kennzeichen.

S. 51, zu M 24/M 25, Aufgabe 3

Setzen Sie sich mit der These der relativen Stabilisierung auseinander. Beziehen Sie die Materialien des ganzen Kapitels 3 mit ein.
Tipp: Gehen Sie die Materialien Schritt für Schritt durch und notieren jeweils Thema, stabilisierend bzw. nicht-stabilisierend und eine stichwortartige Begründung. Z. B. bei M 8: Thema Versailler Vertrag; nicht-stabilisierend; Grund: Deutsche hatten keine realistische Einschätzung des Krieges/Situation, jeder Vertrag wäre als ungerecht empfunden worden.

Kapitel 4, S. 58–73: Außenpolitik im europäischen und internationalen Spannungsfeld

S. 63, zu M 4, Aufgabe 1

Recherchieren Sie die Biografie Stresemanns bis 1919 und stellen Sie Ihre Ergebnisse grafisch dar.
Tipp: Eine grafische Darstellung Ihrer Ergebnisse kann in Form eines chronologischen Schaubildes, eines Flussdiagramms oder eines Zeitstrahls erfolgen. Recherchetipp: Tabellarischer Lebenslauf Stresemanns unter: *https://www.dhm.de/lemo/biografie/gustav-stresemann*

S. 64, zu M 7, Aufgabe 2

Interpretieren Sie die Karikatur hinsichtlich der Wahrnehmung Stresemanns in der Weimarer Republik.
Tipp: Beachten Sie, dass es sich bei der kleinen Figur um den „Deutschen Michel" handelt. Die Bezeichnungen „rechts" und „links" sind hier politisch gemeint.

S. 64, zu M 7

Zusatzaufgabe: Beurteilen Sie die Rolle Stresemanns bei der Hyperinflation und Ruhrbesetzung.
Tipp: Recherchieren Sie im Internet zu den Themen Hyperinflation und Ruhrbesetzung z. B. auf der Seite des Deutschen Historischen Museums (www.dhm.de) über die Menüpunkte Zeitstrahl (Weimarer Republik) und Themen (Innenpolitik).
Sie können folgende Formulierungshilfen verwenden:
– Gustav Stresemann bemühte sich nach seiner Ernennung zum Reichskanzler im August 1923 um ...
– Seine Maßnahmen waren ...
– In Bezug auf die Ruhrbesetzung verfolgte er eine Politik der ...

– Insgesamt kann seine Politik als erfolgreich/nicht erfolgreich bezeichnet werden, weil …

S. 67, zu M 12

Zusatzaufgabe: Gustav Stresemann wurde 1926 gemeinsam mit seinem französischen Amtskollegen Aristide Briand der Friedensnobelpreis verliehen. Entwickeln Sie ein mögliches Gutachten, indem Sie bewerten, inwiefern Stresemann tatsächlich den Friedensnobelpreis verdient hat.

S. 69, zu M 14, Aufgabe 3

Überprüfen Sie die Aussage, Stresemann stehe mit seinen Stärken und Schwächen stellvertretend für die vergebenen Chancen der Weimarer Republik.

Tipp: Erstellen Sie zunächst eine Liste mit aus Ihrer Sicht vergebenen Chancen, z. B.:

– Verstärkung des Demokratiebewusstseins durch kooperative und sachbezogene Arbeit der Parteien
– wirkliche Versöhnungspolitik mit den Nachbarn Frankreich und der Sowjetunion
– Friedenserhalt und Kooperation als Leitideen in der internationalen Politik statt Streben nach politischer und wirtschaftlicher Vormacht
– Gewinnung der unteren Schichten für die Demokratie durch Sozialpolitik und politische Anerkennung
– Überprüfen Sie dann, welche Einstellungen bzw. Stärken und Schwächen Stresemanns diesen Punkten zugeordnet werden können.

Kapitel 5, S. 74–91: Zwischen Aufbruch und Unsicherheit: die „Goldenen Zwanziger"

S. 83, zu M 10

Zusatzaufgabe: Informieren Sie sich über die Bilder der „Großen Deutschen Kunstausstellung" 1937 im „Haus der Deutschen Kunst" in München. Diese Ausstellung präsentierte im Gegensatz zur Ausstellung „Entartete Kunst", die zeitgleich in den Räumen des Münchener Hofgartens gezeigt wurde, die vom NS-Staat propagierte Kunst. Vergleichen Sie mit den Ansichten von Schultze-Naumburg von 1928.

S. 84 f., zu M 12 bis M 15

Zusatzaufgabe: a) Sichten Sie den Stummfilm von Walther Ruttmann „Berlin – Symphonie einer Großstadt" von 1927.

 cornelsen.de/Webcodes
Code: tobene

b) Arbeiten Sie wichtige Themen und Aspekte des Films heraus.

c) Verfassen Sie einen Sprechertext zu einigen Bildausschnitten.

S. 87, zu M 20, Aufgabe 2

Analysieren Sie , wie für den Einsatz von Technik im Haushalt geworben wurde.

Tipp: Beachten Sie die methodischen Hinweise auf S. 34. Orientieren Sie sich bei der Analyse außerdem an folgenden Fragen:

– Welches Bild von der „modernen Technik" vermittelt?
– Welches Frauenbild wird präsentiert?
– Welche gestalterischen Mittel (Farben, Gestik, Mimik etc.) werden genutzt?

S. 89, zu M 22 bis M 25

Zusatzaufgabe: Setzen Sie sich in geschlechtshomogenen Gruppen zusammen, schreiben Sie in jeder Gruppe je eine Schilderung von Lebensperspektiven von Mädchen und Jungen heute und vergleichen Sie anschließend miteinander.

Kapitel 6, S. 92–107: Politische Radikalisierung und Scheitern der Demokratie 1929 bis 1933

S. 93/Auftaktseite

Zusatzaufgabe: Beurteilen Sie die Bedeutung des Scheiterns der Weimarer Republik für die deutsche Sonderwegsthese.

Tipp: Informieren Sie sich über die Sonderwegsthese in Kapitel 7 „Kernmodul", M 4 bis M 8.

S. 101, zu M 16

Zusatzaufgabe: Gestalten Sie einen Zeitungskommentar zur Eröffnung des Reichstags im Juli 1932.

Kapitel 7, S. 108–117: Kernmodul

S. 109, zu M 1, Aufgabe 3

Recherchieren Sie deutsche Denkmäler aus der Zeit des Deutschen Kaiserreichs. Erörtern Sie das deutsche Selbstverständnis, das sich in diesen Denkmälern manifestiert.

Tipp: Das deutsche Selbstverständnis lässt sich an folgenden Denkmälern herausarbeiten:

– Hermannsdenkmal (Detmold)
– Kaiser-Wilhelm-Denkmal (Porta Westfalica)
– Reiterstandbild Kaiser Wilhelms I. am Deutschen Eck (Koblenz)
– Barbarossadenkmal (Kyffhäuserland)
– Völkerschlachtdenkmal (Leipzig)

S. 110, zu M 2, Aufgabe 2

Formulierungshilfen für eine historische Erörterung:

– Auf Grundlage von … ist erkennbar, dass …
– Zentrale Merkmale waren …

– Diese Tatsache lässt darauf schließen, dass …
– Eine wichtige/ untergeordnete Rolle spielte dabei…
– Dies hatte Auswirkungen auf …
– Einerseits…, andererseits …
– Abschließend lässt sich festhalten, …

S. 111, zu M 3, Aufgabe 3

Nehmen Sie Stellung zu der Frage, welchen Stellenwert die Auseinandersetzung mit der deutschen Vergangenheit für das gegenwärtige Selbstverständnis der Deutschen haben sollte.

Tipp: Sie können folgende sprachliche Hilfen für die Stellungnahme verwenden:

– „Meiner Meinung nach besitzt die Auseinandersetzung einen hohen/nicht so hohen Stellenwert, weil …"
– „In der Gegenwart sollte die deutsche Geschichte eine zentrale/untergeordnete Rolle spielen, da …"
– „Eine Auseinandersetzung mit der Geschichte ist wichtig, um den Willen zum Friedenserhalt zu stärken."

S. 111, zu M 3

Zusatzaufgabe: Gustav Heinemann sagte in seiner Antrittsrede als Bundespräsident 1969 über Deutschland: „Es gibt schwierige Vaterländer. Eines davon ist Deutschland. Aber es ist unser Vaterland." Nehmen Sie begründet Stellung zu dieser Aussage.
Die ganze Rede finden Sie unter folgendem Webcode:

 cornelsen.de/Webcodes
Code: vecapa

S. 114, zu M 6, Aufgabe 1b)

Präsentieren Sie Ihre Ergebnisse aus den Gruppenarbeiten in Form einer gemeinsamen Visualisierung, zum Beispiel als Cluster.

Tipp: Bei der Clustering-Methode entscheiden Sie sich für Schlüsselbegriffe, die sie dann in einem Cluster gruppieren. Überlegen Sie sich, wie die Begriffe zueinander stehen und miteinander zusammenhängen. Vernetzen Sie die Begriffe untereinander, sodass die Verbindungen sichtbar werden.

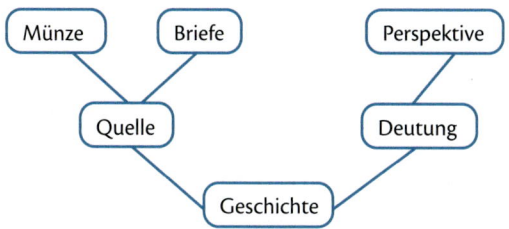

S. 115, zu M 7

Zusatzaufgabe: Entwickeln Sie in Partnerarbeit Erfolgs- und Risikofaktoren für eine Demokratie und überprüfen Sie auf Grundlage dieser Kriterien die Stabilität der Weimarer Republik und eines modernen Staates Ihrer Wahl.

Tipp: Mögliche Faktoren finden Sie bei der Bundeszentrale für politische Bildung:

 cornelsen.de/Webcodes
Code: reyaho

S. 116, zu M 9

Zusatzaufgabe: Erläutern Sie, ausgehend von M 9, welche globalen Phänomene sich im 20. Jahrhundert entwickelt haben.

Tipp: Konzentrieren Sie sich auf folgende Aspekte: Kommunikation, Handel, militärische Auseinandersetzungen, Ideologien, Verkehr.

Kapitel 8, S. 118–127: Wahlmodul: Der Erste Weltkrieg

S. 122, zu M 5

Zusatzaufgabe: Recherchieren Sie zu Feldpostbriefen aus Ihrer Heimatgemeinde. Stellen Sie Ihre Beispiele im Kurs vor.

S. 123, zu M 9

Zusatzaufgabe: Verfassen Sie einen Brief aus der Perspektive einer deutschen Frau an ihren im Feld stehenden Mann im Jahre 1917.

S. 125, zu M 11/M 12

Zusatzaufgabe: Verfassen Sie einen Bericht zum Ersten Weltkrieg für eine Ausgabe der Schülerzeitung an Ihrer Schule.

Kapitel 9, S. 128–135: Wahlmodul: Nationalsozialismus und deutsches Selbstverständnis

S. 133, zu M 5

Zusatzaufgabe: Schauen Sie sich im Internet auf der Seite der Bundeszentrale für politische Bildung den Videobericht einer Tagung mit dem Thema „Volksgemeinschaft als Terror und Traum" an und erklären Sie, was der Tagungstitel bedeuten soll.

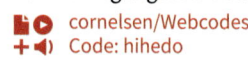 cornelsen/Webcodes
Code: hihedo

Lösungen zu den Methodenseiten

Zu Kapitel 2, S. 34–35: Politische Plakate interpretieren

1. Erster Eindruck
(individuelle Antwort)

2. Formale Merkmale
- Titel: „Am Neubau"
- Wahlplakat der liberalen Deutschen Demokratischen Partei (DDP)
- Wahlkampf vor der Wahl zur Nationalversammlung, 1919
- Thema: Politische Grundsätze der Partei für den neu zu schaffenden Staat

3. Analyse der einzelnen Elemente
Ein kräftiger Maurer mit hochgekrempelten Ärmeln arbeitet an einer Mauer aus großen Steinen; er ist eine Symbolfigur, da er nicht persönlich zu identifizieren ist (unkenntliches Gesicht). Die ersten Reihen sind bereits errichtet. Im Hintergrund steht ein Flaschenzug zur Verfügung. Die Szene wird durch zwei Textblöcke eingerahmt. Der Handwerker scheint konzentriert, sein Blick ist gesenkt und ganz auf seine Tätigkeit gerichtet. Er geht mit großer Ernsthaftigkeit seiner Arbeit nach.

Die Mauer wirkt fest und stabil, die Steine sind groß und gewichtig. Jeder Stein steht durch seine Beschriftung für einen politischen Grundsatz der DDP. Den Schwerpunkt bilden sozial-liberale Forderungen. Der Baustein „Gleiches Recht für Alle" sticht aufgrund seiner Größe hervor. Die unteren Bausteine sind zusätzlich durch Eisenklammern verbunden und stabilisiert, sie bilden das Fundament.

Die zerbrochene Krone unten rechts verweist auf die zu Ende gegangene Epoche.

Die Textblöcke betonen durch ihre Position auf dem Plakat die Szene in der Mitte.

Der Titel ist am größten geschrieben, er fällt dadurch direkt ins Auge. Er gibt die Metapher vor, an die sich die anderen Bildelemente anschließen. Das Titelwort „Neubau" signalisiert Aufbruch, Zukunft, Planung und Tatkraft.

4. Interpretation/Gesamtaussage
Die DDP will im Rahmen der Nationalversammlung tatkräftig an der Gestaltung des neuen Staates („Neubau") mitwirken und ihre Vorstellungen durchsetzen. Das Plakat vermittelt ernste Zuversicht und betont die Gelegenheit zum Fortschritt. Die Darstellung ist sachlich-informativ gehalten. Die Szene und der Charakter der Forderungen legen nahe, dass sich das Plakat an Arbeiter, Angestellte, einfache Bürger als Zielgruppe richtet. Im Vorfeld der Nationalversammlung bestand auch Anlass für eine Aufbruchstimmung. Die Partei unterstreicht diese optimistische Haltung durchaus zurecht.

Zu Kapitel 3, S. 54–55: Schriftliche Quellen interpretieren

1. Leitfrage
Warum haben Reichspräsident und Reichsregierung den Ruhrkampf abgebrochen?

2. Analyse
Formale Aspekte

Autoren: Die Erklärung wurde abgegeben von Reichspräsident Friedrich Ebert und der gesamten Reichsregierung unter Gustav Stresemann; die Reichsregierung war eine Regierung auf der Grundlage einer „Großen Koalition" (SPD, Zentrum, DDP, DVP).

Entstehung: Reichspräsident und Reichsregierung reagierten mit ihrem Aufruf auf die Situation, die durch den Ruhrkampf entstanden war: Die Leistungen des Reiches für den passiven Widerstand gegen die Ruhrbesetzung nahmen immer größere Ausmaße an, die kaum noch zu schultern waren sowie die Überwindung der Inflation und die Stabilisierung der Wirtschaft aussichtslos werden ließen. Der opferreiche passive Widerstand der Bevölkerung an Rhein und Ruhr erwies sich zusehends als wirkungslos. Frankreich hielt an seiner harten Haltung fest, die deutsche Regierung musste kapitulieren, ohne die Sicherheit zu besitzen, ob und wie sie die besetzten Gebiete zurückerhalten könne.

Textart: Der Text ist ein regierungsoffizieller Text. Allerdings handelt es sich nicht um ein geheimes, vertrauliches und ein amtliches oder diplomatisches Dokument, das zwischen offiziellen Regierungen oder Regierungsstellen ausgetauscht wird, sondern um ein öffentliches Schriftstück. Es ist ein Aufruf von Reichsoberhaupt und Reichsregierung an die Bevölkerung zum Abbruch ihres Widerstandes gegen die Besetzung von Rhein und Ruhr durch Frankreich.

Thema: ist der Abbruch des Ruhrkampfes. Regierung und Reichspräsident begründen ausführlich, warum die Bevölkerung den Widerstand gegen die Ruhrbesetzung aufgeben soll.

Adressat: Der Aufruf richtet sich an die Bevölkerung der besetzten Gebiete, darüber hinaus an die gesamte deutsche Bevölkerung, die den Kampf der Menschen an Rhein und Ruhr unterstützt hat.

Inhaltliche Aspekte

Textaussagen:

- Weil französische und belgische Truppen die Gebiete an Rhein und Ruhr besetzt haben, haben Frankreich und Belgien Recht und internationale Verträge gebrochen.
- Die Besetzung durch fremde Truppen bedeutet für die deutsche Bevölkerung großes Leid:
  - Über 180 000 Bewohner der besetzten Gebiete, Kinder und Greise, Männer und Frauen, wurden von Haus und Hof vertrieben.
  - Die Besetzung hat zu zahllosen Gewalttaten geführt, mehr als 100 Menschen sind gestorben, Hunderte müssen ihr Leben im Gefängnis fristen.
- Aus Liebe zu ihrem Vaterland und im Vertrauen auf ihr Rechtsgefühl hat die Bevölkerung an Rhein und Ruhr gegen das Unrecht der Besetzung protestiert und Widerstand geleistet.
- Für diesen Widerstandskampf bedankt sich das ganze deutsche Volk.
- Die Reichsregierung hat diesen Widerstandskampf ebenfalls unterstützt, auch mit großen Geldsummen, die jedoch immer größere Ausmaße annehmen und kaum noch geleistet werden können.
- Außerdem droht die Gefahr, dass das Festhalten am Widerstandskampf die Stabilisierung der deutschen Währung bzw. die Bekämpfung der Inflation, die Aufrechterhaltung des Wirtschaftslebens und die Sicherung der nackten Existenz der Deutschen unmöglich machen könnte.
- Um diese Gefahren abzuwenden, muss der Kampf gegen die Besetzung abgebrochen werden. Nur so kann das Leben von Volk und Staat erhalten werden.

Kernaussage:

Reichspräsident und Reichsregierung halten angesichts der harten Haltung der belgischen, vor allem aber der französischen Besatzungsmacht den Widerstand der Bevölkerung an Rhein und Ruhr für wirkungslos. Die Kosten dieses Widerstandskampfes haben für die Regierung solche Dimensionen angenommen, dass sie kaum noch aus dem Staatshaushalt geleistet werden können. Wenn der Widerstandskampf fortgesetzt wird, kann die nackte Existenz der Bevölkerung nicht mehr gewährleistet werden. Um finanzielle und andere Ressourcen für den Kampf gegen die Inflation und die Stärkung der deutschen Wirtschaftskraft zur Verfügung zu haben, muss der Widerstandskampf an Rhein und Ruhr aufgegeben werden.

Schlüsselbegriffe:

Recht und Unrecht
Vertrag
Ruhrgebiet
Rheinland
Bedrückungen
Leiden
Besetzung
Gewalttaten
Gefängnis
Rechtsgefühl
vaterländische Gesinnung
Produktion
Wirtschaftsleben
geordnete Währung
nackte Existenz
bittere Notwendigkeit

Textsprache:

emotional, appellierend

3. Historischer Kontext

Alle seit dem Frühjahr 1923 unternommenen deutschen Versuche, den Ruhrkampf ohne eine vollständige deutsche Kapitulation zu erreichen, waren erfolglos. Der französische Staatspräsident wollte Verhandlungen mit der deutschen Reichsregierung erst aufnehmen, wenn die Bevölkerung an Rhein und Ruhr ihren passiven Widerstand bedingungslos aufgegeben hat. Deswegen blieb der deutschen Regierung nur die bedingungslose Kapitulation. Reichspräsident und die Regierung der „Großen Koalition" beendeten die gescheiterte deutsche Widerstandspolitik und machten durch eine kalkulierte außenpolitische Kapitulation den Weg frei für eine an den politischen Realitäten orientierte deutsche Außenpolitik. Auf diese Weise gewann die deutsche Politik außerdem größere Handlungsspielräume zur Lösung anderer Krisen wie dem Kampf gegen die Inflation oder die Stabilisierung der deutschen Wirtschaft.

4. Urteilen

Sachurteil

Nach der Besetzung von Rheinland und Ruhrgebiet durch belgische und französische Truppen hatte die Regierung der Weimarer Republik angeordnet, dass die Bewohner passiven Widerstand leisten und den Befehlen der Besetzer nicht gehorchen sollten. Und die deutsche Regierung hat bis zu diesem Aufruf den Widerstand gegen die Ruhrbesetzung unterstützt. Nun musste sie der Bevölkerung nicht nur erklären, warum sie von dieser Politik abgewichen ist, sondern auch die Menschen von einem anderen politisch-gesellschaftlichen Verhalten überzeugen. Das war eine schwere Aufgabe, die in den Worten des damaligen Reichskanzlers Gustav Stresemann einen „Zusammenschluss aller den verfassungsmäßigen Staatsgedanken bejahenden Kräfte" zustande zu bringen hatte. Das versuchte die deutsche Politik, indem sowohl Reichsregierung als auch Reichspräsident diesen Aufruf unterschrieben. Die Argumentation des Aufrufs appellierte zudem an die Emotionen der Menschen: Sie beschrieb das Unrecht und die bitteren Folgen der Besetzung für die deutsche Bevölkerung, lobte deren vaterländische Gesinnung und Rechtsgefühl, machte auf die wachsenden Schwierigkeiten der deutschen Politik aufmerksam, den Widerstand gegen die Besetzung zu unterstützen und gleichzeitig die anstehenden wirtschaftlichen, sozialen und politischen Probleme zu lösen. Und sie versprach den Menschen die Verbesserung ihrer Lage, wenn sie den Kampf gegen die Besetzung aufgaben, um so das Leben von Staat und Volk zu stabilisieren. Dass die deutsche Regierung mit ihrem Aufruf dem Druck der französischen Staatsführung nachgab und kapitulierte, gab sie nicht zu. Das hätte eine nachhaltige Wirkung des Aufrufs verhindern können.

Werturteil

Der Aufruf zum Abbruch des Widerstandes besaß propagandistischen Charakter und sollte vor allem die Emotionen der Menschen ansprechen. Im Vordergrund standen deswegen innenpolitische Aspekte. Die außenpolitischen Dimensionen der Ruhrbesetzung – Frankreichs Zurückdrängung der deutschen Grenze an den Rhein und die dauerhafte Schwächung Deutschlands – wurden nicht erwähnt. Ebenso unterschlägt der Text, dass die deutsche Regierung die Bevölkerung zu passivem Widerstand aufgerufen hatte und dass diese Strategie an der harten Haltung der französischen Regierung gescheitert war. Der Aufruf war eine Kapitulation Deutschlands, Frankreich saß am längeren Hebel und bestimmte die Politik. Um von solchen Aspekten abzulenken und die deutsche Bevölkerung für sich zu gewinnen, präsentierte der Aufruf den Abbruch des Widerstandes als positive und für die Menschen hilfreiche Politik, mit der das Leid der Besetzung abgewendet und die Lebensbedingungen in Deutschland verbessert werden könnten. Mit diesem überwiegend emotionalen Appell sollte die Bevölkerung für den politischen Wandel gewonnen werden.

Zu Kapitel 4, S. 70–71: Historische Urteile analysieren und vergleichen

1. Formale Merkmale

M 2:

Zeitungsartikel der Vossischen Zeitung; von Schriftsteller und Journalist Emil Ludwig; vom 3. Oktober 1929, aus Anlass des Todes von Außenminister Gustav Stresemann. Der Text wendet sich an die Bevölkerung der Weimarer Republik.

M 3:

wissenschaftlicher Text; Autor ist der Historiker Hagen Schulze (1943–2014); Textausschnitt einer Monografie

zur Weimarer Republik von 1983. Der Text wendet sich an ein wissenschaftliches Fachpublikum sowie an historisch-politisch interessierte Leser.

2. Herausarbeiten des Inhalts

Beide Texte beschäftigen sich mit dem Weimarer Politiker und Reichsaußenminister Gustav Stresemann und hier insbesondere mit seiner Außenpolitik.

M 2:

These 1: Stresemann ist ein Symbol der Wandlung von einem Monarchisten zu einem Republikaner.

These 2: Stresemann änderte seine Außenpolitik. Er gab die Revancheabsichten nach dem Weltkrieg auf und zielte auf eine europäische Verständigung und eine Integration Deutschlands in den Völkerbund.

M 3:

These 1: Stresemann verfolgte die Revision des Versailler Vertrages als oberstes Ziel der deutschen Außenpolitik.

These 2: Er wollte zum System des europäischen Gleichgewichts zurückkehren, wie es im 19. Jahrhundert bestanden hat.

These 3: Stresemann hat auch in der Zeit der Weimarer Republik nicht seine grundsätzlichen nationalistischen und machtpolitischen Ansichten geändert.

3. Historischer Kontext

M 2:

Der Zeitungsartikel erschien unmittelbar nach dem Tod Gustav Stresemanns. Dieser hatte von 1923 bis 1929 zunächst als Reichskanzler, dann als Außenminister die deutsche (Außen-)Politik maßgeblich beeinflusst.

M 3:

Der Text nimmt die gesamte Lebenszeit von Gustav Stresemann in den Blick und greift auch die Reaktionen der Nachwelt einschließlich der Zeit der Bundesrepublik auf. Die Monografie zur Weimarer Republik wurde 1983 verfasst, also vor der Wiedervereinigung, vor der Vertiefung der europäischen Union und zu Zeiten des Kalten Krieges. Innerhalb der Geschichtswissenschaft spielte in den 1980er-Jahren die These vom deutschen Sonderweg eine wichtige Rolle, die die Demokratiedefizite, den Autoritarismus, Militarismus und extremen Nationalismus in Deutschland vor 1945 im Gegensatz zu der Entwicklung anderer westlicher Staaten betont.

4. Aussageabsicht

M 2:

Der Schriftsteller und Journalist gibt aus Anlass des Todes von Gustav Stresemann eine sehr positive Beurteilung des Menschen und Politikers Stresemann ab. Er betont vor allem die „Verdienste" Stresemanns für Deutschland.

M 3:

Der Historiker Hagen Schulze nimmt eine sehr kritische Analyse von Stresemann als Person sowie seiner Politik vor. Er möchte vor allem die Deutung Stresemanns als Vordenker einer europäischen Entspannungspolitik und Befürworter des Völkerrechts widerlegen. Seiner Ansicht nach hat bei Gustav Stresemann keine Wandlung vom nationalistischen Machtpolitiker zum Friedens- und Verständigungspolitiker stattgefunden (vom „nationalistischen Saulus zum paneuropäischen Paulus").

5. Darstellungen vergleichen
Mögliche Vergleichsaspekte:

1. Die Wandlung von Gustav Stresemann vom Anhänger der Monarchie zu einem der führenden Köpfe der Weimarer Republik.

M 2:

„In der Geschichte aber wird seine Gestalt ein Symbol der Wandlung bedeuten. Ein reiner Imperialist, [...] ein wilder Annexionist, [...] wurde in [...] fünf Jahren schwarz-rot-gold." (Z. 5–13)

M 3:

„Stresemann, das war Bismarck *redivivus*, konservativ bis in die Fingerspitzen [...]." (Z. 17–19)

„Doch in Wirklichkeit hat eine Wandlung vom nationalistischen Saulus zum paneuropäischen Paulus nie stattgefunden." (Z. 31–33)

2. Die Methoden Gustav Stresemanns, mit denen er Außenpolitik betrieb.

M 2:

„Er begreift, dass man in Europa nicht nach den alten Methoden weiterregieren könnte, und darum auch nicht in Deutschland. [...] Er sah, dass nicht die alte Revanchefrage derer, aus deren Kreisen er hervorging, sondern nur der Gedanke des Völkerbundes Deutschland emporführen könnte." (Z. 17–22)

M 3:

„Im Osten dagegen strebte [Stresemann] ganz unverhohlen die Rückgabe Danzigs, des Korridors und Oberschlesiens an. Eine vertragliche Festschreibung der deutschen Ostgrenze kam deshalb für ihn nie in Betracht." (Z. 3–7)

„Ihm ging es letztlich um die Beseitigung des internationalen Systems der Pariser Vorortverträge von 1919 und die Rückkehr zu einem europäischen Gleichgewicht, in dem Deutschland [...] aufgrund seiner hohen Bevölkerungszahl und seiner wirtschaftlichen Überlegenheit die erste Geige spielen sollte." (Z. 11–16)

„[...] der eine an den Grenzen des politisch Möglichen orientierte aufgeklärte Machtpolitik betrieb." (Z. 19–21)

6. Darstellungen beurteilen
Hier müssen die Aussagen der beiden Darstellungen sachlich überprüft und ein Sachurteil gefällt werden.

M 2:

Der Autor Emil Ludwig spricht von einer „Rettung der Republik aus der Not des Ruhrkampfes" (Z. 3 f.) sowie einer „Befreiung des Gebietes" (Z. 5). Das ist eine sehr beschönigende und den „Mythos" Stresemann bedienende Formulierung. Stresemann erklärte zwar die Beendigung des Ruhrkampfes und rief die Bevölkerung zur Aufgabe des Streiks auf. Der Preis war allerdings die andauernde Besetzung durch französische und belgische Truppen. Von einer Befreiung kann also nicht die Rede sein. Die Versorgungslage dürfte sich nur durch die Beendigung des Streiks verbessert haben. Letztlich handelte sich aber um eine schwere politische Niederlage der Regierung Stresemann. In Bezug auf Stresemanns Außenpolitik belegen die nicht-öffentlichen Quellen wie u. a. ein Brief an den Kronprinzen (M 11, S. 66 f.), dass Stresemann den Revisionsgedanken bezüglich des Versailler Vertrages nicht aufgegeben hat, insbesondere in Bezug auf die Ostgrenze des Reiches. In einer Rede vor der „Arbeitsgemeinschaft deutscher Landsmannschaften" (M 10, S. 66) sagt er außerdem, dass er nicht hinter dem Gedanken des Völkerbundes steht, ihn lediglich als Mittel sieht, Deutschland in den Kreis der Mächte zurückzuführen (Z. 58 ff.).

Als Zeitgenosse Stresemanns fehlt Emil Ludwig allerdings auch der persönlich und zeitlich distanzierte Blick. Er konnte das Scheitern der Weimarer Republik also noch nicht in sein Urteil über Gustav Stresemann einbeziehen. Er urteilt aus der Perspektive einer stabilisierten Weimarer Republik, die manches erreicht hat. Gustav Stresemann ordnet er zu Recht als einen der führenden Politiker ein, der mit den Verträgen von Locarno, den Nachverhandlungen der Reparationsforderungen sowie der Aufnahme Deutschlands in den Völkerbund einiges erreicht hat.

M 3:

Der Historiker Hagen Schulze betont die revisionistischen und machtpolitischen Aspekte der Politik Stresemanns. Dies entspricht durchaus den nicht-öffentlichen bzw. halb-öffentlichen Äußerungen Stresemanns in Briefen und Reden vor ausgewähltem Publikum (Belege siehe oben). Er verweist zu Recht darauf, dass Gustav Stresemann sowohl gegen die Annahme des Versailler Vertrags als auch der Weimarer Verfassung gestimmt hat. Damit blockierte er in den Anfangsjahren der Republik den demokratischen Neuanfang. Es ist jedoch problematisch, Stresemann jede Form von Gesinnungswandel abzusprechen. Außerdem muss zwischen seinem Denken und seiner praktischen Politik als Außenminister unterschieden werden. Tatsächlich trug er mit seiner Außenpolitik gegenüber Frankreich, der Heranführung Deutschlands an den Völkerbund sowie der vertraglichen Annäherung an die Sowjetunion in Rapallo zur friedlichen Ausrichtung Deutschlands in Europa bei. Ob er das aus rein macht- und realpolitischen Erwägungen tat, tritt letztlich in den Hintergrund. Es war ein deutlicher Politikwechsel im Vergleich zur Zeit des Deutschen Kaiserreichs. Wie eine nur vordergründig auf Legalität und Kooperation ausgelegte Außenpolitik aussah, zeigte sich schnell unter Adolf Hitler. Er betrieb faktisch unter dem Deckmantel von diplomatischer Verständigung bereits eine Kriegspolitik.

Zu Kapitel 6, S. 104–105: Darstellungen analysieren

1. Leitfrage

Welche Ursachen – Strukturen, Ereignisse, Handlungen bzw. politisch-soziale Gruppen und Persönlichkeiten – führten zum Niedergang und Scheitern der Weimarer Demokratie?

2. Analyse

Formale Aspekte

Autorin: Ursula Büttner (geb. 1946), deutsche Historikerin und ab 1990 bis zu ihrem Ruhestand 2011 Professorin an der Universität Hamburg.

Textsorte: fachwissenschaftliche Darstellung

Thema: Gründe für das Scheitern der Weimarer Republik

Veröffentlichung: 2008 in erster Auflage erschienener Überblick über die Geschichte der Weimarer Republik mit dem Titel „Weimar. Die überforderte Republik 1918–1933. Leistung und Versagen in Staat, Gesellschaft, Wirtschaft und Kultur"

Adressaten: wissenschaftliche sowie breitere Öffentlichkeit

Intentionen: Die Autorin möchte einen einführenden Überblick über die Geschichte der Weimarer Republik geben. Sie will Stärken und Schwächen, Leistungen und Versagen der Weimarer Republik von der Entstehung bis zum Ende in allen Bereichen des gesamtgesellschaftlichen Lebens untersuchen und darstellen.

Inhaltliche Aspekte

Wesentliche Textaussagen:

– Die Weltwirtschaftskrise hat die Endphase der Weimarer Republik eingeleitet und maßgeblich mitgeprägt.
– Die Gegner der Weimarer Demokratie konnten und wollten die Wirtschafts- und Staatskrise für ihre Zwecke ausnutzen.
– Die NSDAP stieg in der Endphase der Republik von einer ursprünglichen Splitterpartei zur Massenpartei auf.
– Den Nationalsozialisten gelang es in der Wirtschaftskrise, durch widersprüchliche Forderungen die Sorgen vieler Menschen anzusprechen und auf diese Weise

die unterschiedlichsten Bevölkerungsgruppen für sich zu gewinnen.
– Die NSDAP präsentierte sich nicht nur als Interessenvertreterin breiter Bevölkerungsschichten, sondern stellte sich auch als junge und kraftvolle Bewegung zur Veränderung der Gesamtgesellschaft dar.
– Die politisch-sozialen Eliten glaubten, die NSDAP für ihre eigenen Interessen in den Dienst nehmen zu können.
– Der Konjunktureinbruch 1930 und die Reichstagswahl mit dem sprunghaften Anstieg der NSDAP-Stimmen kündigten eine Gefährdung der Republik von rechts an.
– Die Bildung einer parlamentarisch verankerten Mehrheitsregierung unter Ausschluss der rechts- und linksradikalen Flügelparteien DNVP, NSDAP und KPD scheiterte am fehlenden Konsens der republikfreundlichen bürgerlichen Parteien, die sich nicht zu einem Bündnis für die Erhaltung der demokratischen Verfassung durchringen konnten.
– Die konservativen Machteliten entschlossen sich in den 1930er-Jahren, dauerhaft gegen die stärkste demokratische Kraft, die SPD, zu regieren und das parlamentarische in ein autoritäres System umzuwandeln.
– Die Weimarer Republik mit ihren vielfältigen „Belastungen" und sozialen Konflikten, mit den Schwächen ihrer Eliten und den überzogenen Erwartungen ihrer Bürger war für die Auseinandersetzung um Erhaltung und Abschaffung der Demokratie schlecht gerüstet.
– Den letzten Stoß verlieh der Weimarer Republik der revisionistische Ehrgeiz einer konservativen politischen Führung, die die außen- und innenpolitische Niederlage von 1918 überwinden wollte.

Überzeugung der Autorin: Ursula Büttner erklärt das Anwachsen der republikfeindlichen und die zunehmende Schwäche der republikfreundlichen Kräfte der Weimarer Demokratie, indem sie wirtschaftliche, politische und gesellschaftliche Strukturen, Prozesse und Handlungen heranzieht. Mentalitätspolitische und kulturelle Faktoren werden in diesem Text nicht berücksichtigt. Die Autorin nennt die wesentlichen Schwächen und Belastungen der Weimarer Republik, die letzte Verantwortung für das Scheitern der ersten deutschen Demokratie liegt in ihren Augen in den Händen der konservativen Führung des Staates.

3. Historischer Kontext

Der Textauszug steht am Ende einer umfassenden Gesamtdarstellung der Weimarer Republik. Gesamtdarstellung – das bedeutet erstens eine Analyse der Geschichte der Weimarer Republik von den Anfängen bis zum Ende. Die Entwicklung dieser Demokratie wird nicht als eine Geschichte des Niedergangs und des Scheiterns erzählt.

Beschrieben wird die gesamte Entwicklung der demokratischen Republik, ihre schwierigen Anfänge während der Revolution, ihre Krisen und ihre Stabilisierung sowie der Niedergang und das Scheitern. Gesamtdarstellung – das bedeutet zweitens die Berücksichtigung der Leistungen wie auch des Versagens der unterschiedlichen Kräfte, die die gesamtgesellschaftlichen Entwicklungen mitbestimmten. Gesamtdarstellung – das bedeutet drittens, dass alle wesentlichen Bereiche des Lebens in den Blick genommen werden. Hierzu gehören Staat, Gesellschaft, Wirtschaft und Kultur. Alles das scheint Büttner gelungen zu sein, wenngleich der kulturelle Wirklichkeitsbereich in diesen Schlussabsätzen des Buches nicht ausreichend beleuchtet wird. Wirtschaft, Gesellschaft und Staat werden demgegenüber angemessen berücksichtigt.

4. Urteil

Der Text ist überzeugend sowohl im Hinblick auf die fachliche Richtigkeit als auch auf die Schlüssigkeit der Darstellung. Ursula Büttner beginnt mit der Weltwirtschaftskrise und ihren Folgen für die Bevölkerung, analysiert die Staatskrise der Weimarer Republik, der breite Teile der Bevölkerung keine Lösung der Probleme mehr zutrauen, beleuchtet den Aufstieg und die Propaganda der NSDAP, die mit ihren widersprüchlichen Forderungen und Versprechen weite Teile der Bevölkerung für sich gewinnen können, und zeigt, wie die konservativen Kräfte, besonders die konservative Führung, Hitler und die Nationalsozialisten zur nationalen Einigung und für die Umwandlung der Demokratie in einen autoritären Staat benutzen. Das konnte nach Büttner nur gelingen, weil die bürgerlichen und republikfreundlichen Parteien nicht zu einem Konsens fanden, um die demokratische Verfassungsordnung zu erhalten. Dass sich Hitler und die Nationalsozialisten nicht von ihren Bündnisgenossen „zähmen" ließen, sondern eigene Wege beschritten, haben Hindenburg und seine Bundesgenossen nicht einkalkuliert.

Die Historikerin Büttner erklärt das Scheitern der Weimarer Demokratie nicht mithilfe einiger weniger Voraussetzungen und Bedingungen, sondern stellt das Zusammentreffen einer Vielzahl von Faktoren dar, die der Republik zum Verhängnis wurden.

Der besondere Wert der Darstellung Büttners ergibt sich jedoch erst durch einen Vergleich mit anderen Gesamtdarstellungen der Weimarer Republik. Mit dem Buchtitel „Selbstpreisgabe einer Demokratie" stellen Karl Dietrich Erdmann und Hagen Schulze das Versagen der Demokraten heraus. In eine ähnliche Richtung argumentiert auch Hans Mommsen, der seine Gesamtdarstellung überschrieb mit dem Titel „Die verspielte Freiheit". Dabei betont Mommsen die Verantwortung der konservativen Machteliten, die am Erhalt der Freiheit wenig Interesse zeigten. Michael Stürmer unterstreicht mit dem Titel „Belagerte Civitas" die Bedrohung der Republik durch ihre Gegner. Und Horst Möller, der seinem Buch den Titel „Die unvollendete Demokratie" gab, deutet einen vorzeitig abgebrochenen Prozess an, der auch zum Erfolg hätte führen können. Ursula Büttner wählte für ihre Geschichte der Weimarer Republik dagegen den Titel „Die überforderte Republik". Für sie war die erste deutsche Demokratie überfordert von Anhängern und Gegnern, missbraucht von den linken und besonders den rechten Kräften, die die Demokratie abschaffen wollten.

Unterrichtsmethoden

Einen Kurzvortrag halten

– Vorbereitung: Sammeln und ordnen Sie alle Informationen zu Ihrem Thema (z. B. in einer Mindmap).
– Entwickeln Sie eine Ordnung für Ihren Vortrag: Legen Sie zu jedem Hauptpunkt eine Karteikarte mit den wichtigsten Informationen an und nummerieren Sie die Karteikarten in einer sinnvollen Reihenfolge.
– Überlegen Sie sich einen interessanten Einstieg und Schluss für Ihren Vortrag.
– Versuchen Sie möglichst frei vorzutragen. Sprechen Sie laut, deutlich und nicht zu schnell.
– Schauen Sie Ihr Publikum an. So sehen Sie auch, wenn es Zwischenfragen gibt.
– Unterstützen Sie Ihren Vortrag durch Anschauungsmaterial (Bilder, Grafiken, Gegenstände).

Ein Lernplakat gestalten

– Verwenden Sie für das Plakat mindestens die Größe DIN A2, besser DIN A1 (= 8 DIN-A4-Blätter).
– Beschränken Sie sich auf die wesentlichen Informationen.
– Die Informationen auf dem Plakat müssen sachlich stimmen (z. B. richtige Jahreszahlen).
– Das Thema des Plakats muss deutlich zu lesen sein.
– Formulieren Sie in Stichpunkten oder in kurzen Sätzen.
– Unterstreichen Sie Schlüsselbegriffe oder rahmen Sie sie ein.
– Verwenden Sie für die Schrift einen schwarzen oder dunkelblauen Stift. Andere Farben eignen sich für Pfeile, Linien oder Hervorhebungen.
– Achten Sie auf die Lesbarkeit der Schrift (Größe und Ordnung).
Tipp: Sie können Hilfslinien mit Bleistift zeichnen und später wegradieren.
– Gliedern Sie Ihre Informationen durch unterschiedliche Schriftgrößen. Verwenden Sie Ordnungszahlen, wenn Sie eine bestimmte Reihenfolge darstellen möchten.

Eine Mindmap anfertigen

– Werten Sie Materialien (Bilder, Texte) zunächst aus, bevor Sie mit der Mindmap anfangen. Sammeln Sie Ihre Ergebnisse in Stichpunkten.
– Schreiben Sie das Thema in die Mitte des Blattes.

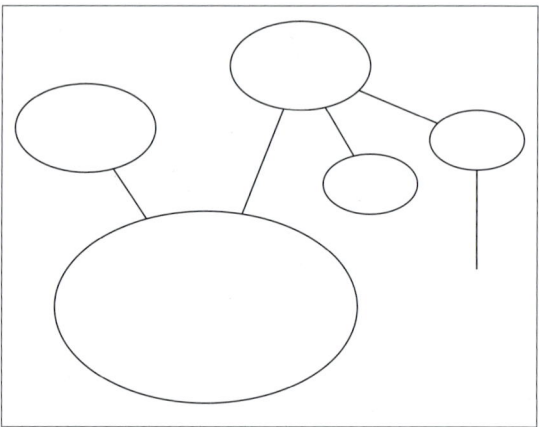

– Überlegen Sie sich eine Struktur für die Mindmap: Finden Sie zunächst Schlüsselbegriffe, die Sie auf die großen Äste schreiben.
Tipp: Mindmaps werden meist im Uhrzeigersinn gelesen. Bedenken Sie das bei Ihrem Aufbau.
– Gruppieren Sie die zugehörigen Stichpunkte, Wörter und Namen. Gehen Sie vom Abstrakten zum Konkreten.
– Beschränken Sie sich auf 4–6 Hauptäste, um die Mindmap übersichtlich zu halten.
– Verdeutlichen Sie Verbindungen innerhalb der Mindmap mit Pfeilen.
– Arbeiten Sie mit Symbolen (z. B. Blitz für Konflikte). Geben Sie den Ästen unterschiedliche Farben.

Ein Begriffscluster erstellen

– Nehmen Sie ein DIN-A4- oder DIN-A3-Blatt, schreiben Sie einen Schlüsselbegriff darauf und kreisen Sie ihn ein.
– Schreiben Sie nun spontane Assoziationen um das Kernwort herum auf.
– Verwenden Sie diese Assoziationen als neue Schlüsselbegriffe und notieren Sie wiederum Assoziationen dazu.
– Die so entstehende Assoziationskette ergibt eine netzartige Skizze aus Ideen.

Der Unterschied zwischen Mindmapping und Clustern:
Beim Clustering liegt der Schwerpunkt auf der Ideenfindung und dabei insbesondere der assoziativen Verknüpfung von Ideen und Vorstellungen in Bildmustern. Daher eignet sich diese Methode besonders gut zur Stoff*sammlung* z. B. bei Problemerörterungen.

Das Mindmapping geht einen Schritt weiter, indem die notierten Begrifflichkeiten und Assoziationen durch die Baumstruktur bereits eine logische Ordnung erfahren. Dabei ist die Baumstruktur so offen angelegt, dass sie ständig mit weiteren Einfällen auf einer bestimmten Ebene ergänzt werden kann. Wegen seiner begrifflichen Hierarchisierung (= Über- und Unterordnung von Begriffen bzw. Gesichtspunkten) eignet sich das Mindmapping für die Stoff*ordnung* z. B. bei Problemerörterungen gut.

Ein Placemat gestalten (Gruppenarbeit für vier Personen)

– Finden Sie sich in Viergruppen zusammen.
– Nehmen Sie ein DIN-A2- oder DIN-A3-Blatt und zeichnen Sie folgendes Schema darauf:

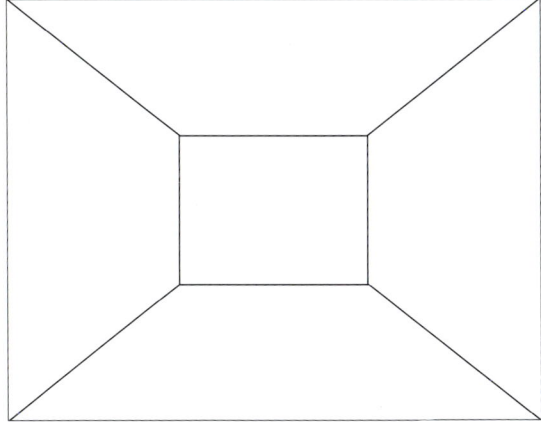

– Legen Sie das Blatt auf den Tisch. Vor jeder weißen Fläche sitzt ein Teilnehmer/eine Teilnehmerin aus Ihrer Gruppe.
– Es wird ein Thema gestellt. Jede/-r notiert in der festgelegten Zeit (ca. 5 min), was er/sie darüber weiß, wissen möchte und welche Ideen er/sie dazu hat.
– Drehen Sie das Blatt, sodass jeder lesen kann, was die anderen aufgeschrieben haben. Stellen Sie Fragen zum Verständnis (ca. 5 min).
– Entscheiden Sie am Ende als Gruppe, welche der Notizen Sie als Ergebnis in die Mitte des Blattes schreiben wollen. Einigen Sie sich auf 4–6 Stichpunkte (ca. 10 min).
– Präsentieren Sie Ihr Ergebnis dem Kurs.

Eine Concept-Map erstellen

Mit einer Concept-Map lassen sich Beziehungen zwischen Ideen visuell darstellen. Konzepte werden häufig als Kreise oder Boxen dargestellt, die mit Linien oder Pfeilen verbunden werden. Verbindungswörter zeigen zudem, wie Ideen zusammenhängen.

– Nehmen Sie ein DIN-A4- oder DIN-A3-Blatt sowie mehrere Blätter für Vorskizzen.
– Bestimmen Sie einen zentralen Gedanken oder eine Frage, der/die eine Verbindung zu allen anderen Ideen in Ihrer Map aufweist, und schreiben ihn auf das Skizzenblatt.
– Listen Sie im nächsten Schritt damit verbundene Konzepte, Begriffe oder Ideen auf dem Blatt auf.
  Tipp: Beschreiben Sie jedes Konzept so knapp wie möglich; ein bis zwei Wörter reichen pro Idee aus.
– Schreiben Sie den zentralen Begriff, Gedanken oder die zentrale Frage in einen Kasten oder ein Oval oben auf das eigentliche Konzeptblatt.
– Wählen Sie die nächstwichtigen Begriffe Ihrer Liste aus und setzen Sie sie in Kasten oder Oval unter den Schlüsselbegriff. Zeichnen Sie Pfeile zur Verbindung dieser Begriffe.
– Fahren Sie darunter mit den nächstwichtigen Schlüsselwörtern fort.
– Erklären Sie die Zusammenhänge zwischen den Begriffen, indem Sie sie mit Linien verbinden und durch Beschriftung der Linien ihren Zusammenhang in ein oder zwei Wörtern erklären.
  Tipp: Der Zusammenhang kann ganz unterschiedlich sein: Ein Begriff kann Teil eines anderen sein, er kann entscheidend für einen anderen Begriff sein, er kann für die Produktion eines anderen Begriffes verwendet werden oder es kann eine Reihe anderer Verbindungen geben.

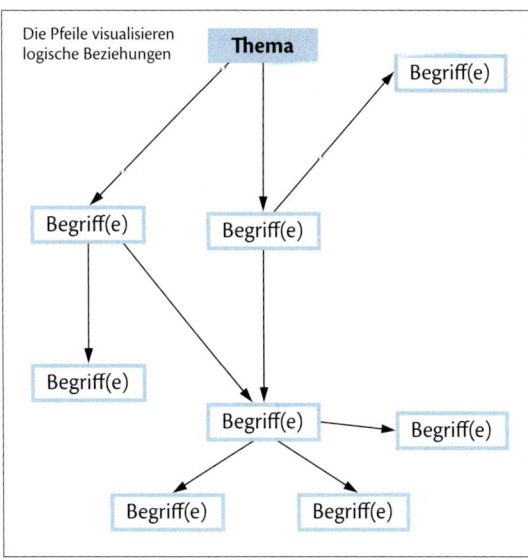

Fachmethoden

In diesem Band sind enthalten:

Weitere Fachmethoden

Das Internet nutzen

Suche beginnen
1. Welche Suchmaschine wähle ich aus?
2. Welche Internethinweise gibt das Schulbuch?

Suchabsicht festlegen
3. Welche Suchwörter helfen mir zur Beantwortung meiner Fragen weiter?

Überblick über das Suchergebnis bekommen
4. Welche Links sind interessant und brauchbar?
5. Welche Links stammen von glaubwürdigen Anbietern?

Ergebnisse ordnen
6. Wie gehe ich mit den Informationen einer Webseite um?

Informationen sichern und auswerten
7. Wie halte ich die gefundenen Informationen fest?

Einen Sachtext lesen und verstehen

Ersten Überblick verschaffen
1. Welche Überschrift hat der Text?
2. Wie ist der erste Eindruck vom Inhalt und Aufbau?

Fragen stellen
3. Was weiß ich schon über das Thema?
4. Wer kommt im Text vor?
5. Wo und wann findet das Dargestellte statt?
6. Worum geht es?
7. Welche Fragen bleiben offen?

Schlüsselwörter klären
8. Welche schwierigen Wörter oder Unklarheiten muss ich klären?
9. Welche Schlüsselwörter hat der Text?

Textaufbau erfassen
10. In welche Abschnitte lässt sich der Text gliedern?
11. Welche Überschriften passen dazu?

Inhalt wiedergeben
12. Geben Sie mithilfe der Überschriften und Schlüsselwörter den Inhalt des Textes wieder.

Schriftliche Quellen vergleichen

Ersten Eindruck festhalten
1. Wie ist Ihr Eindruck nach dem ersten Lesen beider Quellen?

Informationen zu Verfassern und Texten sammeln
2. Wann wurden die Texte geschrieben?
3. Wie groß ist der zeitliche Abstand zwischen Ereignis und Bericht?
4. Waren die Autoren Augenzeugen? Wenn nicht: Wen geben sie als Informanten an?

Inhalt vergleichen
5. Geben Sie Hauptaussagen und Schlüsselbegriffe der Texte wieder und vergleichen Sie sie im nächsten Schritt.
6. Welche Informationen stimmen überein?
7. Gibt es Einzelheiten, die nicht in den Texten erscheinen, die unterschiedlich genau oder ausführlich wiedergegeben werden?
8. Was wird berichtet, ist es logisch oder enthält es Unstimmigkeiten?
9. Ist ein Urteil oder eine Meinung der beiden Verfasser zu erkennen?

Weitere Informationen sammeln
10. Ziehen Sie weitere Informationen hinzu, z. B. aus Sachbüchern, dem Schulbuch oder dem Internet.

Ergebnisse formulieren
11. Vergleichen Sie die Notizen aus den einzelnen Arbeitsschritten miteinander. Formulieren Sie eine eigene Meinung.

Kontroverse Texte untersuchen

Thema benennen und Vorwissen aktivieren
1. Was sind kontroverse Texte?
2. Um welches Thema handelt es sich? Welches Vorwissen habe ich dazu?

Texte analysieren
3. Wann wurden die Texte verfasst?
4. Welche Behauptungen werden dort aufgestellt?
5. Wie werden bestimmte Behauptungen und Einschätzungen begründet?

Wertungen und Interessen in den Texten erkennen und beurteilen
6. Wie wird der Leser durch die Texte beeinflusst?
7. Aus welchen Gründen wird das Thema so beurteilt?
8. Lässt sich die Beurteilung auf Sachwissen zurückführen oder ist sie unsachlich?

Zu einem eigenen Urteil gelangen
9. Welche Fragen bleiben offen?
10. Wie beurteile ich selbst den Gegenstand der Texte?

Eine Bildquelle auswerten

Einzelne Elemente beschreiben

1. Was ist dargestellt (Personen, Gegenstände)?
2. In welchen Haltungen oder Bewegungen sind sie zu sehen?
3. Wie lässt sich die Situation beschreiben?
4. Was erscheint merkwürdig?

Zusätzliche Informationen hinzuziehen und Bedeutung der Bildelemente entschlüsseln

5. Welche Hinweise gibt die Bildunterschrift?
6. Welche Bedeutung würden Sie heute der entsprechenden Geste, Gebärde, Handlung oder dem Gegenstand zuordnen?
7. Recherchieren Sie Hintergrundinformationen zu den Symbolen (Bibliothek, Internet …).
8. Welche Einzelaussagen ergeben sich aus den Symbolen und Gesten?

Bildaussage formulieren

9. Welche Gegenstände oder Handlungen scheinen besonders wichtig für die Aussage des Bildes? Woran lässt sich das erkennen?
10. Welche Gesamtaussage lässt sich formulieren? Gibt es mehrere Deutungen?

Bilder vergleichen

Einzelheiten der zu vergleichenden Bilder erfassen

1. Welche Personen sind dargestellt?
2. Welches Verhältnis zwischen den Personen wird angedeutet?
3. Ist es eine naturgetreue, eine stilisierte oder eine vereinfachte Darstellung?
4. Beschreiben Sie Kleidung, Aussehen, Hintergrund, Bildrahmen.

Zusätzliche Informationen heranziehen

5. Ist der Titel der Bilder bekannt? Gibt es eine Bildunterschrift?
6. Wann sind die Bilder entstanden?
7. Wer sind die Künstler?
8. Sind Auftraggeber bekannt?

Bildaussage erkennen

9. Welchen Zweck verfolgt die Darstellung (z. B. Erinnerung, Erhöhung, Kritik, Veranschaulichung, Verschleierung …)?

Bilder vergleichen

10. Welche Gemeinsamkeiten lassen sich erkennen?
11. Wie unterscheiden sich die Bilder in Aufbau, Farbgebung, Gestaltung?
12. Wie lassen sich besondere Unterschiede, aber auch besondere Gemeinsamkeiten erklären?

Eine Karikatur analysieren

Ersten Eindruck festhalten

1. Wie wirkt die Karikatur auf Sie?

Einzelne Text- und Bildelemente beschreiben

2. Welche Personen, Gegenstände und anderen Details lassen sich erkennen? Achten Sie auf den Gesichtsausdruck, die Kleidung und die Körperhaltung. Beziehen Sie Beschriftungen mit ein.

Zusätzliche Informationen heranziehen und erste Deutung vornehmen

3. Wer ist der Zeichner?
4. Wann und wo ist die Karikatur entstanden?
5. Gibt es einen Titel?
6. Welches Thema hat die Karikatur?
7. Welche Bedeutung haben die Personen und Gegenstände?
8. Auf welches Ereignis bezieht sich die Karikatur?

Aussage formulieren

9. Was ist die Botschaft?
10. Was wird kritisiert?
11. Welche Wirkung könnte die Karikatur haben?

Eine historische Fotografie analysieren

Entstehung der Fotografie

1. Wann ist das Foto entstanden?
2. Was stellt es dar?
3. Wer hat in wessen Auftrag fotografiert?
4. Für welchen Adressaten ist die Fotografie angefertigt worden?
5. Welche Bildtechnik ist zu erkennen (Perspektive, Brennweite, Entfernung, Ausschnitt)?

Aussage und Deutung

6. Was ist der erste Eindruck?
7. Welche Gesamtaussage lässt sich formulieren?
8. Welche Fragen bleiben offen?

Ein Schaubild auswerten

Einzelne Elemente des Schaubildes erfassen

1. Welche Fachbegriffe werden verwendet, wie sind sie zu klären?
2. Welche Bedeutung haben Farben und Pfeile?

Den Aufbau des Schaubildes untersuchen

3. Wie ist das Schaubild zu lesen?

Inhalt erschließen und bewerten

4. Welche Aussagen werden im Schaubild getroffen?
5. Sind die Aussagen historisch korrekt?

Historischen Zusammenhang einbeziehen

6. Welche weiteren Informationen zur Einordnung und Bedeutung des Schaubildes sind notwendig?

Ein Verfassungsschaubild auswerten

Einzelne Elemente der Abbildung erfassen

1. Welche Fachbegriffe werden genannt?
2. Welche Bedeutung haben Farben, Pfeile etc.?

Formale Aspekte

3. Wie ist das Schaubild zu lesen (von unten nach oben, von links nach rechts)? Verändert sich die Aussage, wenn man einen anderen Einstieg nutzt?

Inhalt erschließen

4. Welche Verfassungsorgane sind dargestellt?
5. Wie ist die Gewaltenteilung umgesetzt?
6. Wer kontrolliert wen?
7. Wer darf wen wie oft wählen?
8. Um welche Staatsform handelt es sich?

Aussagen überprüfen

9. Sind die Angaben im Verfassungsschema historisch richtig?

Urteilen

10. Erkennt man Stärken und Schwächen dieser Verfassung?
11. Welche Fragen stellen sich nach dem Untersuchen des Schaubildes? Was ist unklar?

Eine Statistik auswerten

Formale Aspekte

1. Gegenstand: Zeitabschnitt; historisches Ereignis, das dargestellt wird
2. Fundstelle: Ort, Zeit, Urheber der Daten (Institution oder Person, politische/öffentliche Stellung)
3. Adressatenbezug: Wer wird angesprochen?
4. Wie wird das Zahlenmaterial präsentiert (Tabelle oder Diagramm? Säulen-, Balken-, Linien-, Kurven-, Kreis- oder Stapeldiagramm)?

Inhaltliche Aspekte

5. Jahreszahlen, Spalten oder Achsenbezeichnungen, Strukturierungshilfen
6. Legende, z. B. die Zuordnung von Farben zu bestimmten Staaten
7. Aussageart des Diagramms: Wird ein Vergleich angestrebt oder eine Entwicklung aufgezeigt? Gibt es Auffälligkeiten?

Aussagekraft bewerten

8. Geben Sie der Statistik zunächst eine Überschrift: Worum geht es überhaupt?
9. Fassen Sie die Kernaussagen zusammen und erläutern Sie sie jeweils kurz.
10. Setzen Sie die Aussagen in ihren historischen Zusammenhang.
11. Bewerten Sie die Aussagekraft der statistischen Daten: Ist die grafische Darstellung angemessen? Wird der Sachverhalt zu sehr vereinfacht?

Werturteile erkennen

Klären, worauf sich das Urteil des Verfassers oder der Verfasserin bezieht

1. Welche Haltungen werden beurteilt?
2. Welche Handlungen werden beurteilt?

Den Maßstab erkennen

3. Lässt sich das Werturteil auf Sachwissen zurückführen oder ist es unsachlich?
4. Wird deutlich, welche Kriterien für die Bewertung verwendet werden (z. B. religiöse Sicht, Standpunkt der Menschenrechte, tolerante Grundeinstellung …)?
5. Lassen sich Informationen dazu finden, warum ein bestimmter Standpunkt vertreten wird?

Zu einem eigenen Urteil gelangen

6. Wie bewerten Sie selbst den Sachverhalt?
7. Wie ist Ihre Position gegenüber dem Werturteil, das Sie erkennen?
8. Wie urteilen andere Menschen darüber?

Informationen präsentieren

Referat vorbereiten

1. Informationen aus Büchern und Internet sammeln
2. Quellenmaterial bei der Vorbereitung auswählen; überlegen, an welcher Stelle des Referats es eingebaut werden soll
3. Zeitvorgabe beachten, Bild-/Textquelle aufbereiten
4. Zuerst nach dem Inhalt, dann erst nach den Einzelheiten fragen; die Zuhörer Vermutungen anstellen lassen, z. B. „Was ist zu erkennen?"
5. Was sagt das Bild über das Thema aus?

Aussagen visualisieren/Präsentation vorbereiten

6. Wie stelle ich mein Referat vor? Welches Medium nutze ich dafür?

Präsentieren

7. Liegen alle Materialien vor, die ich für den Vortrag brauche?

Literaturhinweise

Theorie und Methodentraining

Jäger, Wolfgang, Theoriemodule Oberstufe, Berlin 2011.

Jordan, Stefan, Theorien und Methoden der Geschichtswissenschaft. Orientierung Geschichte, 4., aktualisierte Aufl., Stuttgart 2018.

Rauh, Robert, Methodentrainer Geschichte Oberstufe. Quellenarbeit – Arbeitstechniken – Klausuren, Berlin 2010.

Identität und deutsches Selbstverständnis, Nationalismus

Altrichter, Helmut/Herbers, Klaus/Neuhaus, Helmut (Hg.), Mythen in der Geschichte, Freiburg i. Breisgau 2004.

Berding, Helmut (Hg.), Mythos und Nation. Studien zur Entwicklung des kollektiven Bewusstseins in der Neuzeit 3, Frankfurt/M. 1996.

Fahrmeir, Andreas, Die Deutschen und ihre Nation. Geschichte einer Idee, Stuttgart 2017.

François, Etienne/Schulze, Hagen (Hg.), Deutsche Erinnerungsorte, 3 Bde., 4. Aufl., München 2002.

Schulze, Hagen, Staat und Nation in der europäischen Geschichte, München 1994.

Wehler, Hans-Ulrich, Nationalismus. Geschichte – Formen – Folgen, München 2001.

Wiegrefe, Klaus/Pieper, Dietmar (Hg.), Die Erfindung der Deutschen. Wie wir wurden, was wir sind, München 2007.

Deutsche Sonderwegsdebatte

Bracher, Karl Dietrich (Hg.): Deutscher Sonderweg – Mythos oder Realität? (= Kolloquien des Instituts für Zeitgeschichte), München 1982.

Plessner, Helmuth, Die verspätete Nation. Über die politische Verführbarkeit bürgerlichen Geistes, Stuttgart 1959.

Wehler, Hans-Ulrich, Umbruch und Kontinuität. Essays zum 20. Jahrhundert, München 2000.

Winkler, Heinrich August, Der lange Weg nach Westen, Bd. 2: Deutsche Geschichte vom „Dritten Reich" bis zur Wiedervereinigung, München 2000, S. 640–648.

Winkler, Heinrich August, Streitfragen der deutschen Geschichte. Essays zum 19. und 20. Jahrhundert, München 1997.

Modernisierung

Degele, Nina/Dries, Christian, Modernisierungstheorie, München 2005.

Eisenstadt, Shmuel N., Multiple Modernities, London 2002.

van der Loo, Hans/van Reijen, Willem, Modernisierung. Projekt und Paradox, München 1992.

Wehler, Hans-Ulrich, Modernisierungstheorie und Geschichte, in: ders., Die Gegenwart als Geschichte. Essays, München 1995, S. 13–59.

Transnationale Geschichtsschreibung und Globalisierung

Budde, Gunilla/Conrad, Sebastian/Janz, Oliver (Hg.), Transnationale Geschichte. Themen, Tendenzen, Theorien, Göttingen 2006.

Conrad, Sebastian, Globalgeschichte. Eine Einführung, München 2013.

Fässler, Peter E., Globalisierung, Köln 2017.

Osterhammel, Jürgen/Peterson, Niels P., Geschichte der Globalisierung. Dimensionen, Prozesse, Epochen, München 2007.

Osterhammel, Jürgen, Die Verwandlung der Welt. Eine Geschichte des 19. Jahrhunderts, München 2016.

Pernau, Margrit, Transnationale Geschichte, Göttingen 2011.

Versailler Vertrag

Conze, Eckart, Die große Illusion. Versailles 1919 und die Neuordnung der Welt, München 2018.

Krumeich, Gerd (Hg.), Versailles 1919. Ziele – Wirkung – Wahrnehmung, Essen 2001.

Leonhard, Jörn, Der überforderte Frieden. Versailles und die Welt 1918–1923, München 2018.

MacMillan, Margaret, Die Friedensmacher. Wie der Versailler Vertrag die Welt veränderte, Berlin 2015.

Schwabe, Klaus, Versailles. Das Wagnis eines demokratischen Friedens 1919–1923, Paderborn 2019.

Novemberrevolution 1918/19

Gerwarth, Robert/Weber, Alexander, Die größte aller Revolutionen. November 1918 und der Aufbruch in eine neue Zeit, München 2018.

Jones, Mark/Siber, Karl Michael, Am Anfang war Gewalt. Die deutsche Revolution 1918/19 und der Beginn der Weimarer Republik, Berlin 2017.

Niess, Wolfgang, Die Revolution von 1918/19. Der wahre Beginn unserer Demokratie, München 2017.

Ullrich, Volker, Die Revolution von 1918/19, München 2009.

Weimarer Republik

Becker, Sabina, Experiment Weimar. Eine Kulturgeschichte Deutschlands 1918–1933, Darmstadt 2018.

Braune, Andreas/Dreyer, Michael (Hg.), Weimar und die Neuordnung der Welt. Politik, Wirtschaft, Völkerrecht nach 1918, Stuttgart 2020.

Büttner, Ursula, Weimar – die überforderte Republik 1918–1933, Stuttgart 2010 (= Gebhardt. Handbuch der deutschen Geschichte, 10., völlig neu bearb. Aufl., Bd. 18), S. 173–712.

Büttner, Ursula, Weimar. Die überforderte Republik 1918–1933. Leistung und Versagen in Staat, Gesellschaft, Wirtschaft und Kultur, Stuttgart 2008.

Dreier, Horst/Waldhoff, Christian (Hg.), Weimars Verfassung. Eine Bilanz nach 100 Jahren, Göttingen 2020.

Dreier, Horst/Waldhoff, Christian (Hg.), Das Wagnis der Demokratie. Eine Anatomie der Weimarer Reichsverfassung, München 2018.

Gessner, Dieter, Die Weimarer Republik, 3., durchgesehene Aufl., Darmstadt 2009.

Hoeres, Peter, Die Kultur von Weimar. Durchbruch der Moderne, Berlin 2008.

Kolb, Eberhard, Gustav Stresemann, München 2003.

Kolb, Eberhard/Schumann, Dirk, Die Weimarer Republik, 8., überarbeitete u. erweiterte Aufl., München 2013.

Mai, Gunther, Die Weimarer Republik, 3., durchgesehene Aufl., München 2018.

Marcowitz, Reiner, Die Weimarer Republik 1929–1933, 5., vollständig überarbeitete u. aktualisierte Aufl., Darmstadt 2018.

Möller, Horst, Die Weimarer Republik. Demokratie in der Krise, 2. Aufl., München 2018.

Niedhart, Gottfried, Die Außenpolitik der Weimarer Republik, 2., aktualisierte Aufl., München 2006.

Peukert, Detlev J. K., Die Weimarer Republik. Krisenjahre der Klassischen Moderne, Frankfurt/M. 1987.

Pohl, Karl Heinrich, Gustav Stresemann. Biografie eines Grenzgängers, Göttingen 2015.

Winkler, Heinrich August, Weimar 1918–1933. Die Geschichte der ersten deutschen Demokratie, München 2018.

Wirsching, Andreas, Die Weimarer Republik. Politik und Gesellschaft, München 2000.

Wirsching, Andreas/Eder, Jürgen (Hg.), Vernunftrepublikanismus in der Weimarer Republik. Politik, Literatur, Wissenschaft, Stuttgart 2008.

Überblicksdarstellungen deutsche Geschichte

Frevert, Ute, Frauen-Geschichte. Zwischen Bürgerlicher Verbesserung und Neuer Weiblichkeit, Frankfurt/M. 1986.

Herbert, Ulrich, Geschichte Deutschlands im 20. Jahrhundert, München 2014.

Radkau, Joachim, Technik in Deutschland. Vom 18. Jahrhundert bis heute, Frankfurt/M. 2008.

Wehler, Hans-Ulrich, Deutsche Gesellschaftsgeschichte, 5 Bände, München 1987–2008.

Winkler, Heinrich August, Der lange Weg nach Westen, 2 Bände, München 2000.

Geschichte der USA

Depkat, Volker, Geschichte der USA, Stuttgart 2016.

Gassert, Philipp/Häberlein, Mark/Wala, Michael, Geschichte der USA, 2., überarb. Aufl., Stuttgart 2018.

Heideking, Jürgen/Mauch, Christof, Geschichte der USA, 6. Aufl., Tübingen 2008.

Stöver, Bernd, Geschichte der USA. Von der ersten Kolonie bis zur Gegenwart, München 2017.

Erster Weltkrieg

Berghahn, Volker, Der Erste Weltkrieg, 2. Aufl., München 2004.

Epkenhans, Michael, Der Erste Weltkrieg, Paderborn 2015.

Leonhard, Jörn, Die Büchse der Pandora. Geschichte des Ersten Weltkriegs, München 2014.

Nationalsozialismus und deutsches Selbstverständnis

Benz, Wolfgang u. a. (Hg.), Enzyklopädie des Nationalsozialismus, 5. Aufl., München 2007.

Hehl, Ulrich von, Nationalsozialistische Herrschaft, München 1996.

Müller, Rolf-Dieter, Der letzte deutsche Krieg 1939–1945, Stuttgart 2005.

Wehler, Hans-Ulrich, Der Nationalsozialismus. Bewegung, Führerschaft, Verbrechen 1919–1945, München 2009.

Zeittafel

1918	8. Januar:	„14 Punkte" des amerikanischen Präsidenten Wilson
	29. Januar:	Oberste Heeresleitung fordert sofortigen Waffenstillstand
	3. Oktober:	Bildung der Regierung Max von Baden unter Beteiligung von SPD, Zentrum und Liberalen
	28. Oktober:	Parlamentarisierung durch Änderung der Reichsverfassung
	3. November:	Beginn des Matrosenaufstandes in Kiel
	9. November:	Revolution in Berlin: Abdankung des Kaisers, Friedrich Ebert (SPD) wird Reichskanzler; Scheidemann und Liebknecht rufen die Republik aus.
	10. November:	Bildung des Rates der Volksbeauftragten aus SPD und USPD, Abmachung zwischen Regierung und Oberster Heeresleitung („Ebert-Groener-Pakt")
	11. November:	Unterzeichnung des Waffenstillstands in Compiègne
	15. November:	„Zentralarbeitsgemeinschafts-Abkommen" zwischen Gewerkschaften und Unternehmerverbänden
	16.–20. Dezember:	Reichsrätekongress in Berlin beschließt Wahlen zur Nationalversammlung.
	23. Dezember:	Meuterei der Volksmarinedivision in Berlin
	28./29. Dezember:	Austritt der USPD aus dem Rat der Volksbeauftragten
	30. Dezember:	Gründung der KPD
1919	5.–11. Januar:	„Spartakusaufstand" in Berlin
	15. Januar:	Ermordung Karl Liebknechts und Rosa Luxemburgs
	18. Januar:	Eröffnung der Friedenskonferenz in Paris
	19. Januar:	Wahlen zur Nationalversammlung
	6. Februar:	Eröffnung der Nationalversammlung in Weimar
	1. Februar:	Wahl Friedrich Eberts zum Reichspräsidenten
	13. Februar:	Regierung Scheidemann mit den Parteien der „Weimarer Koalition"
	28. Juni:	Unterzeichnung des Friedensvertrags in Versailles
1920	13.–17. März:	Kapp-Lüttwitz-Putsch
	März bis Mai:	Kommunistische Aufstände im Ruhrgebiet und in Mitteldeutschland
	6. Juni:	Reichstagswahl
	16. Oktober:	Spaltung der USPD
	4.–7. Dezember:	Vereinigung des linken Flügels der USPD mit der KPD
1921	Januar bis März:	Reparationskonferenzen in Paris und London
	März:	Kommunistische Aufstände in Sachsen, Hamburg und im Ruhrgebiet
	20. März:	Volksabstimmung in Oberschlesien über die Zugehörigkeit zu Deutschland oder Polen
	5. Mai:	Festsetzung der Reparationsschuld auf 132 Mrd. Goldmark
	26. August:	Ermordung Matthias Erzbergers durch Rechtsextremisten
	12. Oktober:	Teilung Oberschlesiens durch Völkerbund beschlossen
1922	16. April:	Vertrag von Rapallo zwischen Deutschland und der Sowjetunion
	24. Juni:	Ermordung Walther Rathenaus durch Rechtsextremisten
	24. September:	Vereinigung der Rest-USPD mit der SPD
1923	11. Januar:	Besetzung des Ruhrgebiets durch französische und belgische Truppen
	13. Januar:	Verkündung des passiven Widerstands
	26. September:	Abbruch des passiven Widerstands, Verhängung des Ausnahmezustands im Reich
	Oktober/November:	Separatistische Bestrebungen im Rheinland und in der Pfalz
	21. Oktober:	Reichsexekution gegen Sachsen
	8./9. November:	Hitler-Putsch in München
	15. November:	Einführung der Rentenmark
1924	1. April:	Hitler zu 5 Jahren Festungshaft wegen Hochverrats verurteilt
	9. April:	Dawes-Plan: jährliche deutsche Reparationszahlungen von 2,5 Mrd. Mark
	4. Mai:	Reichstagswahlen
	29. August:	Annahme des Dawes-Plans durch den Reichstag

	7. Dezember:	Reichstagswahlen
	17. Dezember:	Vorzeitige Entlassung Hitlers aus der Haft
1925	28. Februar:	Tod von Reichspräsident Friedrich Ebert
	26. April:	Hindenburg wird im zweiten Wahlgang mit 48,3 % zum Reichspräsidenten gewählt.
	14. Juli–1. August:	Räumung des Ruhrgebiets von alliierten Truppen
	5.–16. Oktober:	Konferenz von Locarno
1926	5. Mai:	Flaggenverordnung Hindenburgs: deutsche Auslandsvertretungen dürfen neben der Reichsflagge Schwarz-Rot-Gold auch die Handelsflagge Schwarz-Weiß-Rot zeigen.
	8. September:	Aufnahme Deutschlands in den Völkerbund
	10. Dezember:	Stresemann erhält den Friedensnobelpreis.
1927	31. Januar:	Rückzug der interalliierten Militärkommission zur Kontrolle der Rüstung aus Deutschland
	16. Juli:	Annahme Gesetz über Arbeitslosenversicherung und Arbeitsvermittlung im Reichstag
1928	20. Mai:	Reichstagswahl
	28. Juni:	Kabinett der Großen Koalition unter Hermann Müller (SPD)
1929	9. Februar–7. Juni:	Pariser Konferenz zur Revision der Reparationsregelungen (Young-Plan)
	1. Mai:	Kommunistische Unruhen in Berlin
	3. Oktober:	Tod Gustav Stresemanns
	24. Oktober:	Schwarzer Freitag an der New Yorker Börse
	22. Dezember:	Scheitern des Volksbegehrens gegen den Young-Plan
1930	20. Januar:	Reichsregierung unterzeichnet Young-Plan.
	23. Januar:	Erste Beteiligung der NSDAP an einer Landesregierung in Thüringen
	27./28. März:	Rücktritt des Kabinetts Müller und Ernennung Heinrich Brünings zum Reichskanzler einer Präsidialregierung
	30. Juni:	Räumung des Rheinlands durch alliierte Truppen abgeschlossen
	14. September:	Reichstagswahl mit starken Stimmengewinnen der NSDAP
	19. Oktober:	Beginn der Tolerierungspolitik der SPD mit Ablehnung eines Misstrauensantrags gegen die Regierung Brüning
1931	20. Juni:	Einjähriges Moratorium für alle Reparations- und Kriegsschuldzahlungen (Hoover-Moratorium)
	13. Juli:	Beginn der Bankenkrise
	9. August:	Scheitern des von DNVP, NSDAP und KPD unterstützten Stahlhelm-Volksbegehrens zur Auflösung des Preußischen Landtags (36,9 % der Wahlberechtigten stimmen dafür)
1932	Februar:	Höhepunkt der Arbeitslosigkeit: 6,13 Millionen
	10. April	Wiederwahl Hindenburgs zum Reichspräsidenten im zweiten Wahlgang mit 53 % (Hitler 37 %, Thälmann [KPD] 10 %)
	13. April:	Verbot von SA und SS
	30. Mai/1. Juni:	Entlassung Brünings durch Hindenburg: Franz von Papen neuer Reichskanzler
	14. Juni:	Aufhebung des SA- und SS-Verbots
	16. Juni–9. Juli:	Konferenz von Lausanne: endgültige Streichung der Reparationsverpflichtungen
	20. Juli:	Staatsstreich von Papens gegen die geschäftsführende preußische Regierung, Papen wird Reichskommissar für Preußen
	31. Juli:	Reichstagswahlen
	13. August:	Hindenburg lehnt Hitlers Forderung auf Ernennung zum Reichskanzler ab.
	12. September:	Misstrauensvotum gegen Regierung wird im Reichstag mit 512 gegen 42 Stimmen angenommen; daraufhin Auflösung des Reichstags.
	6. November:	Reichstagswahlen
	2. Dezember:	Ernennung von Schleichers zum Reichskanzler
1933	4. Januar:	Besprechung von Papens mit Hitler im Haus des Bankiers von Schröder in Köln zum Sturz Schleichers; Beginn der Verhandlungen um ein neues Präsidialkabinett
	28. Januar:	Rücktritt Schleichers, nachdem Hindenburg ihm sein Vertrauen entzogen hat
	30. Januar:	Präsidialkabinett Hitler wird ernannt.

Begriffslexikon

Artikel 48: Der berühmt-berüchtigte Artikel 48 der Weimarer Reichsverfassung regelte in Absatz 1 die Durchführung einer „Bundesexekution" gegen ein einzelnes Land, das seine Pflichten nicht erfülle, und in Absatz 2 den Erlass von Notverordnungen durch den Reichspräsidenten für den Fall, dass „die öffentliche Sicherheit und Ordnung erheblich gestört oder gefährdet" werde; in diesem Fall durften auch vorübergehend Grundrechte außer Kraft gesetzt werden. Der Reichstag musste von den Maßnahmen unverzüglich unterrichtet werden und sie waren auf sein Verlangen hin außer Kraft zu setzen. Das eigentlich vorgesehene Gesetz, das genauere Bestimmungen über die Durchführung des Artikels enthalten sollte, wurde nie erlassen; ein Versuch scheiterte 1926 an dem Widerstand des Reichspräsidenten Hindenburg, der sich hierdurch nicht festlegen lassen wollte. Angewendet wurde der Artikel in Krisenzeiten der Weimarer Republik, so etwa 1923; vor allem die Tatsache, dass er seit 1930 fast zur alleinigen Grundlage der Gesetzgebung und damit zur Basis der Präsidialregierung wurde, trug zu seiner Diskreditierung bei.

Dawes-Plan: Der 1923/24 von einer unabhängigen Expertenkommission unter Leitung des amerikanischen Bankiers Charles G. Dawes erarbeitete Plan sah eine vorläufige Regelung der Reparationsfrage vor. Weder die Gesamtsumme der deutschen Leistungen noch ihre zeitliche Dauer wurden festgelegt. Für die ersten Jahre waren mäßige Zahlungen vorgesehen, was das wirtschaftlich schwer angeschlagene Deutschland entlastete, ab 1928/29 sollten dann jährlich 2,5 Milliarden Mark gezahlt werden. Zur Sicherung war eine internationale Kontrolle über Reichsbank und Reichsbahn geplant, und es war genau vorgeschrieben, aus welchen Quellen die Gelder genommen werden sollten. Der in Berlin amtierende „Reparationsagent" sollte bei dem Transfer außerdem auf die Stabilität der deutschen Währung achten. Nach der Zustimmung des Reichstages trat der Plan am 1. September 1924 in Kraft. Er wurde 1929 durch den Young-Plan (s. u.) abgelöst.

Deflationspolitik: „Deflation" – der Gegenbegriff ist „Inflation" – meint die Verminderung der Geldmenge, verbunden mit einem Sinken des Preisniveaus. Die Regierung Brüning versuchte durch ihre Deflationspolitik nicht nur eine Inflation zu vermeiden, sondern auch ihr eigentliches Ziel, die Streichung der Reparationen, zu erreichen. Zu den wichtigsten Maßnahmen gehörten die Sanierung der öffentlichen Haushalte durch eine drastische Kürzung von Staatsausgaben, die Senkung der Preise, Gehälter und Sozialleistungen, die Erhöhung von Steuern und Abgaben. Die Absicht, durch Senkung von Sozialabgaben und Löhnen auch das Kostenniveau der Unternehmen und somit die Preise der Waren zu senken, um auf dem Weltmarkt konkurrenzfähiger zu werden, wurde nicht erreicht, weil andere Länder zu ähnlichen Mitteln griffen. So wirkte die Deflationspolitik in Deutschland krisenverschärfend.

„Dolchstoßlegende": Die „Dolchstoßlegende" ist eine große Propagandalüge und wirkmächtiger Mythos der Weimarer Republik. Nationalisten behaupteten, der Erste Weltkrieg sei nicht militärisch verloren gegangen, das deutsche Heer sei im Felde unbesiegt geblieben und „von hinten erdolcht" worden. Friedensinitiativen, Streiks und politische Unruhen in der Heimat hätten die deutsche Armee zur Kapitulation gezwungen.

Eugenik: Die Lehre von der Erbgesundheit. Ziel eugenischer Maßnahmen ist es, mithilfe genetischer Erkenntnisse „günstige" Erbanlagen zu fördern und „ungünstige" einzuschränken. Eugenik war in den 1920er-Jahren ein Bestandteil sexual- und bevölkerungspolitischer Debatten in allen politischen Lagern. Nach 1933 führte die Umsetzung eugenischer Überzeugungen zu Zwangssterilisationen und zur „Euthanasiepolitik" der Nationalsozialisten, der etwa 200 000 Menschen zum Opfer fielen.

Freizeit: Erscheinung der arbeitsteiligen Industriegesellschaften, zu deren charakteristischen Merkmalen die Unterscheidung von „Arbeitszeit" und „arbeitsfreier Zeit" gehört. Dabei lässt sich die „freie Zeit" relativ leicht objektiv messen, sofern die Arbeit an einem z. B. vom Haushalt getrennten Ort durchgeführt wird. „Freie Zeit" entstand durch die Verkürzung gewerblicher Arbeitszeit und die Erleichterung der Hausarbeit vor allem seit Ende des 19. Jahrhunderts. Freizeit als sozialwissenschaftlicher Begriff hingegen ist anders zu fassen als der Begriff der „freien Zeit", da nicht alles als Freizeit definiert werden kann. Reisen z. B. kann für den Arbeiter eine Freizeitbeschäftigung sein, für den Reiseschriftsteller aber Arbeit.

Gewaltenteilung: Trennung zwischen den drei Staatsorganen Legislative (Parlament), Exekutive (Verwaltung einschließlich Regierung) und Judikative (Rechtsprechung). Mit der Gewaltenteilung soll der Einfluss einer Staatsgewalt auf die anderen begrenzt werden.

Grundrechte: Grund-, Menschen- und Bürgerrechte sind Rechte, die Freiheiten des Einzelnen gegenüber der Staatsgewalt sichern und als unbegrenzt gelten. Der Begriff Grundrechte betont ähnlich wie der der Bürgerrechte eher den territorialen Bezug und vermeidet den revolutionären Entstehungszusammenhang der Menschenrechte.

Harzburger Front: Am 11. Oktober 1931 versammelte sich in Bad Harzburg die „nationale Opposition" gegen die Regierung Brüning, bestehend aus DNVP, Stahlhelm, Teilen der DVP, vaterländischen Verbänden, NSDAP sowie prominenten Einzelpersonen wie dem früheren Reichsbankpräsidenten Hjalmar Schacht und dem ehemaligen Chef der Heeresleitung von Seeckt. Eine Großkundgebung mit riesigen Aufmärschen der paramilitärischen Verbände (vor allem Stahlhelm und SA) sollte die Kraft der antirepublikanischen Rechten demonstrieren. Intern gab es aber auch Konflikte, vor allem, da Hitler sich nicht von den anderen vereinnahmen lassen wollte, sondern auf seinen eigenständigen Führungsanspruch pochte.

Inflation: Anhaltender Prozess der Geldentwertung (Gegenbegriff: Deflation, s. o.) mit einem ständigen Anstieg des Preisniveaus. Dabei sinken das Vertrauen in die Währung und der Wert des Geldvermögens, während der Wert des Sachvermögens erhalten bleibt. Die Hyperinflation von 1923 hatte entgegen der Wahrnehmung der Zeitgenossen ihre Wurzeln in der Finanzierung des Krieges durch Kredite seit 1914.

Krise: Eine über einen längeren Zeitraum anhaltende massive Störung des gesellschaftlichen, politischen oder wirtschaftlichen Systems.

Kulturelle Modernisierung: Der Begriff der kulturellen Modernisierung bezeichnet unterschiedliche Aspekte des kulturellen Wandels. Dabei kann es – erstens – um die Veränderungen und Abgrenzungen zwischen „Hochkultur", Alltagskultur und populärer Kultur (z. B. die Vorliebe für bestimmte Filme) gehen. In den Blick gerät – zweitens – die Massenkultur (s. u.), die sich seit dem 19. Jahrhundert stark gewandelt hat. Massenmedien haben das Leben und die Informationsbeschaffung seit dem ausgehenden 19. Jahrhundert völlig neu gestaltet. Geschlechtsspezifische Verhaltensmuster veränderten sich ebenso wie das Arbeits- und Alltagsleben durch Wissenschaft und Technik. Das alles hat zudem die gesamten sozialen Beziehungen umgestaltet, wie den Wandel von der industriellen Klassengesellschaft zur modernen Dienstleistungsgesellschaft. Verengt man den Kulturbegriff auf die „Kultur" der Künste, geraten – drittens – andere Gesichtspunkte in den Blick. Die künstlerische Avantgarde wollte im beginnenden 20. Jahrhundert neue revolutionäre Kunstformen entwickeln und verband diese Ziele mit schroffer Kritik an der modernen städtischen und industriellen Welt. Ausgehend von einem Widerspruch zwischen genialischem Individuum und den Zumutungen der Massengesellschaft versuchen

die Expressionisten, diesen Konflikt durch Kritik an technischem Fortschritt und ökonomischem Denken zu lösen; an deren Stelle trat nun der Primat von Natur, Jugend und Kunst. In der Kunst wurde ausprobiert, bejubelt, verrissen und durch anderes ersetzt. Stete Suche nach neuen Antworten auf gesellschaftliche Probleme prägte die expressionistische Avantgarde. Dagegen haben die Künstler der „Neuen Sachlichkeit" den pathetischen Ton der Expressionisten abgelehnt und eine einfache, schlichte Sicht auf die Wirklichkeit bevorzugt. Sie strebten eine unvoreingenommene und kritische Wahrnehmung der Stadt, der Technik und der Massenkultur an. Diesem Willen entsprach ihre exakte Beschreibung der Tatsachen, die Akzeptanz der Technik und die Kritik an Ideologien. Trotz dieser Gemeinsamkeiten entwickelte sich aber kein einheitlicher Kunststil.

Massengesellschaft/Massenkultur: Begriffe zur Kennzeichnung von Gesellschaften und Kulturen hochindustrialisierter Länder seit den 1880er-Jahren. Massengesellschaft und Massenkultur sind geprägt durch Einbeziehung von breiten, unteren Volksschichten in die politische Willensbildung und das kulturelle Leben, durch Alphabetisierung und die sich daraus ergebende Möglichkeit zur erweiterten kulturellen Teilhabe und der eigenen ökonomischen und sozialen Interessenvertretung. Organisierung bedeutet aber auch Disziplinierung. Damit ist potenziell auf die Gefahr verwiesen, dass sich Menschen charismatischen Führerfiguren unterwerfen und so freie, selbstbestimmte Entscheidungen aufgeben können.

Massenkommunikation/Massenmedien: Wesentliches Element und Bindemittel der Massengesellschaft. Massenkommunikation beruht im Gegensatz zur persönlichen (direkten) auf der „indirekten Kommunikation" durch technische bzw. elektronische Medien (Presse, Radio, Film, Fernsehen). Der entscheidende Durchbruch zur Massenkommunikation gelang um 1900. Die Fähigkeit, immer mehr Menschen in immer weiter entlegenen Regionen zu erreichen und damit beeinflussen zu können, hat die Massenkommunikation auch zu einem der wichtigsten Instrumente moderner Politik gemacht. Der Einsatz der Massenmedien hat auch eine antimoderne Kulturkritik hervorgebracht, die vor allem den Vorwurf der nivellierenden, d. h. gleichmachenden „Vermassung" erhob; übergangen und übersehen hat sie die Chancen, über Massenkommunikationsmittel die Mehrheit der Bevölkerung an Bildung und Kultur teilhaben zu lassen und damit die Gesellschaft zu demokratisieren.

Moderne: Epochenbegriff der Weltgeschichte, der seinen Ursprung in der Aufklärung hat. Er bezeichnet die Zeit seit den bürgerlichen Revolutionen (USA 1776, Frankreich 1789) und der von England ausgehenden Industrialisierung (um 1770) bis heute. Er setzt in diesem Sinne die moderne Zeit, deren Industriegesellschaften sich ständig und beschleunigt wandeln, von den traditionalen, eher statischen Agrargesellschaften ab. Der politische, wirtschaftliche und soziale Wandel in der Moderne wird als Modernisierung bezeichnet. Die Moderne erhält ihre Schwungkraft durch die Ideen des Fortschritts und der Freiheit und Gleichheit der Individuen; sie wird damit zu einem positiv in die Zukunft gerichteten Prozess. Kritiker der Moderne heben ihre negativen Folgen, Zerstörung überlieferter Lebenswelten und Zunahme der Disziplinierung und Organisierung von Politik, Ökonomie und Gesellschaft, hervor. Die Moderne hat also ein Doppelgesicht, das teilweise als Grundwiderspruch des Prozesses interpretiert wird, zum Teil aber auch als eine ständig auszubalancierende Wechselbeziehung von selbstbestimmter Individualität und gesellschaftlicher Organisation.

Nationalismus: Als wissenschaftlicher Begriff meint er die auf die moderne Nation und den Nationalstaat bezogene politische Ideologie zur Integration von Großgruppen durch Abgrenzung von anderen Großgruppen. Der demokratische Nationalismus entstand in der Französischen Revolution und war verbunden mit den Ideen der Menschen- und Bürgerrechte, des Selbstbestimmungsrechts und der Volkssouveränität. Der integrale Nationalismus entstand im letzten Drittel des 19. Jahrhunderts und setzte die Nation als absoluten, allem anderen übergeordneten Wert. Dadurch erhielt er eine aggressive Komponente nach außen. Zur politischen Macht wurde er insbesondere in der Zeit zwischen dem Ersten und Zweiten Weltkrieg. Daraus hat sich die negative Besetzung des Begriffs in der politischen Öffentlichkeit nach dem Zweiten Weltkrieg ergeben, in der Nationalismus in der Regel als übersteigerte und aggressive Form des Nationalgefühls verstanden wird.

Notverordnung: Vom Reichspräsidenten in einer Krisensituation erlassene Verordnung nach Artikel 48 (s. o.) der Weimarer Reichsverfassung.

Novemberverbrecher: Der Begriff bezieht sich auf die Novemberrevolution von 1918/19. Er wurde als Schimpfwort und politischer Kampfbegriff von rechten Parteien und Medien verwendet, um Politiker der Weimarer Republik für die Kriegsniederlage und den Sturz der Monarchie verantwortlich zu machen.

Präsidialregierung: Bezeichnung für die Regierungsform, die 1930 nach dem Ende der parlamentarisch begründeten Regierung der Großen Koalition mit der Übernahme der Reichskanzlerschaft durch Brüning begann und mit der Einsetzung der Regierung Hitler endete. Sie gründete sich nicht auf parlamentarische Mehrheiten, sondern auf das Vertrauen des Reichspräsidenten und die krisenhafte Situation.

Propaganda: Die gezielte Verbreitung politischer, religiöser, wirtschaftlicher o. ä. Ideen. Die Beherrschung der öffentlichen Meinung war seit der Entstehung eines politischen Massenmarktes im Kaiserreich immer wichtiger geworden. Formen und Methoden der politischen Propaganda in den 1920er- und frühen 1930er-Jahren waren z. B. Versammlungen, Reden, Flugblätter, Plakate, Aufmärsche, Berichte und Anzeigen in Zeitungen, Filme; seit 1933 spielte das neue Medium Rundfunk bei der nationalsozialistischen Propaganda eine wichtige Rolle.

Rassismus: Theorien und politische Lehren, die kulturelle Entwicklungen auf biologisch-anthropologische Ursachen zurückführen, hieraus die Über- bzw. Unterlegenheit von menschlichen „Rassen" zu begründen versuchen und damit die Unterdrückung und Verfolgung von Minderheiten bzw. eine aggressive Politik nach außen gegen andere „Rassen" legitimieren. Diese Vorstellungen entstanden im 19. Jahrhundert und begründeten den Holocaust an den europäischen Juden.

Rätesystem: Eine Form der direkten Demokratie, bei der alle Menschen in den jeweiligen Basiseinheiten Räte als ihre Vertreter wählen, die ihnen direkt verantwortlich und jederzeit abwählbar sind. Im Gegensatz zum repräsentativen System, der parlamentarischen Demokratie, gibt es keine Gewaltenteilung, sodass die Räte gesetzgeberische, ausführende und rechtsprechende Kompetenzen besitzen. Die politische Theorie der Rätedemokratie geht auf das 19. Jahrhundert, vor allem auf Proudhon, Bakunin, Marx und Lenin, zurück; historisch bildeten sich Rätesysteme vor allem in den Russischen Revolutionen (hier: Räte = Sowjets) und der deutschen Novemberrevolution.

Rationalisierung: Prozess der Durchsetzung von Verfahrensweisen und Handlungsmustern bzw. -strukturen, die nach dem Soziologen Max Weber in der europäischen Moderne vor allem in ihrer nachvollziehbaren „Berechenbarkeit" bestehen. Ihre Wurzeln haben sie in den mathematischen und experimentell vorgehenden und rational begründeten Naturwissenschaften. Berechnung bzw. Kalkulation nach diesen rational-wissenschaftlichen Methoden werden zur Grundlage des kapitalistischen Wirtschaftsprozesses und damit prägend für das Verhalten des europäischen Bürgertums. Rationalisierung in diesem Sinn schließt auch die technische Neuerung im Produktionsablauf und in der Arbeitsorganisation mit ein. Rationalisierung wird im Verlauf der Modernisierung auch zu einem wesentlichen Merkmal von politischem, rechtlichem und gesellschaftlichem Handeln.

Reparationen (von lateinisch: *reparare* = wiederherstellen): Meint Geld-, Sach- und Dienstleistungen, die einem

Besiegten nach einem verlorenen Krieg zur Wiedergutmachung der in den Siegerstaaten erlittenen Verluste auferlegt werden.

Republik: Eine Staatsform, in der im Gegensatz zur Monarchie das Volk als Träger der Staatsgewalt angesehen wird. Dies können in der historischen Realität sowohl Demokratien als auch Diktaturen sein.

Revolution: Bezeichnung für eine grundlegende Umgestaltung der gesellschaftlichen Struktur, der politischen Organisation sowie der kulturellen Wertvorstellungen in einem bestimmten Gebiet bzw. Staat, meist verbunden mit einem Austausch von Führungsgruppen (Eliten).

Verfassung: Grundgesetz eines Staates, in dem die Regeln der Herrschaftsausübung und die Rechte und Pflichten eines Bürgers festgelegt sind. Demokratische Verfassungen beruhen auf der Volkssouveränität und dementsprechend kommt die Verfassung in einem Akt der Verfassungsgebung zustande, an der das Volk direkt oder durch von ihm gewählte Vertreter (Verfassungsversammlung) teilnimmt. Eine demokratische Verfassung wird in der Regel schriftlich festgehalten (zuerst in den USA 1787), garantiert die Menschenrechte, legt die Verteilung der staatlichen Gewalt (Gewaltenteilung) und das Mitbestimmungsrecht des Volkes (Wahlrecht, Parlament) bei der Gesetzgebung fest.

Verstädterung/Urbanisierung: Beide Begriffe bezeichnen die Verbreitung städtischer Kultur und Lebensweise über ganze Regionen auch unter Einbeziehung des Landes. Sie charakterisieren ein typisches Phänomen der Moderne. Ihre zentralen Merkmale spiegeln sich in der Großstadt: z.B. Massenangebot und Massenkonsum, Geschwindigkeit, Mobilität und Anonymität. Im engeren Sinne meint Urbanisierung auch Verstädterung, bewirkt durch schnelleres Wachstum der Stadtbevölkerung gegenüber langsamerem Wachstum oder gar Stillstand der Landbevölkerung. Die Zusammenballung großer Menschenmassen auf relativ engem Raum verstärkt gegen Ende des 19. Jahrhunderts die Entwicklung einer spezifischen städtischen Kultur und Lebensweise.

Völkerbund: 1919 im Wesentlichen auf Betreiben der USA im Rahmen der Pariser Friedenskonferenz entstandene überstaatliche Organisation zur Friedenswahrung und regulierten Konfliktaustragung. Da die USA aber dann doch nicht beitraten, die Sanktionsmöglichkeiten gegen Brüche des Völkerrechts gering waren und eine nationale Machtpolitik in den meisten Staaten an der Tagesordnung blieb, war der Völkerbund in dieser Hinsicht wenig erfolgreich, während er bei humanitären Problemen wichtige Arbeit leistete. Deutschland wurde 1926 aufgenommen und trat 1933 wieder aus.

„Volksgemeinschaft": Nach der Ideologie des Nationalsozialismus bestimmten nicht Interessen- oder Klassengegensätze Staat und Gesellschaft, sondern die Gemeinschaft, die sich dem Willen eines Führers unterordnet; die „Volksgemeinschaft wurde als die einzige „natürliche" Lebensordnung im Staat ausgegeben. Das Prinzip der Volksgemeinschaft diente einerseits der Rechtfertigung des Verbots von Interessenorganisationen, z.B. von Gewerkschaften, und aller Parteien außer der NSDAP. Andererseits diente es der Verfolgung von politischen Gegnern und Minderheiten.

Volkssouveränität: Grundprinzip der Legitimation demokratischer Herrschaft, nach dem alle Staatsgewalt vom Volke ausgeht. Entwickelte sich aus der frühneuzeitlichen Naturrechtslehre. Die Ausübung von Herrschaft ist an die Zustimmung des Volkes durch direkte Mitwirkung (Plebiszit) oder durch Wahlen gebunden; setzte sich in der Amerikanischen Revolution (1776) und Französischen Revolution (1789) als revolutionäres Prinzip gegen die absolute Monarchie durch. Die Volkssouveränität wird durch die Geltung der Menschen- und Bürgerrechte eingeschränkt.

Weimarer Koalition: Als Weimarer Koalition bezeichnen Historiker das Bündnis aus Sozialdemokraten (SPD), liberalen Demokraten (DDP) und Zentrumspartei/Bayerische Volkspartei (BVP), das in den Anfangsjahren der Republik (1919–1921) regierte und eindeutig für die parlamentarische Demokratie eintrat.

Weltwirtschaftskrise: Ausgelöst durch Aktienspekulation, Nachfragestagnation und Überproduktion in den USA 1928/29; sie führte im Oktober 1929 zum Zusammenbruch der New Yorker Börse, die nach dem Ersten Weltkrieg London als Weltfinanzmarkt abgelöst hatte; Tiefpunkt der großen Krise war 1932. Folgen: Zerstörung des internationalen Finanzsystems, Vermögensverluste und hohe Arbeitslosigkeit in allen Industrieländern.

Young-Plan: Im Mai 1929 legte eine unabhängige Expertenkommission unter Leitung des amerikanischen Finanzfachmanns Owen D. Young einen Plan zur abschließenden Regelung der Reparationsfrage vor. Er setzte die endgültige Reparationssumme mit 112 Milliarden Reichsmark, eine jährliche Durchschnittszahlung von rund 2 Milliarden und damit eine zeitliche Begrenzung auf 59 Jahre fest. Da die Zahlungen geringer ausfielen als nach dem Dawes-Plan, die ausländischen Kontrollen wegfielen und die Alliierten außerdem die vollständige Räumung des Rheinlandes bei Annahme des Plans in Aussicht stellten, war der Plan für Deutschland von Vorteil. Der Reichstag stimmte ihm daher auch mehrheitlich zu. Innenpolitisch aber wurde er von der nationalistischen Rechten (DNVP, Stahlhelm, NSDAP) zur massiven Propaganda gegen die Republik und die sie tragenden Parteien, vor allem in einem Volksbegehren und einem – scheiternden – Volksentscheid, genutzt.

Personenlexikon und Personenregister

Bracher, Karl Dietrich (1922–2016), deutscher Politikwissenschaftler und Historiker, lehrte von 1959 bis 1987 an der Universität Bonn, prägte mit seinen Studien zu politischen Ideen und der Zeit der Weimarer Republik und des NS die deutsche Sonderwegsdebatte in den 1960er-Jahren. *10, 130*

Briand, Aristide (1862–1932), der französische Politiker bemühte sich nach dem Ersten Weltkrieg um die deutsch-französische Annäherung. Höhepunkt dieser Politik waren die Locarno-Verträge 1925. Dafür erhielt er zusammen mit Gustav Stresemann den Friedensnobelpreis. *59, 61f.*

Brüning, Heinrich (1885–1970), Infanterieoffizier an der Westfront, Geschäftsführer der Vereinigung der christlichen Gewerkschaften und Referent des preußischen Wohlfahrtsministers Stegerwald, seit 1924 für das Zentrum im Reichstag, 1929 Fraktionsvorsitzender, 1930–1932 Reichskanzler, 1934 Emigration in die USA. *47, 92ff., 99f.*

Dietrich, Marlene (1901–1992), Schauspielerin und Sängerin, seit 1922 am Deutschen Theater in Berlin, wirkte zunächst in Stummfilmen mit, wurde 1930 weltbekannt durch ihre Rolle in dem Film „Der blaue Engel", seitdem Leben und Arbeiten in den USA, 1950er-Jahre Rückkehr und Leben in Frankreich. *79*

Dix, Otto (1891–1969), Maler und Grafiker, einer der wichtigsten Vertreter der „Neuen Sachlichkeit", thematisierte in seinen Werken Krieg, politische und soziale Missstände sowie die Entwürdigung des Menschen. 1927 Professor an der Kunstakademie Dresden, 1934 Entlassung und Ausstellungsverbot, „innere Emigration" bis 1945. *42*

Ebert, Friedrich (1871–1925), 1913–1918 Mitglied des Reichstags für die SPD und Partei-, ab 1916 auch Fraktionsvorsitzender, 1918 Vorsitzender des Rats der Volksbeauftragten, 1919 Reichspräsident, 1922 Amtszeit durch den Reichstag verlängert. *18, 20ff., 28, 32, 45, 53*

Erzberger, Matthias (1875–1921), 1903 für das Zentrum in den Reichstag gewählt, Staatssekretär im Kabinett Max von Baden 1918, Mitglied der Waffenstillstandskommission, 1919–1920 Finanzminister, 1920/21 Mitglied des Reichstags, einer der wichtigsten demokratischen Politiker, starb bei einem rechtsextremistischen Attentat. *39*

Goebbels, Joseph (1897–1945), 1926 Gauleiter der NSDAP für Berlin, Reichspropagandaleiter bei den Wahlkämpfen 1930 und 1932, wirkungsvollster Redner der NSDAP neben Hitler, 1933 Reichspropagandaminister. *101f.*

Groener, Wilhelm (1867–1939), im Ersten Weltkrieg Leiter des Kriegsamts im Preußischen Kriegsministerium, 1917 gestürzt, im Oktober 1918 Nachfolger Ludendorffs als Erster Generalquartiermeister in der Obersten Heeresleitung, schuf mit Ebert den sog. „Ebert-Groener-Pakt", 1920–1923 Reichsverkehrsminister, parteilos, 1928 Reichswehrminister, 1931 zusätzlich Reichsinnenminister, wurde 1932 vor allem wegen seines SA-Verbots gestürzt. *32*

Grosz, George (1893–1959), Maler und Grafiker, trat 1919 in die KPD ein, 1924 Vorsitzender der „Roten Gruppe", einer Vereinigung kommunistischer Künstler, lebte seit 1933 in New York. *48, 74, 76*

Heartfield, John (1891–1968), eigentlich Helmut Herzfeld, deutscher Maler, Grafiker und Fotomontagekünstler, wichtiger Vertreter des Dadaismus, „Erfinder" der Fotomontage, Mitglied der KPD, ab 1933 Exil, 1950 Rückkehr und Leben in der DDR. *92*

Heine, Thomas Theodor (1867–1948), deutsch-schwedischer Maler, Zeichner und Schriftsteller, prägte 1895 bis 1933 mit seinem Stil die politisch-satirische Wochenzeitung „Simplicissimus", ab 1938 Exil in Norwegen, dann in Schweden. *46, 57*

Hindenburg, Paul von (1847–1934), Soldat, ostelbischer Gutsbesitzer, schon seit 1911 im Ruhestand befindlich, wurde er zu Beginn des Ersten Weltkriegs wieder reaktiviert, 1914 „Sieger von Tannenberg", Chef der Obersten Heeresleitung, 1925 zum Reichspräsidenten gewählt. *45, 93, 97, 144ff.*

Hitler, Adolf (1889–1945), begann 1919 mit seiner politischen Karriere, 1923 Putschversuch, anschließend Festungshaft, Vorsitzender der von ihm 1925 wieder gegründeten NSDAP, 1933 Reichskanzler. Errichtung der NS-Diktatur bis 1945, hauptverantwortlich für den Holocaust, entzog sich am 30. April 1945 durch Selbstmord im Bunker der Reichskanzlei der Verantwortung. *15, 39, 43f., 47f., 93, 96, 119ff.*

Hugenberg, Alfred (1865–1951), Vorsitzender der Friedrich Krupp AG, Besitzer eines Medienkonzerns, 1890 Gründer des Alldeutschen Verbands, seit 1919 Mitglied des Reichstags für die DNVP, 1928 deren Vorsitzender, 1933 Reichswirtschafts- und -ernährungsminister (bis 27.6. 33), bis 1945 Mitglied des Reichstags. *106*

Juchacz, Marie (1879–1956), Sozialdemokratin und Frauenrechtlerin, 1919 Mitbegründerin der Arbeiterwohlfahrt, hielt am 19. Februar 1919 als erste Frau Parlamentsrede in der Nationalversammlung, Redaktionsleitung Frauenzeitung „Die Gleichheit" und Vorsitzende der AWO. Exil in Frankreich und den USA, 1949 Rückkehr und Leben in der BRD. *33*

Kapp, Wolfgang (1858–1922), Politiker, gründete 1917 die Deutsche Vaterlandspartei, versuchte 1920 in Berlin die Reichsregierung zu stürzen, starb in Untersuchungshaft. *32 f., 43 f.*

Kirchner, Ernst-Ludwig (1880–1938), Maler und Grafiker, wichtiger Vertreter des Expressionismus, 1905 Gründungsmitglied der Künstlervereinigung „Die Brücke", 1917 wegen Krankheit Umzug in die Schweiz, seit 1920 zunehmende Anerkennung seiner Bilder, 1937 Ausschluss aus Preußischer Akademie der Künste, 32 seiner Bilder waren Teil der Ausstellung „Entartete Kunst", 1938 Selbstmord. *83*

Liebknecht, Karl (1871–1919), Mitglied des Reichstags und des Preußischen Abgeordnetenhauses für die SPD, Gründer des Spartakusbundes, im Ersten Weltkrieg wegen Hochverrats zu vier Jahren Zuchthaus verurteilt, Ende Oktober 1918 amnestiert, proklamierte am 9. November 1918 sozialistische Republik, Mitgründer der KPD, wurde am 15. Januar 1919 von Freikorpsangehörigen erschossen. *19 ff.*

Ludendorff, Erich (1865–1937), im Ersten Weltkrieg als Erster Generalquartiermeister in der Obersten Heeresleitung wohl einer der mächtigsten Männer im Reich, am 26.10.1918 entlassen, vertrat völkisch-radikalen Nationalismus, beteiligt am Kapp- und am Hitler-Putsch, 1924 Mitglied des Reichstags für die Völkischen, 1925 Gründung des „Tannenbergbundes", danach eher politische Randfigur. *39, 43 f.*

Lüttwitz, Walther von (1859–1942), seit 1914 Generalleutnant, im Ersten Weltkrieg Chef Generalstab an der Westfront, Ende 1918 Oberbefehlshaber der vorläufigen Reichswehr in Berlin, 1919 Niederschlagung Spartakus-Aufstand, März 1920 Entlassung wegen Befehlsverweigerung bzgl. Truppenabbau, mit Marsch auf Berlin führend am Kapp-Putsch beteiligt, Flucht, 1925 Rückkehr nach Amnestie. *32, 43 f.*

Luxemburg, Rosa (1870–1919), SPD-Mitglied auf dem äußersten linken Flügel, 1916 Mitgründerin des Spartakusbundes, 1916 in „Schutzhaft", im November 1918 befreit, Mitgründerin der KPD, am 15. Januar 1919 von Freikorpsangehörigen erschossen. *19, 21*

Marx, Wilhelm (1863–1946), 1899–1921 Mitglied des Preußischen Abgeordnetenhauses, 1910 bis 1932 Mitglied des Reichstags für das Zentrum, 1922–1928 Parteivorsitzender, 1923–1925 und 1926–1928 Reichskanzler, Kandidat der republikanischen Parteien für das Reichspräsidentenamt 1925, unterlag knapp gegen Hindenburg, einer der führenden Politiker der Weimarer Republik. *96, 144 ff.*

Müller, Hermann (1876–1931), seit 1893 SPD-Mitglied, seit 1906 im Parteivorstand, seit 1916 im Reichstag, in der Revolution Mitglied des Vollzugsrats, Mitglied in Nationalversammlung und Reichstag, zeitweise Fraktionsvorsitzender, 1919–1920 Reichsaußenminister, 1920 und 1928–1930 Reichskanzler. *92, 95 f.*

Papen, Franz von (1879–1969), Offizier im Ersten Weltkrieg, 1921–1932 Mitglied des Preußischen Abgeordnetenhauses, stand im Zentrum auf dem rechten Flügel, 1932 Reichskanzler, bereitete Machtübernahme der Nationalsozialisten vor, 1933/34 Vizekanzler, dann im diplomatischen Dienst. *93, 96 f.*

Plessner, Helmuth (1892–1985), Philosoph und Soziologe, seit 1926 Professor in Köln, 1933 Entlassung, Exil in der Türkei und Niederlande. 1935 entsteht Buch „Das Schicksal des deutschen Geistes im Ausgang seiner bürgerlichen Existenz", 1959 veröffentlicht als „Die verspätete Nation" und wichtiger Teil der Sonderwegsdebatte. 1950 Rückkehr nach Deutschland, bis 1962 Professor in Göttingen. *10*

Rathenau, Walther (1867–1922), Präsident des Aufsichtsrates der AEG, in zahlreichen Firmen Leitungsfunktionen, DDP-Mitglied, 1921 Wiederaufbauminister, dann 1921/22 Außenminister, führte in dieser Funktion die „Erfüllungspolitik" durch, 1922 von Rechtsextremisten ermordet. *39*

Scheidemann, Philipp (1865–1939), SPD, 1903 Mitglied des Reichstags, 1913 einer der drei Fraktionsvorsitzenden, herausragender, populärer Redner, Oktober 1918 Staatssekretär in der Regierung Max von Baden, Mitglied des Rats der Volksbeauftragten, 1919 Reichskanzler, Mitglied des Reichstags, 1919–1925 Oberbürgermeister von Kassel, 1933 Emigration. *19 f.*

Schleicher, Kurt von (1882–1934), Berufsoffizier, im Ersten Weltkrieg in der Obersten Heeresleitung, enger Vertrauter von Groener (s. o.), nach der Revolution politischer Referent im Reichswehrministerium, 1929 Leiter des Ministeramtes im Ministerium, zog hinter den Kulissen die Fäden bei den Regierungswechseln 1930 und 1932, 1932/33 kurzzeitig Reichskanzler, am 30. 6.1934 im Zuge der „Säuberungen" nach dem sog. „Röhm-Putsch" erschossen. *93, 96 f.*

Strasser, Gregor (1892–1934), Offizier im Ersten Weltkrieg, Freikorpsmitglied, 1921 NSDAP, dort auf dem „linken Flügel", 1926 Reichspropagandaleiter, Gauleiter von Oberpfalz-Niederbayern, 1930 Vorsitzender des Organisationsausschusses der NSDAP, 8.12.1932 nach den Sondierungen mit Schleicher Bruch mit Hitler, ermordet im Zuge der „Säuberungen" nach dem sog. „Röhm-Putsch". *102*

Stresemann, Gustav (1878–1929), 1907 Mitglied des Reichstags für die Nationalliberalen, Gründer der DVP im November 1918, Reichskanzler 1923, Außenminister 1923–1929, erhielt zusammen mit dem französischen Außenminister Aristide Briand 1926 den Friedensnobelpreis, einer der bedeutendsten Politiker der Weimarer Republik. *25, 58–72, 75*

Stücklen, Daniel (1869–1945), Sozialdemokrat und Gewerkschafter, seit 1903 Mitglied im Reichstag, dann Nationalversammlung und 1920 bis 1932 wieder im Reichstag, hatte verschiedene Regierungsfunktionen inne, prägte Begriff „Staat im Staate" für die Reichswehr in der Weimarer Zeit. 1933 Entlassung aus allen Ämtern. *48*

Tucholsky, Kurt (1890–1935), Schriftsteller, einer der führenden linken Intellektuellen der Weimarer Republik, Mitglied der USPD, nach finanziellem Ruin durch Beschlagnahme seiner Tantiemen und Ausbürgerung Selbstmord. *114*

Wilhelm II. (1859–1941), deutscher Kaiser 1888 bis 1918, Ausbau der Flotte und „Weltpolitik", mitverantwortlich für Ausbruch des Ersten Weltkriegs, nach der von Reichskanzler Max von Baden verkündeten Abdankung Leben im Exil in den Niederlanden, bemühte sich dort erfolglos um Wiederherstellung der Monarchie in Deutschland. *20, 111*

Wilhelm von Preußen (1882–1951), Kronprinz bis 1918, als Oberkommandierender im Ersten Weltkrieg, stärkte Militärführung in Auseinandersetzung mit Regierung, geht mit Vater Wilhelm II. ins Exil, Rückkehr 1923 unter Mitwirkung von Gustav Stresemann, erreichte eine Teilrückgabe der Hohenzollern-Güter, enge Kontakte mit von Schleicher, ließ sich von Hitler instrumentalisieren, seine politische Rolle im NS ist in der Forschung umstritten. *66 f.*

Wilson, Thomas Woodrow (1856–1924), 1913–1921 US-amerikanischer Präsident, der die USA in den Ersten Weltkrieg führte und die Friedensverhandlungen von Versailles mitgestaltete. Er formulierte die versöhnlich gemeinten Vierzehn Punkte, die die Grundlage für den Waffenstillstand 1918 waren. 1920 erhielt er den Friedensnobelpreis. *20, 111*

Zetkin, Clara (1857–1933), sozialistisch-kommunistische Politikerin und Friedensaktivistin, mehrfach im Exil wegen politischer Verfolgung, 1917 von SPD zur USPD, dann Mitglied im Spartakusbund und KPD, 1920 bis 1933 für die KPD im Reichstag, auch aktiv in der Kommunistischen Internationale, enge Kontakte mit Lenin und Stalin, nach Reichstagsbrand 1933 ins Exil in die Sowjetunion. *101*

Sachregister

Bildquellen

Cover: akg-images;
S. 2: PEFC Deutschland e.V.; **S. 6** (a): Bridgeman Images/© SZ Photo, (b): akg-images, (c): akg-images/Voller Ernst/collector, (d): interfoto e.k./Friedrich; **S. 8 M1:** interfoto e.k./Fabian von Poser, **M2:** mauritius images/Heidi Fröhlich; **S. 10 M3:** akg-images; **S. 11 M4:** Gerhard Mester; **S. 12 M5:** © DER SPIEGEL 07/2009, **M6:** akg-images; **S. 16 M10:** © Garland / Telegraph Media Group Limited 1994; **S. 18 M1:** akg-images; **S. 19 M2:** bpk/Kunstbibliothek, SMB; **S. 20 M1:** akg-images/Sammlung Berliner Verlag/Archiv; **S. 22 M3:** Bridgeman Images/© SZ Photo/Scherl; **S. 23 M4:** akg-images; **S. 25 M6:** bpk; **S. 26 M8:** akg-images/Sammlung Berliner Verlag/Archiv, **M9:** bpk/Kunstbibliothek, SMB, Photothek Willy Römer/Willy Römer; **S. 28 M15:** bpk; **S. 30 M18:** bpk; **S. 31 M19:** bpk/Deutsches Historisches Museum, **M20:** bpk/Deutsches Historisches Museum/Indra Desnica; **S. 33 M26:** Bridgeman Images/© SZ Photo; **S. 34 M1:** akg-images; **S. 35 M2:** bpk/Deutsches Historisches Museum/Sebastian Ahlers; **S. 36 M2:** interfoto e.k./Pulfer/(c) VG Bild-Kunst, Bonn 2020; Walter Schnackenberg: Bolschewismus bringt Krieg, Arbeitslosigkeit und Hungersnot, Plakat, **S. 37 M3:** bpk/Gwose/Herling/Sprengel Museum Hannover/Werner; **S. 38 M1:** bpk; **S. 39 M2:** bpk/Kunstbibliothek, SMB/Dietmar Katz/(c) VG Bild-Kunst, Bonn 2020; Karl Arnold: Frankreich im Rheinland, aus Simplicissimus, 1923; **S. 40 M1:** Bridgeman Images; **S. 42 M4:** bpk/Staatliche Kunstsammlungen Dresden/Jürgen Karpinski/(c) VG Bild-Kunst, Bonn 2020; Otto Dix: Familienbildnis, 1925; **S. 43 M5:** bpk; **S. 44 M6:** bpk/Heinrich Hoffmann; **S. 45 M7:** Bridgeman Images; **S. 46 M9:** bpk/Staatsbibliothek zu Berlin; **S. 47 M12:** bpk; **S. 48 M15:** bpk/Nationalgalerie, SMB/Jörg P. Anders/(c) Estate of George Grosz, Princeton, N. J./VG Bild-Kunst, Bonn 2020; George Grosz: Stützen der Gesellschaft, 1926; **S. 49 M18:** Universitätsbibliothek Heidelberg; **S. 50 M20:** bpk/Deutsches Historisches Museum, **M21:** akg-images/(c) VG Bild-Kunst, Bonn 2020; Richard Müller: Frei von Versailles, Plakat, 1924, **M22:** bpk/Dietmar Katz; **S. 52 M1 u. M2:** akg-images; **S. 54 M1:** akg-images; **S. 57 M3:** bpk/Thomas Theodor Heine; **S. 58 M1:** bpk/Kunstbibliothek, SMB/Dietmar Katz/(c) VG Bild-Kunst, Bonn 2020; Karl Arnold: Europa-Probleme. Hier irrt Zeus. Die Rettung der Europa durch dieses Meer geht selbst über die Kräfte des Stiers, 1933; **S. 59 M2:** Bridgeman Images/© SZ Photo/Scherl; **S. 61 M1:** akg-images/TT News Agency/SVT, **M2:** bpk/Dietmar Katz; **S. 62 M3:** Bridgeman Images/© SZ Photo/Scherl; **S. 63 M4:** akg-images/TT News Agency/SVT; **S. 64 M7:** akg-images/Karl Arnold/(c) VG Bild-Kunst, Bonn 2020; Karl Arnold: Retter Stresemann. Er schaut nach rechts, er schaut nach links, 1923; **S. 65 M9:** interfoto e.k./Pulfer; **S. 70 M1:** akg-images/TT News Agency/SVT; **S. 73 M2:** bpk; **S. 74 M1:** akg-images/(c) Estate of George Grosz, Princeton, N. J./VG Bild-Kunst, Bonn 2020; George Grosz: Metropolis, 1916/1917; **S. 75 M2:** akg-images; **S. 76 M1:** akg-images / Erich Lessing/(c) Estate of George Grosz, Princeton, N. J./VG Bild-Kunst, Bonn 2020; George Grosz: Konstruktion (Ohne Titel), 1920; **S. 77 M2:** akg-images/Erich Lessing; **S. 78 M3:** akg-images; **S. 79 M4:** bpk; **S. 80 M5:** bpk; **S. 81 M6:** Bridgeman Images/© SZ Photo/Scherl; **S. 83 M9:** bpk/Nationalgalerie, SMB/Jörg P. Anders; **S. 84 M12:** bpk/Kunstbibliothek, SMB, **M13:** bpk/Heinz Lienek, **M14:** akg-images; **S. 85 M17:** bpk/Nationalgalerie, SMB/Klaus Göken/(c) VG Bild-Kunst, Bonn 2020; Kurt Günther: Der Radionist, 1927; **S. 87 M20:** bpk/Deutsches Historisches Museum/Arne Psille; **S. 88 M23:** bpk/Nationalgalerie, SMB, Verein der Freunde der Nationalgalerie/Jörg P. Anders/(c) Christian Schad Stiftung Aschaffenburg/VG Bild-Kunst, Bonn 2020; Christian Schad: Sonja, 1928; **S. 90 M2:** bpk; **S. 91 M3:** akg-images/(c) VG Bild-Kunst, Bonn 2020; Hans Grundig: Am Stadtrand, 1926; **S. 92 M1:** bpk/Deutsches Historisches Museum/(c) The Heartfield Community of Heirs/VG Bild-Kunst, Bonn 2020; John Heartfield: Der Reichstag wird eingesargt, Collage, 1932; **S. 95 M1 u. M2:** akg-images; **S. 97 M4:** akg-images; **S. 100 M12:** mauritius images/alamy stock photo/PRISMA ARCHIVO, **M13:** Bridgeman Images/© Tobie Mathew; **S. 101 M14:** interfoto e.k./Pulfer, **M15:** bpk; **S. 102 M20:** Nebelspalter: das Humor- und Satire-Magazin. Band (Jahr): 59 (1933). Heft 7/ Karikatur: Gregor Rabinovitch; **S. 107 M3:** action press/, ullstein – Archiv Gerstenberg; **S. 112 M5:** Bridgeman Images/© SZ Photo/Sammlung Megele; **S. 118 M1:** akg-images; **S. 119 M2:** akg-images; **S. 120 M1:** bpk; **S. 121 M2:** akg-images; **S. 122 M4:** akg-images; **S. 123 M6:** dpa Picture-Alliance/dpa – Bildarchiv, **M7:** dpa Picture-Alliance/IMAGNO/Austrian Archives, **M8:** dpa Picture-Alliance/ullstein bild; **S. 126 M1:** Bridgeman Images/Museum of Fine Arts, Boston, Massachusetts, USA/Gift of John T. Spaulding, **M2:** imago stock&people GmbH/Xinhua; **S. 127 M3:** imago images/glasshouseimages; **S. 128 M1:** bpk; **S. 130 M1:** dpa Picture-Alliance/Glasshouse Images; **S. 131 M2:** dpa Picture-Alliance/arkivi; **S. 135 M2:** akg-images; **S. 144 M2:** BayHStA, Plakatsammlung 8795.

Illustrationen und Karten:
Cornelsen/Carlos Borrell Eiköter: S. 40 M2;
Cornelsen/Elisabeth Galas: S. 7 unten, S. 24 M5;
Cornelsen/Volkhard Binder: S. 98 M5.